Methoden und Modelle der Literaturwissenschaft

Eine Einführung

von

Rainer Baasner und Maria Zens

2., überarbeitete und erweiterte Auflage

ERICH SCHMIDT VERLAG

Die Deutsche Bibliothek – CIP-Einheitsaufnahme

Methoden und Modelle der Literaturwissenschaft : eine Einführung / von Rainer Baasner und Maria Zens. – 2., überarb. u. erw. Aufl. – Berlin : Erich Schmidt, 2001
ISBN 3-503-04989-4

ISBN 3 503 04989 4

www.erich-schmidt-verlag.de

Dieses Papier erfüllt die Frankfurter Forderungen der Deutschen Bibliothek und der Gesellschaft für das Buch bezüglich der Alterungsbeständigkeit und entspricht sowohl den strengen Bestimmungen der US Norm Ansi/Niso Z 39.48-1992 als auch der ISO-Norm 9706

Druck: Danuvia Druckhaus Neuburg, Neuburg/Do.

Inhalt

Ich habe nun noch [...] eine Theorie, die aber nicht mehr zu gebrauchen, denn sie ist vom vorigen Jahr.

(G. C. Lichtenberg's vermischte Schriften. 3. Bd., Göttingen 1801, IX)

Vorbemerkung

Methoden und Modelle gehören zum Handwerkszeug jeder Wissenschaft. Auch für die Literaturwissenschaft sind sie unverzichtbar. Aus einer großen Anzahl solcher Ansätze – auch Theorieentwürfe, Konzepte oder wie immer sie zusammenfassend genannt werden – haben sich im Laufe der Fachgeschichte einige behaupten können, andere sind wieder in Vergessenheit geraten. Im vorliegenden Einführungsbuch werden die erfolgreicheren vorgestellt; sie erstrekken sich von Ideen der Gründungsväter der Germanistik über Konzepte aus der Zeit zwischen den Weltkriegen bis zu neueren Entwürfen. Die Darstellung beschränkt sich dabei freiwillig auf diejenigen Methoden und Modelle, die im Laufe der Jahre zu Standardansätzen geworden sind. Nur sie bilden anerkannte Grundlagen; ganz neue, experimentelle Denkweisen müssen sich ihrerseits erst bewähren, bevor sie Eingang in das Grundwissen finden.

Der hier gebotene Überblick berücksichtigt die geschichtliche Entwicklung des Faches ebenso wie das heute vorherrschende Nebeneinander von konkurrierenden Ansätzen, er ist historisch und systematisch zugleich angelegt. Das heißt, daß alle Methoden aus ihrer Entstehung heraus dargestellt, daß die historischen Bedingungen beleuchtet werden, die zu bestimmten Fragestellungen und Antwortvorschlägen geführt haben. Kein Ansatz ist je vom Himmel gefallen, fast jeder – manchmal seltsam anmutenden – Fragestellung geht ursprünglich ein vernünftiger Grund voraus, der sie motiviert. Das macht jedoch nicht überflüssig, die Grundbegriffe, Denkweisen, Arbeitstechniken und praktischen Ergebnisse eines jeden Ansatzes systematisch zu analysieren. Bei einigen ist dabei schnell zu erkennen, daß sie als Gedankengebäude von vornherein systematisch angelegt wurden, andere sperren sich gegen eine solche Ordnung, weil sie selbst nicht mit dem Anspruch auf logische Schlüssigkeit und Nachvollziehbarkeit entworfen wurden. Es zeigt sich aber immer wieder, daß letztlich auch sehr gegensätzlich wirkende Methoden und Modelle an einigen wenigen großen Problemen der Literaturbetrachtung gemeinsam arbeiten.

Die Auswahl der dargestellten Ansätze richtet sich nach der mehrheitlichen Meinung im Fach. Dabei bleibt auch einiges unberücksichtigt; manche Schlagwörter, die im Umlauf sind, sind hier nicht zu finden, ›Mentalitätsgeschichte‹ etwa. Dies und andere wurden ausgeblendet, da sie weder in der deutschen Literaturwissenschaft eine mehr als marginale Rolle spielen, noch im Hinblick auf ihre Anwendung auf die deutsche Literatur theoretisch entfaltet wurden.

Zu den wichtigsten Anliegen des Buches gehört die Allgemeinverständlichkeit und Übersichtlichkeit der Darstellung. Zentrale Begriffe und historische wie systematische Zusammenhänge sollen in ihren Grundzügen verständlich werden. Im ersten Teil des Buches wird der Stoff chronologisch linear angeordnet, im zweiten Teil als Panorama fast gleichzeitig wirksamer Konzepte aufgefächert. In beiden Fällen sind gewisse Vereinfachungen erforderlich. Das soll den Leserinnen und Lesern zugute kommen, die eine Einführung suchen: wer sich mit Theorien bereits gut auskennt, wird seine Kenntnisse in den Texten der programmatischen Entwürfe selbst oder in der theoretischen Sekundärliteratur besser vertiefen können.

Im Text der vorliegenden Darstellung wird keine Theorie-‚Schule' als überlegen hervorgehoben, andererseits machen die Autoren auch keinen Hehl daraus, daß sie die Zusammenhänge von ihrer eigenen Position aus betrachten. Diese ist im wesentlichen gekennzeichnet durch die Überzeugung, daß auch literaturwissenschaftliche Theorie Prinzipien der Vernunft verpflichtet bleibt und daß sie ohne terminologischen ‚Overkill', ohne Geheimnistuerei und ohne Anspruch auf den Besitz ewiger Wahrheit betrieben werden muß. Die Aufgabe bleibt dabei, historische Entstehungsbedingungen zu berücksichtigen und darauf zu achten, daß Wissenschaften zur Erkenntnis menschlicher Lebenszusammenhänge beitragen.

Im Text sind wörtliche Zitate in der üblichen Weise durch doppelte Anführungszeichen und einen bibliographischen Kurznachweis ausgewiesen, festgelegte zentrale Termini einer Theorie jeweils bei der ersten Nennung durch halbfette **Hervorhebung**, danach durch einfache ›französische Anführungszeichen‹ gekennzeichnet. Uneigentliche Redeweise wird durch ‚einfache Anführungszeichen' deutlich gemacht.

I. Allgemeine Einführung: Grundbegriffe

Bevor eine Diskussion der recht komplexen Methoden und Modelle der Literaturwissenschaft beginnen kann, müssen erst einmal gängige Grundbegriffe in Erinnerung gerufen werden. Oft genug werden sie benutzt, ohne daß ihre Bedeutung klar umrissen wird. Nur eine Verständigung über den Bedeutungsumfang aber macht eine Diskussion überhaupt sinnvoll.

1. Was ist Literatur?

Literatur ist der Gegenstand der Literaturwissenschaft. Bevor von letzterer die Rede sein kann, muß erst geklärt werden, was Literatur eigentlich ist. Alle kennen etwas, das sie als Literatur bezeichnen, doch wenn jeder ein Beispiel nennt, kommen höchst unterschiedliche Dinge zusammen: Barockgedichte und „Tote Hosen"-Lieder, mittelalterliche Versepen und Kriminalromane, Garten- oder Kochbücher und vieles andere mehr. Nach einer abstrakten Bestimmung dessen gefragt, was Literatur sein solle, sind Literaturfreunde meist überfordert, die Literaturkritiker streiten sich darüber, und die Schule greift zurück auf die Definitionen im Lehrplan. Sollte eine Partei einen konkreten Vorschlag machen, verwahren sich andere sofort dagegen: Gegenbeispiele sind schnell zur Hand. Literatur bezeichnet jedoch trotz allem, über alle Einzelbeispiele und Streitigkeiten hinaus, eine zusammengehörende Menge von literarischen Erzeugnissen.

Die einzelnen Elemente können sich ähneln oder sehr unterschiedlich sein. Es kommt darauf an, was verglichen wird. So sind literarische Werke aus dem gleichen Zeitraum einander relativ ähnlich, mit wachsendem zeitlichen Abstand vergrößern sich ihre Unterschiede. Aber auch das gilt nur in Grenzen: die Tradition einerseits sichert, daß auch über größere Zeiträume hinweg Konstanten bestehen, eigenwillige Entstehungsprozesse andererseits führen immer wieder zu neuartigen Erscheinungsformen. Die **literarische Freiheit** erlaubt die Abweichung von festgelegten literarischen Formen und von Vereinbarungen darüber, was in einer Gesellschaft als gut und richtig gilt. Diese Entwicklungen sollten seit dem Anbruch der Neuzeit niemanden mehr beunruhigen.

Kein Begriff von Literatur hat unumstößliche Umrisse, wohl aber wird er mehr oder weniger fest eingegrenzt. Es kann allerdings dabei nicht das Ziel sein, eine möglichst strenge Definition zu etablieren; vielmehr müssen Eigenschaften zusammengestellt werden, die als Kennzeichen für Literatur gelten sollen. Dafür gibt es verschiedene Möglichkeiten. Ziel sollte sein, eine systematische Beschreibung dessen, was Literatur sein kann, anzustreben, ohne dabei zu vieles durch rigide Einschränkungen von vornherein auszusondern. Hilfreich ist bei solchem Vorgehen, zunächst nicht an sein eigenes Lieblingsgedicht zu denken, sondern an alle die Dinge, die man intuitiv eher nicht für Literatur hält.

Eine pragmatische Bestimmung lautet: zur Literatur gehört all das, was eine Gruppe von Personen zu einer bestimmten Zeit unter bestimmten Bedingungen dazu rechnet. Dieser **pragmatische Literaturbegriff** legt sich nicht auf bestimmte Eigenschaften fest, sondern bezieht sich nur auf das Urteil einer kulturellen Gemeinschaft. Bliebe man bei diesem pragmatischen Begriff, so müßte man allerdings dauernd ein Gespräch darüber führen, ‚was wo welche Gruppe gerade für Literatur hält'. In der gesellschaftlichen Praxis mag dies zwar wirklich ständig geschehen – z. B. indem jederzeit Kritik an der Zugehörigkeit bestimmter Texte zur Literatur geäußert wird, oder Vorschläge, Neues hinzuzuziehen, auftauchen. Zu einer **systematischen** Bestimmung kann dies jedoch kaum beitragen. Es bedarf solider Kriterien, die längerfristig weitgehende Anerkennung finden können. Eines davon lautet: Literatur hat etwas mit Sprache zu tun.

Ein sehr weit gefaßter Literaturbegriff könnte deshalb alle sprachlichen Äußerungen umfassen. Das wäre freilich wenig trennscharf; beliebige Ausrufe, sinnlose Sätze oder zufällige Alltagsgespräche sollten ausgeschlossen werden. Zur Literatur gehören nur **abgeschlossene, zusammenhängende sprachliche Äußerungen**, die in **Schriftform** vorliegen und damit reproduzierbar sind. Das Kriterium der Abgeschlossenheit läßt übrigens durchaus fragmentarische Texte zu, es fordert nur, daß sie in der ungewöhnlichen Form, in der sie vorliegen, unverändert bestehen bleiben. Den Einwurf, mündlich überlieferte Märchen oder Lieder gehörten aber doch auch zur Literatur, müssen wir gelten lassen. Es gibt eine Tradition der **mündlichen (oralen) Überlieferung**. Hierbei handelt es sich jedoch seit der Einführung der Schrift und vor allem des Druckes in der abendländischen Kultur um ein Randphänomen. Unter den schriftlichen abgeschlossenen sprachlichen Äußerungen sind ferner Dinge zu finden wie Telefonbücher oder Gebrauchsanleitungen für Videorecorder. Auch sie sind im landläufigen Sinne keine Literatur. Doch halten wir zunächst trotzdem die genannte Bestimmung fest, sie bietet als sogenannter **deskriptiver** (beschreibender, auch: **erweiterter) Literaturbegriff** eine Grundlage für das Gespräch über Literatur.

Präzise Merkmale werden in jeweils genauer zu umreißenden Normenkatalogen gefaßt: sie bilden die Grundlagen für jeden **normativen** (auch: **engeren) Literaturbegriff**. Zu den üblichen Normen, die als Zulassungskriterien für diesen Literaturbegriff gelten, gehören Fiktionalität und ästhetische Formprinzipien. Sie geben einen Maßstab an die Hand, mit dessen Hilfe ein Kanon literarischer Werke in einem strengeren Sinne von der großen Menge aller abgeschlossenen schriftlichen Äußerungen abgrenzbar ist. Die Normen können zu verschiedenen Zeiten unterschiedlich ausfallen, jeder normative Literaturbegriff ist in Grenzen historisch variabel.

Fiktion

Literatur innerhalb des beschriebenen normierten Bereiches macht keine Aussagen, die unmittelbar auf die Erfahrungswirklichkeit bezogen sind; sie hat keine eindeutige **Referenz**. Statt dessen erzeugt sie **Fiktion**, eine Erdichtung (lat. fictio), die nur den Schein eines Sachverhaltes oder Geschehens vortäuscht. Das Besondere an der literarischen Aussage ist somit die Formulierung von etwas Möglichem, das aber keinen Anspruch auf dieselbe Art von Wahrheit stellt, die in der Wirklichkeit gelten soll. Das nichtliterarische Gegenstück zu fiktionaler Literatur wären damit Sachaussagen, die dem Zweck dienen, Wirkliches zu bezeichnen. Dieser Gegensatz wird in Anlehnung an die anglo-amerikanische Terminologie auch mit **fiction** und **non-fiction** bezeichnet.

An der Form der sprachlichen Äußerung allein läßt sich Fiktionalität nicht erkennen, die Erwartung der Wahrnehmenden und ihre Wahrnehmungssituation muß den Ausschlag geben. So entsteht Fiktion letztlich erst durch eine immer neu zu leistende Einschätzung von Aussagen. Im Falle der Literatur wird diese allerdings durch eine stillschweigenden Übereinkunft vorgenommen: wenn ein Text als Literatur gilt, wird ihm bei der Lektüre Fiktionalität unterstellt. Weil etwa auf dem Buchdeckel „Roman" steht, wird der darin abgedruckte Text nicht als Sachaussage, sondern als erfundene Geschichte gelesen. Man kann dies als **Fiktionalitätskonvention** oder „fiktionalen Vertrag" (Assmann 1980, 152) bezeichnen. Bei Theaterstücken ist diese Konvention offensichtlich: wenn im Rahmen der Bühnenhandlung ein Mord gespielt wird, wird niemand der Zuschauer hinausstürzen, um die Polizei zu verständigen. In der Lyrik wird die Trennung von der Wirklichkeit nicht so deutlich inszeniert, doch schafft die lyrische Form (Verse, rhythmische Sprache) Distanz. Problematisch wird das Verhältnis zwischen sprachlicher Äußerung und Wirklichkeitsbezug in der Prosa: ob eine Prosaäußerung einen Bericht darstellt, also Wirklichkeitsaussagen macht, oder eine Erzählung bildet, in der alles nur erfunden ist, ist nicht leicht zu entscheiden, solange keine eindeutigen Hinweise auf die Fiktionalitätskonvention vorhanden sind. In der Literatur wird das Problem schon früh, beispielsweise in der Gestalt des Ritters Don Quichote, dargestellt. An der Figur dieses spanischen Edelmannes wird nachvollziehbar, zu welch unglücklichen Folgen der Irrtum führen kann, Abenteuerromane enthielten Wirklichkeitsaussagen, die wirkliche Welt sei also tatsächlich so, wie die in den Romanen dargestellte fiktionale.

Die Norm, daß Literatur aus Fiktionen bestehe, leitet die Literaturwahrnehmung. Fiktionalität ist einer der wichtigsten Bestandteile aller literarischen Eigenschaften, ein Kern von **Literarizität** (seltener auch: Literalität). Literatur ist **autonom**, das heißt unabhängig von den Zwängen der anderen Aussagearten. Zugleich beziehen sich literarische Aussagen immer auf sich selbst zurück: ein zweites Merkmal von Literarizität ist **Selbstreferenz**.

Die Aussage eines Textes geht aus seiner **Bedeutung** hervor: was sagt er unter Berücksichtigung aller seiner Teile aus? Eindeutig ist die Bedeutung selten; je nach gewählter Perspektive bekommt ein literarischer Text verschiedene Bedeutungen, er ist mehrdeutig, **bedeutungsoffen**. Niemand kann für sich in Anspruch nehmen, die Bedeutung eines Textes ein für allemal angemessen zu erschließen. Alles, was erreicht werden kann, ist eine teilweise Ausschöpfung seines **Bedeutungspotentials. Sinn** bezeichnet die Einordnung dessen, was ein literarischer Text aussagt, in die Erfahrung des Publikums oder, weiter gefaßt, in dessen Weltanschauung. Der Sinn von Texten ist immer auf eine soziale Perspektive bezogen, er steht in einem Verhältnis zu den Handlungen und Absichten von Menschen als Einzelwesen oder als Mitgliedern von Gruppen. Sinn entsteht zuerst im Übergang vom Willen des Verfassers, etwas mitzuteilen, auf die gewählte Textform, danach aber noch einmal beim Übergang von der Aussage des Textes auf seine Rezeptionsumgebung. Die Menge der Sinnbezüge zur Wirklichkeit, in die eine Fiktion in diesen beiden Prozessen eintreten kann, ist unbegrenzt. In zeitlich, räumlich oder anders unterschiedenen Umgebungen entstehen jeweils andere Sinnzusammenhänge. Deshalb ist es zum Beispiel möglich, daß viele ältere Texte auch heute noch gerne, und durchaus nicht immer mit der Neugier auf das völlig Veraltete, gelesen werden. (Ein Hinweis zu den Begriffen ›Bedeutung‹ und ›Sinn‹ sei angefügt; in der analytischen Philosophie werden sie gerade umgekehrt bezeichnet: ›Sinn‹ benennt dort die logische Schlüssigkeit des Textes in sich und ›Bedeutung‹ die Referentialisierbarkeit in einer Erfahrungswelt; vgl. Frege 1892).

Schwierigkeiten verursachen in diesem Bereich immer wieder sogenannte Realitätspartikel, die vermeintlich aus der Erfahrungswelt in die Fiktion hineingebracht werden. Wenn etwa ein Romantext „Berlin“ sagt, so stellen sich alle das Berlin vor, an das sie sich von der letzten Reise oder aus den Fernsehnachrichten erinnern können. Diese Identifikation mag vom Verfasser beabsichtigt sein, ändert aber nichts an der simplen Feststellung, daß Elemente innerhalb von Fiktionen selbst immer fiktionale sind. Wie schnell im angegebenen Beispiel die Vorstellung von „Berlin“ von einer Referenzebene wieder getrennt wird, weil es dem Verfasser der Fiktion freisteht, seine Erdichtungen beliebig auszugestalten, mag eine Weiterführung des Beispiels veranschaulichen. Wo nämlich bleibt das vermeintlich aus der Erfahrungswelt bekannte Stadtbild, wenn einer der dann folgenden Sätze lautet: „Die Berlin-Besucher konnten ihre Raumschiffe auf den zwei mit ewigem Schnee bedeckten Felsspitzen gefahrlos niedergehen lassen“? Spätestens hier versuchen alle, sich „Berlin“ als eine Art Spaceterminal vorzustellen – mit einem Satz ist der Bezug auf die Erfahrungswelt eliminiert.

Bei der Lektüre von Literatur wird in der Regel ein stillschweigender Bezug auf die eigene Weltwahrnehmung hergestellt. Literarische Fiktionen werden in einen Zusammenhang mit dem vorgängigen Prozeß der Weltdeutung gebracht, den jedes Individuum – und natürlich auch jede kulturelle Gemeinschaft insgesamt – betreibt. Bemerkenswert ist, daß seit der Moderne (unter anderem in Avantgarde-Literaturen) auch bedeutungslose sprachliche Äußerungen unter bestimmten Bedingungen zur Literatur gerechnet werden, also unter der vorausgesetzten Annahme wahrgenommen werden, daß ihnen trotz ihrer Unverständlichkeit eine Bedeutung und sogar Sinn zukomme.

Da Literatur eigene, abgeschlossene Welten (**fiktive Welten**) erzeugt (**fingiert**), äußert sie stets etwas gegenüber der Wirklichkeit Anderes, das in deren pragmatischer Weltdeutung nicht oder nur in reduzierter Form enthalten ist. Die alte und auch heute noch geläufige Kritik an der Literatur, sie diene allein dazu, Zeit mit unnützen, weil weltfremden Gedanken zu vertändeln, ignoriert die literarische Leistung, dem realen Zustand der Welt Deutungsvorschläge und Gedankenspiele gegenüberzustellen. Diese **utopische** Leistung der Literatur kann, je nach Ausgangspunkt der Beurteilung, entweder als Potential der **Kritik** an herrschenden Zuständen oder als Medium der **Flucht** und **Kompensation** für unbefriedigende Erfahrungen aufgefaßt werden. Wie diese Möglichkeiten, die die Fiktion bietet, jeweils erkannt, bewertet und genutzt werden, ist im vorliegenden Zusammenhang erst einmal unerheblich. Daß sie sich unterscheiden, liegt daran, daß unterschiedliche kulturelle Zusammenhänge unterschiedliche Forderungen an Literatur stellen und deren Verhältnis zur Wirklichkeit anders bestimmen.

Die Weltdeutungen, die sich aus Fiktionen herauslesen lassen, können keinen Anspruch darauf erheben, wahr oder falsch zu sein. Da sie weder zur Prüfung ihres Wahrheitsgehaltes auf gegebene Wirklichkeiten bezogen werden können, noch die Anforderungen der Begründung und der inneren Logik (Widerspruchsfreiheit, Kausalität) an sie gestellt werden müssen, bleibt ihr Wahrheitsgehalt im Verhältnis zur Alltagswelt grundsätzlich offen. Innerhalb der fiktionalen Welt hingegen besteht durchaus ein Anspruch auf Wahrheit, der jedoch nur unter den Voraussetzungen gilt, die die Fiktion selbst schafft. Alle Ereignisse in einer fiktiven Handlung geschehen unter der Voraussetzung ‚nehmen wir einmal an, daß das, was hier geschildert wird, wahr ist!'. Damit erzeugt Literatur eine ganz eigene Art von Wahrheit. Sie ist unterschieden von der logischen der Wissenschaften und von der empirischen des Alltags; sie unterscheidet sich sogar von den Fiktionen der Religionen dadurch, daß sie nicht den Anspruch auf Glauben erhebt.

Zu den Erscheinungsformen literarischer Wahrheit gehört beispielsweise die sogenannte **poetische Gerechtigkeit**. In der Fiktion ist es freigestellt, die ‚Guten' am Ende über die ‚Bösen' siegen zu lassen – respektive eine abweichende Variante von dieser am weitesten verbreiteten Form durchzuspielen –, um zu zeigen, wie wünschenswert die Belohnung des Guten und Bestrafung des Bösen in der Welt wäre, und um darzulegen, auf welchen Grundlagen eine solche Welt beruhen müßte. Ein gewichtiges Beispiel für die literarische Konstruktion einer solchen anderen (und besseren) Welt ist etwa der komplexe Begriff der ›Humanität‹, wie er in der deutschen Klassik entworfen wurde und bis heute nachwirkt.

Literatur und Wirklichkeit: Bezugswege

Literatur und Erfahrungswirklichkeit befinden sich in einem unauflöslichen **Spannungsverhältnis**: literarische Texte sind Teil der Wirklichkeit und distanzieren sich gleichzeitig von deren Geltungsnormen, indem sie eine andere Sicht- und Redeweise für sich reklamieren. Dieser Anspruch aber ist bereits durchaus ambivalent, denn der Wille zur Distanz verweist schon auf einen Zwang zur Verbundenheit.

Das Verhältnis von Literatur und empirischer Welt läßt sich aus verschiedenen Perspektiven betrachten: als Verhältnis von Text und Wirklichkeit, als in der Wirklichkeit stattfindende auf Literatur bezogene Handlung, als vielschichtiges Wechselverhältnis von erfahrbarer Wirklichkeit und symbolischem Ausdruck mit spezifischen Mitteln. Verkürzt ausgedrückt geht es um Repräsentation von Erfahrungswirklichkeit in der Literatur, Literatur in der Gesellschaft und einen breiten Zwischenbereich der Vermittlung von literarischer Symbolisierung und mehrschichtiger Sozialorganisation.

Der literarische Text zeigt immer eine erfundene Welt. Die Elemente von **Mimesis** (darstellende Nachahmung der Natur und erfahrbaren Wirklichkeit) und **Poiesis** (freie dichterische Erfindung) sind dabei in verschiedenen Literaturprogrammen unterschiedlich gewichtet; aber auch eine mimetische und detailrealistisch ausgeführte Literatur setzt den Fiktionalitätsvertrag nicht außer Kraft. Die notwendigenVerbindungen zwischen literarischem Text und Wirklichkeit müssen über ein Drittes hergestellt werden.

Elemente des Wiedererkennbaren sind Teil unseres **Wissens** – es handelt sich nicht um objektive Fakten, sondern um kognitive Verarbeitung von Erfahrung. Ein solcher Überschneidungsbereich von Literatur und selbstverständlichem Alltagswissen macht den literarischen Text erst verständlich. Selbst hochsymbolische Avantgardedichtung weist wiedererkennbare Elemente auf – auch wenn es nur einzelne Zeichen sind, denen wir in der Alltagssprache eine konventionalisierte Bedeutung zumessen, mit der wir im poetischen Verwendungskontext gar nichts mehr anfangen können und die so auf die besondere Art des literarischen Kommunizierens hinweist. Literatur zeigt die **Unabgeschlossenheit** von Wissen.

Über dieses allgemeinverständliche Wissen hinaus kann Spezialwissen aus ganz unterschiedlichen Bereichen Eingang in die Literatur finden, das uns nur deshalb geläufig wird, weil es literarisch verarbeitet wird (beispielsweise juristische Informationen in Kriminalromanen). Die Diskursanalyse spricht in diesem Zusammenhang von der ›kulturellen Verzahnung von Spezialdiskursen‹ in der

Literatur. Deren Ziel ist es zwar nicht, Wissen zu vermitteln; sie besitzt jedoch die Fähigkeit, beliebige Weltausschnitte zu thematisieren und neu zu verknüpfen. In und durch Literatur wird kollektives Wissen einer Gemeinschaft gebildet, geprägt, bewahrt, geprüft. Das gilt für positives Wissen ebenso wie für sogenanntes Orientierungswissen und Normvorstellungen. Die medialen Eigenschaften der Literatur ermöglichen eine freie – weil sekundäre und nicht sachbezogene – Welterfahrung; darin liegt ihre Leistung und zugleich ihre Beschränkung. **Literarische Kompetenz** besteht in der Kenntnis und im souveränen Umgang mit diesen Eigenschaften.

Ein weiterer Bezug kann hergestellt werden über die bevorzugten Themen von Literatur und ihre jeweiligen Bearbeitungen. Der Begriff des **Themas** oder auch **Problems** ist weiter gefaßt als der des literarischen Motivs oder Stoffs und kann außerliterarische und innerliterarische Fragestellungen verknüpfen. Eine Häufung von Ehebruchsgeschichten, Künstlerdramen oder Naturlyrik läßt auch Erkenntnisse zu über die Gesellschaft, aus der heraus sie entstehen – wobei es sich nicht um eine einfache Entsprechung handeln muß. Eine überwältigende Erfahrung von industrieller Beschleunigung beispielsweise kann ja auch zum kritischen Rückzug in technikferne Sujets führen. Es gibt zwar Generalthemen, die scheinbar überzeitlich sind – wie ›die Liebe‹ oder ›das Böse‹ – aber auch deren Bearbeitung ist nicht unabhängig von Zeiterfahrung und geprägt von den jeweils herrschenden Vorstellungen und Tabus. Sogar eine Literatur ohne Themen im herkömmlichen Sinne hätte noch die Sinnverweigerung der Literatur und damit die Kunst selbst zum Thema. Bei der Identifikation und Erklärung von Themen bleibt zu berücksichtigen, daß der Text als Zeichenkette in ein komplexes Symbolisierungsgefüge eingebettet ist und die Polyvalenz der literarischen Rede an verschiedene Bedeutungskontexte sowohl der literarischen Tradition als auch außerliterarischer Diskurse anknüpft. Der Text selbst verfügt über mehrere Symbolisierungsebenen, die aufeinander und auch jeweils auf andere Texte sowie Außerliterarisches bezogen werden können. Die Bestimmung von Themen ist also etwas anderes als die Ermittlung des Literalsinns von Zeichenketten; sie stützt sich auf die Kenntnis ästhetischer Konventionen, Traditionen und Kontexte. Literatur bedarf der zweifachen Konstruktionsleistung durch das menschliche Bewußtsein: in der Produktion und Rezeption.

Einen weiteren Brückenschlag zwischen Text und Realität kann der Begriff der **Norm** leisten; auch er bildet Abstraktionen zu beidem: soziale Normen sind nichts, was als Faktum in der Wirklichkeit aufgefunden werden kann, sondern etwas, das als Regel aus einer Vielzahl von Ereignissen abgeleitet, durch neue bestätigt oder verworfen wird und deshalb einem beständigen Wandel unterliegt. Normen sind verknüpft mit dem Orientierungswissen einer Gemeinschaft, sie regeln die soziale Praxis und werden u. a. durch Texte vermittelt. Auch literarische Texte vermitteln Normen, z. B. durch ihre konkrete Art der Themenbearbeitung als literarisch verhandelte Handlungsnormen oder abstrakte Werte.

Diese Normen im Text müssen durch Rezeption erst konkretisiert werden, sie erfordern dabei die Leistung des Lesers. Literarische Texte unterscheiden sich von anderen normpräsentierenden Texten durch die ihnen eingeschriebene Reflexionsdistanz und das Moment der Unsicherheit. Von den normativen Regelungen der wirklichen Welt unterscheiden sie sich dadurch, daß sie keine praktische Handlungsrelevanz haben: als Normgerüst der fiktiven Welt können sie zwar die Fabel plausibel oder weniger plausibel erscheinen lassen, sie bleiben aber Teil des willkürlich Erfundenen und verfügen über ein Bedeutungspotential, aber keine festgelegte Bedeutung. Ein Anknüpfungspunkt in der Wirklichkeit muß erst konstruiert werden.

Als Medium kultureller Selbstverständigung beansprucht Literatur in der Moderne eine **Metaposition**, die ihr erlaubt, Wissen, Themen und Normen ihrer Ursprungsgesellschaft in einem eigenen Modus zu diskutieren. Dieser Modus des Fiktionalen kennzeichnet die Literatur als Spezialdiskurs. Alle, die als Autoren oder Leser an literarischer Kommunikation teilnehmen, werden in diese Metaposition hineingezogen: die Freiheit von Literatur ist selbst eine Norm, die Produktion, Rezeption, Vermittlung beeinflußt. Als solche ist sie veränderlich, sie gehört nicht zum ‚Wesen' von Literatur, aber sie ist Kennzeichen des über einen langen Zeitraum dominanten Literaturbegriffs.

Normkategorien: Hochliteratur und Trivialliteratur, Dichtung

Ein weiteres normatives Kriterium für die Zugehörigkeit zur Literatur ist die **ästhetische Qualität** von Texten. Geläufig ist es in der traditionellen Unterscheidung zwischen **hoher** und **niederer**, zwischen **Kunst-** und **Trivialliteratur** (auch: Unterhaltungsliteratur). Die erstere verfügt über eine ästhetisch herausragende Gestaltung und bringt darin zugleich herausfordernde literarische Wahrheiten zum Ausdruck, die letztere folgt bewährten Bauformen und verbreitet eher konventionalisierte Ansichten. Die Einordnung einzelner Produkte in die Kategorie der Kunstliteratur ist Sache des ästhetischen Ermessens einer- und der Tradition andererseits. ›Hohe‹ Literatur wird also durch Vereinbarungen über Auswahlkriterien erst gemacht; abgeleitet werden diese in der Regel aus bereits vorliegenden Werken. Anschließend wird geklärt, für welche Werke diese Kriterien weiterhin zutreffen. Da in diesem Verfahren die Besonderheit und Hochwertigkeit der ausgewählten Elemente betont wird, ist dies zugleich auch ein **emphatischer Literaturbegriff**.

Während Goethes „Iphigenie auf Tauris" jederzeit und zweifelsfrei als Hochliteratur aufgefaßt wird, gelten Episoden von „Perry Rhodan" ebenso unstrittig als trivial. Diese Beispiele verdeutlichen das oben Gesagte: „Iphigenie" hebt sich von den gleichzeitig entstandenen Dramen der Goethezeit durch Gestaltung und Bedeutung ab – man denke als Vergleichsgröße nicht an den ebenso einzigartigen „Torquato Tasso", sondern an die dreistellige Zahl von überlieferten

Gebrauchsstücken im Stile eines Iffland oder Kotzebüe. Zu den typischen Merkmalen des Trivialen gehören kaum unterscheidbare Versatzstücke der Handlung in mehreren gleichartigen Stücken, offensichtliche Reihenproduktion in stereotypen Wiederholungen und eine dem Publikum längst vertraute oberflächliche Darstellungsweise. Eine einzelne Folge von „Perry Rhodan" beispielsweise geht deshalb in der riesigen Zahl von gleichartigen Folgen dieser Serie unter. Durch ihre massenhafte Verbreitung und damit gewaltige Publikumswirksamkeit kommt der Trivialliteratur durchaus Bedeutung zu, allerdings kann die Massenware nie die historische Leistung einzigartiger, innovativer Werke in den Schatten stellen. Festzuhalten ist, daß die Funktionsweise der trivialen sich nicht prinzipiell von der der Kunstliteratur unterscheidet; beide erfüllen unterschiedliche Geschmacksanforderungen des Publikums.

Kanon

Die Übereinkunft, die „Perry Rhodan" und anderes aus der Kunstliteratur ausgliedert, wird keineswegs jeden Tag neu abgesprochen. Sie steht in einer Tradition der **literarischen Wertung**, die ihren Bestand an ‚guter' Literatur von den Vorfahren übernimmt. In diesem **Kanon** ist jener Teil der Literatur einer Sprache vereinigt, der traditionellerweise zur hohen Kunstliteratur gerechnet wird. Dabei ist es der Literaturbetrieb, der über die Jahrhunderte hinweg den Kanon stiftet, nicht das Urteil einer konkreten Instanz oder gar eines Kritikers, sondern die Gesamtheit der literarischen Urteile. Deshalb gibt es auch keinen in jeglicher Beziehung verbindlichen Kanon, wohl aber einen umstrittenen Rand- und einen weitgehend konsensuellen Kernbereich. Im letzteren sind die anerkannten **Klassiker** anzutreffen (im Sinne von: größte Werke aller Epochen). Im ersteren sind literarische Produkte anzusiedeln, deren Rang entweder ungeklärt ist oder als fragwürdig eingestuft wird. Je lebhafter und umstrittener die literarischen Entwicklungen seit der Moderne aufeinanderfolgen, desto problematischer wird das Beharren auf einer unbeweglichen Tradition. Der Kanonbegriff, wie er hier gerade umrissen worden ist, muß als ‚weicher', als modernisierter Kanonbegriff bezeichnet werden, der im Grunde in einem fortlaufenden Prozeß der Verständigung modifiziert wird und sozusagen nur noch als Gefäß dient, in welches immer andere Texte hineingestellt werden können. Das ehemalige Ziel der Einrichtung Kanon hingegen besteht durchaus in der harten Durchsetzung einer Tradition, die ein- für allemal festgeschrieben werden soll. Zu ihren drei Institutionen gehören Zensur, Textpflege und Sinnpflege (Assmann 1987, 11ff.).

Unabhängig davon, ob ein Kanon als diskussionsorientierter Vorschlag oder als dogmatisch behauptetes Faktum auftritt, dient er der Vermittlung von literarischen Kenntnissen. Im Schulunterricht katalogisiert er die Texte, die allen bekannt sein sollten. Entscheidend für die Auswahl ist deren außergewöhnliche ästhetische Qualität, zusätzlich werden aber auch grundlegende Deutungen ihrer Aussagen mitvermittelt. So bleibt im literarischen Wissen der Schüler ein bestimmtes Bild von Tradition erhalten, es entsteht ein **kulturelles Gedächtnis** (auch: Archiv). Dies wird freilich ergänzt durch andere Einflüsse, etwa der aktuellen Literaturkritik oder der Reflexionen der Literaturwissenschaft.

Eine starre Kanonisierung birgt Gefahren für die literarische Tradition. Sie führt im Laufe der Zeit zur weitgehenden Erstarrung des literarischen Lebens. Gegen einen solchen übermächtigen und verkrusteten Kanon richtete sich beispielsweise die Aufwertung der Trivialliteratur in den 1960er Jahren. Dieser Kritik an der konservativen Normierung verdankt sich auch die Einführung des oben umrissenen deskriptiven Literaturbegriffs. Es hat sich allerdings in den vergangenen Jahren ebenfalls erwiesen, daß die Verständigung über Literatur unbefriedigend verläuft, wenn nicht gewisse Normen den Gegenstandsbereich begrenzen und inhaltlich festlegen. Die neueren Bemühungen um einen deutschen Kanon – in Form von empfehlenden Leselisten für Schule und Universität (vgl. Segebrecht 1994) – zielen freilich nicht auf die Rückkehr zu einem autoritären Kanon als kulturellem Herrschaftsinstrument. Sie dienen vielmehr dem Bedarf an Orientierung, der Erstellung einer Diskussionsgrundlage von allgemein anerkanntem literarischem Basiswissen.

Die Institution des Kanon ist im Laufe der Entwicklung der Literaturgeschichtsschreibung entstanden, und hatte zuerst das Ziel, den europäischen Nationen jeweils eine eigene Literaturtradition zu sichern, die als Basis für eine kulturelle und politische Nationalidentität dienen konnte. Der Begriff der **Nationalliteratur** hat auch nach Jahren der heftigen Kritik am kulturellen Nationalismus weiterhin Bestand. Gerade zur Bezeichnung der herausragenden literarischen Werke eines Sprachraumes (nationaler Kanon) ist er nützlich. Ihm stehen gleichwertig andere Ordnungsbegriffe gegenüber oder zur Seite, von denen wenigstens einer hier genannt werden soll: **Weltliteratur.** Von Goethe für den deutschen Kulturbereich geprägt und zur Diskussion gestellt, dient er als Bezeichnung für die Gruppe jener Werke aus allen Sprachgebieten, die sich im Zusammenhang ihrer nationalsprachlichen Literatur auszeichnen und thematisch auch für andere Kulturen bemerkenswert sind.

Als Kanon können darüber hinaus auch andere Auswahlen von literarischen Werken bezeichnet werden. Neben dem bisher beschriebenen normativ wertenden gibt es natürlich einen **empirischen Kanon**, der jene Literatur enthält, die die Zeitgenossen einer bestimmten Epoche wirklich gelesen haben. Unnötig zu erläutern, daß Goethe und Schiller notorisch den Wertungskanon bestimmen, während Trivialliteratur verschiedenster Ausprägung jederzeit den empirischen Kanon beherrscht hat. Der empirische Kanon hängt nicht von ästhetischen Normkriterien, sondern von Marktentwicklungen ab: zu ihm gehört, was wirklich massenhaft gekauft oder in der Leihbibliothek ausgeliehen wurde.

Zu den allgemeinen Bezeichnungen für Hochliteratur, die historisch gewachsen und längst fest im Sprachgebrauch verankert sind, gehört **Dichtung.**

Dieses Wort wird seit dem Mittelalter verwendet und erhielt spätestens zu Beginn des 20. Jahrhunderts eine spezifische Bedeutung von Könnerschaft und Geheimwissen. Dichter sind nach dieser Auffassung privilegiert, eine Wahrheit zu schauen und zu verkünden: „Die Dichtung hat es mit den letzten Beziehungen des Menschen zu sich selber, zur Umwelt, zu Gott und den letzten Dingen [...] zu tun" (Mahrholz 1923, 52). In diesem Sinne wird ›Dichtung‹ für die Bezeichnung eines emphatischen Literaturbegriffs verwendet, der im Gegensatz zum abschätzig verwendeten Terminus ›Literatur‹ steht. Diese veraltete Opposition hängt von dem grundlegenden Unterschied ab, der im späten 19. und der ersten Hälfte des 20. Jahrhunderts zwischen Kultur und Zivilisation gemacht wurde. Kultur steht für eine anti-intellektuelle, dem Glauben und der Empfindung zugewandte irrationale Weltauffassung, während Zivilisation für wissenschaftliches, kritisches Denken verwendet wird (vgl. Strich 1928, 192ff. und andere Positionsbestimmungen der Geistesgeschichte).

Sonderfälle: Autobiographie, Briefwechsel, Dokumentarliteratur

Darüber hinaus existieren weitere sprachliche Phänomene, die sich den Normkriterien widersetzen, aber deshalb noch lange nicht aus dem Bereich der Literatur wegzudenken sind. So sind beispielsweise **Autobiographien**, **Briefe**, **Tagebücher** oder **Literaturessays** von anerkannten Schriftstellern und Schriftstellerinnen überwiegend nicht fiktional, sollten aber nicht ausgeschlossen werden. Nicht-fiktionale Literatur, die in den vergangenen Jahren mehr und mehr in die literaturgeschichtliche Diskussion einbezogen worden ist, bietet außerdem die Gattung der **Reiseberichte**. Mit Fiktionen verwandt sind letztere dadurch, daß sie auf dem Weg der sprachlichen Darstellung Fremdes, aus der eigenen Erfahrung von Wirklichkeit Ausgegrenztes, zugänglich machen. Damit tragen sie dazu bei, daß ihre Leser eine von ihrer eigenen Wirklichkeit abgehobene Denkhaltung vorübergehend annehmen können – und dieser Vorgang steht in einer gewissen Nachbarschaft zu dem, was Fiktionen leisten.

Die Verarbeitung von Textsorten der Alltagswelt (etwa in Zitat- / Collagetechniken oder einer stilistischen Anlehnung an Pressetexte) führt ihrerseits zu Mischungen, die mit dem Begriff **Dokumentarliteratur** bezeichnet werden. Er gilt für Literatur, die „ihren spezifisch ästhetischen Wirklichkeitsbezug in Frage stellt, und die journalistische Sachlichkeit zum neuen ästhetischen Ideal erhebt" (Miller 1982, 9). Darüber hinaus gibt es aber eine Menge von Aufgeschriebenem oder Gedrucktem, das keine Kunst und keine Fiktion sein will, sondern Sachinformation, wirklichkeitsbezogene Kommunikation oder erfahrungs- wie literaturorientierte Selbstreflexion darstellt. Derlei Texte sind aus dem normierten Literaturbereich eigentlich ausgeschlossen, sollen aber aus verschiedenen Gründen gelegentlich berücksichtigt werden. Dabei leistet ein deskriptiver, erweiterter Literaturbegriff gute Dienste, weil er gleichermaßen kanonisierte wie außenstehende, fiktionale wie nicht-fiktionale Schriften in einem begrifflichen Rahmen zu benennen erlaubt.

Text, Kommunikation, Werk

Bis hierhin bezogen sich die Überlegungen zur Literatur überwiegend auf deren gedanklichen Gehalt, ihr Verhältnis zur Erfahrungswelt und ihre ästhetischen Eigenschaften. Einen Gegenstand in dem Sinne, daß man ihn schwarz auf weiß nach Hause tragen könne, bezeichnet das nicht. Zu fragen ist also nach dem Material, aus dem Literatur besteht. Für abgeschlossene sprachliche Äußerungen gibt es die Bezeichnung **Text**. Ein Text ist ein Gewebe (lat. textus) aus Sprache, das in sich geschlossen ist und feststeht. Das Material, in dem der Text festgehalten wird, ist Schrift, und insofern ist er als künstlich hergestellter Gegenstand aufzufassen. Schrift ist im Gegensatz zu gesprochener Sprache etwas fest Gefügtes, und in diesem Sinne gilt ein Text, sobald er erst einmal verbindlich niedergeschrieben ist, als unveränderlich (**statischer Textbegriff**). Seine Wahrnehmung wird in einem komplizierten Akt vollzogen: er muß Stück für Stück gelesen und schließlich im Zusammenhang verstanden werden.

Als sprachliche Äußerung besteht ein Text aus einer Kette von Sprachzeichen, die nach Regeln aneinandergefügt sind, deren Ordnungsanspruch sich jede Äußerung unterwerfen muß. Oder nicht? Wenn bestimmte sprachliche Elemente zur Herstellung eines Textes ausgewählt werden, gehorchen sie einerseits dem Regelsystem der Sprache, können andererseits aber auch abweichende Eigenwilligkeiten aufweisen. Letztere dienen dazu, die individuellen Absichten des Textverfassers umzusetzen. Das ist zwar bereits in der Alltagsrede so, gilt aber um so mehr in der Literatur. In ihr sind Redeweisen, die das Regelsystem der Sprache mißachten, viel häufiger, ohne daß der Text deshalb unverständlich würde. Literarische Texte müssen keineswegs den geltenden Sprachregeln folgen, die Innovationskraft der literarischen Rede setzt sich ja gerade über solche traditionellen Grenzen hinweg. Dort beginnen oft erst die Aussagen der Literatur – allerdings um den Preis, daß die sprachlichen Fügungen sich dem eindeutigen Verstehen widersetzen, das aus der Alltagskommunikation bekannt ist.

Der niedergeschriebene Text ist notwendiger Bestandteil dessen, was oben Literatur genannt wurde. Und doch hat der Gegenstand Text allein für sich nichts Literarisches: damit er vom toten Text zur lebendigen Literatur wird, muß er in Beziehungen eingesetzt werden, die ihn zum Leben erwecken. Es entsteht aus einem komplexen Verhältnis des Textes zu Instanzen, die an der Sinnkonstitution beteiligt sind. Der Text ist ein **Medium** mit kommunikativer Funktion. Bei jedem Text kann unterstellt werden, daß durch ihn eine Verständigung angestrebt wird zwischen Sprecher (Textautor, Produzent) und Hörer (Textleser, Rezipient). Auf diesem Wege begründet Literatur einen Prozeß der Verständigung des Menschen mit und über sich selbst, der nie abgeschlossen ist.

Dieser **Kommunikationsprozeß** weist einige Besonderheiten auf, die für die schriftliche Verständigung charakteristisch sind: da der literarische Text festgelegt ist, findet kein persönlicher Austausch zwischen den hervorbringenden und aufnehmenden Personen statt. Der **Autor** verfaßt den Text zuerst, der Text wird dann als festgelegtes Ganzes (**Kommunikationsbasis**) weitergegeben und der **Leser** (**Rezipient**) ordnet dem Text, ohne den Autor persönlich um Bestätigung bitten zu können, Bedeutung und Sinn zu. Mindestens drei Bestandteile sind hier vereint: eine Absicht des Autors, etwas mitzuteilen, eine Aussage im Medium des Textes (also bei Literatur eine Fiktion) und eine Aufforderung an Leser, sich mit dem Text zu beschäftigen (**Appell**). Ein Gegenbeispiel wäre etwa ein Text, der von einem Individuum verfaßt wurde, ohne je für andere Personen bestimmt gewesen zu sein. Er stellt sicherlich einen Sonderfall dar, weil dieser Text gar keine oder nur eine auf den Autor zurückbezogene Kommunikationsfunktion einnimmt. Es gilt aber auch hier, daß der Text überhaupt erst dann zu Literatur werden kann, wenn er von mindestens einem weiteren Menschen zur Kenntnis genommen wird.

Ein Text, der in seiner kommunikativen Funktion betrachtet wird, kann als **literarisches Werk** bezeichnet werden. Dabei wird über den Text als Kette sprachlicher Zeichen hinaus seine Herstellung durch den Autor und die komplexe Wahrnehmung durch das Publikum berücksichtigt: „So ist der Text als Werk nicht lösbar von der elementaren Dynamik des Textes als Handlung" (Stierle 1981, 543). Der eigentliche materiale Text tritt dabei zurück gegenüber der mitgeteilten Intention und der ausgelösten komplexen Bedeutungs- und Sinnkonstruktion. Im Urheberrecht ist Werk der juristische Terminus, der das Produkt eines Autors bezeichnet und gewisse Rechte und Pflichten daran knüpft. In beiden Verwendungsweisen ist die unlösbare Zuordnung von schöpferischer Handlung des Individuums zum von ihm geschaffenen einzelnen Text enthalten. Werk wird zugleich aber auch als Bezeichnung für das Gesamtschaffen eines Schriftstellers verwandt; um Verwechslungen vorzubeugen, hat sich für diese Bedeutung jedoch alternativ das französische Wort **Œuvre** durchgesetzt, ersatzweise das deutsche **Gesamt-** oder **Lebenswerk**.

Früher hatte der Terminus Werk eine stark normative Dimension: mit einem **emphatischen Werkbegriff** wurden herausragende ästhetische Texte bezeichnet, denen man bestimmte Eigenschaften aus dem Normenkatalog der klassischen Ästhetik zumaß. Auch diese Verwendung des Terminus ist heute mitunter noch geläufig; in diesem Falle ist ein Werk ein organisches Ganzes, dessen innere Abgeschlossenheit sich unter anderem dadurch auszeichnet, daß das Werkganze mehr ist als bloß die Summe seiner Teile und daß es in seiner **Totalität** Einzigartigkeit und überzeitliche Beständigkeit beanspruchen kann. Gleichzeitig schließt diese Sichtweise die Auffassung ein, daß ein Werk immer und zu jeder Zeit aus sich heraus wirke, ohne je auf das Zutun eines Publikums angewiesen zu sein.

Textfassungen

Viele Autoren bearbeiten ihren Text auch nach der ersten Veröffentlichung weiter, um ihn später noch einmal zu publizieren (als überarbeitete Neuauflage, Gesammelte Werke o. ä.). Gehören die Veränderungen, die sie dabei vornehmen, noch zum ursprünglichen Text oder entsteht ein neuer? Hier kann nur pragmatisch entschieden werden: wenn die charakteristischen Merkmale in Stoff, Thema, Gattung und Stil erhalten bleiben, also die Unterschiede (**Varianten**) so gering ausfallen, daß der ursprüngliche Text im Wortlaut erkennbar bleibt, dann handelt es sich nur um eine neue **Fassung** des Textes. Sind die Veränderungen jedoch so zahlreich, daß der ursprüngliche Text kaum noch wiederzuerkennen ist, so handelt es sich um einen neuen Text. In diesem Zusammenhang ist der Werkbegriff als übergeordnete Kategorie unverzichtbar: selbst in stark abweichenden Textfassungen – also eigentlich mehreren, deutlich unterscheidbaren Texten – kann zum Beispiel dasselbe Thema mit der gleichen Intention wiederholt aufgegriffen werden, deshalb wird in diesem Fall trotzdem von einem einzigen Werk gesprochen.

Welche der Textfassungen eines Werkes ist nun aber die gültige, die im vorher eingeführten Sinne als ›festgelegt‹ zu betrachtende? Die möglichen Varianten verdeutlichen, daß es nur in grober Vereinfachung sinnvoll ist, von einem abgeschlossenen und festgefügten literarischen Text zu sprechen. Die vom Autor nach und nach durchgeführten Veränderungen sind wichtig, sie dokumentieren die Entstehungsgeschichte des Werkes. Dieser Entwicklungsaspekt literarischer Texte wird im **dynamischen Textbegriff** berücksichtigt. Dementsprechend besteht der Text eines Werkes letztlich „aus den Texten sämtlicher Textfassungen, die im Laufe eines Entstehungsprozesses eines Werkes vom Autor oder in seinem Auftrag zu diesem Werk hergestellt“ (Scheibe 1982, 28) und rezipiert werden.

Autor und Publikum: Produktions- und Rezeptionsseite

Autoren, so scheint es auf den ersten Blick, beherrschen das Literaturgeschehen. Sie haben alle Verfügungsgewalt über Texte und Werk, sie stellen sie her und entlassen sie zu einem selbst gewählten Zeitpunkt durch die **Veröffentlichung (Publikation)** in die Kommunikationssituation. Freilich gibt es auch Grenzen, die der Selbstbestimmung des Autors bei der ersten Festlegung und weiteren Bearbeitung seiner Texte gezogen sind. Sollten Redaktion oder Lektorat der herausgebenden Institution mit dem Text nicht einverstanden sein – und sei es nur, daß er für die Spalten einer Zeitschrift ein wenig zu lang ist –, könnten sie durchaus **Eingriffe** in den Text vornehmen, ohne den Autor zu fragen. Das sollte nicht so sein, kommt aber im Laufe der Literaturgeschichte unaufhörlich vor. Dann wird der Text **verfälscht**, oder zumindest, wenn nämlich der Autor den Veränderungen zustimmt, durch andere Personen beeinflußt. Das sind allerdings Feinheiten, die bei gewöhnlicher Lektüre kaum eine Rolle spielen, weil sie für normale Leser unerheblich sind.

Wird der Autor als Urheber eines Textes ernst genommen und der Text als eine von ihm beabsichtigte und bewußt gestaltete Äußerung gelesen, steht seine Absicht (**Intention**) im Mittelpunkt. Der Standpunkt, die Lektüre eines Textes versetze die Lesenden in die Gedankenwelt des Autors, ist jedoch nur auf den ersten Blick ein sicherer. Was ist denn von der Intention bekannt? Überliefert ist nur der Text als ein materiales Substrat, das in den Augen von Rezipienten durchaus mehrdeutig ist. Um eine Übereinstimmung zwischen Autorintention und Text anzunehmen, bedarf es der Unterstellung, der Autor vermöge haargenau das Eine, was er gewollt hat, in Sprache zu fassen (**emphatischer Dichterbegriff**), und dieses Eine sei weiterhin identisch rekonstruierbar. Dagegen spricht, daß auch sogenannte große Dichter oft Veränderungen an ihren Texten vornehmen (›feilen‹), um sie – nach ihrer eigenen Auffassung – zu verbessern. Von Texten auf die Absicht von Autoren zu schließen, bleibt partiell spekulativ. Es ist sicherer, den überlieferten Text selbst als das Verbindliche aufzufassen, da er als einziges schwarz auf weiß vorliegt und damit eine feste Grundlage für den Verstehensprozeß bietet.

Mit dieser Entscheidung wird die Autorinstanz keineswegs aus dem Panorama des Interessanten verdrängt; gerade wenn das mögliche Spannungsverhältnis zwischen Text und Autor thematisiert bleibt, kann in bezug auf den Text die Dynamik seiner Entstehung und Veränderung betrachtet werden und in bezug auf die Autorinstanz das Verhältnis von möglicher Intention und tatsächlicher Textverwirklichung. Einflußgrößen, die hier wirksam werden, sind beispielsweise eigensinnige, unreflektierte Vorlieben des Autors oder die für die literarische Produktion so wichtige Rolle des Vor- oder Unbewußten, die dem Ausdruck des jeweils Gemeinten Streiche spielen. Einflußreichere Faktoren aber sind Gewohnheiten und zeittypische Redeweisen, die den Text prägen, ohne daß der Autor sich dessen bewußt ist.

Erst wenn der Text als das Vorhandene, die Autorintention aber als das Vermutete, zu Entdeckende verstanden werden, sind die Leser nicht mehr einer angenommenen übermächtigen Instanz Autor ausgeliefert. Der Autor verliert seine Verfügungsgewalt über den Text spätestens dann, wenn er diesen veröffentlicht. Zwar kann er in der Gestaltung des Textes Vorsorge treffen dafür, wie die Leser bei der Lektüre verfahren werden, er kann die Situation jedoch nicht jenseits dieser einmal in den Text eingeschriebenen (Text-)Strategien beherrschen. Unter den Augen der Leser erwacht der Text zu eigenem Leben. Diejenigen, die glauben, bei der Lektüre die Gedanken des Autors minutiös nachzuvollziehen, haben nur ein zu geringes Vorstellungsvermögen, um sich ihre Eigenmächtigkeit im Umgang mit dem Text klarzumachen. Niemand kann einen Lesenden daran hindern, sich den Sinn eines Textes auf höchst eigene Weise zusammenzureimen. Zu jeder Zeit herrschen allerdings auch gewisse

Gemeinsamkeiten in den Erwartungen der Lesenden. Komplexe Prägungen durch Tradition, Erfahrungsstand und Diskussionszusammenhänge bestimmen ihren jeweiligen ›Erwartungshorizont‹ (vgl. Jauß 1970).

Literatur wird von Beziehungsgeflechten in Kommunikationssituationen konstituiert. Diese Art von Leben, in die Texte eintreten, hat sehr komplexe Strukturen und bietet damit Spielraum für eine Vielfalt möglicher wie tatsächlich zu beobachtender literarischer Aktivitäten. Das Modell, das nur von einem Autor und einem Leser angesichts eines einzelnen Textes ausgeht, bleibt in seiner Erklärungsleistung bescheiden. Autor wie Leser sind von einer kaum erfaßbaren Anzahl literarischer Kommunikationsvorgänge – eigener und überlieferter – vorgeprägt: jede neuerliche Kommunikation tritt in diese Reihe **literarischer Erfahrungen** ein. Auch der gedankliche Austausch mit anderen Personen prägt den Prozeß auf der Seite des Autors ebenso wie der Leser. Dies alles vervielfältigt die Einflüsse und potenziert die Spielräume der literarischen Kommunikation.

Literaturtheorie, literarische Selbstreflexion

Die Grundzüge möglicher Literaturbegriffe, die bisher referiert worden sind, sind in ihrer Allgemeinheit nur zur Orientierung, als Diskussionsbasis nützlich. Wer immer sich weitergehend mit der Frage befaßt, was Literatur sein soll, muß zusätzliche Merkmale bestimmen. Diese können gesucht werden in Kategorien wie Gattung und Stil, Zweck, soziale Orientierung oder behandelte Themen. Alle, die Literatur herstellen oder aufnehmen wollen, unterziehen sich einer fortlaufenden Verständigung über den (gemeinsam) gemeinten Literaturbegriff. Dabei wird nicht immer Übereinstimmung erzielt, oft bleiben Widersprüche und Gegensätze explizit oder implizit bestehen.

Es handelt sich dabei nicht allein um Beiträge im Rahmen der Literaturkritik und des Schulunterrichts, sondern auch um einen eigenen Bereich von **Literaturtheorie**. Er wird in Texten verhandelt, die explizit dem Nachdenken über den Literaturbegriff und seine Merkmale gewidmet sind. Meistens sind dies Essays von Schriftstellern oder Kritikern, in denen sie sich über ihre eigenen Kriterien für Literarizität äußern. Diese Reflexionen treffen und überschneiden sich mit einer Aufgabe der Literaturwissenschaft, ohne selbst ein Teil von ihr zu sein; innerhalb der letzteren nämlich dient die Literaturtheorie der wissenschaftlichen Gegenstandsbestimmung und nicht nur der Verständigung in einer literaturbezogenen Gruppe. Der Terminus Literaturtheorie bleibt in dieser Hinsicht oft zweideutig, manchmal bezeichnet er nicht nur das Nachdenken der Schriftsteller über ihr Tun sondern auch Bereiche der Literaturwissenschaft (vgl. z. B. die Verwendung bei Bogdal 1990). In diesem Fall sei aber besonders vor Verwechslungen mit anglo-amerikanischer Terminologie gewarnt: literary theory bezeichnet dort gleichermaßen die von Schriftstellern, Kritikern wie auch universitären Literaturwissenschaftlern geäußerten Gedanken über Literatur. Im folgenden sollen im Hinblick auf die nötige Deutlichkeit **Literaturtheorie** und **literaturwissenschaftliche Theorie** unterschieden werden.

Die Diskussion über Literatur, ihre Formen, Leistungen, etc. und die Probleme, die aus deren praktischer Umsetzung entstehen, treten keineswegs nur in eigens dafür vorgesehenen Essays auf. Es gehört vielmehr zu den Besonderheiten vieler literarischer Texte, daß sie diesen Bereich selbst thematisieren. Literatur erzählt Geschichten und macht im selben Augenblick Bemerkungen darüber, wie dieses Erzählen (oder ein anderes Verfahren der Darstellung) funktioniert. Die **Selbstreflexion** der Bedingungen literarischer Kommunikation gehört zu den Strukturmerkmalen literarischer Texte. Hier ist auch der Punkt, an dem sie sich am deutlichsten als fiktionale Texte zu erkennen geben, denn sachbezogene Rede pflegt die Bedingungen ihrer eigenen Entstehung und Anwendung nicht mitzureflektieren.

Sozialer Handlungszusammenhang und relative Autonomie der Literatur

Literarische Texte werden in einer wirklichen Welt von wirklichen Menschen erdacht, fixiert und gelesen; sie entstehen in einem **sozialen Handlungszusammenhang**. Damit es zu literarischer Kommunikation kommt, ist eine Vielzahl von Schritten notwendig; Bücher müssen nicht nur geschrieben, sondern auch gedruckt und verkauft werden. An Literatur sind eine Reihe von Handlungen geknüpft: Lehrer und Kritiker verdienen ihr Geld damit, daß sie Literatur erklären und beurteilen, Autoren damit, daß sie schreiben, Zensoren damit, daß sie Geschriebenes wegstreichen usw. Gesellschaften brauchen Literatur aus unterschiedlichen Gründen: zur Unterhaltung, als Sozialisationsinstrument, zur ästhetischen Bildung, als geistigen Freiraum, als Archiv des Schönen und des Wissens, als unabhängiges Beobachtungsmedium, als Ware, als Propagandamittel. Literatur formuliert dem gegenüber eigene Ansprüche, die sich mit den gesellschaftlichen Erwartungen zum Teil decken, ihnen aber meist auch entgegenstehen und auf sie zurückwirken. Was Literatur ist und wie sie sein soll, ist historisch gebunden und wird in gesamtgesellschaftlichen Prozessen ausgehandelt (pragmatischer Literaturbegriff). Literatur ist also in ein Netz sozialer Beziehungen verwoben und alle diese haben mehr oder minder direkten Einfluß auf literarisches Handeln und beeinflussen damit auch die Struktur literarischer Texte und die Art und Weise wie gelesen wird (literarische Praxis).

Diese Prozesse als Wechselwirkungen zu verstehen, heißt nicht nur, den Einfluß anderer, d. h. nicht-literarischer, Interessen festzustellen, sondern auch, von einem abgrenzbaren Bereich ›Literatur‹ in der Gesellschaft auszugehen. Diese Vorstellung fundiert die meisten der in der Literaturwissenschaft heute gängigen Literaturbegriffe. Mit dem Begriff der **relativen Autonomie** ist diese doppelte Orientierung der Literatur bezeichnet worden. Ob die literaturwissenschaftliche Praxis sich auf der Grundlage eher mit den sozialen Bedingungen von Literatur, mit Texten und ihrer Deutung oder der Medialität von Literatur beschäftigt, ist zwar keine unwichtige, aber eine Frage der Perspektivierung. Unstrittig dürfte sein, daß alle diese Elemente zur Literaturwissenschaft gehören und einander ergänzen.

Die relative Autonomie ist eine heuristische Annahme, sie kann als Merkmal der ästhetischen Wahrnehmung – also des immer nur gebrochen existierenden Wirklichkeitsbezugs – literarischer Texte unterstellt werden, aber auch als Kennzeichen des literarischen Handelns in einer ausdifferenzierten Gesellschaft. Es steht zu vermuten, daß die Kennzeichen literarischer Texte (ausgeprägte Individualität, reflektierende Distanz) auch auf den sozialen Gebrauch von Literatur zurückwirken. Umgekehrt gilt: die Umwelten suchen sich die Literatur, die ihre Anforderungen am besten erfüllt. Das führt zur gleichzeitigen Ausprägung mehrerer literarischer Segmente mit unterschiedlichen Funktionen.

Auch wenn Literatur als ausgegrenzter Handlungsraum angenommen wird, kann zwischen literarischen und nicht-literarischen Normen nicht immer scharf unterschieden werden. Als Heuristik bleibt diese Unterscheidung aber trotzdem sinnvoll. Seit der Neuzeit gilt, daß die an Literatur Beteiligten selbst die Regeln ihrer Kunst bestimmen. Innerhalb der literarischen Handlungs- und Kommunikationszusammenhänge fungieren diese Regeln als soziale Normen, sie leiten Schreib- und Leseakte an. Zu jedem Zeitpunkt gibt es Konventionen, die die Bedeutung ästhetischer Formen und Verfahren bestimmen. Auch wenn ein Drama keine pyramidale Struktur im Sinne klassizistischer Regeln (mehr) braucht, wird ein Text ohne szenische Darstellung und Figurenrede auch heute kaum dieses Etikett für sich reklamieren können. Ebenso wird eine Elegie mit betont fröhlichem Inhalt auf Verwunderung stoßen, und vom Verfasser eines Sonetts werden weiterhin vierzehn Verse verlangt. Normen unterworfen sind auch die Themen, Motive und die Stilhöhe der verwendeten Sprache. Wie weit der einzelne Autor diesen Normen folgt, ist damit nicht vorbestimmt, und im Vergleich zu anderen gesellschaftlichen Handlungsräumen ist Literatur sicher ein Bereich mit weichen Normen.

Die Konventionen der Literatur gehören zum professionellen **literarischen Wissen** von Autoren (aber auch Kritikern oder Verlegern) und prägen die literarische Praxis. Die ist mehr als das Ausfüllen vorgegebener Formen, trotzdem gilt, daß sich alle Akteure mit dem Normenkanon auseinandersetzen müssen. Literatur präsentiert zwar beliebig, aber nicht wahllos konstruierte Welten. Das Verfassen wie auch Lesen von Literatur sind willentliche Akte, die normgeleitet sind (das schließt ein absichtliches Durchbrechen der Norm ein, nicht alle Operationen verlaufen außerdem bewußt und reflektiert). Ästhetische Entscheidungen können außerästhetische Folgen haben, ebenso wie politische, ethische und ökonomische Anforderungen zu ästhetischen Konsequenzen führen können. Außerliterarische und ästhetische Normen können erklärend aufeinander bezogen werden, meist liegen dabei komplexe Transformationsprozesse zugrunde und monokausale Erklärungsversuche ihrer Wechselbeziehung greifen zu kurz.

Die Modellvorstellung der relativen Autonomie ermöglicht hier, eine literarische Tradition anzunehmen, die sich fortschreibt und heteronome Einflüsse verarbeitend aufgreift. Ein Beispiel: der Aufschwung der Novelle im 19. Jahrhundert hängt mit dem Wandel des Publizistikmarkts zusammen; für die vielen neu entstehenden Zeitschriften sind die kurzen, scharf umrissenen Texte die sinnvollste Darreichungsform von Literatur, die hohen Honorare überzeugen Autoren. Damit ist aber weder erklärt, warum die Prosanovelle anderen kurzen Formen – wie Gedichten oder Balladen – vorgezogen wird, noch, wie die redaktionelle Anforderung nach Kürze im einzelnen gefüllt wird oder warum sich Autoren und Kritiker um die ästhetisch-theoretische Einordnung der so ‚praktischen' Novelle Gedanken machen.

Literarische Texte als Quellen

Literarische Texte sind **historische Quellen**. Einmal sind sie Zeugen dafür, wie in der jeweiligen Zeit ein Programm ›Literatur‹ gefüllt wird. Kein literaturgeschichtlicher Ansatz kann oder will ohne dieses Material auskommen (der einzige Gegenvorschlag – die ›Empirische Theorie der Literatur‹ – hat sich in dieser Hinsicht nicht durchsetzen können). Literarische Texte werden darüber hinaus als kulturhistorische Quellen gelesen, aus denen Informationen über Epochen, über Bewußtseinslagen und Lebensbedingungen gewonnen werden können. Dieses Verfahren ist häufig als der Literatur und ihrem ästhetischen Anspruch nicht angemessen kritisiert worden, und tatsächlich wird ein wesentlicher Teil dessen, was die autonome Literatur ausmacht, in dieser Perspektive nicht berücksichtigt. Während die Literaturwissenschaft vor allem die ästhetischen Verfahren und Transformationslestungen im Blick hat, geht es hier um den Inhalt von Texten. Nicht-referentielle Texte machen es einem jedoch nicht leicht, ihren Inhalt zu bestimmen, und zu dokumentarischer Eindeutigkeit wird man nie gelangen.

Als Zeugnisse sozialer Verständigung sind literarische Texte jedoch immer in ihrer zeitgenössischen Lebenswelt verankert und repräsentieren wesentliche Teile des kollektiven Wissens ihrer Zeit. So wie sie nur im Rekurs auf ihre historichen Entstehungsbedingungen adäquat interpretiert werden können, so weisen sie in ihren Inhalten und Formen auch immer auf diese zurück. Zu diesen Entstehungsbedingungen gehören soziale und ästhetische Voraussetzungen (die zu einem großen Teil wieder als spezifische soziale Normen fungieren); Literatur ist aber niemals auf die realgeschichtlichen Rahmenbedingungen reduzierbar. Das muß aber nicht als Manko gesehen werden: die spezifische Verarbeitungsleistung, die durch den nicht-dokumentarischen und polyvalenten Charakter der Literatur erbracht wird, kompliziert zwar den Zugriff, transportiert aber auch zusätzliche Informationen über die Zeit und ihre Deutung. Welche Art von Literatur eine Gesellschaft hervorbringt, charakterisiert diese Gesellschaft; welches Wissen, welche Normen und Probleme in Texten verhandelt werden, hat auch Auswirkungen auf die ästhetischen Formen. Die jeweilige Verbindung zwischen Symbol und Sozialorganisation unterscheidet Kulturen.

Ein an Erziehungs- und Bildungsgeschichte Interessierter kann die in einem Roman geschilderte Schulszene zwar nicht als Dokumentation wirklicher Begebenheit oder allgemeiner Zeiterfahrung nehmen, aber sehr wohl als die pointierte Darstellung eines historischen Entwurfs zu dieser Frage lesen. Für diese Sicht ist es zunächst auch nicht entscheidend, ob eine solche Passage zentrale Bedeutung für die Interpretation des literarischen Textes hat oder eher zur beiläufigen Charakterisierung beiträgt. Wichtig ist, wie die Repräsentation im Text markiert ist: wird sie einer Figur in den Mund gelegt, die meist wirre Gedanken von sich gibt oder einer verläßlichen, gehört sie zur erzählten Gegenwart oder Vergangenheit, weist sie parodistische Elemente auf, kommentiert ein Erzähler etc.

Ein Argument für die Berücksichtigung literarischer Texte zur Erkenntnis historischer und gegenwärtiger Gesellschaften ist der Stellenwert, den die Zeitgenossen ihrem literarischen Handeln beimessen. Die nachweisbare Hochschätzung der Literatur als eines Selbst- und Weltdeutungsmediums begründet ihre Relevanz für die historische Forschung. Anschaulich wird dies beispielsweise im Bemühen der zu verschiedenen Zeiten um Anerkennung ringenden Gruppen (Bürger, Arbeiter, Frauen) um eine eigenständige Literatur.

Auch für eine gewichtende Inhaltsanalyse ist literarisches Wissen um die Bedeutung ästhetischer Formen unverzichtbar. Fiktionale Texte sind besondere Quellen, deren Literalbedeutung nicht zu trauen ist, die aber eine Fülle von Informationen bergen. Die Literaturwissenschaft stellt mit ihrem Fachwissen das Instrumentarium für eine **literaturspezifische Quellenkritik** bereit, das sich andere Disziplinen zunutze machen können. Damit ist eine präzisere Annäherung an die verhandelten Inhalte möglich, die die mediale Transformationsleistung der Literatur in Rechnung stellt; darüber hinaus werden die Aussageformen als Zeugen ihrer Zeit verständlich. Ein Auswandererroman zum Beispiel enthält andersartige Informationen als ein Ratgeber für Auswanderer, beide aber sind Quellen, die zur Erhellung des gleichen historischen Migrationsphänomens beitragen können.

Literaturbegriff

– pragmatischer L.: Literatur ist alles, was eine soziale Gruppe zu einem bestimmten Zeitpunkt in einer Kultur dafür hält
– deskriptiver (beschreibender), erweiterter L.: Literatur besteht aus abgeschlossenen, zusammenhängenden sprachlichen Äußerungen in Schriftform; eine Ausnahme bildet die mündliche Überlieferung (orale Tradition)
– normativer, engerer L.: zur Literatur gehört nur, was ausgewählte Merkmale der Literarizität aufweist; dazu gehören Fiktionalität (keine eindeutige Referenz zur Wirklichkeit), literarische Freiheit (gegenüber den Sprachkonventionen) sowie Mehrdeutigkeit (Polysemie)
– Bezüge zwischen Literatur und Wirklichkeit können Wissen, Themen, Normen, Literatur ist ein Medium, dem ein spezifischer Modus der Weltwahrnehmung eignet

Kanon

– Menge von Texten, über deren Wichtigkeit Konsens besteht, da sie vereinbarte Normkriterien erfüllen; diese umfassen vor allem ästhetische Merkmale: herausragende, innovative Textstruktur (Kanon der Kunst- oder Hochliteratur)

Werk- und Textbegriff

– Literatur ist Medium der literarischen Kommunikation (Autor, Mitteilung, Leser)
– Werk ist Text in Funktion, es kann aufgefaßt werden als Text oder als Kommunikationshandlung
– Textfassungen sind Entwicklungsstadien eines Werkes, die sich im Wortlaut unterscheiden
– Produktion (Schreibakt) und Rezeption (Leseakt) erzeugen beide gemeinsam die Bedeutung und den Sinngehalt eines Werkes

Relative Autonomie

– Literatur ist ein sozialer Handlungszusammenhang, der nach eigenen Regeln organisiert ist, auf den aber auch eine Vielzahl von Einflüssen einwirkt
– Literatur nimmt unterschiedliche Funktionen wahr
– Literatur besitzt eine eigenständige Entwicklungsdynamik, sie verarbeitet mittelbar Erfahrungen aus der Realität

Texte als Quellen

– Literarische Texte sind kulturhistorische Quellen
– Literaturwissenschaft bietet das Instrumentarium für eine literaturspezifische Quellenkritik

2. Was ist Literaturwissenschaft ?

Jede Wissenschaft produziert, diskutiert und archiviert **Erkenntnis** über einen bestimmten Gegenstandsbereich. Da Literatur nicht naturgegeben ist, muß die Literaturwissenschaft erst einmal festlegen, welche Erscheinungen in ihren Gegenstandsbereich gehören. Deshalb ist die Frage ‚Was ist Literatur?' überhaupt so wichtig: niemand sonst als die Literaturwissenschaft ist gezwungen, eine Verständigungsbasis in dieser Frage zu schaffen. Literaturliebhaber sind frei, sich ihren Literaturbegriff für den Hausgebrauch zu bilden, Kritiker können sich ad hoc etwas einfallen lassen, das sie am nächsten Tag schon wieder bestreiten. Allein die Wissenschaft ist durch die Anforderungen an Wissenschaftlichkeit aufgefordert, eine wiederholbare **Gegenstandsbestimmung** zu begründen.

Aus zweierlei Gründen ist diese Gegenstandsbestimmung nicht unabhängig vom gesellschaftlich allgemein gängigen Literaturbegriff: erstens sind die Personen, die Literaturwissenschaft betreiben, in ihrer Sozialisation schon durch diese verbreitete Vorstellung von Literatur geprägt, bevor sie überhaupt wissenschaftlich tätig werden; zweitens wäre es für die Wirksamkeit der Literaturwissenschaft prekär, wenn sie einen Literaturbegriff benutzte, der völlig anders wäre als der allgemein übliche. Aus dem ersten Grund ist also eine Trennung der beiden Literaturbegriffe ohnehin nicht möglich und aus dem zweiten nicht wünschenswert. Doch Literaturwissenschaft legt trotzdem Wert darauf, sich vom Literaturgespräch des Alltags abzugrenzen, auch wenn Kritiker dieser Grenzziehung anmahnen, systematische Wissenschaftlichkeit bereite jedem angemessenen Literaturverständnis ein frühes Ende.

Literaturwissenschaft hat neben den anderen gesellschaftlichen Bereichen, die sich mit Literatur befassen – Autoren, Publikum, Literaturkritik, Schule – ebenfalls nur einen begrenzten Geltungsbereich. Was die Bestimmung der Funktionen, die jeder dieser Bereiche inne hat, verkompliziert, ist der wechselseitige Einfluß, den sie aufeinander ausüben. Jeder Kritiker ist beispielsweise zugleich Leser, vielleicht sogar Lehrer oder auch Literaturwissenschaftler. Darüber hinaus liest er literaturwissenschaftliche Ergebnisse und verwendet sie teilweise in der Literaturkritik weiter. In diesem Sinn muß auch Literaturwissenschaft als Teil einer gesellschaftlichen kulturellen Praxis aufgefaßt werden, die nicht ausschließlich durch Wissenschaftlichkeit bestimmt ist, sondern ebenfalls durch Traditionen und fremde Einflüsse.

Beim Versuch, den Begriff Literatur zu bestimmen, wurden viele Formulierungen wie „in der Regel", „meist", „nach weit verbreiteter Auffassung" und ähnliche verwendet. Sie weisen darauf hin, daß eine große Anzahl von nicht erfaßten Beispielfällen (Gegenbeispiele) sowie eine Reihe von abweichenden Meinungen im Augenblick nicht berücksichtigt wurden. Was entsteht, ist die Bestimmung eines Mainstream-Literaturbegriffs. Er sichert eine gemäßigte Vereinheitlichung der Auffassungen zum Zwecke der besseren Verständigung.

Diese Leistung gehört zu den wichtigsten und grundlegenden Aufgaben der Literaturwissenschaft. Sie erstreckt sich sowohl auf die akademische Fachdiskussion, als auch auf die Bereiche der Schule, der Literaturkritik und der Literaturliebhaber. Sie schafft ein **Ordnungsmodell** aus weitgehend zustimmungsfähigen Begriffen und Kategorien, auf welche jede spezielle Diskussion aufbauen kann. Die Ausrichtung auf Konsensfähigkeit – und damit in gewisser Weise Kompromißbereitschaft – soll allerdings keine Reduktion der Beschäftigung mit Literatur auf Kanon, Tradition oder ästhetisches Mittelmaß einfordern. Im Gegenteil: sie bietet eine umfassende Verständigungsbasis. Von ihr gehen kritische und innovative Fragestellungen aus, die jederzeit die Möglichkeit der Revision sichern.

Wissenschaft in systematischer und historischer Hinsicht

Die Beschreibung einer Wissenschaft kann sich nicht darauf beschränken, darzustellen, was sie derzeit ist, sondern muß zugleich offenlegen, wie sie es geworden ist. Beides ist nicht immer gleich wichtig; bei unterschiedlichen Wissenschaften hat ihr aktueller Zustand ein jeweils spezifisches Verhältnis zu ihrem historischen Ursprung und ihrer chronologischen Entwicklung. Im einen Fall mag es unerheblich sein, wie die gleiche Wissenschaft vor Jahren ausgesehen hat, da ihre innere Einteilung weitgehend gleich geblieben ist und außerdem ihr Wissensbestand in so schneller Folge erneuert wird, daß ältere Lehrbücher längst bloßes Altpapier sind. Dies ist in Natur- und technischen Wissenschaften ohne Zweifel der Fall, in Geistes-, Kultur- oder Sozialwissenschaften verhält es sich anders. Hier kann Wissen selten als falsch ausgewiesen (falsifiziert) werden, und entsprechend werden alte Erkenntnisse nicht einfach durch neuere ersetzt. Statt dessen wird **Wissen** – älteres wie neueres – **gesammelt**. Beispielsweise können Goethes Anmerkungen über Schillers Dramen nicht in dem Sinne als überholt gelten, daß sie nicht heute noch Bedenkenswertes aussagten. Interessant werden sie aber vor allem durch ihr Spannungsverhältnis zu allen späteren Äußerungen zum selben Gegenstand. Auf diese Weise entsteht eine Wissensanhäufung (**Kumulation**), in der zwar einerseits das Alter der Erkenntnisse keine große Rolle spielt, andererseits jedoch die historische Abfolge der Ideen sehr wohl berücksichtigt werden muß. Da neues Wissen gewöhnlich aus einer Kritik des älteren gewonnen wird, ist die Entwicklungsreihe von Vorgabe und Innovation, Tradition und Kritik, durchaus konstitutiv für diese Art von Wissensbestand.

Weil die Verknüpfung dieser Wissensbestände durch die Geschichte hindurch fortläuft, ist vieles Gegenwärtige in den Kulturwissenschaften kaum zu verstehen, ohne daß zuerst seine **historischen Entstehungsgründe** und -bedingungen geklärt werden. Darstellungen der einschlägigen Fächer benötigen unter diesen Umständen sowohl eine historische als auch systematische Perspektive.

Die erstere vermittelt die Voraussetzungen, die wirkungsmächtigen älteren Wissensbestände, die zweite teilt die aktuellen Zustände nach ihren gedanklichen Zusammenhängen mit. In der deutschen Literaturwissenschaft lassen sich diese Perspektiven in der historischen Chronologie recht klar abgrenzen: bis etwa 1965 verläuft die Entwicklung weitgehend einlinig in Phasen, die Jahrzehnte andauern; danach spaltet sich diese ältere, einheitlichere Linie in mehrere, parallel verlaufende auf, die zudem in kürzeren zeitlichen Abständen Veränderungen unterliegen. Es entsteht ein neues, pluralistisches Konzept konkurrierender Ansätze. Trotz dieser wissenschaftlichen Wende allerdings wurden keineswegs alle älteren Kenntnisse und Gewohnheiten ausgelöscht, vielmehr reichen ihre Auswirkungen bis in die Gegenwart hinein.

Die großen Arbeitsfelder der Literaturwissenschaft

Die Frage, was Literatur sei, charakterisiert nur eine der Aufgaben literaturwissenschaftlicher Tätigkeit. Sie fällt in den Bereich der **Theorie**. Dominierend sind jedoch die praktischen Anwendungen, die mit dem Gegenstand Literatur unter verschiedensten Fragestellungen umgehen. Zu diesen Arbeitsfeldern gehören vor allem **Interpretation und Literaturgeschichte**. Beide sind nicht unabhängig voneinander zu begreifen, stellen aber in der Praxis durchaus verschiedene Arbeitsfelder dar. Natürlich ist literaturwissenschaftliche Praxis nicht auf diese beiden Teilbereiche beschränkt, doch bilden sie ihre traditionsreichsten Bestandteile neben der **Editionsphilologie**.

Umgang mit Texten (Analyse, Erläuterung, Interpretation)

Das Alltäglichste, worauf der Umgang mit einem Text abzielt, ist, ihn zu lesen, das heißt, die sprachlichen Zeichen zu erkennen, ihre Bedeutung zu entschlüsseln. Im Alltagsgeschehen werden sprachliche Äußerungen als etwas durchaus Unproblematisches behandelt: ihr Sinn scheint eindeutig. Das ist bei genauerem Hinsehen keine Selbstverständlichkeit, denn bereits in einer alltäglichen Kommunikation ist das Mißlingen von Sprachverwendung vielfältig zu erfahren. Trotzdem unterstellen alle in der Alltagspraxis „Gutwilligkeit und den wahrscheinlichen Zufall, daß man schon richtig versteht" (Weimar 1975, 119). Da literarische Texte aber weiterreichende sprachliche Besonderheiten aufweisen, stellen sich potentielle Leser besser auf ein mögliches Nichtverstehen ein. Unter dieser Voraussetzung müssen die Texte aufwendiger **entschlüsselt** werden.

Entschlüsseln kann heißen, daß alle bekannten und nach Regeln festgelegten Bestandteile des Textes wiedererkannt und zu einer sinnvollen Aussage zusammengefügt werden. Der Beitrag einer systematischen literaturwissenschaftlichen Textbetrachtung besteht auf dieser Ebene in einer Analyse der Gesamtheit der textlichen Strukturen, sofern sie als syntaktische oder semantische Gefüge in den durch die Regeln des Sprachsystems vorgegebenen Grenzen erfaßbar sind. Eine solche (strukturale) **Textanalyse** erfaßt Beziehungen zwischen den Bestandteilen des Textes und entschlüsselt deren Bedeutung. Sie stellt diesen Befund auf **intersubjektiv** nachvollziehbare Weise dar. Entschlüsseln der Textbedeutung schließt ebenfalls ein, daß zunächst Wörter und Ausdrücke, die in der den Lesern vertrauten Standardsprache nicht geläufig sind, erläutert werden. Diese Erläuterung kann sich auf die Nennung von bekannteren Synonymen beschränken, kann aber auch – beispielsweise bei älteren Texten aus einem entfernten kulturellen Zusammenhang – ältere oder fremde Wissensbestände, die zweifelsfrei durch die unbekannten Wörter und Ausdrücke benannt werden, in Erinnerung rufen (dafür haben sich als Fachtermini auch die französische Bezeichnung ›explication de texte‹ oder das englische ›close reading‹ eingebürgert).

Einen literarischen Text lesen, heißt auch, die Besonderheiten seiner Strukturierung zu erfassen. Dazu gehören Bestandteile der sprachlichen Gestaltung, die nicht den allgemein üblichen Regeln der Sprachverwendung gehorchen. Solch abweichende Eigenheiten des Textes (unter anderem: Schreibweisen des Autors) sind problematischer in ihrer Bedeutung – sie sind meist nicht eindeutig in ihrer Aussage. Nach den Kriterien eines normativen oder gar emphatisch-ästhetisierenden Literaturbegriffs fängt hier der Bereich der ›eigentlichen‹ Literatur überhaupt erst an. Damit wird die **Literarizität** eines Textes an die Individualität seines Stils gebunden, d. h. an seine gestalterische Einzigartigkeit. Die Textentschlüsselung wird nicht nur durch Eigenheiten in der Anordnung der Sätze und Verwendung ungewöhnlicher oder neugebildeter Wörter auf die Probe gestellt, sondern in stärkerem Maße durch Mehrfachbedeutungen. Diese zergliedern den Textsinn in mehrere **Bedeutungsebenen**: die **Literal**bedeutung der ersten, eigentlichen Aussageebene und die **Figural**-, das heißt übertragene Bedeutung der uneigentlichen, rhetorisch-poetischen Rede.

Die Bemühung, Individualität wahrzunehmen, ist durch Lesen auf der eigentlichen Aussageebene nicht abzugelten, wohl aber ist die Entschlüsselung der feststehenden Codes immer Voraussetzung für jedes Eingehen auf Besonderheit. Den Text zu entschlüsseln, heißt ihn zu **verstehen**. Dazu ist es nicht mehr möglich, sich auf die fraglos gegebenen schwarz auf weiß vorhandenen Textstrukturen allein zu berufen: zum Verstehen ist eine Bemühung des Lesers erforderlich, die den Text in einer spezifisch literarischen Kommunikationssituation als Übermittlung einer besonderen Botschaft ernst nimmt. Der Rezipient versucht, einen Sinn zu erschließen, bei dessen Verifikation ihm der Urheber des Textes nicht persönlich helfen kann. Die alte Frage „Was wollte der Dichter uns damit sagen?“ wird zu Recht nur noch ironisch gebraucht, da der tatsächlich vorliegende Text und nicht eine unterstellte Autorabsicht das Entscheidende für die Sinnkonstitution ist. Die unverrückbaren Schriftzeichen teilen aufmerksamen Lesern anderes, und meist viel mehr mit, als der Autor selbst zu meinen geglaubt hat.

Hier gilt noch mehr als in einer alltäglichen Begegnungssituation, daß die Rede des Texturhebers – die ja als Ausweis ihrer Literarizität vom gängigen Code abweicht – vom Rezipienten nur in Grenzen richtig verstanden werden kann. Das Grammatische kann als das Objektivierbare intersubjektiv nachvollzogen werden, während das Individuelle als nicht wiederholbare Äußerung beim Rezipienten eher Vermutungen über die möglichen Bedeutungen hervorruft. Dessen Hypothesen entziehen sich weitgehend der wissenschaftlichen Objektivierbarkeit. Die Bildung solcher Verstehens-Hypothesen heißt **Auslegen** eines Textes. Wo immer sprachliche Vermittlung von Sinnzusammenhängen vorkommt, wird letzten Endes Rede ausgelegt; in referentieller Rede allerdings ist der Spielraum dafür viel kleiner als in den Bereichen der Fiktion, wo durch Sprache der Gegenstand mitsamt seinem Bezugsrahmen erst erzeugt wird.

So wird auf literarische Texte entweder eingegangen durch Verstehen im Sinne einer Kunst der Auslegung (**Hermeneutik**), durch Verfahren der Erklärung (**empirisch-analytisch**) oder der Strukturbeschreibung (**Strukturalismus**). Das Verstehen literarischer Texte geschieht überwiegend im hermeneutischen Verfahren. Damit werden jene Vorgänge modelliert, die bei einer Lektüre von selbst ablaufen. Es hat viele Versuche gegeben, diese Vorgänge in ihren einzelnen Schritten genauer zu untersuchen. Problematisch sind darin all jene Bestandteile des Verstehens, die mit der Sinnzuweisung an Textstellen zu tun haben, die anders als die normal codierte Sprache funktionieren. Hier soll zunächst einmal nur die Grundposition skizziert werden: ein Urheber hat Aussageintentionen in einem Text niedergelegt, der Text wird unabhängig von weiteren Eingriffsmöglichkeiten verbreitet, und ein Rezipient versucht schließlich, ihn zu verstehen. Zwischen dem Sinnhorizont des Urhebers und dem des Rezipienten bestehen Gemeinsamkeiten – beispielsweise, was die Sprachkompetenz oder kulturelle Hintergründe angeht – es bestehen aber auch Unterschiede. So wie es unmöglich ist, genau einen Sinn wirklich in adäquate Worte zu fassen, so ist es erst recht unmöglich, in den Worten eines anderen genau das zu erblicken, was der glaubt, gesagt zu haben. Statt dessen hilft nur ein Verfahren der Annäherung: jedes Wort und jede Satzstruktur werden daraufhin überprüft, ob sie der unterstellten Sinnhypothese recht geben oder nicht. Im literarischen Text ist dies ein sukzessives Verfahren, in dem der Rezipient sein Vorverständnis (bestimmt unter anderem durch sein kulturelles Wissen) einbringt, um es bei jeder weiteren Textstelle mit seinem zunehmenden Textverständnis zugleich zu überprüfen. Dieses Verfahren, bei dem immer vom aktuellen Stand des Verstehens zu vorausgegangenen Stadien zurückgegangen wird, nennt man **hermeneutischen Zirkel**.

Wenn die Bedeutung eines Textes auf eine Erfahrungswirklichkeit bezogen wird, entsteht eine **Interpretation**. Im Grunde schließt jedes Lesen bereits Interpretation ein, denn bei der Zuordnung zwischen der Bedeutung von Textzeichen und ihrem aktualisierten Sinn wird vom Lesenden eine Auswahl unter möglichen Zuweisungen getroffen. Dabei werden Schwerpunkte gewählt, die durch andere lesende Individuen wahrscheinlich (sogar ziemlich sicher) anders gesetzt würden. Lesen ist immer Nachvollziehen von Bedeutungskonstitution innerhalb eines Textes, und dieser Vorgang ist in seinen Grundzügen gar nicht von den Grundlagen einer ausdrücklichen und kunstgerechten Interpretation zu unterscheiden. Letztere macht den Vorgang des Interpretierens – möglichst nach systematischen Gesichtspunkten – deutlich, während ihn die Lektüre bloß stillschweigend einschließt. Außerdem achtet eine kunstgerechte Interpretation eher auf die Vielfalt der möglichen Bedeutungen, während normales Lesen sich mit einem Sinnangebot begnügt.

Innerhalb der Literaturwissenschaft stehen die Interpretationen eines Werkes miteinander in Verbindung. Dabei dient die Kumulation der Auslegungen eines Textes durch die Zeitläufte als Orientierung seiner aktuellen Interpretation; auch frühere Leseweisen behalten ihren Platz im Diskussionszusammenhang. Jede neue Interpretation eines bestimmten Werkes ist deshalb gezwungen, die Geschichte der Auslegungen dieses Werkes zur Kenntnis zu nehmen und in ihre Überlegungen einzubeziehen. Innerhalb dieser Entwicklung wird es immer wieder Reprisen früherer Thesen in neue Argumentationskontexte geben, wodurch der historische Zusammenhang nicht nur der Literatur selbst, sondern auch der Literaturwissenschaft präsent bleibt. Einen ähnlichen Einfluß können natürlich auch die älteren Äußerungen aus den Bereichen des Publikums und der Literaturkritik haben, zumal die Trennung der vier Bereiche vor etwa einhundert Jahren erst allmählich begann, und davor entsprechend engere Verbindungen zwischen Interpretationsäußerungen verschiedener Herkunft bestanden.

Literaturgeschichte

Literaturgeschichte übernimmt die **Ordnungsfunktion** im Bereich der Literatur. Die erste gewöhnlich an sie gerichtete Erwartung ist, einen Überblick über die literarische Überlieferung zu geben, und so hält sie fest, welche Bestandteile die Literatur von ihrem Anfang bis zur Gegenwart aufweist. In diesem Sinne umfaßt Literaturgeschichte nicht mehr als eine Inventarisierung von Gegenständen und Ereignissen, die über die Zeiten hinweg als literaturrelevant eingeschätzt und tradiert worden sind. Würde Literaturgeschichte jedoch ausschließlich in diesem Sinne verstanden, dann erschienen ihre Darstellungen wie Werkverzeichnisse oder literarhistorische Handbücher. Mit einer so einfachen Ordnungsfunktion ist kaum jemandem gedient: die Tatsache, daß Texte hintereinander in der Zeit von Autoren verfaßt worden sind, verleiht ihnen nur eine historische Chronologie. Es bedarf weitergehender Ordnungskriterien, um einen so großen und komplexen Gegenstand wie Literatur beherrschbar und dem Verständnis zugänglich zu machen. Das Interesse an Literaturgeschichte wird nicht dadurch befriedigt, daß den Lesern eine unüberschaubare Anzahl nicht näher bestimmter Daten präsentiert wird. Alle diese Daten bleiben in der Aufzählung ohne Zusammenhänge oder Schwerpunkte; jedes literaturgeschichtliche Interesse aber fragt gerade nach dem eigentümlichen Sinn der Überlieferung.

Mit Recht kann deshalb erwartet werden, daß eine Literaturgeschichte ihren **Stoff** nicht nur aufzählt, sondern ihn überschaubar macht, dabei die **Bedeutung** seiner Elemente erklärt und den **Sinn** des Ganzen erläutert. Übersichtlich und verständlich wird der Stoff unter anderem durch die Auswahl einer begrenzten Anzahl von Ereignissen. Als Kategorien zum „Arrangement des Materials" haben sich im Laufe von rund zwei Jahrhunderten fünf Zugriffsweisen bewährt: 1. biographische, 2. textuelle, 3. klassifikatorische (Gattungen oder Themen), 4. temporale Einheiten (Epochen, Generationen u. a.), 5. separierte Kontexte (politische, gesellschaftliche, wissenschaftliche u. a.) – (vgl. Fohrmann 1989, 58f.).

Diese Geschichte kann als eine Art von **kollektivem Gedächtnis** angesehen werden, in ihm sind vergangene Gegebenheiten aufgehoben und bleiben verfügbar. Deshalb muß der doppelte Anspruch an die Literaturgeschichte gestellt werden, keines der vielen Ereignisse aus ihrem Bestand von vornherein auszuscheiden, gleichzeitig aber eine Auswahl zu treffen. Diese sollte repräsentativ sein; um dies zu gewährleisten, müssen Kriterien für Repräsentativität vorhanden sein. Also sind Vorgaben über die Bedeutung von Literaturgeschichte erforderlich. Wollte man etwa eine Geschichte der mißlungenen Werke oder, im Gegenteil, eine der besonders gelungenen Werke anlegen, so wäre zunächst die Kategorie des Gelungenseins zu bestimmen. Von der entsprechenden Auswahl bliebe zu erwarten, daß die erstere der Geschichten ganz andere Werke als die zweite enthielte.

Von der Zielvorstellung des jeweiligen Konzepts von Literaturgeschichte hängt die Auswahl des Stoffes ebenso ab wie die Grundeinteilungen für das anzuwendende Ordnungsschema. Insofern ist jede Literaturgeschichte nicht nur abhängig von Ordnungskategorien, sondern auch von dem **Theoriekonzept**, das deren Auswahlverfahren steuert und die angestrebte Leistung durch entsprechend ausgerichtete Fragen perspektiviert. Obwohl der Vorrat an literarischen Ereignissen in der Geschichte begrenzt (wenn auch sehr groß) ist, kommen auf diese Weise immer wieder neue Sichtweisen zustande. Indem sich die aktuelle Fragestellung, die die Auswahl und Ordnung des Stoffes leitet, verändert, entsteht jedesmal eine andere Literaturgeschichte. Die überlieferte Literatur hat nur die Bedeutung für die Gegenwart, die die Interessenten ihr durch Fragestellungen zuordnen. Zwar wirkt die ältere Literatur über die literarische Tradition beständig auf die Literatur und ihre Wahrnehmung in der Gegenwart ein – ohne daß sich irgendwer diesem Einfluß entziehen könnte –, doch bedeutet dies keineswegs eine notwendige Festschreibung traditioneller Sichtweisen. Gerade wenn diese historische Wirkung ins Bewußtsein rückt und Gegenstand der Auseinandersetzung mit der Tradition wird, werden neue Fragen an die Überlieferung gestellt. Literaturgeschichte ist ein dynamisches Produkt der eigenen Sichtweise, eine **Konstruktion** auf der Basis der eigenen Perspektive. Diese Dynamik macht jederzeit deutlich, daß einerseits das gegenwärtige Literaturverständnis nicht ohne Auseinandersetzung mit der Geschichte entstanden ist – es ist selbst historisch –, andererseits die Gegenstände der Literaturgeschichte aber auch immer abhängig sind vom aktuellen Standpunkt.

Das darf jedoch nicht heißen, daß in der wissenschaftlichen Diskussion Vorstellungen von Literaturgeschichte beliebig sind. So wie es eine weitgehend anerkannte Verständigungsgrundlage darüber gibt, welche Werke zum kanonisierten Kernbereich der deutschen Literatur gehören, gibt es entsprechende Übereinkünfte für die Konzeptionen von deren Geschichte. Bemerkenswerterweise tritt eine Reihe ‚großer' Werke unter den verschiedensten literarhistorischen Fragestellungen gleichermaßen – wenn auch aus unterschiedlichen Gründen – hervor. Das kann gedeutet werden als Potential literarischer Einzigartigkeit, das diesen Werken eigen ist und bei fast allen Betrachtungsweisen zur Geltung kommt.

In der Anfangszeit der deutschen Literaturgeschichtsschreibung im 19. Jahrhundert gab es ein allgemein akzeptiertes Ziel: die Konstitution eines Kanons von **Nationalliteratur**. Diese Bestimmung wirkt noch immer fort, wo die Rede von Geschichte der deutschen Literatur ist, jedoch hat sich nach vielfältigen Erfahrungen mit Konzepten von Literaturgeschichtsschreibung wohl herausgestellt, daß eine akzeptable, ‚richtige' Lösung sich nicht endgültig finden läßt. Vor allem wird nicht mehr die Illusion gehegt, in der getroffenen Materialauswahl könne die Darstellung eines gültigen Ganzen der Nationalliteratur gelingen. Statt dessen nimmt die Vielfalt der Auswahldarstellungen mit jedem neuen Versuch zu: jede Frage an die Überlieferung erzeugt mit ihrer eigenen Fragestellung eine neue **Reihe** von Werken. In dieser Reihenbildung wird eine Verbindung zwischen den Werken hergestellt, literarhistorische Reihen beruhen sowohl auf chronologischer Anordnung als auch auf Interpretation der Werke. Literaturgeschichte wird zum jedesmal aufs neue herzustellenden Beziehungsgeflecht.

Diese Art der historischen Reihung aus einem jeweils speziellen interpretierenden Blickwinkel verbindet die literarischen Ereignisse nicht willkürlich, sondern entfaltet aus den ihnen zugewiesenen (an ihnen aufgrund der Fragestellung ‚entdeckten') Eigenschaften durchgängige Strukturen. Diese Strukturen können ästhetischer, sozialer oder anderer Art sein. Während die Reihung einzelner Werke als literarische **Ereignisgeschichte** bezeichnet wird, widmen sich viele Arbeiten lieber der **Serien-** oder **Strukturgeschichte**, in welchen die Darstellung größeres Gewicht auf die gemeinsamen Merkmale in ihren Zusammenhängen legt. Diese Strukturen eines Zeitalters vermitteln historische Grundeinsichten, die den Vorzug haben, nicht nur für einzelne Werke zu gelten, sondern die Gemeinsamkeiten einer großen Anzahl jeweils zeitgenössischer Texte zu umfassen.

Von der Beschreibung historischer Strukturen kann erwartet werden, daß sie wichtige Eigenschaften einer größeren, ganzen Gruppe von vergleichbaren Werken auf den Begriff bringt. Literarische Strukturgeschichte betont zwar die allgemeingültigen Zusammenhänge, bestreitet deshalb aber noch lange nicht die Unvergleichbarkeit (Inkommensurabilität) der herausragenden ästhetischen Leistungen. Im Gegenteil, deren Singularität kann vor dem Hintergrund von komplexen Strukturbeschreibungen deutlicher ermessen werden, da sie nicht nur auf der Behauptung beruht, ausgerechnet einem unter vielen Werken gebühre eine Sonderstellung in der Reihe der herausragenden Ereignisse.

Editionsphilologie

Im Arbeitsfeld Editionsphilologie wird die materiale Basis der literarischen **Überlieferung** gesichert. Das Ziel ist vor allem, Texte und ihre Fassungen in zuverlässigen Ausgaben abzudrucken und so für die literaturwissenschaftliche Arbeit zur Verfügung zu stellen.

Literaturwissenschaft als Kulturwissenschaft / Medienkulturwissenschaft

In der fachlichen Diskussion der 1990er Jahre wurde der **Gegenstandsbereich** der Literaturwissenschaft noch über einen erweiterten Literaturbegriff hinaus ausgedehnt: die neue Perspektive richtet sich auf eine umfassende **Kultur**. Die methodischen Verfahren, Texte zu analysieren und zu interpretieren, werden dabei auf Gegenstände übertragen, die selbst keine Texte sind, denen man aber vergleichbare Sinnstrukturen oder Zeichenhaftigkeit zuschreibt. Damit soll unter anderem der Erfahrung Rechnung getragen werden, daß die Bedeutung der Literatur in der gesellschaftlichen Sinnverständigung abnimmt, daß dort andere Zeichensysteme an ihre Stelle treten und die ehemalige Funktion der Literatur übernehmen. Um ihre traditionell wichtige Rolle in der Diskussion von Sinnangeboten zu bewahren, greift die Literaturwissenschaft auf jene neuen Bereiche aus. Als Teile des erweiterten Feldes kultureller Codierungen werden dabei mündliche Überlieferungen, audio-visuelle Dokumente, Artefakte, Handlungen und vieles anderes mehr berücksichtigt, typische Untersuchungsgegenstände etwa sind festliche Rituale, mythische oder religiöse Überlieferungen. Ein derartiger Kulturbegriff wird bislang jedoch nicht systematisch expliziert, er bleibt theoretisch weitgehend unbestimmt. Ein solches „provisorisches Konstrukt“ (Briese 1998, 387) wird nur in kleinen Ausschnitten durch angewandte Untersuchungen beleuchtet.

In kulturwissenschaftlicher Perspektive wird der Anspruch erhoben, grundlegende Erkenntnisse über **kulturelle Prozesse** zu gewinnen. Die Literaturwissenschaft lehnt sich an ethnologische Fragestellungen an, sie beschreibt symbolische Handlungen und hat das Ziel, nach „kognitiven, affektiven oder ethischen Dispositionen zu fragen“ (Voßkamp 1999, 190). Diese ›ethnologische Wende‹ (auch: ›cultural turn‹) soll die Literaturwissenschaft einer **Kulturanthropologie** an die Seite zu stellen.

Zu den wichtigsten Fragen in diesem Zusammenhang gehört das Verhältnis von Kultur und Text. Von der Art der Antwort hängt unter anderem ab, wie weit sich literaturwissenschaftliche Verfahren und Erfahrungen auf den erweiterten Gegenstand anwenden lassen. Die Vorschläge reichen von der poststrukturalistisch fundierten Behauptung, die gesamte Kultur **sei** Text, über den ethnographischen Vergleich Kultur sei **wie** Text, bis zur argumentativ nicht gestützten Anwendung textanalytischer Verfahren auf theoretisch nicht näher spezifizierten „literaturnahen Gebieten" (Schönert 1998, 492). Unabhängig vom Grad der unterstellten ›Textualisierung‹ von Kultur verweisen alle genannten Annahmen darauf, daß Kultur generell als ›Gewebe‹, also als ›Textur‹ von bedeutungsvollen Elementen, aufgefaßt werden könne. Eine methodische Annäherung bietet hier vor allem der New Historicism (vgl. unten Kapitel XIV). Wie schon in der deutlich früher eingeführten Diskursanalyse findet ästhetisch hochgewertete Literatur keine besondere Berücksichtigung, vielmehr werden alle Gegenstände als gleichrangige Texte angesehen.

Solange die Beziehungen zwischen literarischen Texten und Kultur sowie deren strukturelle Ähnlichkeiten und Unterschiede nicht näher bestimmt sind, beschränken sich viele Beiträge zur Kulturwissenschaft auf eine Untersuchung der Medialität kultureller Überlieferung. Die Einsicht der zur Medienwissenschaft erweiterten Literaturwissenschaft, daß Kommunikation auch immer von ihren Medien geprägt ist, läßt kulturelle Kommunikation als Abfolge medialer Formate erscheinen. Damit rücken die Kulturtechniken in den Mittelpunkt des Interesses, die zur Kodierung, Verbreitung und Entschlüsselung von Kommunikation ausgeprägt wurden. Die Bezeichnung **Medien-Kulturwissenschaft** benennt diese eingeschränkte Perspektive, die der Literaturwissenschaft im fächerübergreifenden Spektrum der Kulturforschung ihren Platz zuweist.

Literaturwissenschaft

– L. dient der wissenschaftlichen Erkenntnis über Literatur; sie ist nach ihren Aufgaben und ihrer Organisationsform abgegrenzt von der Literaturkritik, dem Lesepublikum und dem Unterrichtssystem der Schulen
– zu den Kriterien von Wissenschaftlichkeit gehören Systematik, Wiederholbarkeit und Begründbarkeit von Aussagen; L. erzeugt und verwaltet (kumulatives) Wissen über Literatur
– Wissenschaft hat neben der systematischen eine historische Dimension, sie betrifft die Herausbildung des Zustandes, in dem sie sich zu einem bestimmten Zeitpunkt befindet
– L. hat auch Einfluß auf die kulturelle Praxis; sie ist nicht völlig von den anderen Bereichen getrennt, in denen Literatur verhandelt wird

Arbeitsfelder

– die drei traditionellen Arbeitsfelder der Literaturwissenschaft sind Arbeit am Text, Geschichtsschreibung und Edition
– Arbeit am Text: verschiedene Verfahren bieten Textanalyse (strukturale), historische Erläuterung, Interpretation; letztere ist das verbreitetste Verfahren, es beruht auf Textverstehen durch hermeneutische Auslegung (Erkennen des Ganzen durch Erkenntnis seiner Teile: hermeneutischer Zirkel)
– Literaturgeschichte: begründete Auswahl aus dem gesamten überlieferten literaturwissenschaftlichen Archiv; Ordungsfunktion für die Überlieferung von Texten und Ereignissen (Epochenbildung, Gattungsmuster, Bezug zu anderen historischen Bereichen wie Kunst- oder Wissenschaftsgeschichte, Politik); Erklärung, Erläuterung oder Beschreibung der ausgewählten Werke, der Verfasserbiographien oder historischer Kontexte
– Ereignisgeschichte (das einzelne Ereignis steht im Vordergrund) oder Strukturgeschichte (die Gemeinsamkeiten typischer Phänomene eines Zeitalters stehen im Mittelpunkt)
– Editionsphilologie befaßt sich mit der Sicherung literarischer Texte und ihrer wissenschaftlichen Herausgabe (Überlieferungsgeschichte, historisch-kritische Ausgaben)

Literaturwissenschaft als Kulturwissenschaft

– Erweiterung des Gegenstandsbereiches über Texte hinaus auf symbolische Handlungen u. a.
– Untersuchung der Medialität von kultureller Kommunikation

II. Auf dem Weg zum Fach: 1800-1880

In der Geschichte jeder Wissenschaft gibt es Veränderungen, die als Einschnitte und Wendepunkte in ihrer Entwicklung wahrgenommen werden. Zwischen ihnen liegen Phasen mit vergleichsweise stabilem Verlauf. Die hier vorgestellten Abschnitte der Germanistikgeschichte bieten einige grobe Unterteilungen zur Einführung in dieses Problemfeld. Sie zeigen vor allem, daß die Germanistik eine vergleichsweise sehr junge Wissenschaft ist. Die großen Abschnitte ihrer Entstehung und Verfestigung werden bezeichnet als **vorwissenschaftliche** oder **Etablierungsphase** (bis 1850), **Übergang zur Wissenschaft** (1850-70) und **Integrationsphase** (nach 1870/80). Erst in der letzteren entstehen so etwas wie fachliche Selbstsicherheit und Unabhängigkeit, die eine kontinuierliche Diskussion der methodischen Grundlagen und Verfahrensweisen mit sich bringen.

Was aber war vor der Etablierung einer germanistischen Literaturwissenschaft? Die Aufgaben, die der Germanistik schließlich zufielen, existierten in der einen oder anderen Form schon früher, sie entstammen umfassenderen Wissensgebieten. Jedes einzelne Fach geht ursprünglich aus komplexeren gelehrten Gebilden hervor: im Mittelalter beispielsweise wurde das Wissen zunächst zentral von einer durch die Theologie geleiteten universellen Gelehrsamkeit verwaltet. Diese begann sich seit der Renaissance zu untergliedern, in einigen Ländern schneller als in anderen. In Deutschland muß bis in die zweite Hälfte des 18. Jahrhunderts noch von einer geschlossenen Gelehrsamkeit mit universalistischem Anspruch ausgegangen werden. In der Aufklärung übernahm darin allerdings die Philosophie die Vorherrschaft von der Theologie, einige der philosophischen Teilbereiche befaßten sich auch mit Literatur (Poetik, Ästhetik, Rhetorik). Eine entscheidende Veränderung bietet erst das letzte Drittel des 18. Jahrhunderts; infolge großer Wissenszunahme wurde eine Neuordnung der Wissensbereiche erforderlich, und im Rahmen dieser **gesellschaftlichen Spezialisierung** wurden sowohl zahlreiche neue wissenschaftliche Fächer als auch eine eigenständige ›schöne Literatur‹ (die alte Bezeichnung für fiktionale, ästhetisch normierte Texte) aus dem Komplex der Gelehrsamkeit ausgeschieden. Als heuristische Markierung wird oft das Jahr 1770 angesetzt (es steht für den Beginn des Sturm und Drang sowie den Beginn vieler Modernisierungsprozesse außerhalb der Literatur). Die Anleitung dafür, wie mit Literatur wissenschaftlich umzugehen sei, lieferten zunächst die traditionellen akademischen Fächer Klassische Philologie (griechische und lateinische Antike), Geschichtswissenschaft (Historiographie) und Philosophie (Ästhetik). Gegen die altehrwürdige Tradition dieser Fächer mit ihren hochangesehenen Untersuchungsgegenständen und Methoden blieb die Beschäftigung mit zeitgenössischer Literatur jedoch zunächst ein gering geschätztes Alltagsgeschäft. Aber da sich die deutsche Literatur beständig ausbreitete, und das Publikumsinteresse wuchs, ließ sich die Beschäftigung mit diesem Gebiet bald nicht mehr einfach ausblenden. Zunächst erfolgte – durchaus versuchsweise – eine Anwendung der traditionellen Methoden der Philologie, Historiographie, ästhetischen Untersuchung und Auslegung auf deutsche zeitgenössische Texte: der Erfolg solcher Unternehmungen ermutigte dazu, sich noch mehr mit der heimatlichen Literatur aus Vergangenheit und Gegenwart zu beschäftigen.

Nicht alle Aufgaben der neueren deutschen Literaturwissenschaft waren schon in der traditionellen Gelehrsamkeit enthalten. Einige entstanden auch erst im Zusammenhang mit der Modernisierung des Gegenstandes selbst: dem selbstbewußten Auftreten einer autonomen Literatur. Als in der zweiten Hälfte des 18. Jahrhunderts die eigenwillige Leistung von neuzeitlicher Literatur entstand und entdeckt wurde, begann sich auch die Wissenschaft für deren neue Qualitäten zu interessieren. Unterstützt wurde der Prozeß durch die wachsende Bedeutung der gesamten Literaturszene: Literatur wurde zum wichtigen gesellschaftlichen Modernisierungsmedium. Es dauerte aber noch rund hundert weitere Jahre, bis der Bedarf an eigenen germanistischen Beiträgen allgemein formuliert und akzeptiert war, und das Fach sich selbst von anderen kulturellen Funktionszusammenhängen abgrenzte.

Die soziale Gruppe, die in Deutschland seit dem 19. Jahrhundert die Literaturentwicklung maßgeblich bestimmte, war das Bildungsbürgertum, das aus dem gebildeten Stand des 18. Jahrhunderts hervorgegangen war. Bildung bezeichnet einen Wissensvorrat, der mit zahlreichen moralischen Wertvorstellungen angereichert ist. Darin werden nicht die funktionalen Wissensbereiche zusammengefaßt, die etwa zur beruflichen Qualifikation beitragen (Leistungswissen), sondern ein von diesen streng getrenntes Konglomerat humanistisch fundierter kultureller und ethischer Wissenselemente (Orientierungswissen). Sie beruhen auf der Tradition der deutschen Klassik, deren Formel vom ›Guten, Wahren und Schönen‹ in der Literatur sie übernehmen. Dadurch gewinnt der Bildungsbegriff etwas Bekenntnishaftes, das sich als emphatisches Element bis weit ins 20. Jahrhundert erhält.

Aufgrund der politischen Verfassung der deutschen Staaten waren die Bildungsbürger weiterhin aus den politischen Entscheidungsprozessen ausgeschlossen, trugen jedoch die gesellschaftliche (ökonomische, wissenschaftliche, politische) Modernisierung. Zu diesem Zweck nutzten sie die Literatur als Medium der Selbstverständigung – so weit die deutsche Sprache reichte. Dies trug unter anderem dazu bei, den Nationenbegriff und den Geltungsbereich deutscher Kultur in eins zu setzen (**Kulturnation**), so lange keine politische Nation erreichbar schien. Die Bildungsideale, die den Rahmen der bürgerlichen Welt- und Wertvorstellungen absteckten, wurden auf diese Weise verbreitet und diskutiert. Die Literatur lebte in der bürgerlichen Öffentlichkeit, wie diese durch die Literatur lebte. Unter diesen Umständen war eine abgegrenzte wissenschaftliche Germanistik nicht erforderlich, ja nicht erwünscht. Und doch existierten in der zweiten Hälfte des 19. Jahrhunderts institutionalisierte Leitlinien dafür, wie mit Literatur umgegangen werden sollte. Der Literaturunterricht des Gymnasiums versetzte die jungen (männlichen) Bildungsbürger in die Lage, an der literaturbezogenen Diskussion kompetent teilzunehmen. Diese vorwissenschaftlichen didaktischen Leitlinien trugen zur Entstehung der Germanistik bei. Lange konnten sich auch Sammlungen kanonisierter Werke und Zitate behaupten: die Gedichtanthologie von Echtermeyer (gedruckt von 1836 bis 1981) oder der auch heute noch neuaufgelegte Zitatenschatz von Büchmann (1864ff.) gehören dazu.

Die Bezeichnung Germanistik wurde nicht immer auf Literatur- oder Sprachwissenschaft beschränkt, eingeschlossen waren anfangs alle Lebensbereiche, die speziell deutsche Züge aufweisen: „Die beiden ersten Germanistenversammlungen von 1846 (Frankfurt) und 1847 (Lübeck) hatten noch die Einheit der Germanistik in der Projektion eines umfassenden nationalen Wissenschaftsprogramms beschworen, das Rechts- und Geschichtswissenschaft sowie Philologie bzw. Sprachwissenschaft umfassen sollte“ (Rompeltien 1994, 210).

1. Entstehung der deutschen Philologie: von alten zu neuen Texten

Das erste Arbeitsfeld der jungen Germanistik war die Philologie. Sie nahm ihren Ausgang von der Altphilologie, die die griechischen und lateinischen Texte des Altertums in langer Tradition, seit der Zeit der Humanisten, edierte, kommentierte und übersetzte. Diese Arbeitsweise wurde in einem ersten Schritt auf deutsche Textzeugen des Mittelalters übertragen, mit wachsendem Erfolg schließlich auch auf neuere deutschsprachige Texte.

Die ersten Professuren für deutsche Philologie entstanden 1801 in Münster (Anton Aloys Schlüter), 1805 in Göttingen (Georg Friedrich Benecke), 1810 in Berlin (Friedrich Heinrich von der Hagen). Als erstes eigenständiges Institut wurde 1858 das Germanistische Seminar in Rostock eingerichtet, eine breitere Gründungsbewegung erfaßte die deutschen Universitäten erst nach der Proklamation des Reiches von 1871. Benecke und von der Hagen gelten heute als einflußreiche Wegbereiter der deutschen Philologie; sie widmeten sich, wie später die Gebrüder Grimm, ausschließlich der älteren deutschen Sprache und Literatur. Dem Mittelalter galten auch ihre ersten wissenschaftlichen Ausgaben. Von der Hagens Edition des „Nibelungenliedes“ (1807) war bahnbrechend und blieb gültig, bis sie 1826 von der Karl Lachmanns abgelöst wurde. 1838 begann mit dem Erscheinen von Lachmanns „Gotthold Ephraim Lessings sämmtliche Schriften“ schließlich die historisch-kritische Bearbeitung jüngerer deutscher

Autoren durch die Philologie. Erst rund fünfzig Jahre später jedoch, im Zuge der universitären Etablierung des Faches, wurden historisch-kritische Gesamtausgaben der bekanntesten deutschsprachigen Autoren in größerer Zahl begonnen.

Doch Philologie bezeichnet nicht nur den handwerklich-technischen Bereich der historischen **Quellensicherung** und **-edition.** Philologische Arbeit schließt die Bemühung um die Bedeutung und den Sinn der Quellentexte ein. Die Editionsphilologie legt mit der Vorbereitung der Textgrundlage bis heute entscheidende Fundamente für deren Interpretation und literarhistorische Einordnung. In der grundlegenden Funktion als Wissenschaft von der Textaufbereitung (**Textologie**) hat die deutsche Philologie maßgeblich zum problembewußten Verhältnis der Interpreten zu ihren Textvorlagen beigetragen.

2. Modernisierung der Hermeneutik

Alle wichtigen Teilgebiete der germanistischen Literaturwissenschaft nahmen ihren Ausgang von Nachbarfächern. Auch das Problem ‚Warum und wie kann man einen Text überhaupt verstehen?' wurde am Vorbild vorhandener Verstehenslehren (**Hermeneutiken**) aus Jurisprudenz und Theologie diskutiert, wie sie bereits seit der Aufklärung vorlagen. So entstand jene Richtung des literarischen Textverstehens, die bis heute richtungweisend ist: nicht mehr die einzelnen Bestandteile poetischer oder rhetorischer Technik (die traditionellen ›Schönheiten‹ im Sinne der frühneuzeitlichen gelehrten Poetik) sind für die Bedeutung der Dichtung entscheidend, sondern der gesamte Text in seiner Selbstbezogenheit.

Ein erster Schritt, um das Verstehen zu durchschauen, besteht in einer theoretischen Klärung des Verhältnisses zwischen Lesenden und Text. Die Ausgangsfrage ist bis heute dieselbe: wie kann ein lesendes Individuum (oder ein hörendes, es geht nicht ausschließlich um die Schriftform) den Sinn der sprachlichen Äußerung eines anderen (zeitlich und räumlich beliebig fernen) Individuums verstehen? Analog zu der Alltagserfahrung, daß sprachliche Kommunikation meist gelingt, faßte die Hermeneutik das Verstehen zunächst in einem entsprechend zuversichtlich gestalteten Modell. Zur Beschreibung der Ausgangslage dienen darin zwei Voraussetzungen: Sprache ist über ihre individuelle Anwendung hinaus universell und konstant gültig, außerdem steht allen an der Kommunikation Beteiligten ein umfassendes sozio-kulturelles Wissen gleichermaßen zur Verfügung. Diese Kombination sorgt unter anderem dafür, daß die übliche sprachliche Bezeichnung bestimmter Gegenstände, Vorgänge und anderer Erfahrungsdinge eingehalten wird. Das Sprachsystem sichert in Verbindung mit diesem Wissen eine geregelte Bildung von Texten, welche nach denselben Regeln auch verstanden werden können. Schreibende benutzen nach diesem Modell nur die feststehenden Komponenten der Sprache, um ihre Texte zu formen; die Eigentümlichkeiten der Form aber rühren überwiegend aus Äußerlichkeiten her wie Herkunft oder Ausbildung der Autoren. In einem solchen als individuenübergreifend gedachten Kontinuum, das durch seine logischen Regeln feststehende Bedeutungen der sprachlichen Elemente etabliert, können Mißverständnisse als Ausnahmen des Sprachgebrauchs weitgehend unberücksichtigt bleiben. Allenfalls ist bei größerer historischer Distanz davon auszugehen, daß das sozio-kulturelle Wissen – das sich ja im Laufe der Geschichte verändert – bei den Lesenden nicht dasselbe geblieben ist wie bei den Schreibenden und daß diese Wissensdifferenz zu Verständnisschwierigkeiten bei überlieferten Texten führt. Diese wären durch historische Sachinformationen (beispielsweise in Stellenkommentaren zu Studien- und kritischen Ausgaben) zu beheben. Wenn das Sprachsystem überzeitlich gültig bliebe, könnte die Kommunikation über größere Zeiträume hinweg mit bescheidener Hilfe problemlos verlaufen.

Doch erstens verändert sich Sprache, und zweitens sprengt die eigengesetzliche Literarizität von Werken den Rahmen der Alltagskommunikation. Da das Literarische nicht vollständig im Allgemeinen aufgeht, bestehen zumindest Restbereiche, für deren Verstehen die Universalität der Sprache und das gängige Wissen nicht immer ausreichen. Wenn diese Bereiche in ihrer Abweichung vom Allgemeingültigen nicht als Fehler der beteiligten Individuen, sondern im Gegenteil als deren besondere Leistung aufgefaßt werden sollen, darf dieses Verstehen offenbar nicht nach dem üblichen Muster verlaufen. Das heißt für die hermeneutische Theorie, diese Art des Verstehens kann auch nur in einem weiter ausgreifenden, speziellen Modell beschrieben werden – allerdings ist bis heute keine gegenüber der Jurisprudenz und Theologie spezifisch abgegrenzte literarische Hermeneutik entwickelt worden.

Hermeneutische Wende: Schleiermacher

Friedrich Ernst Daniel Schleiermacher gebührt das Verdienst, herausgearbeitet zu haben, daß gerade jenseits allgemeingültiger Sprach- und Wissensbestände Texte Besonderes zu verstehen geben und daß gerade dieser Bereich für eine produktive Auseinandersetzung mit Texten geeignet ist. In „Hermeneutik und Kritik" (aus dem Nachlaß 1838) unterscheidet er zwei Arten des Zugangs zum Text im Verstehensprozeß: eine grammatische und eine psychologische. Schleiermacher berücksichtigt in der ersten ›Beziehung‹ die oben beschriebene rationalistische Auffassung, ein Text sei durch die grammatischen Regeln des Sprachsystems maßgeblich bestimmt. Das gelingende Verstehen gilt ihm dabei zunächst als Normalfall – solche Texte haben einen hermeneutischen ›Nullwert‹, der keine besondere Herangehensweise erfordert.

Erst bei besonderen Fällen bedarf es einer eigenen **grammatischen Auslegung.** Diese bezeichnet Schleiermacher selbst als „laxere Praxis", die den Eigenheiten von Texten nicht nachgehe und nur einem Ziel diene: „Mißverstand soll vermieden werden" (Schleiermacher 1977, 92). Er präzisiert die Aufgabe der „grammatischen Auslegung" folgendermaßen: „Alles, was noch einer näheren Bestimmung bedarf in einer gegebenen Rede, darf nur aus dem dem Verfasser und seinem ursprünglichen Publikum gemeinsamen Sprachgebiet bestimmt werden" (ebd., 101). Dabei soll auf den Zusammenhang des Textes geachtet werden, denn: „Alles bedarf näherer Bestimmung und erhält sie erst im Zusammenhang" (ebd.). Zu diesem Zusammenhang gehören Verfasser und Leser mit ihrem gemeinsamen Wissen und Sprachgebrauch: „Das Gebiet des Verfassers ist das seiner Zeit, seiner Bildung und das seines Geschäfts [...], aber es wird nicht in jeder Rede ganz sein, sondern nur nach Maßgabe der Leser. Wie erfahren wir aber, was für Leser sich der Verfasser gedacht? Nur durch den allgemeinen Überblick über die ganze Schrift. Aber diese Bestimmung des gemeinsamen Gebietes ist nur Anfang, und sie muß während der Auslegung fortgesetzt werden und ist erst mit ihr zugleich vollendet" (ebd., 102). Das Verfahren, das in der ›grammatischen‹ Auslegung eines Textes angewendet wird, bezeichnet Schleiermacher als ›Spezialhermeneutik‹, weil die jeweiligen Grundlagen nur für einen Text, seinen Verfasser und seine ursprünglichen Leser bestimmt sind. Diese Bestimmung ist nicht ohne weiteres auf andere Texte übertragbar, für deren Auslegung ganz andere Bestimmungskriterien gelten können. Erst eine – in den Augen Schleiermachers zu Beginn des 19. Jahrhunderts noch zu begründende – allgemeine Hermeneutik könne den Rang einer übergreifenden philosophischen Wissenschaft einnehmen.

Die Wende in der Hermeneutikgeschichte vollzieht Schleiermacher mit der zweiten Variante, der **psychologischen Auslegung**. Diese „strengere Praxis geht davon aus, daß sich das Mißverstehen von selbst ergibt und das Verstehen auf jedem Punkt muß gewollt und gesucht werden" (ebd., 92). ›Jeder Punkt‹ ist bezogen auf das Verstehen des Ganzen: „Der gemeinsame Anfang für diese Seite der Auslegung und die grammatische ist die allgemeine Übersicht, welche die Einheit des Werkes und die Hauptzüge der Komposition auffaßt. Aber die Einheit des Werkes, das Thema, wird hier angesehen als das den Schreibenden bewegende Prinzip, und die Grundzüge seiner Komposition als seine in jener Bewegung sich offenbarende eigentümliche Natur" (ebd., 167). Statt der Konstruktionsregeln der Sprache, die in der ›grammatischen‹ Auffassung die Texteinheit zusammenhalten, wird hier die Einheit aufgefaßt als „das, wovon der Verf.[asser] zur Mitteilung in Bewegung gesetzt wird" (ebd.). Die Einheit entsteht aus dem eigenen Willen und ist deshalb nur psychologisch zugänglich. Der Verfasser erscheint aus dieser Perspektive nicht als Vollzugsinstanz, die den Regeln der Sprache gehorchen muß, sondern als Individuum, das eigenmächtig „in der Sprache mitarbeitet" (ebd.). Dieses sprachliche Tun, das im Textverlauf als schöpferische Rede hervortritt, heißt bei Schleiermacher **Stil**. Dieser besteht nicht überwiegend in der eigenwilligen Anwendung gegebener sprachlicher

Mittel, sondern entfaltet die bedeutungsgebende Fähigkeit der Sprache stets aufs neue. Stil zu verstehen ist die Aufgabe der ›psychologischen Auslegung‹: „Das ganze Ziel ist zu bezeichnen als vollkommenes Verstehen des Stils" (ebd., 168). Diesem Verstehen bleiben immer Grenzen gesetzt, es ist „nur durch Annäherung zu erreichen" (ebd.). Voraussetzung dafür ist die Beherrschung und Durchführung der grammatischen Auslegung, auf dieser Basis ist die **Auslegungskunst** keineswegs willkürlich, sondern der grammatischen Ordnung verpflichtet. Sie ist jedoch in ihrer psychologischen Seite auch nicht fest regelbar und bleibt deshalb selber eine ›Kunst‹.

Schleiermacher erfindet das Modell des **hermeneutischen Zirkels** nicht, reflektiert es aber als erster, nachdem von anderen kurz zuvor das Phänomen beschrieben worden war. Er stellt dar, wie das Verstehen eines ganzen Werkes vom vorausgehenden Verstehen einzelner seiner Teile abhängt – und so zum methodischen Problem wird, weil die einzelnen Teile selbst nur aus der Perspektive des Ganzen adäquat verstanden werden können. Dieser Vorgang bildet einen Zirkel und unterliegt damit keiner logischen Kontrolle. Auf der Ebene der grammatischen Auslegung sind die Grundlagen der sachgerechten Auslegung immerhin durch allgemeingültiges Sprachverständnis und kulturelles Wissen vermittelt, bei der Wahrnehmung von Individualität auf der Ebene der psychologischen Auslegung kann es solche verläßliche Allgemeingültigkeit nicht geben: das Verfahren zieht sogar die allgemeinen Sprachregeln (und jedes Allgemeingültige überhaupt) in seine Zirkularität mit hinein. Wenn das Verstehen den annähernden Nachvollzug des Individuellen leistet, dann verändert sich im Laufe dieses Nachvollzuges der Blick auf das Allgemeine. Insofern dynamisiert das hermeneutische Verfahren jeden Verstehensakt durch die Individualisierung der Perspektive. Diese Einsicht begründet einerseits die Hoffnung, das Einzigartige großer Werke jenseits aller Regelvorgaben erfassen zu können, andererseits fordert sie die Kritik heraus, das vermeintliche Verstehen beruhe auf nichts als einer willkürlichen Einbildung der Lesersubjektivität.

Hermeneutik als Grundlage der Geisteswissenschaften

Eine weitere Aufwertung erfuhr die Hermeneutik durch Wilhelm Diltheys kulturgeschichtliche Arbeiten. In „Die Entstehung der Hermeneutik" (1900) weist er ihr eine zentrale Stellung in der Konstitution der Geisteswissenschaften überhaupt zu. Er versteht seine Ausführungen als einen Beitrag zur Vervollständigung der Schleiermacherschen Überlegungen. Dilthey zielt vor allem auf die methodische Absicherung von hermeneutischer Interpretation: die „Hauptaufgabe" liege darin, „gegenüber dem beständigen Einbruch romantischer Willkür und skeptischer Subjektivität in das Gebiet der Geschichte die Allgemeingültigkeit der Interpretationen theoretisch [zu] begründen, auf welcher alle Sicherheit der Geschichte beruht. Aufgenommen in den Zusammenhang von Erkenntnistheorie, Logik und Methodenlehre der Geisteswissenschaften, wird diese Lehre von der Interpretation ein wichtiges Verbindungsglied zwischen der Philosophie und den geschichtlichen Wissenschaften, ein Hauptbestandteil der Grundlegung der Geisteswissenschaften" (Dilthey GS V, 331). Die Hermeneutik wird zur Grundlage einer ganzen Traditionslinie von Geschichts- und Literaturwissenschaft. Ihr Anspruch auf Verallgemeinerung des Individuellen im Verstehensprozeß hebt sie auf die Ebene einer **intersubjektiven Wissenschaft**, ohne die Besonderheit des Individuellen zu leugnen. Geschichte wird in dieser Konstruktion zu einer allgemeinverständlichen Abfolge besonderer Erlebnisse. Den Anspruch auf Verallgemeinerbarkeit sieht Dilthey folgendermaßen legitimiert: „Die Möglichkeit der allgemeingültigen Interpretation kann aus der Natur des Verstehens [d. i. für Dilthey der „Vorgang, in welchem wir aus Zeichen, die von außen sinnlich gegeben sind, ein Inneres erkennen"] abgeleitet werden. In diesem stehen sich die Individualität des Auslegers und Autors nicht als zwei unvergleichbare Tatsachen gegenüber: auf der Grundlage der allgemeinen Menschennatur haben sich beide gebildet, und hierdurch wird die Gemeinschaftlichkeit der Menschen untereinander für Rede und Verständnis ermöglicht [...]. Alle individuellen Unterschiede sind letztlich nicht durch qualitative Verschiedenheiten der Personen voneinander, sondern nur durch Gradunterschiede ihrer Seelenvorgänge bedingt" (ebd., 329f.). Die unterstellte Allgemeingültigkeit der ›Menschennatur‹ stiftet die Grundlage für die Verallgemeinerbarkeit jedes Verstehens- und Auslegungsaktes. Was in der Folgezeit jedoch nicht geklärt werden konnte, war die psychische Struktur gerade dieser ›Menschennatur‹, so daß Diltheys Beitrag die methodische Kritik nicht ausräumen konnte, sondern sie eher verstärkt herausforderte.

3. Literaturgeschichte

Es wird niemanden überraschen, daß auch die germanistische Literaturgeschichte aus älteren gelehrten Traditionen herstammt und durch Übertragung auf die neuere deutsche Literatur eingeführt wurde. Im Gelehrtenlatein verwendet Peter Lambeck erstmals 1659 den Terminus **historia litteraria**. Als deutsche Entsprechung dient zunächst **Litterärgeschichte**, womit die Verzeichnisse aller gelehrten Schriften bezeichnet werden, in welchen zunächst kurze Zusammenfassungen oder Kommentare die bibliographischen Angaben ergänzen. Sie stellen einen Entwicklungszusammenhang in der fast unüberschaubaren Menge aller Druckwerke aller Zeiten her: „Litterärgeschichte ist Erzählung des Ursprungs und der Hauptveränderungen aller Theile der Gelehrsamkeit" (Eichhorn 1789, Einleitung) – so faßt ihr berühmter letzter Vertreter in Deutschland, Johann Gottfried Eichhorn, seine Aufgabe zusammen. Noch hat die schöne Literatur darin nur einen untergeordneten Platz.

Fast gleichzeitig allerdings rückt sie andernorts ins Blickfeld einer spezialisierteren Betrachtung, und zwar aus dem Interesse an einer neu zu schreibenden Kulturgeschichte heraus. Schriftsteller der Aufklärung wie Hamann und Herder beschäftigen sich mit den Entstehungsbedingungen unterschiedlicher Kulturen; von dort aus richten sie ihr Interesse auf die Geschichte, besonders die Kulturgeschichte einzelner Nationen. Bereits in diesen Konzepten tritt die Idee einer nationalen Literatur als Leitfaden der Kulturgeschichte hervor. Gegenstand soll das geistige Leben der Völker sein; die jeweils überlieferten Texte bilden das Medium, in dem dieses niedergelegt ist. In der Romantik wirkt der Gedanke fort – während im Gegensatz dazu beispielsweise Goethe die Kategorie der Weltliteratur betont –, als herausragende Abhandlungen entstehen unter anderen August Wilhelm Schlegels „Vorlesungen über schöne Litteratur und Kunst" (1801-1802) und die „Geschichte der europäischen Literatur" (1803-1804) seines Bruders Friedrich.

Allgemeine Geschichts- und Literaturgeschichtsschreibung stehen im 19. Jahrhundert noch lange in enger Verbindung. Es sind gerade Historiker – Vertreter der Ideengeschichte und des Historismus –, die einen Weg suchen, die Geschicke einzelner Völker an deren literarischer Entwicklung nachzuvollziehen und darzustellen. Diues führt dazu, daß der alte umfassende Literaturbegriff immer stärker eingeengt werden muß, um einen Bestand an relevantem Material zu umreißen und glaubhaft zu sichern. Aus zahlreichen derartigen Überlegungen sei folgendes Beispiel stellvertretend zitiert: „Die Geschichte der Litteratur eines Volks ist ein sehr umfassender Theil der historischen Wissenschaft, da wir durch ihn den Gang der wissenschaftlichen Bildung in den gesammten Geistesbestrebungen dieses Volks aus seinen schriftlichen Denkmalen erkennen wollen. Hieraus ergibt sich die Nothwendigkeit, den Begriff der Litteraturgeschichte [...] enger zu fassen, und ihn auf eine Geschichte der Sprach-, Dicht- und Redekunst – als die Hauptzweige der menschlichen Erkenntnis – zu beschränken" (Heinsius 1811, I).

Literaturgeschichte als kulturelle Begründung der Nation: G. G. Gervinus

Einen Meilenstein der deutschen Literaturgeschichtsschreibung schafft Georg Gottfried Gervinus; er liefert der Literaturgeschichte aus seiner Sicht als Universalhistoriker ein neues Modell. Sein Programm gibt den nachfolgenden Generationen Kriterien für ihre Arbeit vor, in der „Geschichte der poetischen National-Literatur der Deutschen" (1835-42; 5 Auflagen bis 1874) erhält die deutsche Literaturgeschichte ihr erstes Standardwerk. Alle späteren Unternehmungen müssen sich an ihm messen lassen, und die Rezensenten nutzen diesen Maßstab: „Wir können es einem Litterarhistoriker nicht vergeben, wenn sein Buch trotz einzelnen feinen und berichtigenden Bemerkungen im Ganzen und Großen ein Rückschritt hinter Gervinus ist" (Scherer 1865, 759).

Gervinus entfaltet seine Ansichten in für die Entwicklung des Faches typischer Weise aus der Kritik der Literaturgeschichten, die er vorfindet. Aus der Einsicht in Mängel und Irrtümer, die er in diesen erkennt, leitet er sein Programm ab: „Diese Bücher mögen allerhand Verdienste haben, allein geschichtliche haben sie fast gar keine. Sie verfolgen chronologisch die verschiedenen Dichtungsarten, sie setzen in chronologischer Reihe die Schriftsteller hintereinander, wie andere die Büchertitel, und charakterisieren dann, wie es auch sei, Dichter und Dichtung. Das aber ist keine Geschichte; es ist kaum das Gerippe zu einer Geschichte [...]" (Gervinus 1833, 128). Zurückgewiesen werden so die gelehrten Überbleibsel der Litterärgeschichte; als selbstverständlich gilt schon, daß der Gegenstand einer Literaturgeschichte Dichtung (als Inbegriff der „poetischen" Literatur) zu sein habe und ihre Perspektive eine der kontinuierlichen Entfaltung.

Kategorien der darstellenden Verknüpfung erwägt Gervinus in größerer Zahl, als sich später in der praktischen Arbeit umsetzen lassen. Er umreißt damit sein Verständnis von historischen Zusammenhängen und begründet eine Plattform von grundlegenden literarhistorischen Fragestellungen: „Der Historiker zeigt seine [= eines Gedichtes] Entstehung aus der Zeit, aus deren Ideen, Bestrebungen und Schicksalen, sein inneres Verhältnis – Entsprechen oder Widerspruch – mit diesen, seinen Wert für die Nation, seine Wirkung in Mitwelt und Nachwelt; er vergleicht es zunächst bloß mit dem Höchsten, was *diese* Zeit, *diese* Nation in *dieser* Gattung geleistet hat; er zeigt sein engeres Verhältnis zu dem Dichter, sein Entstehen aus diesem, sein historisches Verhältnis zu ihm und seinen übrigen Werken; behandelt er nicht bloß diesen *einen* Dichter, so muß er je nach seinem Gesichtskreis das Verhältnis von Dichter und Gedicht zu der Zeit, zu der Nation, zu der europäischen Kultur, zu der gesamten Menschheit erörtern" (ebd., 129).

Die weitreichenden Zusammenhänge aus der Perspektive einheitsstiftender Ideen verfolgt Gervinus nicht auf Kosten der literarhistorischen Fakten. Gerade die Verknüpfung von Faktensammlung und umfassender Interpretationsleistung ist es, die bis in unsere Gegenwart den höchsten Anspruch an die Konzeption von Literaturgeschichte stellt. Nach Gervinus' Einschätzung ist die Menge der bis in seine Zeit festgehaltenen Fakten gering. Er schlägt eine Arbeitsteilung vor, die zuerst die Verbreiterung begrenzter Wissensbereiche in Angriff nimmt, während die historiographische Zusammenführung nachträglich erfolgen soll: „Sehr viele Werke über unsere schöne Literatur halten sich an das rein Materielle, und solange die Vorarbeiten nicht abgeschlossen sind, so ist dies auch gewiß das Wünschenswerteste [...] Über äußere Beförderungsmittel der poetischen Kultur im vorigen Jahrhundert, über gelehrte Anstalten, Gesellschaften, fürstliche Gönner und Beschützer, über Buchhandel und Aufnahme des Gelehrtenstandes fehlt uns durchaus eine belehrende Zusammenstellung; und welch ein weites Feld der schönsten Erläuterungen würde eine systematisch geordnete literarische Statistik eröffnen, die uns über das Verhältnis und die stufenmäßige Steigerung des Interesses an belletristischen Werken von dem Wissenschaftlichen und nachher über das Umgekehrte belehrte und bequeme Übersicht böte" (ebd., 135f.). Das Spannungsverhältnis zwischen dem Wunsch nach weitergehenden Faktenkenntnissen und der Zusammenführung dieser Kenntnisse in einer einheitsstiftenden Perspektive ist kaum aufhebbar, es bleibt ein Grundproblem literarhistorischer Arbeiten: eine große Anzahl von Einzelheiten bildet ohne leitende Idee der historischen Darstellung eine Faktenwüste; wird jedoch unter Anleitung einer Idee ein Weg hindurch gebahnt, so wird ein großer Teil der Einzelheiten umgangen oder kommt nie in das Blickfeld.

Dies ist aber nicht das einzige Problem. Da um die Mitte des 19. Jahrhunderts die Bereiche Publikum, Literaturkritik und akademisches Fach noch nicht institutionell getrennt sind, muß die Literaturgeschichte ihrer aller Erwartungen zu erfüllen suchen. Gervinus erkennt die Schwierigkeit: „wie sollte da ein Einzelner [...] je hoffen dürfen, zugleich der strengen und einen Forderung der Wissenschaft zu genügen und den getheilten Erwartungen der partheyischen Gelehrten, zugleich das wahre Bedürfniß der Gegenwart zu befriedigen und die irregehenden Wünsche der Menge, und wieder die Ansichten der meist blos weltkundigen Laien mit einem Male, gleich vertraut mit Sachen und Menschen, zu berücksichtigen!" (Gervinus 1846, Theil I, 4). Als pragmatische Lösung wählt Gervinus **Nation** als die eine Idee, aus deren Sicht die „Geschichte der poetischen National-Literatur" dargestellt wird und die Herausbildung einer unverwechselbaren nationalen Identität dokumentiert. Ihre gemeinsame Zugehörigkeit zur Nation sowie das gemeinsame politisch-kulturelle Engagement für deren organisatorische Verfestigung vermag die Mitglieder der verschiedenen an Literatur interessierten Bereiche zu vereinen. Die Literaturgeschichte spricht sie alle gleichermaßen an und bestärkt damit das gemeinsame Gefühl einer kulturellen Zusammengehörigkeit. Anstelle reiner Faktenvermittlung ein solches Gefühl zu stiften, ist für Gervinus ein wichtiges Anliegen: „Ich will nicht für die Bearbeiter und gelehrten Kenner dieser Literatur schreiben, nicht für eine besondere Klasse von Lesern, sondern, wenn es mir gelingen möchte, für die Nation" (ebd., 15).

Gervinus stellt eine einheitliche Perspektive in seiner Literaturgeschichte her und trifft damit Vorentscheidungen für die Entwicklung der deutschen Literaturwissenschaft in weitem Rahmen. Er verbannt „kleinliche Untersuchungen" der philologischen Forschung, die „Spuren der mühseligen [...] Vielleserei" (ebd., 16) aus der literarhistorischen Darstellung, weil sie den Gesamteindruck stören und die allgemeinen Ansprüche verfehlen. Philologische Belege literarhistorischer Aussagen am Text der Dichtung selbst schließt er ebenfalls aus, verwirft sie jedoch nicht als methodisch notwendige Voraussetzung von Forschung. „Gründlichkeit und Zuverlässigkeit" (ebd.) der Arbeit innerhalb der Zunft hält er für eine gebotene fachliche Anforderung. Es bleibt also festzuhalten, daß Gervinus einerseits einen Begriff von Wissenschaftlichkeit und akribischer Forschung besitzt, daß er ihn jedoch in der literarhistorischen Arbeit zurückstellt zugunsten einer in großer Breite wirksamen Darstellung. In den Richtungskämpfen der akademischen Germanistik treten schon in der zweiten Hälfte des 19. Jahrhunderts gegenläufige Positionen auf, die größeren Wert auf die Produktion von Erkenntnis und ihrer Vermittlung legen als auf Allgemeinverständlichkeit.

Entstehung der germanistischen Literaturwissenschaft

– Germanistik: ursprünglich Name für Rechts- und Geschichtswissenschaft sowie Philologie bzw. Sprachwissenschaft, insofern sie sich auf deutsche Quellen beziehen
– Vorläufer der Literaturwissenschaft sind Poetik, Ästhetik, Rhetorik
– Beginn der literarischen Modernisierung im Zuge einer umfassenden gesellschaftlichen Spezialisierung 1770; noch keine Ausdifferenzierung zwischen Literaturbetrieb und -wissenschaft: Literatur ist Medium der Bildung (Orientierungswissen)
– Phasen der Geschichte der germanistischen Literaturwissenschaft: Etablierungsphase (1770-1850), Übergang zur Wissenschaft (1850-70), Integrationsphase als Disziplin (nach 1870/80)

Geschichte der Philologie

– Deutsche Philologie entsteht nach dem Vorbild der Altphilologie; Arbeitsgebiete sind Quellensicherung und Textedition
– erste historisch-kritische Ausgaben: „Nibelungenlied" (von der Hagen 1807, Lachmann 1826); „Gotthold Ephraim Lessings sämmtliche Schriften" (Lachmann 1838ff.)

Grundlagen der Hermeneutik

– Aufklärung: allgemeingültige Verstehenslehre für alle Texte auf rationaler Basis
– hermeneutische Wende durch F. E. D. Schleiermacher („Hermeneutik und Kritik", aus dem Nachlaß 1838): Auslegung als Kunst, die individuell ausgeübt wird; ›grammatische und psychologische Auslegung‹, hermeneutischer Zirkel
– Wilhelm Dilthey: Hermeneutik als Grundlage der Geisteswissenschaften; verstehen des Erlebnisses, das in der Literatur ausgedrückt ist; Suche nach wissenschaftlich-methodischer Absicherung der Hermeneutik

Beginn der modernen Literaturgeschichte

– Vorläufer: Litterärgeschichte als kommentierte Bibliographie zu allen Gebieten
– im 19. Jahrhundert Einschränkung auf literarische Texte; maßgeblicher Begründer ist Georg Gottfried Gervinus mit seiner „Geschichte der poetischen National-Literatur der Deutschen" (1835-42 und weitere Auflagen); Literaturgeschichte erscheint hier als Geschichte eines nationalen Geistes

III. Die ersten Methodenentwürfe: 1880-1965

Im Zuge der Verwissenschaftlichung der Germanistik entstehen erste eigene theoretische Entwürfe. Sie entwickeln sich in kritischem Bezug aufeinander, ohne daß der eine den anderen zu einem jeweils genau festzulegenden Zeitpunkt ablöst. Ihre chronologische Herausbildung läßt sich nur grob gliedern, die hier angegebenen Entwicklungsabschnitte bieten Anhaltspunkte. Sie umreißen die Blütezeiten einzelner germanistischer Richtungen.

1. Positivismus

Im Zeitraum der Herausbildung eigener Germanistischer Seminare (so wurden am Anfang alle Institute bezeichnet) verfestigt sich der erste umfassende und als solcher selbstbewußte Ansatz einer germanistischen Literaturwissenschaft: der **literaturwissenschaftliche Positivismus**. Als Beginn ist etwa das Jahr 1850 anzusetzen, die Blütezeit geht von 1880 bis 1910, insgesamt reicht sein Einfluß aber bis weit ins 20. Jahrhundert hinein. Eine zusammenfassende Formulierung, etwas, das als Manifest des Positivismus zu bezeichnen wäre, gibt es nicht, wohl aber verschiedene Beiträge zur methodischen Grundlegung. Der literaturwissenschaftliche Positivismus in Deutschland ist die erste Strömung, die ausdrücklich die im Laufe der Jahre verbesserte philologische wie literarhistorische **Methode** der Literaturwissenschaft immer wieder hervorhebt. Während bei Gervinus und seinen Vorgängern das Ergebnis der Arbeit als Veranschaulichung der leitenden Idee (mitsamt deren politischer Absicht) im Vordergrund stand, gehört die Verständigung über die Art seines Zustandekommens zu den unverzichtbaren Errungenschaften einer kontinuierlichen **Verwissenschaftlichung**. Im gleichen Zeitraum wird die Veröffentlichung neuer fachspezifischer Ergebnisse in ersten literaturwissenschaftlichen Fachzeitschriften institutionalisiert. Gegründet werden „Archiv für das Studium der neueren Sprachen und Literaturen" (bereits 1846ff.); „Zeitschrift für deutsche Philologie" (1868ff.); „Euphorion" (1894ff.).

In knappen Sätzen lassen sich Entstehung und Grundlagen des literaturwissenschaftlichen Positivismus folgendermaßen umreißen: **Positives Wissen** über die wirklichen Gegebenheiten der Welt wird angestrebt; also sind Fakten und Beobachtungen Gegenstand der wissenschaftlichen Erkenntnis. Was der **Erfahrung** (Empirie) nicht zugänglich ist, kann wissenschaftlich nicht untersucht werden – dies wendet sich gegen alle darüber hinausgehenden Interpretationen der Literatur und ihrer Geschichte. Am Anfang der gesicherten literaturwissenschaftlichen Kenntnisse stehen einzelne Fakten, die in größere Gruppen geordnet und deren Merkmale induktiv in allgemeinere Aussagen überführt werden können. Ziel der positivistischen Wissenschaft ist die Formulierung von allgemeinen **Gesetzmäßigkeiten**, die die Gegenstände und Sachverhalte in kausale Beziehungen zueinander setzen. Ausgegrenzt werden metaphysische Spekulationen ebenso wie Rekonstruktionen von nicht näher nachvollziehbaren geistigen Vorgängen. Die unvergleichbare Einzigartigkeit bestimmter Werke und unwiederholbarer Einzelheiten bleiben in diesem Programm nebensächlich.

Für die Untersuchung der Literatur heißt das, daß Verfasser, Texte und die Beziehung zwischen Autoren und Publikum bevorzugt berücksichtigt werden. Literaturgeschichte wird zu einer Zusammenfassung der äußeren Gegebenheiten, die zur Entstehung der Werke und ihrer Wirkung geführt haben. In diesem Zusammenhang lassen sich auf der Basis rekonstruierter Gesetzmäßigkeiten alle Ereignisse **erklären**. Die Biographie der Schriftsteller mit allen Details, die potentiell auf die Dichtungstätigkeit Einfluß gehabt haben können, liefert dafür die Grundlagen: in der bekannten Formel vom **Ererbten, Erlebten** und **Erlernten** (Wilhelm Scherer) sind die wichtigsten Annahmen über prägende Faktoren zusammengefaßt. Aus der Abfolge der in Einzelheiten gründlich erforschten Biographien und Werkgeschichten entsteht Literaturgeschichte, die als in sich gesetzmäßig gegliedertes Gefüge aufgefaßt wird.

Positivistische Forschung ist nicht denkbar ohne die Bemühungen um gesicherte Textgrundlagen. Da alles, was von einem Werk auf den ersten Blick als Tatsache vorliegt, nur sein Text sein kann, muß dieser in aller philologischen Gründlichkeit ediert werden. Noch vor dem Beginn der positivistischen Ära wurde durch Lachmanns Lessing-Edition der Grundstein für die großen historisch-kritischen Ausgaben gelegt. Ihre weitere Überarbeitung bis hin zur von Franz Muncker deutlich erweiterten und editorisch verbesserten 3. Auflage (1886ff.) sicherte die anhaltende Kontinuität und Wirkung positivistischer Literaturwissenschaft. Weitere editorische Großprojekte waren die von der Großherzogin Sophie von Sachsen-Weimar inaugurierte große Goethe-Ausgabe („Weimarer Ausgabe" oder „Sophien-Ausgabe") sowie die „Säkularausgabe" der Werke Schillers zu seinem 100. Todestag. Viele der Leistungen, die auf biographischem wie editorischem Gebiet vorgelegt wurden, sind auch über hundert Jahre nach ihrer Erstveröffentlichung keineswegs überholt.

Vorbild: Naturwissenschaften und Gesellschaftswissenschaften

Der literaturwissenschaftliche Positivismus ist abhängig von den Entwicklungen anderer Wissenschaften im 19. Jahrhundert. Die Abwendung von den geschichtsphilosophischen Entwürfen hegelianischen Zuschnitts (beispielsweise die aus der Idee der Nationenentwicklung deduzierte Literaturgeschichte von

Gervinus) trugen ebenso zu seinem Aufstieg bei wie der Impuls, den die florierenden Natur- und aufkommenden Gesellschaftswissenschaften ausübten. Geschichtsphilosophie war durch das Fehlschlagen der Revolution von 1848 in Mißkredit geraten, die Naturwissenschaften hingegen boten all jenen Entdeckungs- und Erklärungserfolg im Felde der Wirklichkeit, der der Philosophie versagt geblieben war. Diese Umbruchsituation, die sich auch auf den Literaturbegriff auswirkte (man deutet sie unter anderem als Grund für den Übergang vom Programm des Vormärz zum Realismus der „Grenzboten"), öffnete den Philologen und Literarhistorikern neue wissenschaftliche Horizonte.

Diese Einschätzung ist nicht nur im historischen Rückblick gerechtfertigt. Bereits der bedeutende Positivist Wilhelm Scherer formulierte die Aufbruchstimmung seiner Generation im ausdrücklichen Bezug auf die Veränderungen in Deutschland: „Was haben wir nicht seit 1848 erlebt! [...] Die Vertrautheit mit den Methoden und Resultaten verschiedener Wissenschaften scheint die unerläßliche Bedingung großer Fortschritte [...] Diesen Maßstab anzulegen haben wir von den Naturwissenschaften gelernt [...] Gewissenhafte Untersuchung des Thatsächlichen ist die erste und unerläßliche Forderung. Aber die einzelne Thatsache als solche hat an Werth für uns verloren. Was uns interessirt, ist vielmehr das Gesetz, welches daran zur Erscheinung kommt. Daher die ungemeine Bedeutung, welche die Lehre von der Unfreiheit des Willens, von der strengen Causalität auch in der Erforschung des geistigen Lebens erlangt hat" (Scherer 1874, 21).

Als konkrete Vorbilder für die literarhistorische Arbeit der deutschen Positivisten wurden unter anderen die Arbeiten des französischen Philosophen und Begründers der Soziologie Auguste Comte wirksam. In seinem Hauptwerk „Cours de philosophie positive" (1830-42) begründete er den Begriff der ›positiven Wissenschaft‹. Sein eigener Arbeitsschwerpunkt war die Gesellschaftswissenschaft, die er auf den gleichen wissenschaftlich-methodischen Stand heben wollte wie ihn die Naturwissenschaften am Ende des 18. Jahrhunderts erreicht hatten.

Die Basis von Comtes Geschichtsphilosophie bildet sein Drei-Zeitalter-Modell der menschlichen Erkenntnis: im ersten Stadium ist die Wissenschaft theologisch, im zweiten metaphysisch und erst im dritten positiv begründet. Weitere Vorbilder für die deutschen Positivisten waren international herausragende kulturhistorische Werke wie Thomas Buckles „History of Civilization in England" (1857-61) und Hippolyte Taines „Histoire de la littérature anglaise" (1864). Besonders Taines Auffassung von **race**, **milieu** und **moment historique** als den Bedingungsgrößen aller kulturellen Leistungen war Ausgangspunkt für Scherers Adaptation in der Formel ›Ererbtes, Erlebtes und Erlerntes‹. Damit ist der Positivismus in Deutschland die erste literaturwissenschaftliche Richtung, die sich ausdrücklich auf neuere europäische Konzepte stützt und nicht in der Tradition der deutschen Philosophie fortwirkt.

Das Geschichtsmodell Wilhelm Scherers

Deutliche Impulse verlieh der Positivismus auch der Literaturgeschichtsschreibung; neben Hermann Hettners „Literaturgeschichte des 18. Jahrhunderts" (1856-70) entstand als weitere wegweisende Arbeit die „Geschichte der Deutschen Litteratur" (1883) Wilhelm Scherers – eine der ersten, die von einem ausgesprochenen Fachgelehrten geschrieben wurde. Er postulierte nicht nur positivistische Maßstäbe, sondern traute sich auch eine entsprechende Ausarbeitung zu. Einige vielzitierte Stellen mögen die charakteristische Argumentationsweise vorführen: „Der große Umriß unserer Literaturgeschichte bekommt eine außerordentliche Klarheit, wenn man sich gegenwärtig hält, daß sie drei Höhepunkte erklommen hat, welche ungefähr je sechshundert Jahre voneinander abstehen [...] um das Jahr 600 [...] erlebt das germanische Nationalepos seine Blüte [...] Um das Jahr 1200 kommen [...] jene in der Zwischenzeit halbvergessenen Stoffe der Heldensage wieder in Aufnahme, und die uns bekannten Gedichte von den Nibelungen und von Gudrun entstehen [...] Um das Jahr 1800 besitzt Deutschland seinen Goethe, seinen Schiller [...] Wenn wir von Höhepunkten der Entwicklung sprechen, so setzt dies voraus, daß ein Streben zu diesen Punkten hin, ein Emporsteigen, und nachher ein Herabsinken stattfinde. Die Höhepunkte sind gleichsam Wellenberge, und den Wellenbergen müssen Wellentäler entsprechen" (Scherer 1915, 19f.).

Das Scherersche **Wellen-** oder **Blütezeitenmodell** (nicht zu verwechseln mit den Kanonvorstellungen einer Höhenkammliteratur) erzeugt den gewünschten Eindruck von **Gesetzmäßigkeit** in der Literaturgeschichte. Damit verzichtet Scherer allerdings auf Genauigkeit in der Detaildarstellung, um dem vermeintlich unumstößlichen Gesetz der Literaturgeschichte den Vorrang zu geben.

Erich Schmidt: Wege und Ziele des Positivismus

Gegen Ende der Ära, in der der literaturwissenschaftliche Positivismus fraglos als führender Ansatz gelten konnte, faßte Erich Schmidt die Grundlagen und die Erfolge der Forschungsrichtung noch einmal zusammen. In seiner Wiener Antrittsvorlesung „Wege und Ziele der deutschen Litteraturgeschichte" (vorgetragen 1880; gedruckt 1886), die er als „wissenschaftliches Glaubensbekenntnis" (Schmidt 1886, 491) bezeichnet, begründet er die zukünftigen Aufgaben nicht mehr durch eine Kritik an seinen Vorgängern, sondern durch die Zusammenfassung ihrer bereits erbrachten Leistungen. Dadurch verfestigt sich der Eindruck von einem konsolidierten Bereich literaturwissenschaftlicher Arbeit, dessen Anspruch auf Wissenschaftlichkeit einerseits durch die vorgelegten Ergebnisse, andererseits durch die methodische Absicherung berechtigt ist. So zählt Schmidt die Ziele der zukünftigen Arbeit nicht mehr auf, indem er sich gleichzeitig für die notwendig unvollständige Einlösung dieser Absichtserklärungen zu entschuldigen sucht, sondern er verkündet selbstbewußt einen nun durch längere Erfahrung abgesicherten Katalog von Arbeitsfeldern für den Literaturhistoriker. Der Titel „Wege und Ziele" bringt dieses Verfahren auf den Punkt: die beschrittenen Wege der vergangenen Literaturgeschichte werden gemustert und die Ziele daraus abgeleitet. Die Erfolge der jungen Germanistik bei der Institutionalisierung als Fachdisziplin mit eigenen Germanistischen Seminaren bieten im Jahre 1880 eine günstige Plattform, von der aus mit Selbstgewißheit und Zuversicht über die Strukturierung der weiteren Arbeiten gesprochen werden kann. Zu den Anforderungen des Leistungskataloges gehören folgende Hauptpunkte: „Litteraturgeschichte [...] erkennt das Sein aus dem Werden und untersucht wie die Naturwissenschaft Vererbung und Anpassung und wieder Vererbung und so fort in fester Kette. Sie wird die verschiedenen Ausgangspunkte zu vereinigen und ihre Aufgaben umfassend zu lösen trachten" – „Die deutsche Litteraturgeschichte will ferner [...] die Rolle der Landschaften im Verlaufe der Entwicklung würdigen. Temperament und Lebensverhältnisse, die Mischung mit anderem Blut sind für jeden Stamm zu erwägen, die geographische Lage zu bedenken". – „Wir fragen jeden, wie er es mit der Religion hält [...]" – „Die politischen Zustände sind gleich den religiösen zu mustern. Krieg oder Friede, Erhebung oder Druck, Misstimmung oder ruhige Zufriedenheit, Indifferentismus oder Parteinahme? Um den Bildungsgang des Einen zu verfolgen, muß man die Erziehung, den Zustand in der universitas litterarum und das etwaige Übergewicht einzelner Wissenschaften, die Tendenzen der Forschung, die Lebensanschauung, die Geselligkeit nach Sittenstrenge und Frivolität, Freiheit oder Convention skizzieren" (alle Zitate Schmidt 1886, 495f.).

Erich Schmidt bindet die Literaturgeschichtsschreibung an die Entwicklung der Lessingforschung zurück, die seit Theodor Wilhelm Danzels Monographie „Gotthold Ephraim Lessing. Sein Leben und seine Werke" (1. Theil 1850) und Lachmanns Edition das prominenteste Forschungsgebiet des Positivismus war: „Seitdem Lachmann für Lessing, der zugleich in Danzel einen wissenschaftlichen Darsteller fand, vorangegangen ist, hat sich auf diesem Gebiet eine erfreuliche Rührigkeit entfaltet, wenn auch noch nicht alle zu fester Methode gelangt sind, den meisten für die Besorgung von dichterischen Nachlässen und Briefschätzen die Principien fehlen [...] Aber wir haben Textkritik üben und aus den Varianten immer mit der Frage nach den Gründen der Veränderung die innere und äußre Wandlung erfassen gelernt [...]" (Schmidt 1886, 497).

Die Hoffnung, in der literaturwissenschaftlichen Forschung Gesetze aufzudecken, deren Geltung ebenso fest bestünde wie in den Natur- oder positivistischen Gesellschaftswissenschaften, wurde nicht erfüllt. Abgesehen von den oben bereits genannten, immer wieder beschworenen Grundsätzen, ist von der Programmatik des Positivismus nicht viel geblieben. Spätere Forschungsrichtungen brachten vielfältige kritische Einwände vor, deren vorerst letztes Bündel noch im Positivismus-Streit der 1960er Jahre (zwischen Adorno und Popper) geschnürt wurde. Daß die Grundsätze letztlich nur dazu dienen konnten, die

Forschungsbemühungen in bestimmte Richtungen zu lenken, ohne jemals selbst in ihren fundamentalen Behauptungen überzeugend zu sein, schmälert die Bedeutung des literaturwissenschaftlichen Positivismus als folgenreiche Entwicklungsstufe der Germanistik nicht.

Aus der literarhistorischen Grundlagenarbeit bleibt für die Nachwelt bis heute der „Grundriß zur Geschichte der deutschen Dichtung" (1859ff.) von Karl Goedeke als bibliographisches Standardwerk unverzichtbar. Er repräsentiert die Trennung zwischen Litterär- und Literaturgeschichte, indem er die bibliographische Aufgabe ohne Rücksicht auf eine zusammenhängende geschichtliche Darstellung übernimmt. Verschrieen als die unübersichtlichste Bibliographie zur deutschen Literatur (Benutzungshinweise u. a. bei Hansel), kann ›der Goedeke‹ jedoch auch heute kaum von einer Forschungsarbeit übergangen werden. Daß der Herstellung eines repräsentativen Kanons an deutscher Literatur noch gegen Ende des 20. Jahrhunderts der „Taschengoedeke", der zu Studienzwecken verkürzte Auszug aus dem Hauptwerk, zugrundegelegt wird, dokumentiert weiterhin die hohe Reputation dieser Bibliographie („Microfiche-Gesamtausgabe nach Angaben des Taschengoedeke: Bibliothek der deutschen Literatur" 1994).

***Positivismus** (Beginn um 1850; Blütezeit 1880 bis 1910)*

– Methodenbewußtsein; Verwissenschaftlichung, Orientierung an Natur- und Gesellschaftswissenschaften
– Positives Wissen: empirische Fakten und Beobachtungen als Gegenstand der wissenschaftlichen Erkenntnis; daraus induktive Herleitung von Gesetzmäßigkeiten, Erklärung von Ereignissen aufgrund von Ursache und Wirkung, Abgrenzung gegen metaphysische Spekulationen über ‚geistige' Vorgänge
– Bedingungsgrößen kultureller Leistungen: ›Ererbtes, Erlebtes und Erlerntes‹ (Scherer); bevorzugte Forschungsgegenstände: Biographie der Autoren, Beziehung zum Publikum als Gegenstand der Literaturwissenschaft
– Vorbilder: Auguste Comte, Begründer der ›philosophie positive‹ und der wissenschaftlichen Soziologie; Thomas Buckle („History of Civilization in England" 1857-61) und Hippolyte Taine („Histoire de la littérature anglaise" 1864; ›race‹, ›milieu‹ und ›moment historique‹)
– Literaturgeschichten: Hermann Hettner „Geschichte der deutschen Literatur im 18. Jahrhundert" (1856-70); Wilhelm Scherer „Geschichte der deutschen Literatur" (1880; darin das ›Wellen-‹ oder ›Blütezeitenmodell‹); Zusammenfassung des positivistischen Programms durch Erich Schmidt „Wege und Ziele der deutschen Litteraturgeschichte" (Antrittsvorlesung 1880; gedruckt 1886)
– Zeitschriftengründungen: „Archiv für das Studium der neueren Sprachen und Literaturen" (1846ff.); „Zeitschrift für deutsche Philologie" (1868ff.); „Euphorion. Zeitschrift für Literaturgeschichte" (1894ff.)

2. Geistesgeschichte

Der literaturwissenschaftliche Positivismus erhält zwischen 1900 und 1910 von der Geistesgeschichte als Methode eine Konkurrenz, die ihn schließlich verdrängt. Dies gilt in jeder Überblicksdarstellung als unumstrittene Tatsache der Geschichte der Germanistik, auch im Selbstverständnis einiger prominenter Vertreter der Geistesgeschichte findet sich die feste Überzeugung, daß „in Deutschland die neue Richtung in unserer Disziplin und in den anderen Geisteswissenschaften sich gegen den Positivismus durchgesetzt hat [...]" (Viëtor 1945, 899). Andererseits zeigt ein genauerer Blick auf die historischen Gegebenheiten, daß weder ein abrupter Übergang stattgefunden hat noch daß von einem bestimmten Zeitpunkt an etwa alle Universitätsgermanisten Geistesgeschichte betrieben. Und die, die es taten, folgten in ihrer Arbeit keineswegs exakt den gleichen Grundsätzen: Geistesgeschichte ist keine „einheitliche, präzise abgrenzbare Forschungsrichtung" (Kolk 1993, 39). Die Annahme eines Methodenwechsels vereinfacht die Orientierung, indem sie über die widersprüchlichen Details der Entwicklung hinwegsieht; die zweite Aussage erlaubt genauere Fragen nach den gemeinsamen Grundlagen, den Motiven des sukzessiven Wandels und nach den unterschiedlichen Erscheinungsformen der pauschal unter Geistesgeschichte zusammengefaßten Denkmuster. Was Geistesgeschichte allerdings weit über die Zeit ihrer Dominanz im Fach von 1910 bis 1925 hinaus bewirkte, war eine anhaltende Bezugnahme auf bestimmte Grundbegriffe und Ziele der Literaturwissenschaft. Sie stiftete in dieser Hinsicht eine Kontinuität, die bis nach 1945 wirksam blieb und die fachliche Ausrichtung weitgehend im geistesgeschichtlichen Fahrwasser hielt.

Abgrenzung: die Unverwechselbarkeit des ›inneren Geistes‹

Daß sich verschiedene literarhistorische Denkmuster in Diskussionen gegeneinander abgrenzen, gehört zu den normalen Verlaufsformen der Wissenschaftsgeschichte. In der Auseinandersetzung zwischen Positivismus und Geistesgeschichte finden sich auf beiden Seiten gleichermaßen Abgrenzungs- wie Anschlußpunkte. Die geistesgeschichtliche Kritik lehnt es ab, äußere Merkmale aus der Literaturgeschichte aufzuhäufen, um in ihnen statistische Gesetze und kausale Beziehungen zu suchen. Statt dieser an die **nomothetischen** (Gesetze formulierenden) Naturwissenschaften angelehnten streng methodischen Verfahren richtet sie ihr **ideographisches** (Ideen nachzeichnendes) Interesse auf die geistigen Zusammenhänge, die sie hinter diesen äußeren Ereignissen vermutet. Die Dichterbiographie wird als Erkenntnisweg zu den Werken zurückgewiesen, die Bedeutung der Textedition relativiert: Interpretation der Werke in ihrer historischen Abfolge, ja Interpretation dieser Abfolge selbst, heißt die neue Forschungsaufgabe. Die angemessene Darstellung dieser ›geistigen‹ oder ›inneren‹

Zusammenhänge selbst sei eine Kunst und deshalb keinerlei methodischen Vorgaben zu unterwerfen.

Die Geistesgeschichte fordert Leistungen ein, die der Positivismus tatsächlich aufgrund seiner theoretischen Vorannahmen nicht erbringen kann. Für ihn erweist sich zum Beispiel zunehmend als Problem, daß er die Einzigartigkeit literarischer Werke weder zu erkennen noch zu begründen oder zu erklären vermag. Gerade das sich aller Kausalerklärung entziehende Genie galt aber seit jeher als Inbegriff der dichterischen Begabung. Die positivistische Arbeitsweise muß deshalb die Antwort schuldig bleiben auf die bildungsbürgerliche Frage, worin die Größe und Bedeutung einzelner kanonisierter Werke bestünde und wie sie zustandekäme. Daß die positivistischen Fachgermanisten diese Anforderung des Literaturbetriebs nicht grundsätzlich ablehnten, läßt sich aus ihren Darstellungen ablesen. So tauchen häufig Aussagen über literarhistorische Befunde auf, die im Grunde nicht positivistisch sind. Als Beispiel: Scherer wie Erich Schmidt etwa benutzten unbestimmte Begriffe wie „Geist der Generation“ (Schmidt 1886, 495), die durch die vielbeschworenen positiven historischen Tatsachen nicht im geringsten gedeckt sind. Darunter faßten sie behelfsweise alle jene historischen Erscheinungen, die über die positivistischen Erklärungsmuster hinausgehen.

Auf solcherlei Fragestellungen kann die Geistesgeschichte besser antworten. Neben dem unsichtbaren Geist scheint das Erlebte aus der positivistischen Formel von den ›drei E's‹ geeignet, singuläre Leistungen einzelner unabhängig von den Naturgesetzmäßigkeiten der Vererbung und des milieubedingten Bildungshorizonts plausibel zu machen. Begriffe wie ›intellektuelles Leben einer Nation‹ (geprägt durch Friedrich Schlegel, aufgegriffen durch Gervinus) werden durch die Geistesgeschichte emphatisch wiederbelebt. So können Betrachtungsweisen entstehen, in denen positivistische Begriffsbestimmungen umgedeutet oder ältere, stillschweigend tradierte Begriffe wieder aufgegriffen werden.

Wilhelm Dilthey: Geisteswissenschaft und Erlebnisbegriff

Wesentlich tragen zur Grundlegung einer geistesgeschichtlichen Methode Wilhelm Diltheys späte Schriften „Der Aufbau der geschichtlichen Welt in den Geisteswissenschaften“ (1910) sowie „Das Erlebnis und die Dichtung. Lessing – Goethe – Novalis – Hoelderlin“ (1905) bei. Im Wortlaut der beiden Titel schon tauchen die zentralen Begriffe auf, die für die Entwicklung des Konzeptes fundamental sind: ›Geisteswissenschaft‹ und ›Erlebnis‹. Sie werden hier systematisch hergeleitet und liefern damit eine Ausgangsbasis für unterschiedliche Arbeitsweisen unter dem Sammelnamen Geistesgeschichte. Dilthey ist (nebenbei bemerkt war er ein enger Freund des positivistischen Hardliners Wilhelm Scherer) ohne Zweifel der gründlichste und methodenkritischste Stammvater der Geistesgeschichte; neben ihm allerdings arbeiten andere gleichzeitig an ähnlichen Projekten. Weitere bekannte und erfolgreiche Schriften sind: Rudolf Haym „Die romantische Schule" (1870), Rudolf Unger „Philosophische Probleme in der neueren Literaturwissenschaft" (1908) und Friedrich Gundolf „Shakespeare und der deutsche Geist" (1911).

Dilthey befaßt sich zunächst damit, Geisteswissenschaften und Naturwissenschaften gegeneinander durch „sichere Merkmale abzugrenzen" (Dilthey GS VII, 79). Damit bezieht er sich auf dieselbe Ausgangslage wie die Positivisten: die rasante Entwicklung der Naturwissenschaften. Doch statt die Literaturwissenschaft in deren Sog zu stellen, betont er vielmehr ihre Eigenständigkeit im Umfeld verwandter Fächer: „Neben den Naturwissenschaften hat sich eine Gruppe von Erkenntnissen entwickelt, naturwüchsig, aus den Aufgaben des Lebens selbst [...] Solche Wissenschaften sind Geschichte, Nationalökonomie, Rechts- und Staatswissenschaften, Religionswissenschaft, das Studium der Literatur und Dichtung, von Raumkunst und Musik, von philosophischen Weltanschauungen und Systemen, endlich der Psychologie" (ebd., 79). Den erkenntnisleitenden Zugang zum einzelnen Individuum wie dem gesamten „Menschengeschlecht" liefert eine **psychologische** Methode – Dilthey grenzt dabei die ihm wohlbekannte naturwissenschaftlich-medizinische Seite der Seelenkunde aus. Psychologie erlaubt, den inneren Zusammenhang und die innere Motivation aller Lebensäußerungen zu verstehen, nicht sie zu erklären. Vereinfachend gesagt: Dilthey erweitert die psychologische Auslegung Schleiermachers auf alle Lebensäußerungen, die nicht Naturzusammenhänge sind und sich deshalb der kausalen Erklärung durch die zeitgenössische Naturwissenschaft entziehen.

Die hermeneutisch-historische Betrachtung deutet in einer umfassenden Interpretation das menschliche Leben: „Das Nächstgegebene sind die Erlebnisse. Diese stehen nun aber [...] in einem Zusammenhang, der im ganzen Lebensverlauf inmitten aller Veränderungen permanent beharrt; auf seiner Grundlage entsteht das, was ich als den erworbenen Zusammenhang des Seelenlebens früher beschrieben habe; er umfaßt unsere Vorstellungen, Wertbestimmungen und Zwecke, und er besteht aus einer Verbindung dieser Glieder" (ebd., 80). Das menschliche Erleben richtet sich auf Natur, es ist der Beobachtung unzugänglich, weil es im Inneren geschieht, aber es ist „lebendig", weil es Teil des Lebens ist (ebd., 82). In der naturwissenschaftlichen Abstraktion wird es zugunsten verallgemeinernder Begriffe ausgeschaltet, weshalb diese als Gegensatz jeder Erkenntnis des ›Lebendigen‹ angesehen werden. Anstatt die sinnlich wahrnehmbaren Äußerungen der Natur in abstrakten Begriffen zusammenzufassen, soll die Sichtweise des Menschen auf diese Natur und auf andere Menschen als einzelne Wahrnehmung mit individuellen Auswirkungen untersucht werden. Das Erleben ist das Ereignis, in dem der Mensch Natur und andere Menschen in ihrer Bedeutung für ihn selbst wahrnimmt („Interpolationen in dem großen Texte der physischen Welt" – ebd., 82). Dieses Erleben muß und kann allein durch die geisteswissenschaftliche Interpretation nachvollzogen werden: „An diesem Punkte schließt sich uns der Sinn des Begriffspaares des Äußern und Innern [...] auf. Sie bezeichnen die Beziehung, welche im Verstehen zwischen der äußern Sinnerscheinung des Lebens und dem, was sie hervorbrachte, was sich in ihr äußert, besteht. Nur so weit Verstehen reicht, gibt es dieses Verhältnis des Äußern und Innern" (ebd., 83). Ausdrücklich stellt Dilthey ein solches Verhältnis am Beispiel der Literatur vor: an den Buchstaben der Texte interessiert die Literaturgeschichte nur „das, was durch sie ausgedrückt ist [...] Es ist hier ein geistiger Zusammenhang realisiert, der in die Sinnenwelt tritt und den wir durch den Rückgang aus dieser verstehen" (ebd., 85).

Dilthey modifiziert das Modell des hermeneutischen Zirkels, indem er nicht allein von einem Vorverständnis des Interpretierenden im Sinne eines erlernten Vorwissens ausgeht, sondern von einer allen Individuen innewohnenden prinzipiellen Gleichartigkeit des Erlebens. Aufgrund dieser strukturellen Analogie aller Erlebnisse können die von einem Individuum geäußerten Erlebnisse durch andere Individuen nachvollzogen werden. Die Verständigung auf der Ebene des Erlebens ist unmittelbar: im historischen Verstehen gibt es „keine hypothetischen Annahmen, welche dem Gegebenen etwas unterlegen. Denn das Verstehen dringt in die fremden Lebensäußerungen durch eine Transposition aus der Fülle eigener Erlebnisse" (ebd., 118). Das Leben ist letztlich der Erkenntnisgegenstand der Geisteswissenschaften, die mit ihrem Erkenntnisprozeß selbst innerhalb des Lebens stehen: „Auf jeder Stufe ist das Verständnis der geistigen Welt ein Einheitliches – homogen, von der Konzeption der geistigen Welt bis in die Methode der Kritik und der Einzeluntersuchung" (ebd., 145). Diese fehlende Trennung zwischen Gegenstand und Darstellung führt dazu, daß geistesgeschichtliche Arbeiten sich selbst als kunstvolle Texte verstehen und ihrerseits der Auslegung bedürfen.

In seinen literarhistorischen Untersuchungen zeichnet Dilthey das Verhältnis von Werk und Leben nach. Er richtet sein Interesse auf die strukturellen Eigenheiten verschiedener Epochen, wobei das Konkurrenzverhältnis zwischen Literatur (als Vorstufe der Geisteswissenschaft) und naturwissenschaftlicher Weltinterpretation zum Kriterium der Epochenabgrenzung und des literarhistorischen Fortschritts wird: Ursprünglich leistete die Poesie nur die Ausschmückung eines unverstandenen Lebens, durch die Erkenntnisse der Wissenschaften wurde sie seit der Renaissance deshalb als Weltbeschreibungsmedium zurückgedrängt, um schließlich – wenn die wissenschaftliche Erkenntnis des Lebens weit genug vorangeschritten sei – als wissenschaftlich aufgeklärte Poesie das Leben adäquat durch Veranschaulichung der inneren Zusammenhänge darzustellen: „[...] erst wenn das Wissen an Leben und Geschichte heranrückt und die Dichtung an das Erfassen der ganzen Wirklichkeit, werden die Lebenserfahrungen des Dichters und das begriffliche Denken sich einander nähern" (Dilthey 1910, 9).

Geistesgeschichte als Ideen- und Problemgeschichte

Die Ausgestaltung der geistesgeschichtlichen Perspektive fand von verschiedenen Ausgangspunkten her unter wenigen dominierenden Leitbegriffen statt. Für die meisten Autoren gilt, daß sie pragmatische Anwendungen anstreben und sich kaum mit einer systematischen Diskussion der zugrundeliegenden Kategorien aufhalten. Insofern zeigt sich die für den Zeitraum typische Arbeitsteilung zwischen Philosophie – wo Systematiker wie Dilthey Grundlegungen vornehmen – und der Literarhistorie, in deren Anwendungen die theoretische Leistungsfähigkeit der ersteren nicht reflektiert wird. Typisch ist gerade die Orientierung an vereinfachenden Entwürfen, die nur einzelne Segmente aus dem Konzept des Lebens-Zusammenhangs verfolgen: Hermann August Korff popularisiert in seinem Monumentalwerk „Geist der Goethezeit" (1923-53) die Geschichte des Geistes als Abfolge von gegeneinander abgrenzbaren abstrakten Ideen (**Ideengeschichte**), Walter Rehm konturiert in „Der Todesgedanke in der deutschen Dichtung vom Mittelalter bis zur Romantik" (1928) einen Längsschnitt als **Problemgeschichte**. Beide Richtungen kompilieren Motivsammlungen als Grundlage der geistigen Geschichte, deshalb werden sie oft auch als **Motivgeschichte** bezeichnet. Im verbreiterten fachlichen Rahmen (unter Einbezug der neueren Fragestellungen aus Existentialismus und Phänomenologie) entstand 1923 auch eine spezialisierte germanistische Fachzeitschrift mit methodisch-konzeptionellem Schwerpunkt in der Geistesgeschichte: die „Deutsche Vierteljahrsschrift für Literaturwissenschaft und Geistesgeschichte" (DVjS).

In deren viertem Jahrgang erschien ein programmatischer Beitrag von Rudolf Unger unter dem Titel „Literaturgeschichte und Geistesgeschichte" (1926). Sein Programm dient dazu, „einen längst in vielseitiger Verwirklichung begriffenen Tatbestand zu vollem theoretischen Bewußtsein zu erheben und grundsätzlich zu klären: nicht nur in prinzipienwissenschaftlichem Interesse, sondern um dadurch womöglich auch für die literarhistorische Praxis neue fruchtbare Gesichtspunkte und methodische Richtlinien zu gewinnen […]" (Unger 1926, 76). Unger führt die unterschiedlichen Ausprägungen, die geistesgeschichtliche Arbeiten im Verlaufe von rund 15 Jahren Blütezeit erhalten hatten, in Thesen zusammen. Im Hinblick auf die Durchsetzung des Ansatzes stellt dies eine gelungene Integration dar. Es geht nicht mehr um die methodische Abgrenzung von den Naturwissenschaften, sondern um die Beschreibung eines mittlerweile verselbständigten Gegenstandsbereiches und seiner adäquaten Methode. Von Diltheys psychologischem Ausgangspunkt unterscheidet er sich durch die Annahme eines objektiven Geistes, der sich in Texten darstelle. Unger faßt zusammen:

„1. Geistesgeschichte ist nicht ein besonderes, gegenständlich abzugrenzendes Gebiet, sondern eine spezifische Betrachtungsweise geistiger Dinge, die sich auf

den ideellen Oberbau der Kultursynthese richtet und das einzelne Geistesgebiet erfaßt als Auswirkung des Gesamtgeistes der jeweiligen Kultureinheit, also in seinen organischen Zusammenhängen mit den anderen ideellen Kulturgebieten, Philosophie und Religion.
2. Diese Zusammenhänge sind begründet von außen her in der gemeinsamen kultursoziologischen Bedingtheit dieser Geistesgebiete, innerlich durch ihre funktionellen Beziehungen aufeinander als Spiegelungen desselben Geistesgehaltes im Medium verschiedener Bewußtseinsstellungen.
3. Speziell in der Geschichte der Dichtung ist demnach die Aufgabe der geistesgeschichtlichen Betrachtungsweise die Herausarbeitung des Sinngehaltes der dichterischen Werke, ihres Gehaltes an Lebensdeutung, in besonderem Hinblick auf die jeweilige Bewußtseinsstufe des Gesamtgeistes und auf deren Spiegelung in Religion und Philosophie.
4. Dabei bestimmen sich diese Bewußtseinsstufen des Gesamtgeistes nach seiner geschichtlich sich wandelnden Stellung zu den durchgehenden Grundproblemen alles Geisteslebens [...]
5. Vielmehr wenden sich diese metaphysischen Urprobleme an den ganzen Menschen: neben dem Intellekt auch an Gefühl, Willen und Phantasie, kurz: an das innere Leben in seiner Totalität, und können in diesem Sinne auch als Lebensprobleme des Geistes bezeichnet werden.
6. Je nach dem Vorwalten der philosophisch-wissenschaftlichen, der religiösen oder der ästhetisch-künstlerischen Richtung ihrer Auffassung [...] bestimmen sich Eigenart und Charakter der großen Epochen der Geistesgeschichte.
7. In der Doppelnatur dieser überrationalen Lebensprobleme des Geistes als geschichtlich und psychologisch sich wandelnder, von der jeweiligen Kultur- und Seelenlage bedingter, und zugleich ewiger, im unveränderlichen Grunde der Menschennatur und ihrer Situation im Weltganzen wurzelnder, ist es begründet, daß ihre historische Entfaltung [...] bestimmt wird von immanenten Gesetzen geistesgeschichtlicher Dialektik, die sich für die Dichtung speziell als solche phantasiemäßige Erlebnis- und Problemgestaltung darstellen.
8. Diese immanente Dialektik [...] realisiert sich in der literarhistorischen Wirklichkeit als unlösliche Wechselbeziehung von subjektivem Erleben und Gestalten des Dichters und objektiver Wesensentfaltung der großen Lebensfragen der Menschheit oder des Menschlichen“ (ebd., 90f.).

Versucht man das Konzept von Geistesgeschichte bündig zu umreißen, so bleibt als Fazit: der Terminus Geistesgeschichte bezeichnet – weitgehend gleichbedeutend mit Ideen- und Problemgeschichte – einen variantenreichen Typus von Geschichtsdarstellung, in dem die Chronologie jener literarischen Sichtweisen in Zusammenhang gebracht wird, in denen Dichter einzelne Lebensbereiche epochenspezifisch artikulieren (›dichterische Weltanschauung‹). Materiale historische Tatsachen können diese Sichtweisen nicht relativieren, die geistesgeschichtliche Perspektive hält die Rekonstruktion von Ideen für aussagekräftiger als etwa die gesellschaftlichen Zustände, die die Rahmenbedingungen für die Artikulationen des Geistes liefern. Die zentrale idealistische These ist, daß der Geist den materialen Gegebenheiten übergeordnet sei. Dabei wird das literarhistorische Detailwissen zunehmend gering geschätzt. Nur selten wird der Verlust an Wissen gegenüber dem Positivismus allerdings überhaupt wahrgenommen; selbst Programmerklärungen, die vor einem weiteren Wissensverlust warnen wie die des Geistesgeschichtlers Herbert Cysarz, verhallen fast ungehört: „Verwissenschaftlichung und Sicherung des bislang Ungesicherten ist unser Amt, durchaus nicht Relativierung des Gesicherten [...]" (Cysarz 1926, 6). Den Vorwurf der faktenarmen spekulativen Konstruktion erhob rückblickend erneut Karl Viëtor: „Ein Rückgang der Gelehrsamkeit, des Tatsachenwissens, des Interesses für das Einzelne in seiner bunten Fülle, ist unverkennbar [...] Zwischen dem Dilettantismus fadenscheiniger Synthesen und dem anti-ästhetischen sowohl wie anti-historischen Geist der Abstraktion läuft der schmale Weg echter Geistesgeschichte" (Viëtor 1945, 909).

Gehalt und Gestalt

Wo sie angestrebt wird, richtet sich die historische Detailuntersuchung im Rahmen der geistesgeschichtlichen Methode auf die ›Gestalt‹ von Texten, da sie die äußere Objektivation des ideellen ›Gehaltes‹ darstellt. Die begriffliche Opposition von **Gehalt** und **Gestalt** wird zum Schlagwort für das Literaturverständnis. Oskar Walzel zählt zum Gehalt alles, was an Erkennen, Wollen, Fühlen in literarischen Texten enthalten ist oder von ihnen hervorgerufen wird; Gestalt hingegen sei in der Dichtung alles, was auf den äußeren oder inneren Sinn wirkt, also Auge und Ohr sowie Gefühle anregt. Der Stoff des Werkes ist weder Bestandteil des Gehaltes noch der Gestalt. Erst in der Prägung des Stoffes schafft der Dichter die letztere: „Form des Kunstwerks ist dann genauso das Geistige, das der Künstler seinem Werk einflößt, wie alles, was, von seiner Hand gebildet, die äußere Erscheinung des Kunstwerks bedingt" (Walzel 1957, 178). Angemerkt sei, daß die gegenwärtig oft gebrauchten Ausdrücke Form und Inhalt der Opposition Gestalt und Gehalt insofern nicht entsprechen, als mit Inhalt heute gewöhnlich der Stoff gemeint wird, während Form sich nur auf die Textstruktur bezieht. Walzels Konzept faßt eine Reihe ästhetischer Diskussionen des 19. Jahrhunderts (ausgehend von den Arbeiten des Philosophen Johann Friedrich Herbart) zusammen und schafft mit diesem Resümee die Grundlage für einen bis weit in die 1950er Jahre akzeptierten und verbreiteten Interpretationsbegriff. Die Ansätze, die ihn aufgreifen, bilden allerdings zwei verschiedene Traditionen.

Der verstärkten Berücksichtigung literarischer Formen in der literaturgeschichtlich ausgerichteten **Stil- oder Formgeschichte** tritt die **Werkinterpretation** zur Seite, die den Text von seinen geschichtlichen Zusammenhängen abtrennt und als ahistorischen untersucht. Werkinterpretation löst sich schon bald aus dem gemeinsamen historischen Zusammenhang heraus und bildet einen eigenen Ansatz. Ihr Vorgehen bei der Untersuchung der literarischen Form orientiert sich an den Klassifikationen in der bildenden Kunst, wie sie Heinrich Wölfflin vorgetragen hatte. Seine Arbeit „Kunstgeschichtliche Grundbegriffe" (1916) diente als Anleitung – im Rahmen einer sogenannten ›wechselseitigen Erhellung der Künste‹ – für die literarische Formanalyse. Auch das Konzept der Formgeschichte wird bis in die 1950er Jahre weiterverfolgt, eine wegweisende Arbeit bildete etwa Paul Böckmanns „Formgeschichte der deutschen Dichtung" (1949).

Stilgeschichte – Formgeschichte – Morphologie

Bereits in Diltheys Betrachtungen finden sich ›Form‹ und ›Struktur‹ (Dilthey 1910, 10 und öfter) als Kategorien der Literatur einer jeden Epoche. Sie können als Ausdruck des Erlebnisses gedeutet werden, erhalten aber unter dem Eindruck ästhetischer Idiosynkrasien oder Gewohnheiten von Autoren einen eigenen Stellenwert. Bei der Option, formale Aspekte ohne nähere Betrachtung auf ein unsichtbares Erlebnis zu reduzieren oder aber sie als eigenes Phänomen ernst zu nehmen, entscheiden die Stil- und Formgeschichte zugunsten der letzteren.

Den Übergang von einer abstrakt gefaßten Geistesgeschichte zur Betrachtung epochentypischer literarischer Formen vollzieht am deutlichsten Fritz Strich. In „Deutsche Klassik und Romantik oder Vollendung und Unendlichkeit" (1922) unternimmt er erstmalig die stilgeschichtliche Unterscheidung zweier parallel anzusetzender Epochen. Diese Unterscheidung fand weithin Eingang in die Literaturwissenschaft, ohne daß Strichs allgemeine Grundlegung der **Stilgeschichte** ebenso akzeptiert worden wäre. Deren Reichweite beschränkt sich auf den Zeitraum bis zur Enthistorisierung der Literaturwissenschaft unter der Vorherrschaft der Werkinterpretation. Strich sucht nach der formalen Entsprechung für die ideellen Gehalte, die ›der Geist‹ hervorbringe: „Die Wissenschaft der Geschichte [...] muß [...] die wandellose Form, die ewige Substanz des Menschentums zu fassen suchen, die zeitlos durch die Zeiten geht [...] Man nennt die einheitliche und eigentümliche Manifestation der ewigen Grundform in der Zeit, und die charakteristische Gestalt, in welcher sie zu einer Zeit erscheint, den Stil dieser Zeit. Der Stil ist also die zeitliche Erscheinung des zeitlosen Menschentums [...] Darum also ist die Geistesgeschichte notwendig Stilgeschichte" (Strich 1922, 1). Mit dieser Typologisierung von grundlegenden Mustern einer Stilgeschichte erreicht Strich zwar eine Ausweitung der Geistesgeschichte zur Formseite hin, in der konkurrierenden Formgeschichte jedoch wird eine detailliertere Untersuchung der literarischen Texte angestrebt: sie vermag sich auf längere Sicht als das leichter anzuwendende und didaktisch besser vermittelbare Konzept durchzusetzen. Doch auch die Grundlegung einer Stilgeschichte bleibt nicht gänzlich folgenlos: bis in die 1950er Jahre hinein erscheinen immer wieder Arbeiten und Lehrbücher zur Formproblematik, die die Begriffe des Stils oder der Stilistik in den Mittelpunkt stellen.

Das alternative Modell für den Zusammenhang zwischen der Geschichte dichterischer Weltanschauungen und Textformen präsentiert Emil Ermatinger. Auch er stützt sich auf den Begriff der ›Form‹, den er unterteilt in eine ›innere Form‹ als Ausdruck der ›Weltanschauung‹, und eine ›äußere‹, die in der Textform erkennbar sei. Der Begriff des dichterischen Erlebnisses bleibt als unverzichtbare Voraussetzung für literarisches Schaffen Bestandteil des Denkmusters: „Die innere Form des Dichtwerkes ist ein seelisches Leben, das die individuelle organische Gestalt bedingt. Es ist innere Form, weil es zwar formbildend ist, aber im Innern unsichtbar wirkt und erst durch eindringende Analyse erkannt wird. Ihre Quelle ist die Weltanschauung des Dichters" (Ermatinger 1921, 206). ›Äußere Form‹ vermittelt das ›innere Formerlebnis‹ des ›Dichters‹ in einer nach außen sichtbaren ›Gestalt‹, dies geschieht durch traditionelle Vorgaben und individuelle Einzelleistungen gleichermaßen. Die ›äußere Form‹ der Überlieferungen, etwa in den Gattungstraditionen, behindert die individuelle Schöpfung jedoch nicht durch ›mechanische Starrheit‹: „Auch hier ist das Verhältnis des individuellen Formwillens des Dichters zu der Formkonvention des Publikums nur mit dem Wort organisch zu bezeichnen und als Analogie zum Naturwerden zu begreifen" (ebd., 309). Diese Analogie setzt sich als Bild für die Entstehung literarischer Werke durch. Indem sie als Naturvorgang gedacht wird (was an die seit dem Sturm und Drang geläufigen Vorstellungen vom natürlich schaffenden Genie erinnert), läßt sich das Werk als Einheit beschreiben, die jenseits menschlicher Konstruktionsleistungen ihren Ursprung hat. ›Dichtung‹ wird so zu etwas außerhalb des sprachlichen Basteltriebs einzelner Autoren Entstehendem stilisiert. Vom Ursprung her ist das Werk organisch, es kennt, wie pflanzliche oder tierische Lebensformen, die Zusammensetzung seines Körpers, seiner Organe selbst am besten.

In Oskar Walzels äußerst erfolgreichem „Gehalt und Gestalt im Kunstwerk des Dichters" (1929) taucht ebenfalls der Begriff der **Organismusästhetik** zur Beschreibung ›klassischer‹ oder ›wahrer Dichtung‹ auf, ein Begriff, der im wesentlichen auf die Arbeiten Herders zurückgeht. Ähnlich wie Ermatinger führt Walzel das Problem der ästhetischen Proportionierung des Werkes sowie der Legitimation seiner besonderen äußeren Form auf Natur zurück. Diese gibt Anleitung dafür, was in der Kunst als gelungen oder gescheitert anzusehen ist. Nachprüfbarkeit der Urteile ist dabei nicht angestrebt; anwenden kann das Kriterium nur das Genie – sei es als Schöpfer eines Werkes, sei es als beurteilender Leser. In der Vorstellung vom literarischen Organismus wird eine Reihe von Annahmen zusammengefaßt: Das ganze Werk ist mehr als die Summe seiner Teile, deren Proportion durch ein übergeordnetes Funktionsprinzip bestimmt ist. Das Bild des Organischen ist dem einer logischen Konstruktion entgegengesetzt. Ermatinger warnt vor der ›mechanischen Starrheit‹, Walzel polemisiert heftig gegen naturwissenschaftliche Einflüsse: „Nur gilt auch für solche Arbeit die Warnung, nicht vom Geistigen und von dessen Gesetzen sich hinweglocken zu lassen in die Welt naturwissenschaftlicher Verknüpfung von Ursache und Folge" (Walzel 1957, 9).

Anknüpfungspunkt für die Etablierung formgeschichtlicher Schemata ist schon bei Walzel die Gattungspoetik. Günther Müller umreißt das Programm: „Eine bestimmte Art des Durchwaltetseins von formalen Zügen und inhaltlichen Beständen ordnet die Werke als gattungsmäßig zusammengehörig oder verschieden" (Müller 1928, 145). Sofort stellt sich allerdings auch die Frage, woher die Gattungen kommen: da äußere, gesellschaftliche Einflüsse als literaturfremd in der geistesgeschichtlichen Tradition nicht zugelassen werden, muß eine andere Begründung für den Wechsel der Formen und Stile gefunden werden. Walzel führt ihn, ebenso wie Unger, auf geistige Einstellungen zurück, die er ›Weltanschauungen der Dichter‹ nennt. In diesen Weltanschauungen bleibt der Begriff des grundlegenden Erlebnisses weiter bestehen. Müller beschreitet in seinem Anspruch auf strengere wissenschaftliche Herleitung einen anderen Weg, er stellt sich die Formgeschichte der Literatur als eine natürliche Entwicklungsreihe vor.

Sein Entwurf der ›morphologischen Poetik‹ stützt sich auf die Annahme, „daß Kunst eine andere Natur sei" (Goethe) und „daß die Kunstwerke in einer eigentümlichen Weise von denselben Gesetzen organisiert werden" (Müller 1968, 357) wie die Gebilde der einen Natur. Im Kunstwerk haben „Kräfte" eine „leibhaftige Erscheinung". ›Sprachgetragen‹ (wohl im Gegensatz zu: durch Sprache erzeugt) ist die Kunstwirklichkeit durch einen „Klangleib", der „rhythmisch bewegt" ist und Bedeutungen aus sich ›hervorgehen‹ läßt (ebd., 277). Die Eigenschaften dieses ›Leibes‹ gehorchen organologischen Gesetzen; Müller stellt fest, „daß die Einheit der Dichtungsgestalt wie die Einheit der organischen Gebilde keine gedankliche, keine rationale ist, sondern die Einheit eines Glieder- und Kräftegefüges" (ebd., 232). In solcher Analogie zum Aufbau materialer natürlicher Körper gedacht, kann der ›Klangleib‹ „durch die Wechselwirkung der Glieder und Kräfte" (ebd., 235) Metamorphosen durchlaufen; weshalb „bei Dichtung nicht nur summarisch von Naturwirklichkeit gesprochen werden kann, wieso es vielmehr zu ihrer Wirklichkeit gehört, durch sprachlichen Ablauf einen Typus in Metamorphosen zur Einzelwirklichkeit, zur anschaulichen Gestalt zu bilden" (ebd., 237). Diese Bildung folgt jeweils allgemeinen „inneren Gesetzen" (ebd., 238) von Dichtung, wie auch „Rose, Nelke, Tulpe [...] Metamorphosen des Urbilds Blume" (ebd., 240) sind. Nachzuweisen bleibt, wie dies an Texten erkennbar wird: „Die Metamorphose aber ist in dem Werk weder als Theorem noch als Tat, Charakterbild oder Stimmung anzutreffen [...] Man kann sie wahrnehmen, aber so wenig stückweise herauspräparieren wie das Wachsen einer Pflanze" (Müller 1947, 31).

Geistesgeschichte *(Blütezeit: 1910-1925)*

– Ablehnung des Positivismus, Zurückweisung des Vorbildes Natur- und Gesellschaftswissenschaft; Betrachtung von Ideen statt Fakten; Literatur als Ausdruck des Geistes, ewige Prinzipien statt historisch bedingter Veränderungen; Interesse für das Innere im Gegensatz zum Äußeren
– Geschichte wird verstanden als Ideenfolge, die in literarischen Texten aufscheint
– hermeneutisches Verstehen statt Erklären; Deduktion des Einzelnen aus dem allgemeinen Geist; ideeller Gehalt von Werken statt deren (Text-)Form
– Hauptschriften: Wilhelm Dilthey (1833-1911): „Der Aufbau der geschichtlichen Welt in den Geisteswissenschaften" (1910); „Das Erlebnis und die Dichtung" (1. Aufl. 1905)
– Arbeitsgebiete: Überblicksdarstellungen über die literarische Manifestation des Geistes als Ideen- oder Problemgeschichte, z. B. in Hermann August Korff „Geist der Goethezeit" (1923-53); später Vermittlung mit Literaturgeschichte: Rudolf Unger: „Literaturgeschichte und Geistesgeschichte" (1926)
– Zeitschriftengründung: „Deutsche Vierteljahrsschrift für Literaturwissenschaft und Geistesgeschichte" (1923ff.)

Stil- und Formgeschichte *(Blütezeit: 1925-1933)*

– Im Übergang zur Stil- (Fritz Strich: „Deutsche Klassik und Romantik oder Vollendung und Unendlichkeit" 1922) und Formgeschichte (Oskar Walzel „Gehalt und Gestalt" 1929) werden wieder stärker Texte berücksichtigt; Anleitung bieten die Konzep-te der Organismusästhetik (das Werk als Organismus) und die kunsthistorischen Studien von Heinrich Wölfflin (›wechselseitige Erhellung der Künste‹); Günther Müller begründet eine ›morphologische Poetik‹, die sich an Goethes Morphologie orientiert

3. Völkische Literaturwissenschaft / Germanistik im Dritten Reich

Besondere historische Bedingungen traten in Deutschland ein ab dem Jahr 1933 durch die Machtübergabe an die Nationalsozialistische Deutsche Arbeiterpartei (NSDAP). In der Germanistik waren die Veränderungen im organisatorischen Bereich durchgreifend, während die fachlichen Konzepte hingegen nur geringfügige Modifikationen erfuhren. Die organisatorische Durchsetzung der nationalsozialistischen Hochschulpolitik erfolgte auf den Ebenen der Partei- und der staatlichen Strukturen. Ein bereits 1926 gegründeter Nationalsozialistischer Deutscher Studentenbund (NSDStB) organisierte die politische Präsenz der Partei an den Universitäten, verstärkt durch den Nationalsozialistischen Deutschen Dozentenbund (NSDDB). Beide waren Glieder der Parteiorganisation, denen jedoch immer nur ein begrenzter Anteil der Universitätsmitglieder beitrat. Durch politische Agitation, Drangsalierung, Bespitzelung und Denunziation verschafften sie sich trotzdem weitreichende Macht. Grundlage für die einschneidenden Veränderungen waren jedoch neuerlassene Reichsgesetze, darunter besonders das ›Gesetz zur Wiederherstellung des Berufsbeamtentums‹ (BBG vom 7.4.1933). Es sah die Entlassung mißliebiger Personen aufgrund politischer Betätigung oder Zugehörigkeit zur Gruppe der sogenannten ›Nichtarier‹ vor. Zusätzlich erlaubte die Herabsetzung der Pensionsaltersgrenze die Entfernung älterer Fachkollegen. Insgesamt fielen diesen Regelungen im Jahre 1933 bereits mindestens 15% des gesamten wissenschaftlichen Personals zum Opfer, bis 1938 rund ein Drittel (vgl. Seier 1984, 146). Ersetzt wurden sie durch verdiente Parteigenossen oder Unpolitische, über deren Ungefährlichkeit Parteiinstanzen zu urteilen hatten. Zu weiteren Praktiken der organisatorischen Anpassung gehörte es, mißliebigen Kandidaten eine wissenschaftliche Karriere unmöglich zu machen. Auch wenn solch interner Terror historisch schwer zu rekonstruieren ist, liegen in vielen Fällen ausreichende Beweise dafür vor – unter anderem für die Verhinderung von Habilitationen (vgl. Voßkamp 1985, 155ff.). Die Einführung einer strukturellen Trennung zwischen wissenschaftlicher Qualifikation durch die Habilitation und der Zulassung zum Unterricht erlaubte einerseits dringend benötigte Forschungsleistungen bei andererseits gleichgeschalteter Wissensvermittlung. Als Folge dieser vielfachen Einflußnahmen ging eine weitere große Anzahl von Fachvertretern vorsorglich ins Exil. Jene Verbleibenden, die die Positionen der NSDAP nicht unterstützen wollten, vermieden mehrheitlich jede kritische Diskussion (›innere Emigration‹), um sich Unannehmlichkeiten zu ersparen. Ihr Rückzug erleichterte die staatlich angestrebte Gleichschaltung durch vorauseilenden Gehorsam.

Ihre relative Autonomie wurde der Literaturwissenschaft nicht genommen, sie blieb dem Ministerium für Wissenschaft, Erziehung und Volksbildung unterstellt. Der einflußreiche Reichsminister für Volksaufklärung und Propaganda, Joseph Goebbels, konnte seine Bestrebungen nicht durchsetzen, die Literaturwissenschaft zusammen mit der Literatur der Reichsschrifttumskammer unterzuordnen. Innerhalb der Hochschulen setzten allerdings NSDStB und NSDDB die Literaturpolitik der Partei nachhaltig durch, etwa indem sie im Mai 1933 Bücherverbrennungen zur ›Säuberung der deutschen Literatur‹ inszenierten.

Im Streit zwischen politischen und wissenschaftlichen Bewertungsmaßstäben siegten der Anti-Intellektualismus und die Orientierung am unteren Mittelmaß. Dies wirkte sich auf den kognitiven Stand der Germanistik – und zwar durch die Ausgrenzung gerade der herausragenden Fachvertreter – noch über mehrere Generationen hinweg aus. Die literaturwissenschaftlich-methodischen Positionen selbst lassen sich durchweg als „Differenzierungen innerhalb von ›Geistesgeschichte‹ verstehen" (Heydebrand 1996, 219). Unter der Naziherrschaft werden lediglich im Rahmen der vorhandenen Denkmuster neue Inhalte durchgesetzt, wie Volkstum, Rassenlehre und Krieg als Ausdruck eines vorgeblichen ›deutschen Nationalcharakters‹. Abgesehen von der institutionellen Ebene kann dies kaum als radikaler Umbruch gewertet werden: die Germanistik war, ebenso wie alle anderen akademischen Fächer, spätestens seit der Reichsgründung 1871 überwiegend nationalistisch, kriegs- und staatsbegeistert eingestellt. Äußerungen wie die folgende aus der „Konservativen Monatsschrift für Politik, Literatur und Kunst" von 1909/10 sind nicht die Ausnahme, sondern die Regel: „Wir Deutschen verdanken fast alles, was wir historisch errungen haben, dem Kriege, und haben wenig Veranlassung, der Begleiterscheinungen langer Friedenszeiten mit besonderer Freude oder mit Stolz zu gedenken" (Jg. 67, 240). Insofern ist es nicht einfach – sieht man einmal von den offiziellen NS-Verlautbarungen ab –, die Arbeiten im Fach vor und nach 1933 nach den Kategorien ›völkisch-national‹ oder ›nationalsozialistisch‹ zu trennen. Deshalb wäre es historisch unangemessen, in Fachvertretern, die ein ausgeprägtes ›Deutschtum‹ vertreten, prinzipiell linientreue Anhänger der NSDAP zu vermuten. Ein Beispiel bietet Günther Müller, dessen biologistisch orientierte Morphologie zwar gut in die Blut-und-Boden-Ideologie zu passen scheint, dem aber 1943 die Prüfungserlaubnis entzogen wurde, weil er seiner katholisch-konservativen Überzeugung treu blieb. Als Ausdruck dieser komplizierten historischen Lage, deren Erforschung auch heute noch über gewisse Anfänge nicht hinausgekommen ist, hat sich die Bezeichnung ›Germanistik im Dritten Reich‹ (Conrady 1967) statt ›nationalsozialistische Germanistik‹ durchgesetzt.

Freilich gilt diese Einschränkung nicht für alle, besonders soll sie hier nicht Anlaß zur Verharmlosung der durchaus auch real existierenden nationalsozialistischen Germanistik sein. Diese trat allerdings an einigen wenigen Punkten der fachlichen Entwicklung konzentriert auf, dort äußert sie sich besonders in ideologischen äußeren Zeichen sowie charakteristischen kulturell-politischen Positionen. Die – von vielen Fachvertretern mit Zustimmung vollzogene – plakative Einführung entsprechender Inhalte und Veränderung der fachlichen

Fassade soll hier an folgendem Beispiel nachgezeichnet werden: Die traditionelle Fachzeitschrift „Euphorion“ erschien ab dem 35. Jahrgang 1934 unter dem zeitgemäßeren Titel „Dichtung und Volkstum“. In einer Erklärung „An unsere Leser“ begründen die Herausgeber diesen Schritt: „Sie gibt den Namen ‚Euphorion‘ auf und damit die überbetonte Abhängigkeit deutscher Bildung von humanistischer Gelehrsamkeit [...] Den ewigen Volksbegriff [...] herauszuarbeiten, macht sich die Zeitschrift zum besonderen Ziel; auf ihren Begründer August Sauer und seine bekannte Rektoratsrede ‚Literaturgeschichte und Volkskunde‘ (1907) kann sie sich dabei berufen.“ Der letzte Zusatz belegt, wie leicht es war und fiel, den Anschluß an die Vergangenheit herzustellen.

Den Inhalt des ersten Jahrgangs dieser „Neuen Folge des Euphorion“ (der übrigens nach der Befreiung Deutschlands wieder den alten Namen erhielt, als sei nie etwas gewesen) bilden programmatische Arbeiten, deren Titel sofort als Formulierungen der typischen nationalsozialistischen Ideologeme erkennbar und deren Verfasser überzeugte Vertreter der völkischen Germanistik sind: „Josef Nadler: Rassenkunde, Volkskunde, Stammeskunde; Julius Petersen: Die Sehnsucht nach dem Dritten Reich in deutscher Sage und Dichtung; Hermann Pongs: Krieg als Volksschicksal im deutschen Schrifttum“ u. v. a. m. Nadler hatte sich schon vor 1933 mit seiner nach ›Rassengesichtspunkten‹ verfaßten „Literaturgeschichte der deutschen Stämme und Landschaften“ (1912-18 in 3 Bänden; erweiterte Auflagen folgten, die vierte erschien in 4 Bänden 1938-41), Petersen mit seiner Proklamation des Programms der ›Deutschkunde‹ für eine völkisch-nationale Germanistik empfohlen: „eine durch nationalpädagogische Ziele zusammengelenkte Arbeitsgemeinschaft von Einzelwissenschaften [...]“ (Petersen 1924, 20).

Völkische Literaturwissenschaft / Germanistik im Dritten Reich

– Reorganisation der Wissenschaften nach der Machtübergabe an die Nationalsozialistische Deutsche Arbeiterpartei (NSDAP); Parteiorganisationen: Nationalsozialistischer Deutscher Studenten- und Dozentenbund; staatliche Maßnahmen: das ›Gesetz zur Wiederherstellung des Berufsbeamtentums‹ erlaubt Entlassung von politisch wie ‚rassisch‘ mißliebigen Personen; die Folge sind Entlassung und Vertreibung von rund einem Drittel des Hochschulpersonals bis 1938
– in methodischer Hinsicht: Fortwirken der Geistesgeschichte; Aufgreifen und Funktionalisieren bereits vorhandener nationaler / völkischer Positionen
– eigene NS-Inhalte statt theoretischer Positionen: Blut-und-Boden-Ideologie; Rassen- und Stammesgeschichte, Antisemitismus
– spezifische Literaturgeschichte: Josef Nadler „Literaturgeschichte der deutschen Stämme und Landschaften“ (1912-18; 4. Aufl. in 4 Bänden 1938-41)
– Zeitschriftenumbenennung: „Euphorion“ in „Dichtung und Volkstum“ (1934ff.)

4. Werkinterpretation

Die geistesgeschichtlichen Verfahren der Textarbeit variieren zwischen Formgeschichte und Werkinterpretation kaum. Sie dienen jedoch der Veranschaulichung unterschiedlicher Grundideen – quasi-biologischer Sprachmorphologie einer- und phänomenologischer Reduktion andererseits. Daß die Interpreten Arbeiten aus dem jeweils anderen Lager zitieren, ohne die unterschiedlichen Grundlagen ihrer Arbeitsweisen als Widersprüche zu bemerken, zeigt, daß die theoretische Begründung für die praktische germanistische Interpretation unbedeutend blieb, ja daß viele der Beteiligten sich dieser Unterschiede wohl gar nicht bewußt waren. Zunehmend fand eine Vermittlung zwischen beiden Seiten statt, die schließlich zur Dominanz der Werkinterpretation führte.

Die Kontur einer weitreichenden Stil- oder Formgeschichte, so wurde allgemein zugestanden, ließe sich erst auf der Grundlage einer großen Zahl von Einzeluntersuchungen zur Gestalt des dichterischen Kunstwerks erkennen: „Literaturgeschichte aber rückt damit an die zweite Stelle. Man beginnt zu erkennen, daß sie eine besondere Aufgabe ist und besondere Methoden verlangt. Sie ist nicht die Grundlage für die Deutung der einzelnen Werke, sondern baut sich, umgekehrt, selber erst auf die Interpretationsarbeit auf" (Viëtor 1945, 915). Im weiteren Verlauf wurde der geschichtliche Aspekt noch weiter zurückgedrängt: die Interpretation gelte dem einzelnen Werk, und dessen historisches Umfeld sei für diesen Vorgang irrelevant. Durch diese generelle Enthistorisierung wurde schließlich die Literaturgeschichte immer unbedeutender, sie sank auf den Status eines Hilfsmittels für den Schulunterricht herab. Mit der Fokussierung des Blickes auf die Gestalt der Werke war es möglich, nach 1945 die notwendige gesellschaftliche und wissenschaftliche Neuorientierung auszublenden und dort fortzufahren, wo man nach 1930 nie aufgehört hatte. Die Werkinterpretation dient insofern dem politischen Rückzug, der Verdrängung des Dritten Reiches.

Phänomenologie: Einfluß Husserls und Heideggers

Zur Ausprägung der Werkinterpretation trug die Rezeption der philosophischen Phänomenologie entscheidend bei; die Germanistik eignete sich einzelne Elemente daraus an. Den Status der ›äußeren Werkgestalt‹ wertet die Phänomenologie auf, indem sie das Wesentliche in den Phänomenen selbst, also in den wahrnehmbaren Erscheinungen ansiedelt. Der Begründer einer phänomenologischen Schule, Edmund Husserl, gewinnt mit seinen „Logischen Untersuchungen" (1900/01) über rund dreißig Jahre hinweg zunehmend an Einfluß. Seine Schüler Martin Heidegger (**Existenz-Philosophie**) und Emil Staiger (**werkimmanente Literaturinterpretation**) gehören zu den einflußreichen Multiplikatoren, die ein phänomenologisches Hermeneutikkonzept entwickeln.

Wenn aber das Essentielle in der Erscheinung zum Ausdruck kommt, ohne daß etwas dahinter vermutet werden darf, dann erschließt die Auslegung der Form den Blick auf ›das Dichterische‹ selbst. Dieses ist zeitloser Ausdruck des ›Seins‹, es zu erfassen ist das Ziel der Interpretation. Unter dem Einfluß der Philosophie Heideggers wandelt sich der weiterhin hochgehaltene Begriff des Erlebnisses vom psychologischen zum existentialistischen. Erlebnis ist nicht mehr psychischer Effekt in den Menschen, sondern Struktur und Ausdruck der ›Geworfenheit‹ in das ›Sein‹. Als solcher wirkt er in der Methode der Werkinterpretation bis in die 1960er Jahre fort und stiftet das Verbindungsglied zwischen Welt und Dichtung: „[...] so besitzt der Dichter die Fähigkeit und Aufgabe, mit Hilfe künstlerisch vollwertiger sprachlicher Formung eine erlebte Wirklichkeit zu einem wirklichen Erlebnis zu konzentrieren, indem er das ästhetisch Erforderliche mit dem ethisch Förderlichen und im weiteren Sinne mit dem Volksfördernden zu einer stileinheitlichen Wirkungsganzheit typischer Art organisch verbindet" (Artikel „Dichter" im Reallexikon, Bd. 1, 2. Aufl. 1958, 256).

Werkimmanenz

Unter dem Einfluß der Phänomenologie wird **Werkinterpretation** zum zentralen Begriff, mit welchem zugleich beansprucht wird, eine **werkimmanente Methode** der Literaturwissenschaft zu begründen. Unter diesem Namen herrschte sie von den 1930er bis in die 1960er Jahre vor; sie lieferte schließlich auch den Anlaß für umfassende Kritik und darauf aufbauende Renovierungsversuche der Germanistik in der Zeit nach 1965. Zum Problem wurde die Ablehnung literarhistorischer Zusammenhänge, die für die Konstitution der Werkinterpretation fundamental ist: wenn das Werk allein Gegenstand der Erkenntnis ist, und die Ausdehnung seines Textes alleine den Bereich der Untersuchung vorgibt – was im Terminus der ›immanenten‹ Interpretation ja klar proklamiert wird –, kann es außerhalb des Werkes keinen Maßstab geben, der die Historizität oder gar soziale Anbindung der Literatur wahrnehmbar oder meßbar macht. Der Gegenstand der Interpretation ist somit ›zeitlose Dichtung‹ im emphatischen Verständnis. Dieser Gegenstandsbegriff erlaubt es, jegliche historische Bedingtheit als Kennzeichen der niederen Literatur auszugrenzen: „das Ewige, das in den Dichtungen Gestalt wird, ist überzeitlich und also dem Spiel des Werdens und Vergehens enthoben [...]" (Mahrholz 1923, 72).

Bekanntester und wirkungsmächtigster Vertreter der werkimmanenten Interpretation ist Emil Staiger. Da seine Schule auf systematische und theoretische Klärung ihrer Arbeitsweise verzichtet, bedarf sie auch keiner programmatischen Texte. Immerhin mag zur Einstimmung Staigers Einleitung zu „Die Zeit als Einbildungskraft des Dichters" (1939) dienen, aus der die folgenden charakteristischen Zitate stammen: „Darauf kommen wir immer wieder zurück, auf die Welt des Dichters, die im Wort vernehmlich wird, das heisst, wir kommen immer wieder zum Werk, das uns allein als unmittelbarer Gegenstand gegeben ist. Und so mag und soll der Literarhistoriker manches unternehmen, andern Wissenschaften dienen und von andern zehren [...] im eigenen Hause schaltet er und den Auftrag, der an ihn besonders ergangen ist, führt er aus, wenn er die, Sprache gewordenen, Welten der Dichter wissenschaftlich beschreibt. Dann untersucht er die Dichtung selbst, nicht etwas, das dahinter liegt. Dann will er begreifen, was ihn ergreift, nicht was ihm erst sichtbar wird, sobald das Dichterische verblasst" (Staiger 1953, 126f.). **Begreifen, was ergreift** und **beschreiben statt erklären** sind die Schlagwörter, unter denen Staigers Anleitung zur Interpretation auf breiter Basis aufgegriffen wird. Die Vorwürfe, die schon gegenüber dem nachlassenden Tatsachenwissen innerhalb der Geistesgeschichte erhoben wurden, müssen hier noch nachhaltiger wiederholt werden. Das Kriterium, nach dem einige Interpretationen als unangemessen subjektiv, andere als angemessen eingeschätzt werden, ist die am Werk entfaltete Genialität des Interpreten, die Ausdrucksstärke und Überredungskraft seiner interpretierenden ›Nachdichtung‹.

Aus dem seinsphilosophischen Fundament der Staigerschen Interpretationslehre geht ein Bekenntnis zum hermeneutischen Zirkel hervor. Er wird als zentrale methodische Vorgabe beschrieben: „Wenn aber Dilthey den Zirkel noch mit einem Achselzucken hinnimmt, begreift ihn Martin Heidegger als den ‚Ausdruck der existentialen Vorstruktur des Daseins selbst‘ und wagt es deshalb, zu erklären: ‚Der Zirkel darf nicht zu einem vitiosum und sei es auch zu einem geduldeten herabgezogen werden. In ihm verbirgt sich eine positive Möglichkeit ursprünglichen Erkennens, die freilich in echter Weise nur dann ergriffen ist, wenn die Auslegung verstanden hat, dass ihre erste, ständige und letzte Aufgabe bleibt, sich jeweils Vorhabe, Vorsicht und Vorgriff nicht durch Einfälle und Volksbegriffe vorgeben zu lassen, sondern in deren Ausarbeitung aus den Sachen selbst her das wissenschaftliche Thema zu sichern‘ " [Staiger zitiert hier Heideggers „Sein und Zeit" 1927, 153] (ebd., 129f.).

Während die phänomenologisch-existentialistische Grundierung der Werkimmanenz durch Emil Staiger und seine zahlreichen Anhänger verbreitet wurde, trug Wolfgang Kayser aus der Tradition der Stilgeschichte heraus ebenfalls zu ihrer Konsolidierung bei. Sein Lehrbuch „Das sprachliche Kunstwerk" (1948) gibt Anleitung für die fachgerechte Interpretation. Im Gegensatz zu Staiger, der auf ein didaktisch aufgebautes Lehrbuch verzichtet und die Vorbildwirkung seiner ‚genialen‘ – und durchaus weithin bewunderten – Interpretationen geltend macht, vermittelt Kayser in Grundbegriff-Kapiteln (über Vers, rhetorische und syntaktische Formen, Aufbau in den Gattungen der Trias, Rhythmus, Stil, Gattungsgefüge und weitere) ein Minimum an interpretatorischer Ausbildung. Sein Credo stellt ebenso deutlich den ›dichterischen‹ Text in den Mittelpunkt: „Eine Dichtung lebt und entsteht nicht als Abglanz von irgend etwas anderem, sondern als in sich geschlossenes sprachliches Gefüge. Das dringendste Anliegen der Forschung sollte demnach sein, die schaffenden sprachlichen Kräfte zu bestimmen, ihr Zusammenwirken zu verstehen und die Ganzheit des einzelnen Werkes durchsichtig zu machen“ (Kayser 1948, Vorwort).

Noch bevor aus der Perspektive neu entstehender Ansätze fundamentale Kritik an der Werkimmanenz unüberhörbar wurde, begann unter ihren eigenen Vertretern bereits eine Diskussion um die Kontrollierbarkeit derartiger Interpretationen. Staiger selbst ging dazu über, historische Adäquatheit für Interpretationen einzufordern, um die „arroganteste Subjektivität“ seiner Konkurrenten zu bekämpfen und die ehemals selbstverständliche Grundlage der Klassiktradition wieder einzufordern: „Man kümmerte sich überhaupt nicht mehr um die Voraussetzungen des Werks, um die Tradition, auf der es beruht, die Welt, in die es hineingehört. Man interpretierte sozusagen munter aus der blauen Luft. Und das hieß denn doch: man beschrieb im Grunde nur seinen eigenen Eindruck“ (Staiger 1962, 1).

***Werkinterpretation** (Blütezeit: 1945-1965)*

– Weiterentwicklung der geistesgeschichtlichen Tradition; spezielles Verfahren der Arbeit am Text als Verbindung von Ideen- und Formanalyse
– Einflüsse aus der philosophischen Phänomenologie (Husserl) und der Seinsphilosophie (Heidegger)
– Betrachtung des dichterischen Werkes ohne Berücksichtigung seiner historischen Bedingungen; wichtig ist nur, was im Text des Werkes selbst gesagt wird (›werkimmanent‹); Interpretation entsteht aus der Betrachtung des Verhältnisses von Gehalt und Gestalt
– ›Begreifen, was uns ergreift‹ (Staiger) als Ziel des hermeneutischen Textverstehens
– Ablehnung der Literaturgeschichte zugunsten ›zeitloser Dichtung‹
– Hauptschriften: Emil Staiger „Die Zeit als Einbildungskraft des Dichters“ (1938); Wolfgang Kayser: „Das sprachliche Kunstwerk“ (1948)

IV. Marxismus-Leninismus / Literaturwissenschaft der DDR

Wie in den drei westlichen mußte die Literaturwissenschaft auch in der Sowjetischen Besatzungszone (SBZ) nach 1945 vornehmlich mit Personal betrieben werden, das schon in der Kriegs- und Vorkriegszeit tätig gewesen war. Eine Neuorientierung trugen zuerst überwiegend Fachvertreter, die aus dem Exil zurückkehrten. Es gab im Gegensatz zum Westen jedoch grundsätzlich weniger Gelegenheit, unauffällig an den Stand der Vorkriegszeit anzuknüpfen. Die Besatzungsmacht UdSSR bestand – wie nach der Gründung der DDR 1949 auch deren eigene Regierung – auf einer politisch motivierten Umgestaltung der Wissenschaft, einer Ausrichtung an der Staatsphilosophie des Marxismus-Leninismus (ML). Diese Neuformierung konnte allerdings erst im Laufe der 1950er Jahre mit der Ausbildung fachlich wie politisch systemkonformer Funktionäre an allen akademischen Einrichtungen gefördert werden.

Organisation der Wissenschaft

Wissenschaft stand in der DDR unter dem allumfassenden Führungsanspruch der Sozialistischen Einheitspartei Deutschlands (SED). Die Machtausübung war aufgeteilt zwischen den Institutionen des Staates und der Partei, doch behielten die letzteren die Oberhand über Bereiche, die als ideologisch wichtig angesehen wurden. So hatte das Ministerium für Hoch- und Fachschulwesen zwar eine Organisationsfunktion für die Wissenschaften, blieb bei inhaltlichen und politischen Fragestellungen jedoch den Parteiinstanzen nachgeordnet. Als höchstes Organ und Selbstdarstellungsmedium der Partei fanden – zunächst alle vier, ab 1971 alle fünf Jahre – Parteitage statt. Im Hinblick auf die Wissenschaften dienten sie als Foren für programmatische Absichtserklärungen und Zielvorgaben. In den Zeiträumen zwischen den Parteitagen fungierte das Zentralkomitee (ZK) der SED als Beschluß- und Überwachungsgremium, ihm unterstanden als höchste wissenschaftliche Einrichtungen die Akademie für Gesellschaftswissenschaften beim ZK der SED (1976 in Institut umbenannt) sowie die Akademie der Wissenschaften der DDR. Diesen oblag die Umsetzung der politischen Weisungen in Forschungsthemen, auch in bezug auf die Germanistik, denn die traditionellen Geisteswissenschaften wurden ebenfalls als Gesellschaftswissenschaften aufgefaßt. Insgesamt übernahm das Zentralinstitut für Literaturgeschichte an der Berliner Akademie der Wissenschaften den größten Teil der literaturwissenschaftlichen Forschungsarbeit, während die Universitäten weitgehend von konzeptionellen Aufgaben und den aus dem Westen geläufigen Überbietungsmechanismen in der wechselseitigen Konkurrenz entlastet wurden. Die Verantwortung und Leistungsfähigkeit individueller Akteure wurde eingeschränkt: ein Konzept „der künftigen kollektiven Arbeit" (Thalheim 1958, 92) erhielt Vorrang. Darüber hinaus verringerte die ausgeprägte Hierarchie Entscheidungskompetenz auf niederen Stufen.

Funktion und Reorganisation der Literaturwissenschaft

Die Unterordnung von Kunst und Wissenschaft unter eine umfassende Steuerungshierarchie setzte ein Primat des Politischen durch. Seine vereinheitlichende Perspektive ließ keine Konkurrenz in den Geltungsansprüchen unterschiedlicher Welterklärungsmuster zu, der angestrebte Erkenntnisfortschritt bestand in der planvollen Entfaltung des einen Ansatzes. Für das Fach Germanistik hieß dies, daß seine Abgrenzung, die seit dem 19. Jahrhundert Grundlage für die Verselbständigung und damit eine Verwissenschaftlichung gewesen war, reduziert wurde. Auf der gleichberechtigten wissenschaftlichen Ebene wurde das Fach gemeinsam mit anderen eingebunden in das zentralistische Gebäude der marxistisch-leninistischen Lehre. Dies machte viele übergreifende Basistheoreme und die Organisationsstruktur für sie verbindlich, sicherte ihr aber in bezug auf ihren Gegenstandsbereich trotz allem spezifische, nicht austauschbare Aufgaben und Verpflichtungen zu. Die Germanistik war verantwortlich für die Etablierung und Erhaltung einer angemessenen muttersprachlichen Kultur (›sozialistische Nationalkultur‹): Es entstand der Entwurf einer **Leitungswissenschaft Germanistik** unter der Führung des Zentralinstituts. Das hatte vor allem eine Stärkung der fachexternen Einflüsse auf die Vorgänge in der Germanistik zur Folge, sowie eine fachübergreifende Kontrolle und Eingriffsmöglichkeit in ihre internen Entscheidungsprozesse – die für die Moderne typische Selbstregulierung des Faches wich einer vielfältigen Vernetzung. Letzteres bedeutete weitgehende Aufhebung der relativen Autonomie und die zunehmende Abhängigkeit der Literaturwissenschaft von ihr fremden Ansprüchen – vor allem aus dem Sektor der staatlichen Politik. Die Verflechtungen, die durch diese Einflußnahmen entstanden, verfestigten sich im Laufe der Jahre und wurden schließlich als selbstverständliche Voraussetzungen akzeptiert.

Die institutionelle Restrukturierung nach Grundsätzen des sowjetischen ML führte zur Entdifferenzierung der Handlungsbereiche Kunst und Kunstwissenschaften. Beide wirkten nach diesem Konzept in wechselseitiger Abhängigkeit aufeinander ein: einerseits ging es darum, „die Literaturwissenschaft als Teil und Akteur einer sozialistischen kulturellen, literarischen Öffentlichkeit zu etablieren", andererseits hatte sie Anstößen zu folgen, „die von der gegenwärtigen Literatur ausgehen [...] Solcherart produktive Beziehung zur Gegenwartsliteratur, die Korrespondenz zwischen Literatur und Wissenschaft setzen ein enges Verhältnis beider voraus" (Thierse / Kliche 1985, 300f.).

Die Funktion der ›Leitungswissenschaft‹ war innerhalb der Hierarchie gesichert. Da der ML sich als wissenschaftlich begründete Weltanschauung verstand, lag die Konkretisierung der politisch vorgegebenen Entwürfe in der Hand der Wissenschaften, um schließlich in den zugeordneten gesellschaftlichen Bereichen umgesetzt zu werden. Die Anbindung der Literaturszene an die Germanistik geriet mehr und mehr zur verpflichtenden Anleitung von oben (was die wechselseitige Abhängigkeit nicht aufhob, ihr aber eine klare Asymmetrie zugunsten der Wissenschaft zuschrieb). Diese Forderung wurde aus literaturwissenschaftlichen Institutionen heraus selbstbewußt bekräftigt, so formulierte Günther Thalheim in programmatischen Entwürfen der 1950er Jahre: „Damit die sozialistische Literatur ihre gesellschaftspolitische Aufgabe erfolgreicher als bisher erfüllen kann, ist eine Veränderung des gegenwärtig bestehenden unbefriedigenden Verhältnisses zwischen sozialistischen Kritikern und Schriftstellern, eine höhere Bewertung der Bedeutung der marxistischen Literaturtheorie für das künstlerische Schaffen notwendig“ (Thalheim 1958, 88). Dieser Entwicklungsschritt brachte die neue theoretische Orientierung ebenso zum Ausdruck, wie die Tatsache, daß diese nicht aus fachwissenschaftlichen Prinzipien heraus entwickelt wurde, sondern aus dem umfassenden Herrschaftsanspruch der Partei: „Die führende Rolle der marxistisch-leninistischen Partei erwies sich vor allem darin, daß die SED die Literatur von Anfang an in die gesamtgesellschaftliche Aufgabenstellung einbezog [...]“ (Haase 1971, 11). Konkrete neue Verfahrensweisen waren daraus nicht unmittelbar abzuleiten, es blieb zunächst durchaus einiges an geistesgeschichtlicher Tradition wirkungsmächtig. Dieser Effekt wurde dadurch verstärkt, daß auch in Positionen der SED viele traditionelle Elemente der nationalistischen Germanistik übernommen wurden: „Man erhielt eine marxistische Alternative, ohne aus dem Dunstkreis der Geistesgeschichte heraustreten zu müssen“ (Rosenberg 1996, 304). Doch die aus der Tradition übernommenen methodischen Elemente wurden durch die gesellschaftliche Funktionsbestimmung nach und nach in einen neuen Zusammenhang gestellt und erhielten so sukzessive eine andere Bedeutung. Sie gehorchten nun der funktionalen Durchdringung durch gesellschaftliche Strukturgebungen und nicht den Erfordernissen eines aus sich selbst heraus leistungsorientierten eigenständigen Bereiches.

Identitätsbildung und Selbstbegrenzung

Die Grundzüge dieses Rahmenkonzeptes blieben organisatorisch wie inhaltlich bis zur Auflösung der DDR weitgehend unverändert – die zeitliche Verteilung der zitierten Texte ist geeignet, diese Feststellung zu bekräftigen. Allerdings erfolgten in den rund vierzig Jahren des Bestehens auch Innovationsschübe, mit geringer Reichweite freilich und meist angeregt durch die Entwicklung westlich der Grenze. Im vorliegenden Kapitel wird deshalb gelegentlich chronologisch vorgegriffen auf Phänomene, die ausführlicher erst in den anschließenden Abschnitten diskutiert werden, wo sie als Elemente der globalen fachlichen Entwicklung nach 1965 Berücksichtigung finden. Allzu deutlich sind die Spuren der Veränderungen nicht, weil eine erfolgreiche Selbstimmunisierung des ML ihnen starke Abwehrbewegungen zur Systemstabilisierung entgegensetzte.

Für eine dem Anspruch nach radikale Erneuerung bedarf es, wenn sie sich wie im Falle des ML historisch herleiten will, einer ebenso erneuerten Vorgeschichte. Neben einigen als geeignet angesehenen großen Traditionslinien der Germanistik (Klassizismus, Realismus) wurden ältere sozialistische Arbeiten als Vorläufer in die eigene Geschichte einbezogen (so etwa die Studien Franz Mehrings oder die theoretischen Entwürfe Georg Lukács'), weiterhin Positionen der sowjetischen Literaturwissenschaft. Marxistische Klassiker bildeten als Ursprung der sozialistischen Geschichte den historischen Fluchtpunkt für jegliche Perspektive. Dieser Bezug forderte von der Literaturwissenschaft mehr als nur die üblichen Pflichtzitate aus den wirklich grundlegenden Schriften von Marx und Engels: wo immer sich die historischen Autoritäten marginal über Literatur oder Kunst geäußert haben, galt es zu ‚lernen', auch wenn deren Inhalte selten über Polemiken oder zeittypische bildungsbürgerliche Geschmacksurteile hinausgehen. Die Zusammenführung solcher Stellen ergibt schließlich umfangreiche Blütenlesen aus literaturbezogenen Stellen (vgl. Marx / Engels 1948; 1968; 1987), obwohl weder Marx noch Engels aus guten Gründen jemals systematisches Interesse für literarische Entwicklungen gezeigt haben. Das darin angewandte Verfahren der Anthologiebildung aus kurzen Textausschnitten – oft weniger als eine halbe Druckseite – birgt das Problem der abgeschnittenen Kontexte; eine konsistente Rekonstruktion von Positionen in ihrem argumentativen Zusammenhang ist unter diesen Umständen selten möglich. Es geht offensichtlich mehr um den Beweis, daß Marx und Engels überhaupt auf Literatur bezug nehmen. Eines der wenigen wirklich einschlägigen und längeren Dokumente zur Literaturauffassung von Karl Marx ist sein Briefwechsel mit Ferdinand Lassalle über dessen historisches Drama „Franz von Sickingen" (1859; vgl. Marx / Engels 1968, Bd. 1, 166).

An die Stelle historisch-philologischer Verfahren der Textsicherung, etwa anhand der historisch-kritischen Marx-Engels-Gesamtausgabe (MEGA), trat die politische Autorisation des zusammengestellten Wissens: „Die Texte von Marx, Engels und Lenin wurden vom Institut für Marxismus-Leninismus beim ZK der SED autorisiert" (Marx / Engels 1987, Copyright-Eintrag) lautet eine der gängigen Formeln für die offizielle Freigabe.

ML kannte nach eigener Auffassung Irrtümer nur in den Äußerungen seiner ›Feinde‹. Das intellektuelle ›Grenzregime DDR‹ markierte diesen Anspruch auf die einzig richtige Auslegung der Klassiker durch eindeutige Werturteile über jeglichen anderen Ansatz, besonders solche, die sich im weitesten Sinne auf Marxens Schriften berufen. Das linke Spektrum in Westeuropa, das sich vor allem in den Studentenbewegungen Gehör verschaffte, bildete dabei keine Ausnahme. Alte kritische Traditionen wie die Walter Benjamins, Theodor W. Adornos oder anderer Bezugsgrößen der Kritischen Theorie fanden in der DDR keine Gnade, die Verdikte aus der Sicht des ML fielen deutlich aus: „Mit marxistischer Literaturwissenschaft hat das alles nichts zu schaffen. Es sei denn, man hält die idealistische Verschluderung Marxscher Gedanken für Marxismus [...]" (Träger 1972, 24). In dieser Situation verhalf auch die verbreitete westliche Relektüre der Marxschen Schriften nicht zu einer gemeinsamen Basis für die Methodendiskussion in der DDR, allein deren Auslegung durch parteikonforme Vermittlungsinstanzen galt als adäquat. Zentraler Prüfstein war die kulturpolitische Haltung Lenins, dessen gewaltsame Abschaffung des künstlerischen Individuums zugunsten eines kollektivierten Kulturbegriffs Maßstäbe gesetzt hatte (1932 begann nach einem Beschluß des ZK der KPdSU die Auflösung des bestehenden Schriftstellerverbandes zugunsten einer neuen, parteigeführten Organisation; vgl. Thun 1972, 11ff.). Gerade diese historische Entwicklung wurde im Westen abgelehnt, da sie die Aufhebung der kritischen Selbständigkeit von Literatur und Wissenschaft einschloß; in der DDR aber gehörte sie lange zum Credo: „Kultur ist darum kein ›Ressort‹, sie konstituiert keinen besonderen Lebensbereich innerhalb der sozialistischen Gesellschaft, sondern ›durchdringt‹ alle Tätigkeitsfelder und ist – als soziale Aufgabe formuliert – die Angelegenheit *aller* Leiter, das heißt, aller Organisatoren menschlichen Zusammenwirkens [...]" (Mühlberg 1970, 22).

Als Folge verharrte die Literaturwissenschaft der DDR in einer diskussionsarmen Orthodoxie. Unterstützt wurde diese durch eine umfassende Zensur, die zur Veröffentlichung nur freigab, was auf der Ebene der Zentralinstitute gebilligt worden war. Die gelegentliche ökonomisch bedingte Papierknappheit zwang ohnehin zur Einschränkung des Publikationsaufkommens. Dieser Sachverhalt wurde später kontinuierlich als Scheinargument für die Unterdrückung unwillkommener Schriften verwendet (ohne daß es beispielsweise an Papier für die massenhaft verbreiteten, weithin ungelesenen offiziellen Verlautbarungen gemangelt hätte). So blieb das literaturwissenschaftliche Publikationsaufkommen in der DDR über den gesamten Zeitraum ihres Bestehens hinweg übersichtlich. Als zentrale Fachperiodika entstanden „Weimarer Beiträge" (1955ff.) und „Zeitschrift für Germanistik" (1980ff.).

Theorievorgaben

Der partielle Neubeginn umfaßt neben der institutionellen Umgestaltung vor allem die verbindliche Einführung neuer Theorie- und Methodenelemente. Sie werden – um den universalistischen Anspruch des Lehrgebäudes des ML zu verwirklichen – zunächst in Analogie zu anderen wissenschaftlichen Bereichen formuliert, indem sie dem literaturwissenschaftlichen Gegenstandsbereich vorgeordnete Muster anpassen. Allgemeinverbindliche Grundlage ist die marxistische Geschichtstheorie. Sie führt alle historischen Zustände zurück auf die jeweiligen ökonomischen Zustände. Diese sind geprägt von den Produktionsverhältnissen, also der Verteilung der Produktionsmittel. Um diese Verteilung kämpfen einander entgegengesetzte Klassen, die die Verfügungsgewalt über die Produktionsmittel jeweils für sich zu sichern bestrebt sind; deshalb ist die Geschichte eine ›Geschichte von Klassenkämpfen‹ (Marx). Das Ziel der Geschichte ist die Befreiung der Menschheit von Ausbeutung und wirklichem Elend.

Geschichte ist damit Gesellschaftsgeschichte, und Gesellschaft wird primär nach ihren wirtschaftlichen Verhältnissen analysiert. Literatur hat mit diesen nur mittelbar zu tun, da sie in die politisch-soziale Organisation dieser Verhältnisse nicht direkt eingreift. Sie stellt vielmehr einen Ausdruck des gesellschaftlichen Bewußtseins dar, in dem freilich die Strukturen der ökonomisch funktionierenden Wirklichkeit enthalten sind. Nach dem dualistischen Konzept von ökonomischer **Basis** und gedanklichem **Überbau** gehört Literatur als Ausdruck eines Bewußtseins zu letzterem. Sie leistet damit eine vermittelte Auseinandersetzung mit der geschichtlichen Wirklichkeit durch deren kulturelle Fassung im Bereich der Ideen, als Ideologie. Es gehört zu den alle wissenschaftlichen Fächer umfassenden Grundlagen des Konzeptes, „daß der historische Materialismus im wirtschaftlichen Unterbau das Richtungsprinzip, die bestimmende Gesetzmäßigkeit der historischen Entwicklung sieht. Die Ideologien – darunter die Literatur und Kunst – figurieren [...] nur als sekundär bestimmender Überbau" (Lukács 1945, 215). Alle Ideologiebereiche, wie etwa auch die Religion, sind zur Unterhaltung und Besänftigung des Publikums entstanden, sie sind das ›Opium des Volkes‹ (Marx).

Eine Folge der sekundären Bildung kultureller Produktion ist, daß die für die Wirklichkeit angenommenen kausalen Zusammenhänge auf diese Ebene nicht unmittelbar übertragbar sind: im Bereich der Ideologie gelten die Zusammenhänge als komplexer, und sind nicht auf monokausale Wirkungen reduzierbar. Die Beschäftigung mit Literatur muß deshalb sowohl den Einfluß der Basis berücksichtigen – der Überbau hängt immer von dieser ab – als auch die Wechselwirkungen innerhalb des gesamten Überbaus, sei es in Form von historischen Überlieferungen, sei es als zeitgenössische Reflexion. Die Modelle, welche die Abhängigkeit des Überbaus von der Basis einer materialen, als objektiv existent aufgefaßten Wirklichkeit nachbildeten, wurden immer ausgefeilter. Die Theorie ging in den 1940er bis -60er Jahren zunächst von einem monistischen **Widerspiegelungstheorem** aus, welches besagt, „daß jedes beliebige Bewußtwerden der Außenwelt nichts anderes ist als die Widerspiegelung der vom Bewußtsein unabhängig existierenden Wirklichkeit in den Gedanken, den Vorstellungen, den Empfindungen usw. des Menschen" (Lukács 1945, 226). Dessen letztlich unbefriedigende Erklärungsleistung führte dann schrittweise zur Annahme komplexerer Verhältnisse zwischen Bewußtsein und Außenwelt, ohne daß freilich das Modell von Basis und Überbau hätte aufgegeben werden können.

Arbeitsfelder

Wie auch immer die Vermittlung zwischen Basis und Ideologie gedacht wird, Literatur gilt als Teil des Bewußtseinsprozesses, der die historische Entwicklung gedanklich erfaßt und reflektiert. Entsprechend ist die Literaturgeschichte ein sekundärer Ausdruck der Politik- und Gesellschaftsgeschichte. Gleichzeitig hat die Literatur ihre eigene Basis, nämlich in den Bedingungen ihrer konkreten Entstehung, Verteilung und Aufnahme. Diese **Literaturverhältnisse** sind ebenfalls Teil der Literaturgeschichte. Sowohl im Kanon der überlieferungswürdigen Texte als auch in den Ordnungskategorien der Historiographie sowie den Entstehungsbedingungen für Literatur steht der Aspekt der literarischen **Produktion** im Vordergrund. Distribution oder Rezeption, so sehr sie beispielsweise durch die westliche Sozialgeschichte der Literatur einbezogen werden, spielen in der Literaturwissenschaft des ML allerdings kaum eine Rolle. Die zentrale literaturwissenschaftliche Kategorie bleibt darin das **Werk**, die Geschichte der Literatur die Abfolge einzelner Werke. Werk wird dabei wie in der klassizistischen Ästhetik des 19. Jahrhunderts organologisch als ein abgeschlossenes Ganzes aufgefaßt, das eine eigene Totalität in sich einschließt.

In den Kanon werden wesentliche Teile des traditionellen Werkbestandes übernommen: es entsteht „eine materialistische Ästhetik aus dem Geist des deutschen Idealismus" (Rosenberg 1996, 304). Der Aspekt der produktiven Leistung der Rezeption von Literatur wird erst ab etwa 1973 in Betracht gezogen, ohne jedoch jemals den Primat der Produktion einzuschränken. Noch 1987 beispielsweise wird das Werk als „etwas Gemachtes" (Schlenstedt 1987, 9) hervorgehoben, als „Begriff des Resultats hervorbringender Tätigkeit", der an die „Perspektive der Erzeugung" (ebd., 16) gebunden bleibe. Die ebenfalls als produktiv anzusehende (Re-)Konstruktionsleistung des Publikums im Lektüreakt wird zugunsten der material gegebenen Werkstrukturen gering eingeschätzt. Diese Sichtweise hat im praxisbezogenen Zusammenhang mit der zeitgenössischen Literaturproduktion kontrollierende Nebenwirkungen; sie sichert die Dominanz der Textauffassungen, die die Zensur bei der Druckgenehmigung unterstellt und die auch viele Leser erwarten, gegenüber etwaigen ‚falschen' Leseweisen ab. Unter diesen Umständen ist nicht jeder Person freigestellt, was sie für sich aus einem Text macht. In der Literaturwissenschaft heißt dies, daß keine konkurrierenden Interpretationen gleichberechtigt nebeneinander gelten, sondern eine Art von traditioneller kanonischer Auslegung betrieben wird. Die Bekräftigung der ‚richtigen' Interpretation ist kein pragmatischer Zufall sondern theoretisches Ziel. Von dort aus bieten wissenschaftliche Bestrebungen wie Entdeckungs- und Erneuerungsbemühungen nichts als „blinde

Selbstgefälligkeit und einen unwiderstehlichen Drang nach Originalität" (Träger 1972, 33).

Literatur – als Ausdruck gesellschaftlicher Bewußtseinszustände, unter denen nur die für den revolutionären Geschichtsprozeß wichtigen bemerkenswert sind – steht in engstem Bezug zur politischen Geschichte. Ordnungsmuster werden von großen politischen Ereignissen vorgeprägt (Wendepunkte sind etwa die Französische Revolution und die Ereignisse des Jahres 1848 in Deutschland). Die **Literaturgeschichte** versammelt Werke, deren Inhalt auf solche Ereignisse Bezug nimmt, sie politisch kommentiert und damit dem theoretischen Modell der Widerspiegelung entspricht. Dieses Kriterium schränkt das Spektrum der anerkannten ästhetischen Programme deutlich ein. Abbildcharakter vermittelt vor allem jene Literatur, die sich die mehr oder weniger mimetische Darstellung von natürlichen und gesellschaftlichen Gegenständen zur Aufgabe macht. Der diachrone Kanon erscheint unter dieser Bedingung „als Geschichte des Realismus in der deutschen Literatur" (Thalheim 1958, 92). Zurückgeführt wird Realismus bis auf die Weimarer Klassik: „Die deutsche Klassik ist für den sozialistischen Realismus das historisch wichtigste Lehrbeispiel [...] Die deutsche Klassik ist ferner die Vorstufe für den sozialistischen Realismus" (ebd., 92). Dies ist zugleich einer der literaturwissenschaftlichen Beiträge zur ›Erbepflege‹, die „Deutsche Nationalgeschichte als Geschichte der DDR" deutet (vgl. „Erbe und Tradition in der DDR" 1988, 240ff.). Die fortgesetzte Betonung des ›Deutschen‹ an dieser Literaturgeschichte läßt erkennen: es geht entschieden um Nationalliteratur. Diese zu konturieren ist die Aufgabe der Literaturgeschichtsschreibung, und wenn im Westen einige den bedenkenswerten Vorschlag machen, nach der Zeit des Nationalsozialismus die Kategorie des Nationalen lieber zu verabschieden, so wird dieser Aspekt in der DDR zurückgewiesen: „die Ablehnung einer nationalen Literaturgeschichtsschreibung seit 1945" – gemeint sind W. Muschg und andere – sei ein Fehler (Thalheim 1958, 90).

Aus dem Geschichtsbild des ML leitet sich darüber hinaus ein Interesse für alle national und realistisch orientierten Literaturströmungen her, die mehr oder weniger als (vor-)revolutionäre Entwicklungsstufen gedeutet werden können. Neuland betrat die DDR-Germanistik besonders mit innovativen Erkundungen im Bereich der Aufklärung und des Vormärz.

Realismus

Die Konzentration auf Realismus-Konzepte wirkte nachhaltig auf die Selektionsvorgänge in der Literaturwissenschaft des ML. Die Entscheidung für eine möglichst geradlinige und einsinnige Referenz literarischer Texte auf das staatlich durchzusetzende Geschichtsbild erforderte nicht nur für die soziale Funktion der Literatur entsprechende Lenkungsinstrumente, sondern ebensolche für Inhalt und Form der Texte selbst. Zur Wahl standen die traditionelleren Mimesiskonzepte des 19. Jahrhunderts mit ihrer klassizistischen Ausrichtung oder avantgardistische moderne Literaturströmungen. Eine Vorentscheidung hatte die sowjetische Linie der 1920er und -30er Jahre getroffen, die literarische Phänomene nach der Dichotomie ›Formalismus‹ versus ›Realismus‹ klassifizierte und sich emphatisch für letzteren entschied: „Schreibt die Wahrheit, stellt unsere Wirklichkeit, die ihrerseits dialektisch ist, wahrheitsgetreu dar. Die Grundmethode der Sowjetliteratur ist daher die Methode des sozialistischen Realismus" (aus „Literaturnaja gaseta" vom Mai 1932; Übersetzung zit. nach Thun 1972, 10). Die Zerschlagung der avantgardistischen, heute ›Russische Formalisten‹ genannten Gruppierung belegte den Willen der Staatsmacht, die eigenständige Entwicklung literarischer Moderne von da an zu unterbinden. Diese Position galt in den meisten realsozialistischen Staaten unbestritten bis in die 1970er Jahre und wurde auch in den -80ern nur unwesentlich modifiziert: „Die hervorstechenden Besonderheiten sozialistisch-realistischer Kunst sind ihre sozialistische Parteilichkeit und ihre Volksverbundenheit, das heißt die untrennbare Verbindung mit der Hauptkraft des gesellschaftlichen Fortschritts, der von der marxistisch-leninistischen Partei geführten revolutionären Arbeiterklasse und mit den tatsächlichen Interessen der Volksmassen" (Simons 1971, 10). Für einen so verstandenen Realismus gab es wenige evidente Vorläufer, doch interpretierte man deutsche Klassik und bürgerlichen Realismus in diesem Sinne.

Was jeweils als Wirklichkeit aufgefaßt und literarisch verarbeitet werden soll, ist kaum ein Gegenstand des Streites. Die Widerspiegelungsforderung macht der literarischen Darstellung deutliche theoretische Vorschriften: „Was ist jene Wirklichkeit, deren treues Spiegelbild die literarische Gestaltung sein muß? Hier ist vor allem die negative Seite der Antwort wichtig: diese Wirklichkeit besteht nicht bloß aus der unmittelbar empfundenen Oberfläche der Außenwelt, nicht bloß aus den zufälligen [...] Erscheinungen. Gleichzeitig damit, daß die marxistische Ästhetik den Realismus in den Mittelpunkt der Kunsttheorie stellt, bekämpft sie aufs schärfste jedweden Naturalismus [...]" (Lukács 1945, 227). Die hierin enthaltenen Vorgaben erhalten ihre große Reichweite dadurch, daß der Begriff der ›Realität‹ durch die marxistisch-leninistische Brille betrachtet wird. In deren ausschließlicher Wahrnehmung kann er a priori nur solche Elemente aufweisen, die mit der Doktrin vereinbar sind. ›Sozialistischer Realismus‹ ist ein doppeltstreng geregeltes Konzept, das sowohl die Elemente der ›objektiven Realität‹ auf der Vorbildebene als auch die Verknüpfungs- und Darstellungsmittel auf der Ebene der literarischen Texte mit Ausschließlichkeitsanspruch selegiert. Fragen oder Unsicherheiten sind dabei nicht erwünscht: „Wer Augen und Ohren, wer einen lebendigen Sinn für wirklich vorhandene echte Zusammenhänge von Mensch und Welt hat, für den besitzt dieses Zugeordnetsein alles Besten, was im Leben wirksam ist, an der Realität der Menschheit eine sichere Evidenz" (Lukács 1963, 523).

Mit dieser Auffassung gelingt auch eine Rückführung der Realismuskonzeption auf Klassiker des ML: „Aber noch zu der Frage, inwiefern es am Ende möglich sei, in Hinsicht auf die Marxsche Literaturauffassung überhaupt von einer Theorie des ›Realismus‹ zu sprechen, da doch von ihr im verbalen Verstande nie die Rede ist. Es geht um die Sache, nicht das Wort. Denn sieht man genau hin, so handeln Marx und Engels, zwei authentische Kenner der Weltliteratur, stets von einer bestimmten literarischen Produktion, von derjenigen, die sich selber als Produkt und Organ großer geschichtlicher Tendenzen verstand" (Träger 1968, 233).

Marxismus-Leninismus / Literaturwissenschaft der DDR

– Umorientierung der Wissenschaften unter sowjetischer Besetzung seit 1945; die Gründung der DDR 1949 führt zu einer weitgehend eigenständigen DDR-Germanistik in Anlehnung an sowjetische Strukturen der UdSSR
– Abgrenzung von der internationalen Fachdiskussion
– Zentralistische Organisation durch die Sozialistische Einheitspartei Deutschlands (SED) unter Leitung des Zentralkommitees (ZK) und seiner Zentralinstitute; Besetzung der Führungspositionen durch linientreue Kader; Berufsverbot für Andersdenkende
– Zensur zur Steuerung des Publikationsaufkommens, Verbot freier Literaturzirkulation; Literatur als staatlich gesteuertes Integrationsmedium
– Einbindung des akademischen Faches in ein Lehrgebäude mit universalistischem Anspruch; Entdifferenzierung durch Unterordnung der Wissenschaft unter eine politische Steuerungshierarchie
– Grundlagen: Geschichtsphilosophie, ökonomische Struktur der geschichtlichen Auseinandersetzungen; Basis-Überbau-Modell: die ökonomische Basis determiniert den Lauf der Geschichte, im Überbau äußert sich das soziale/wissenschaftliche Bewußtsein im Bereich von Ideen (Ideologie)
– die sozialistische Kunstauffassung richtet sich gegen die Moderne und Avantgarde, sie stellt statt dessen Klassizismus und Realismus in den Mittelpunkt der literaturwissenschaftlichen Tätigkeit (Klassik als ›nationales Erbe‹, ›sozialistischer Realismus‹ als Höhepunkt aller Kunstentwicklung)
Widerspiegelung als weitreichendes Grundtheorem: die materiale Wirklichkeit geht als Abbild in die literarischen Konstruktionen ein
– die Literaturgeschichtsschreibung ist nationalistisch ausgerichtet; neben Klassik und Realismus bezieht sie vor allem Texte mit politischen (revolutionären) Bestrebungen ein
– Zeitschriften der DDR-Germanistik: „Weimarer Beiträge" (1955ff.) und „Zeitschrift für Germanistik" (1980ff.)

V. Wissenschaftliche Wende: 1965ff.

Der Aufstieg der Germanistik kannte kaum Rückschläge. Von den ersten Vorlesungen zur Zeit der antinapoleonischen Kriege über die Versuche der Nationalstaatsgründung um 1848, von der einheitsbewahrenden Rolle in einer großdeutschen Kulturnation über die Territorialgrenzen hinweg bis zur kulturellen Konsolidierung zur Zeit des Kaiserreiches und darüber hinaus, die Germanistik erfüllte wichtige Funktionen in der politisch-kulturellen Entwicklung. Die Zahl und Wirksamkeit ihrer Institutionen nahm unaufhörlich zu, selbst die zunächst scheinbar geringe Beachtung in der ersten Hälfte des 19. Jahrhunderts muß als Durchsetzungserfolg angesehen werden, da die Integration in die Humboldtsche Universitätsreform den Grundstock für eine weiterreichende Entfaltung legte und bis nach 1850 zur Zurückdrängung der historisch gewachsenen Vorherrschaft der klassischen Philologie führte. Trotz wechselnder politischer Standpunkte stabilisierte das ›Projekt der deutschen Nationalliteratur‹ (Fohrmann 1989) eine Traditionslinie, die ungebrochen fortgesetzt wurde.

Die Kontinuität der Germanistik wurde auf der Ebene der fachlichen Grundlagen durch eine annähernde Methodenstagnation gewahrt. Auch wenn in der Abfolge von geschichtstheoretisch fundierter Literaturgeschichtsschreibung eines Gervinus, der positivistischen Faktenakkumulation und Suche nach Kausalgesetzen eines Scherer und der geistesgeschichtlichen Richtung eines Dilthey Diskussionen um die adäquate Methode unumgänglich waren, betrafen sie erstens nur einen spezialisierten Bereich des akademischen Faches und ließen zweitens die Arbeit am nationalen Kanon unbestritten. Seit Gervinus waren die Arbeitsbereiche und Zielstellungen so konstant, daß Kritik oder gelegentliche alternative Vorschläge durch Integrieren oder Ignorieren unschädlich gemacht werden konnten. Wirklich bestritten wurde das hermeneutische Verfahren nicht.

Die Zunahme ihrer Institutionen erweiterte den Einfluß und die Machtfülle der Germanistik. Mit jedem neu eingerichteten Lehrstuhl dominierte sie die kulturelle Praxis deutlicher, ohne sich in ihrer organisatorischen Struktur zu ändern oder durch die Vergrößerung eine Vervielfältigung der Positionen zu erleiden. Was eintrat, war überwiegend die Erweiterung der Gegenstandsfelder: vom leitenden Konstrukt einer vorbildgebenden Weimarer Klassik aus – welches zu stiften eine der großen, gemeinsam mit den politischen Institutionen herbeigeführten Leistungen der Germanistik war – erfolgte eine Erschließung neuer, unterschätzter – weil ehedem absichtsvoll ‚vergessener‘ – Epochen (zunächst Romantik, Aufklärung, dann Barock, Realismus). Die Stabilisierung des literarhistorischen Aspekts förderte die konservative Ausrichtung der Germanistik, und so konnte sie sich erfolgreich gegen Innovationen wehren. Ungeahnte Möglichkeiten bot schließlich die Anlehnung an das nationalsozialistische Programm, das eine Legitimation allergrößter Reichweite und zugleich gewaltige Machtfülle versprach: „Die deutsche Germanistik verschrieb sich 1933 dem Nationalsozialismus mit größerem Eifer als alle anderen Universitätsdisziplinen" (Vondung 1973, 105). Nicht einmal dessen Scheitern verursachte einen Traditionsbruch; die restaurativen Bestrebungen in den deutschen Staaten nach 1949 verbürgten eine Fortsetzung des an Klassik und Hermeneutik ausgerichteten Betriebes. Die wenigen Retuschen am Personalbestand durch das Entnazifizierungsprogramm fielen um so weniger ins Gewicht, als sich die Verbleibenden auf eine Kontinuität des alten Literaturbegriffs berufen konnten – und im übrigen die Tradition durch eine konservative Personalpolitik sicherten.

1. Modernisierung zur Wissenschaft

Natürlich kann die Geschichte der Germanistik auch als fortwährendes Verfehlen selbstgesteckter Ziele beschrieben werden. Kaum etwas von dem, was sich ihre Exponenten zu den verschiedenen Zeiten vorgenommen hatten, wurde im gewünschten Umfang realisiert – Germanistik ist Schwankungen und Diskontinuitäten unterworfen, die sie im Vergleich zu anderen Wissenschaften als widersprüchlich und wenig zielstrebig erscheinen lassen. Entscheidend für ihre Geschichte ist jedoch der Erfolg, weil er die hohe Selbsteinschätzung und das erhebliche Ansehen in der Gesellschaft rechtfertigt. Und letztere erst lassen den Schock verständlich werden, der im Fach eintrat, als es sich zum ersten Mal in größerem Umfang mit dem Druck sozialer Modernisierung konfrontiert sah.

Die Faktoren, die zu jener grundlegenden Erschütterung beitrugen, die sich als Studentenrevolte in Westdeutschland in den Jahren um 1968 entlud, waren zahlreich. Durch die restaurative Entwicklung seit 1949 war ein Modernisierungsrückstand gegenüber den westeuropäischen und der US-amerikanischen Gesellschaft entstanden, der auf den Gebieten der allgemeinen Gesellschaftsstruktur, des wissenschaftlichen Erklärungsanspruchs und der Rolle der Wissenschaften im gesamtgesellschaftlichen Zusammenhang offenkundig wurde. Ein besonderes historisches Problem in diesem Umfeld war die mangelnde Auseinandersetzung mit dem Nationalsozialismus. Gerade die Germanistik erschien einer jüngeren Generation, die ihre Väter nach deren Verhalten im Dritten Reich zu befragen begann, als Steigbügelhalter der Machthaber. Von dieser Einschätzung ausgehend, das Ziel einer notwendigen Demokratisierung der deutschen Gesellschaft vor Augen, entstand das Bewußtsein einer historischen Umbruchsituation. Germanistik wurde in ihrer alten Form für die Zukunft als untragbar erklärt, bot sich aber zugleich als ein Instrument an, mit welchem die

Erneuerung befördert und gestaltet werden könnte. Infolgedessen wurde alles Tradierte einer radikalen Kritik unterzogen und allen Vorschlägen für die Erneuerung der Germanistik Gehör geschenkt. Verbreitet wurden sie in Aufsätzen wie Reinhard Baumgarts „Was soll Germanistik heute? Vorschläge zur Reform" (in: „Ansichten einer künftigen Germanistik" 1969).

In ihrer Funktion sollte die Germanistik politisiert werden (Ideologiekritik, Geschichtsaufarbeitung), in ihrer Organisationsstruktur demokratisiert (Gruppenpartizipation in der Universität, Verbreiterung des Bildungsangebotes für alle gesellschaftlichen Gruppen) und in ihren Methoden an den Standard anderer Wissenschaften angeglichen (Sozialwissenschaften, Linguistik). Dies hatte weitreichende Konsequenzen für die Gegenstände, die behandelt werden sollten (Kritik am Kanon – wertungsästhetisch, geschlechtsrollenspezifisch –, Erweiterung des Gegenstandsbereiches um sogenannte Trivial-, Sach- oder Minderheitenliteratur – ethnische, weltanschauliche –, neue Medien, Konzentration auf das Umfeld der literarischen Texte). Da die nationale Perspektive zur Begründung der imperialistischen wie völkischen Ideologie der deutschen Herrschaft beigetragen hatte, galt das Interesse nun der Internationalisierung und Regionalisierung von Gegenstand (Weltliteratur, interkulturelle Fremdperspektive, komparatistische Einflüsse) und Methoden (Interdisziplinarität, internationaler Austausch).

Aufgrund der verfestigten Strukturen ging diese Auseinandersetzung nicht ohne heftige Konfrontationen ab; der Beharrungswille der Traditionalisten war ebenso stark wie der Elan der sich selbst als revolutionär begreifenden Erneuerer. Einer besonnenen Auseinandersetzung war dies nicht förderlich, wohl aber einem recht plötzlichen Traditionsbruch. Dieser hatte – auch wenn der revolutionäre Gestus schnell wieder verschwand – irreversible Auswirkungen auf die Germanistik, ihr Zustand am Ende des 20. Jahrhunderts zeigt unverkennbar die Signatur der wissenschaftlichen Wende (**scientific turn**). Aufgehoben wurde die traditionelle Germanistik dadurch nicht vollständig, Konsolidierungsbewegungen dominieren wieder seit Beginn der 1980er Jahre. Eine Folge des Umbruchs bleibt ein ständiges Bewußtsein von Krise, von ungelösten Problemen des Selbst- und Fremdverständnisses, das im Feuilleton und auf Germanistentagen ausgelebt wird und zugleich die Aufgabenstellung lebendig hält, die eigene Funktion zu definieren und mit Inhalten und Methoden zu füllen.

Alle Fragestellungen gaben – und geben weiterhin – Anstöße, nicht alle jedoch konnten zu dem beitragen, was aus heutiger Sicht allgemein als reformierte Germanistik anerkannt wird. Was generell erreicht wurde, ist die Reformulierung eines Programms, in dem die alten Fragen und eine Reihe von neuen zur Diskussion kommen, darunter: Was ist Literatur? (Gegenstandsbestimmung), was leistet sie? (Funktionsbestimmung), wie soll Literaturwissenschaft verfahren? (Theoriediskussion). Das Besondere an dieser Situation besteht darin, daß nicht von einer kleinen Gruppe ein beliebiger Neuansatz versucht wurde, sondern eine breite Diskussion um Erneuerungen geführt wurde. Daß diese nicht zu einem abgeschlossenen neuen Konsens führte, ist ihre Stärke. Die Modernisierungsdynamik freilich durchläuft Höhen und Tiefen. Nach den 1980er Jahren hat das Interesse an einer Theoriediskussion erst einmal deutlich nachgelassen.

2. Organisationsprinzipien

Der Unterschied der jüngeren Germanistik zum alten akademischen Fach kann nur mit neuen Begriffen angemessen erfaßt werden. Dazu gehören vor allem Kategorien, wie sie in anderen Wissenschaften schon länger eingeführt waren.

Disziplin, Paradigma, Pluralismus

Germanistik, seit spätestens 1880 akademisches **Fach**, wird zur wissenschaftlichen **Disziplin**: Dies schließt grundlegende Veränderungen im Selbstverständnis ein. Plötzlich sind Entscheidungen darüber gefordert, was eigentlich auf welchem Wege wissenschaftlich geleistet werden soll? Die Grenzen der Disziplin werden nicht allein bestimmt durch die **Institutionalisierung** an der Universität (Professuren, Institute), sondern auch durch die systematische Begründung eines eigenen Gegenstandsbereiches, angemessener methodischer Verfahrensweisen und wissenschaftlicher **Selbstreflexion**. Das ist etwas anderes, als mit traditionellen Mitteln an einem überlieferten, sich scheinbar von selbst verstehenden Kanon weiterzuarbeiten. Disziplinen organisieren sich nicht nur selbst in ihrem Inneren, sondern bestimmen auch nach außen Grenzen gegenüber benachbarten Disziplinen eigenständig. Wo in den Gegenstandsbereichen und Verfahrensweisen Berührungspunkte oder Überschneidungen eintreten, kann die übliche disziplinäre Grenze überschritten (**transdisziplinäres Arbeiten**) oder die Zusammenarbeit mit benachbarten Disziplinen aufgenommen werden (**Interdisziplinarität**). Die Disziplin wird konstituiert von der Gemeinschaft aller an der einen Wissenschaft Mitwirkenden (scientific community). Die Suche nach neuen Erkenntnissen verläuft als Diskussion innerhalb eines Rahmens, in dem Umgangsweisen (Institutionalisierungen wie Fachtagungen, Publikationsmedien und -formen der Forschungsliteratur) und kognitive Grundlagen der Kommunikation (anerkanntes Basiswissen, Klarheit und Deutlichkeit der Darstellung, logische Argumentation u. a.) geregelt werden. Im Prinzip diskutieren alle Beteiligten gleichberechtigt. Traditionelle Strukturen der akademischen Hierarchie schränken diese Gleichheit – bei der idealiter der Rang der Personen gegenüber der Schlagkraft ihrer Argumente in der Bedeutung zurücktritt – in der Praxis allerdings gelegentlich ein. Die Verständigung über Erkenntnisziele und Vorgehensweisen geschieht innerhalb der disziplinären Gemeinschaft; Durchsetzung oder Wirkungslosigkeit wissenschaftlicher Programme sind Folgen der fachlichen Diskussion. Jedes einzelne Programm muß überzeugen, es muß sich mit seinen Erkenntnissen als leistungsfähiger erweisen als andere. Daraus folgt, daß sich alle Beteiligten über die Diskussion auf dem laufenden halten müssen, wenn sie von ihrem Mitspracherecht Gebrauch machen wollen.

Doch ganz so ideal verlaufen die Entscheidungsprozesse in der Praxis nicht – so wünschenswert eine ‚reine Wissenschaft' vielleicht wäre. Die wissenschaftlichen Akteure berücksichtigen im Rahmen ihrer Entscheidungsfreiheit nicht nur vorhandene oder in Aussicht gestellte Erkenntnisse, sondern ebenfalls Kriterien, die außerhalb des Kognitiven liegen (z. B. Vorlieben, Gewohnheiten, politische Opportunität u. a.). Weiterhin spielen vor allem weltanschauliche Dispositionen eine Rolle, die Fragen einbeziehen wie: welches Menschenbild liegt einem Ansatz zugrunde, oder auf welche gesellschaftliche Funktion von Wissenschaft baut er auf? Die Selbstregulierung der Disziplin ist also ein komplexer sozialer Prozeß, in dem unterschiedliche Faktoren eine Rolle spielen; ein Schiedsgericht der Disziplin gibt es nicht, wohl aber eine gewisse gesellschaftliche Erfolgskontrolle.

Diese Prozesse werden, sofern sie Teile der sozialen und nicht der wissensmäßigen Auseinandersetzung sind, von der Wissenschaftssoziologie untersucht. Dort ist der Terminus **Paradigma** (eingeführt bei Kuhn 1966) üblich geworden zur Bezeichnung solcher wissenschaftlichen Programme, die in einem bestimmten Zeitraum jeweils hohe soziale Akzeptanz finden. In diesem Sinne kann beispielsweise auch der Positivismus des 19. Jahrhunderts als ein Paradigma beschrieben werden, welches nach einer Frist der Auseinandersetzung durch das Paradigma der Geistesgeschichte abgelöst worden ist.

Umbruchphasen erfahren in der Wissenschaftsgeschichte als Paradigmenwechsel besondere Aufmerksamkeit. Im scientific turn der germanistischen Literaturwissenschaft wird ein eingeführtes Paradigma (Werkimmanenz) mit großer Mehrheit verworfen, um mehreren neuen Paradigmen Platz zu machen, deren jeweiliger Geltungsanspruch in der disziplinären Gemeinschaft diskutiert wird. Über die Durchsetzung eines Paradigmas wird jedoch nicht allein innerhalb der Disziplin (intern) entschieden, auch weiterreichende gesellschaftliche Zusammenhänge nehmen darauf Einfluß. Zu diesen externen sozialen Faktoren gehören beispielsweise allgemeine Fragen nach der Leistung von Literatur (etwa zu ihrer politischen Rolle in der Demokratie oder ihrer Funktion im Bildungssystem) und Literaturwissenschaft. Da jede Disziplin innerhalb ihres gesellschaftlichen Bezugsfeldes darüber Rechenschaft ablegen muß, welchen Beitrag sie für die Allgemeinheit leistet, werden solche Leistungsanforderungen der sozialen Umwelt in der Disziplin verfolgt und – wenn dies ohne Kollision mit dem disziplinären Selbstverständnis möglich ist – berücksichtigt.

Im kritischen Bruch mit der Tradition entsteht eine Vielfalt von Ansätzen, die sich mit unterschiedlichem Erfolg durchsetzen können, keiner jedoch wird noch einmal so dominant wie vor 1965 die Werkimmanenz. Statt dessen werden mehrere gleichberechtigte Ansätze nebeneinander angewendet. Jeder von ihnen kann für wissenschaftliche Untersuchungen genutzt werden, darüber hinaus aber auch eine fast uneingeschränkte Kombination. Die Offenheit dieses **wissenschaftlichen Pluralismus** sichert hohe Kreativität, durch die Konkurrenz der Ansätze untereinander und ihre unterschiedlichen selbstgewählten Aufgabenstellungen kommt ein vergleichsweise höherer wissenschaftlicher Ertrag zustande als in einer bloß traditionsorientierten Disziplin. Trotzdem ist die Anwendung eines oder mehrerer Ansätze nicht beliebig. Ihre Eignung für die jeweils durchzuführende Forschungsarbeit sollte begründet, sowie die Reichweite ihrer Fragestellungen und methodischen Verfahrensweisen geprüft werden. Jeder Ansatz hat sowohl Vor- als auch Nachteile, die sich jedoch nur im reflektierenden Vergleich zwischen den vorhandenen Konzepten herausstellen.

Eine Unentscheidbarkeit zwischen konkurrierenden methodischen Ansätzen hingegen erklärte Paul Feyerabend mit seiner schnell berühmt gewordenen Formel „Anything goes“. Damit wird nicht grundsätzlich die theoretische Begründung wissenschaftlicher Tätigkeit bestritten, sondern aufgrund wissenschaftstheoretischer und -soziologischer Überlegungen eine Gleichrangigkeit aller Ansätze festgestellt, da sich kein Kriterium der Letztbegründung für die Auswahlentscheidung finden lasse: Wissenschaft sei am Ende abhängig von der Lebensform, in welcher sie stattfinde. In diesem Rahmen aber seien ihre Grundlagen nur konsensuell geregelt – und somit wandelbar.

3. Kategorien der Erkenntnisgewinnung, -verknüpfung und -benennung

Alle theoretischen Ansätze weisen in ihrem Aufbau strukturelle Gemeinsamkeiten auf. Dazu zählen einige der folgenden Kategorien, die Grundlagen der Herstellung und Verarbeitung wissenschaftlicher Erkenntnis bilden.

Theorie und Methode

Der **Theorie** obliegt es, wissenschaftliche Praxis anzuleiten. Sie schlägt im Abstrakten einen Weg vor, der für begründete und kontrollierte Fragestellungen durch Verwendung geeigneter technischer Verfahren Ergebnisse über bestimmte Gegenstände erwarten läßt. Eine Theorie entwirft einen Plan, mit dessen Hilfe die Zusammenhänge zwischen dem Standpunkt der Forschenden, möglichen Gegenständen und den Chancen wie Grenzen ihrer Erforschbarkeit analysiert werden. Durch die unvollständige Trennung zwischen erkennendem Subjekt und Erkenntnisobjekt in den Kultur- und Sozialwissenschaften, durch die Einbindung jedes Akteurs in eine unentrinnbare kulturelle Praxis (Konventionalisierung der literarischen und literaturwissenschaftlichen Kommunikation), stehen Theorie und Gegenstände in einem engeren Bezug zueinander als in anderen Wissenschaften. Sie bedingen sogar wechselseitig ihre jeweilige Struktur.

Beispielsweise bestimmt Literatur durch ihre bereits vorgegebenen Eigenschaften einen Spielraum, innerhalb dessen es überhaupt sinnvoll ist, über ›Literatur‹ als wissenschaftlichen Gegenstand zu reden. Für diese Orientierung am Gegenstand gibt es gute Gründe: Es wäre sinnlos, eine Theorie zu entwickeln, die darauf abzielt, etwas zu erforschen, was es nicht gibt. Insofern erzwingt der Gegenstand eine grundlegende Ausrichtung der wissenschaftlichen Theoriebildung. Andersherum leitet der Entwurf einer Theorie Annahmen über Literatur her, die die Gegenstandswahrnehmung beeinflussen: was auch immer in einer Gesellschaft konventionell als Literatur angesehen werden mag, die Literaturwissenschaft kann nur das daran wahrnehmen, was nach den Vorgaben ihrer eigenen wissenschaftlichen Theorie (**Gegenstandstheorie**, wissenschaftliche **Literaturtheorie**) Literatur ist. Beide Seiten haben mit ihrer Art, sich selbst Maßstäbe zu setzen, Recht, denn sie gehorchen unterschiedlichen Aufgabenstellungen. Damit sie nicht aneinander vorbeireden oder in Kollision treten, muß die literaturwissenschaftliche Theoriebildung die literarische Praxis berücksichtigen, wie auch längerfristig die Wissenschaft auf den Literaturbegriff einwirkt.

Eine Theorie besteht aus systematisch aufeinander aufbauenden Sätzen, die miteinander ohne Widersprüche vereinbar sind (**Konsistenz**). Begriffe, die darin verwendet werden, müssen definiert oder auf ihre eingeschlossenen Bedeutungskomponenten (Implikationen) hin entfaltet und erläutert (expliziert) werden. Da Begriffsdefinitionen im Stile der Mathematik oder formalen Logik auf historische und soziale Gegenstände kaum anzuwenden sind, dominiert in der Literaturwissenschaft die **Explikation** der Bedeutung. Weitreichende Theorieangebote haben ihren Ursprung selten innerhalb der Literaturwissenschaft selbst. Meist werden sie angeregt durch vorhandene Angebote in Nachbardisziplinen – im 19. und frühen 20. Jahrhundert lieferte vor allem die Philosophie Anregungen, zuletzt sind es die Sozialwissenschaften, Linguistik, Geschichts- und Kunstwissenschaften gewesen. Übernahmen (**Theorieimport** und **-transfer**) erfordern die Reformulierung der importierten Theorie im Hinblick auf den Gegenstand Literatur. Zugleich erleichtert die Übernahme die Verbindung zwischen den Problemstellungen und Lösungsvorschlägen benachbarter Disziplinen, deren interdisziplinäre Praxis durch eine Anschlußfähigkeit ihrer Theorien erleichtert wird.

Theorien enthalten gegenstands- und erkenntnisbezogene Theorieteile (**Theoreme**), sowie Frageweisen und Arbeitstechniken zur Antwortfindung. Zugleich bezeichnen Theorien die Bereiche, in denen wissenschaftliche Ergebnisse in ihrem eigenen Rahmen möglich sind und solche, die außerhalb der Grenze des eigenen Arbeitsfeldes liegen (einfaches Beispiel: eine Theorie des Dramas schließt alle Gegenstände anderer Gattungen aus und erlaubt keine weiteren Aussagen darüber). Die technischen Verfahrensweisen, die **Methoden**, die eine Theorie aufgrund ihrer eigenen Voraussetzungen entwickelt und deren Benutzung sie nahelegt, stellt die Verbindung zwischen den abstrakten Vorüberlegungen und der Forschungspraxis her. Die Anwendbarkeit (**Applikabilität**) einer Theorie hängt von der Ausarbeitung praxisgerechter Verfahren ab, erst mit ihrer praktischen Bewährung erhält die Theorie Akzeptanz in der Disziplin. Da die Methoden als praxisorientierte Sichtweisen gemeinhin größere Aufmerksamkeit erfahren als ihre theoretische Begründung selbst, wird die Theoriedebatte häufig auch Methodendiskussion genannt.

Theorien strukturieren das vorhandene Wissen der Literaturwissenschaft und verwalten es: sie ordnen es nach ihren jeweiligen zentralen Gesichtspunkten und leiten zugleich die Suche nach neuen Erkenntnissen. Aufgabe der Forschung ist die Erweiterung des vorhandenen Wissens, deshalb benötigt sie wegweisende Vorgaben über die Richtung der Ergebnissuche. In der literaturwissenschaftlichen Praxis liegt jedoch weder für jede Fragestellung eine geeignete theoretische Vorarbeit vor, noch wird die Nützlichkeit eines ausgearbeiteten Entwurfes immer eingesehen. Forschungsarbeiten, die sich auf eine vorgegebene Theorie stützen, heißen **theoriegeleitet**, andere, die mehr auf dem Selbstverständnis der vorgefundenen Gegenstände basieren, sind **gegenstandsorientiert**. Beide Sichtweisen können Vorteile für die Lösung adäquater Problemstellungen haben: Da der Gegenstand Literatur in jedem seiner Einzelphänomene ein Eigenleben aufweisen kann, das von den in der Theorie deduzierten Strukturen abweicht, ist mit einer systematischen und stringenten Theorie oft wenig zu erreichen – dafür ergeben theoriegeleitete Untersuchungen klarer gegliederte und systematischer erschlossene Ergebnisse, die mit anderen, auf gleichem methodischen Weg gewonnenen, direkt in Bezug gesetzt werden können. Entschieden über die Art des eigenen Vorgehens wird meist im Einzelfall. Was unverzichtbar bleibt, ist die Klärung der verwendeten Begriffe sowie eine Reflexion der Vorgehensweise. Auch wenn die ursprünglich geforderte Theoretisierung der Literaturwissenschaft – im Sinne der allgemeinen Wissenschaftstheorie – kaum durchgesetzt wurde, so ist doch die Anforderung an eine methodische Selbstreflexion seit dem scientific turn als verbindlich anerkannt.

Konzept, Ansatz, Modell, Heuristik

Da die Anforderungen an literaturwissenschaftliche Theorien nicht mit denen in exakten Wissenschaften vergleichbar sind, werden sie oft nur als Konstruktionen bezeichnet, die von vornherein bescheidenere Ansprüche stellen. Um die Frage nicht diskutieren zu müssen, wo eine Theorie aufhört und die andere anfängt oder ob ein abstraktes Regelgebilde überhaupt den Status einer Theorie besitzt, sind Ausdrücke wie **Konzept** oder **Ansatz** praxisgerecht. Auf niedrigerem Anspruchsniveau als dem einer allgemeinen Theorie bieten **Modelle** Strukturvorgaben, denen engere Grenzen der Anwendung gesetzt sind, die jedoch klare Angaben zu ihrer theoretischen Begründung, den erfaßbaren Gegenständen sowie der Methode machen. Modelle beschränken sich auf die Rekonstruktion nur eines Ausschnittes aus ihrem Anwendungsbereich. Durch die Verkürzung der Zusammenhänge und ihrer Darstellung tritt eine Vereinfachung ein, die den Überblick erleichtert: Modelle sind **reduktionistisch**.

Doch nicht nur Modelle reduzieren die Komplexität ihrer Gegenstände, alle Theorien verfahren – in unterschiedlichem Umfang – nach diesem Muster. Selbst Konzepte, die explizit darauf bestehen, nicht-reduktionistisch vorzugehen, müssen sich in dem, was sie behandeln können, beschränken. Die Welt ist komplizierter und umfangreicher als der Mensch zu fassen vermag, und Wissenschaft dient unter anderem dazu, sie in Ausschnitten gefügig zu machen. Deshalb darf nicht davon ausgegangen werden, in der Geschichte sei etwas ‚wirklich so gewesen', wie es in der wissenschaftlichen Rekonstruktion erscheint. Diese wählt aus, richtet sich ihre Gegenstände teilweise selber zu und verknüpft sie anhand höchst unvollständiger Abhängigkeitsannahmen. Die Ergebnisse sind **heuristisch**: Sie sind vorläufig und dienen der Erkenntnis von Sachverhalten, über die zum jeweiligen Zeitpunkt nichts Genaueres ausgesagt werden kann.

Terminologie

Die Sprache der literarischen Texte heißt, da sie dem Gegenstandsbereich entstammt, **Objektsprache** (auch: Quellensprache). Die wissenschaftliche Bezeichnung dagegen macht ihre Distanz zum Gegenstand und ihre reflektierte Begriffsbildung durch die Verwendung einer **Fachsprache** deutlich. Sie stellt mit ihrem gegenüber der Umgangssprache höheren Abstraktionsgrad und der theoretischen Fundierung eine Metasprache dar. Diese hält idealiter zur Bezeichnung aller Gegenstände und Sachverhalte, die in den Objektbereich fallen, unverwechselbare Fachwörter bereit, die auf fest umrissenen Begriffen beruhen. Literaturwissenschaftliche Ansätze mit theoretischem Anspruch erzeugen in der Regel ihre jeweils eigene **Terminologie**. An deren charakteristischen Wort- oder Satzprägungen ist die theoretische Grundlage wissenschaftlicher Arbeiten leicht zu erkennen, ohne daß die Verfasser eigens darauf hinweisen müßten. Terminologie dient dazu, unmißverständliche wissenschaftliche Aussagen zu erzeugen und als solche kenntlich zu machen. Durch den historisch kumulativen Charakter des literaturwissenschaftlichen Wissens kann dabei allerdings selten – im Gegensatz etwa zur naturwissenschaftlichen Terminologie – mit neuen Wortdefinitionen ganz Neues gesetzt werden. Wichtig ist statt dessen, die teilweise seit der Antike gewachsene Begrifflichkeit aufzugreifen und in Beziehung zu neuen Erkenntnissen zu setzen. Dies gilt besonders für gattungs- und textbeschreibende Begriffe. Allerdings sind gerade traditionelle Termini, wenn sie weiter verwendet werden, kritisch auf ihre Bedeutung hin zu befragen. Beispielsweise wäre es nicht sinnvoll, den Terminus ›Drama‹ zugunsten eines beliebigen

Neologismus zu verabschieden, da eine bestimmte Textgattung durch ihn allgemeinverständlich bezeichnet wird; gleichzeitig aber muß im Rahmen eines jeden neuen Ansatzes erneut bestimmt werden, was ›Drama‹ genau heißen soll. Die Explikation unterscheidet zwischen unverzichtbaren Merkmalen (wie z. B. Dialogizität) und weniger wichtigen (z. B. Akt- und Szeneneinteilung). Literaturwissenschaftliche Begriffe lassen somit Spielraum für historischen Bedeutungswandel und Sonderfälle. Ein altes Problem in der Verwendung wissenschaftlicher Terminologie besteht darin, daß die Allgemeinverständlichkeit der Darstellung abnimmt; allerdings stammt die Forderung, germanistische Texte müßten alle leicht verstehen können, aus der vorwissenschaftlichen Zeit des Faches. Insofern ist es heute eher notwendig, zur begrifflichen Klärung auch die eingeführte Fachsprache zu verwenden.

Wissenschaftliche Wende der Literaturwissenschaft

– der scientific turn wurde um etwa 1965ff. in der Auseinandersetzung mit den Traditionen des Bildungsbürgertums und des Nationalsozialismus eingeleitet
– Kennzeichen: Theoriedebatte (Methodendiskussion) als Grundlage der fachlichen Neuorientierung; Erweiterung des Gegenstandsbereichs (erweiterter Literaturbegriff, Medienforschung, sozialhistorische Kontexte)
– gesellschaftliche Verantwortung als ausdifferenzierte Wissenschaft

Organisation

– soziale und wissenschaftliche Modernisierung; Bildung einer Disziplin (statt des alten Faches) mit Selbstbestimmung und Unabhängigkeit der Urteilsbildung von traditionellen Gepflogenheiten
– Fachdiskussion in der scientific community entscheidet über wissenschaftliche Programme (Paradigmenbildung); Metareflexion von Zielen, Zwecken und Verfahren der Literaturwissenschaft; Pluralismus durch Gleichrangigkeit und Konkurrenz unterschiedlicher Ansätze; Anschluß an andere Disziplinen durch Trans- und Interdisziplinarität, Theorieimport
– neue Zeitschriften: Poetica (1967ff.); Daphnis. Zeitschrift für mittlere deutsche Literatur (1972ff.); LiLi. Zeitschrift für Literaturwissenschaft und Linguistik (1971ff.)

Kategorien der Erkenntnisgewinnung, -verknüpfung und -benennung

– Theorie: abstrakter Bauplan zur Klärung der Voraussetzungen und Möglichkeiten wissenschaftlicher Erkenntnis, des Gegenstandsbereiches und der Frageperspektive
– Methode: technische Verfahrensvorschläge zur Anwendung von Theorien
– Modell: Strukturvorgaben für die Forschungspraxis mit begrenztem Geltungsrahmen; Komplexitätsreduktion zur Vereinfachung in der Anwendung; Heuristik: wissenschaftliche Erkenntnis ist immer nur vorläufig, sie beschreibt nie, ›was wirklich ist‹
– Objektsprache von wissenschaftlicher Fachsprache (Terminologie) unterschieden

4. Grundlegende Richtungen der Erkenntnistheorie

Die Kritik an der germanistischen Tradition brachte fundamentale methodenkritische Fragen mit sich. Mußte nicht die ideologische Anpassungsfähigkeit als Folge einer mangelnden wissenschaftlich-methodischen Kontrolle angesehen werden, ebenso wie die Verweigerung der historischen Aufarbeitung? Das geläufige Ideal von Wissenschaft hingegen verlangt, daß Fragestellungen und Vorschläge für Lösungen jederzeit offengelegt und begründet werden können.

Verstehen und Erklären

Für die methodische Kontrolle ist eine Trennung von Forschendem und Gegenstand, von Subjekt und Objekt der Wissenschaft erforderlich. Gerade dies schien die literaturwissenschaftliche Tradition nicht zu bieten: im hermeneutischen Verstehen steht das Subjekt dominierend im Zentrum, sein Verhältnis zum Objekt ist zirkulär. Dies gilt um so mehr für die werkimmanente Interpretation, deren ›Begreifen was uns ergreift‹ den persönlichen Eindruck des Interpreten in den Vordergrund rückt, und damit die individuelle Meinung im Gegensatz zur allgemeingültigen Aussage stark macht. Abhilfe versprach jedes erkenntnistheoretisch begründete Verfahren, das sich statt auf Verstehen auf Erklären stützt. Es ist dieses Erklärungsmodell, das den Natur- und den empirischen Gesellschaftswissenschaften ihr distanziertes, objektives Verhältnis zum eigenen Gegenstand verleiht.

Verstehen richtet sich, nach gemeinsamer Auffassung sämtlicher hermeneutischer Auslegungskonzepte, auf die inneren Aspekte des Gegenstandes, seien sie gefaßt als Ideen (Manifestationen des Geistes) oder als psychische Positionen und Prozesse in beliebigen kommunikativen Zusammenhängen (Lebensäußerungen). Damit konzentriert sich das Verstehen auf solche Phänomene, die nicht einfach anhand ihrer äußeren Merkmale und Erscheinungsweisen beobachtbar sind, sondern als Motive, als Handlungsabsichten erkannt werden müssen, die einer relativen Entscheidungsfreiheit der Individuen unterliegen. Ob die Intention mehr im Autor (intentio auctoris), im Text (intentio operis) oder im Leser (intentio lectoris) vermutet wird, verschiebt nur die Blickrichtung. Hier tritt nolens volens das nach Verstehen strebende Subjekt (die interpretierende Person) über eine historische – zeitlich, räumlich und kulturell bestimmte – Distanz mit den Äußerungen eines anderen Subjektes in Kontakt; und zwar bemüht es sich darum, die individuellen Meinungen des anderen Subjektes zu erschließen. Verstehen richtet sich stets auf Bewußtseinsinhalte. In diesem Prozeß gewinnt der Gegenstand, die Lebensäußerung, ein Eigenleben: zwar ist der Text festgeschrieben, doch variieren seine Bedeutung und sein Sinn je nach dem Ausgangspunkt des Verstehensaktes. Der Gegenstand ist also einerseits als Text materiell unveränderlich, andererseits gewinnt er als Aussage erst im Laufe des hermeneutischen Verfahrens seine für das Verstehen relevanten Konturen.

Es gibt mindestens drei Basismodelle des Verstehens: Es ist beschreibbar als ein erfolgreiches Hineinversetzen in das andere Subjekt, als ein mehr oder weniger mühevolles Zusammensetzen einzelner Teile seiner Äußerungen oder als der schöpferische Neuentwurf dessen, was ein Text andeutet. Im ersten Modell geschieht ein Nachvollzug des in der Äußerung Gemeinten, im zweiten dessen Rekonstruktion und im dritten seine erratende (divinatorische) Wiedererzeugung. Das gesuchte Verständnis kann unterschiedlich intensiv sein und damit graduell differierende Ansprüche an den Umgang mit Texten stellen. Sie lassen sich folgendermaßen klassifizieren: 1. verstehen, 2. auslegen, 3. anwenden (applizieren) auf den eigenen (Sinn-)Kontext (Jauß 1981). In allen Fällen bleibt eine Differenz zum Ursprünglichen, ein zusätzliches subjektives Element. Als Verstehensgrundlage ist diese Vorstellung nur sinnvoll, weil eine Ähnlichkeit beider oder mehrerer Subjekte und ihrer Lebenswelt angenommen wird. Methodische Gewißheit über die damit verbundenen Erkenntnisschritte des Verstehens ist nicht zu erlangen. Einerseits sind zwar zugrundeliegende zentrale Feststellungen und Schlußfolgerungen des verstehenden Subjektes benennbar, insgesamt jedoch beruht der Vorgang auf so komplexen intellektuellen Operationen, daß deren Bewußtmachung und Eingrenzung kaum möglich erscheint. Eine Kontrolle bleibt letztlich darauf beschränkt, die Ergebnisse des Verstehens auf ihre Plausibilität hin zu befragen, sei es im Vergleich mit bereits vorhandenen und gesicherten Kenntnissen (historische Kontextuierung), sei es in einer Diskussion mit anderen verstehenden Subjekten (Intersubjektivität).

Erklären richtet sich auf die äußeren Erscheinungen der Gegenstände und Handlungen. Sie werden durch Beobachtungen gewonnen und gesammelt, damit aus einer Menge gleichartiger Beobachtungsdaten Zusammenhänge erschlossen werden können. In diesen Verknüpfungen, die als Gesetzeshypothesen formuliert werden, wird davon ausgegangen, daß alles, was äußerlich gleich aussieht auch wirklich gleich ist: immer wenn a geschieht, ereignet sich danach b – a ist die Ursache für b, b die Wirkung von a. Der Zusammenhang kann rein statistischer Natur sein (die Aussage gilt in x von n Fällen), kann aber auch als kausales Verhältnis zwischen a und b angenommen werden: b geschieht, weil a stattgefunden hat. Letztere Aussage drückt ein Gesetz aus, und daran ist nichts weiter zu verstehen – jedenfalls muß der Beobachter nicht damit rechnen, daß a die Möglichkeit hat, sich zwischen den Folgen b, c, oder d zu entscheiden. Natürlichen Vorgängen beispielsweise liegt kein Wille und keine Entscheidung voraus. Kausale Erklärungen finden vornehmlich in den Naturwissenschaften Anwendung; am Beispiel physikalischer Gesetze (z. B. ‚jeder Stein fällt nach unten') wird offensichtlich, daß hier für Menschen – und seien sie noch so feinsinnige Hermeneuten – nichts zu verstehen ist, sondern ein äußerer, vom menschlichen Willen unabhängiger Vorgang abläuft.

Erklären findet aber auch in den Sozialwissenschaften Anwendung, und in deren Gegenstandsbereich treten keine Naturvorgänge auf, sondern Handlungen von Menschen in der Geschichte. Sie gehorchen einerseits einer gewissen konstanten Logik, andererseits aber unterliegen sie zugleich der Entscheidungsfindung eines urteilenden, freien Bewußtseins. Selbst physiologische Zusammenhänge – wie: ‚a hat Hunger' – müssen nicht zu der im Alltag üblichen und gesundheitlich ratsamen Konsequenz führen: ‚also versucht a, sich Nahrung zu beschaffen', denn a kann beispielsweise das Körpergewicht verringern wollen oder in einen Hungerstreik treten. Noch weniger als bei naturgemäß bestehenden Auslöser-Folge-Zusammenhängen gilt dies bei Urteilen über historische gesellschaftliche Situationen. Dort bleiben den Akteuren gewöhnlich mehrere Möglichkeiten, auf Gegebenheiten gemäß ihren eigenen Urteilen zu reagieren. Welche Handlungsoption ein Akteur wählt, ist seinen Entscheidungen im Rahmen der äußeren Möglichkeiten anheimgestellt. In diesen Fällen kann von einer kausalen Erklärung nicht gesprochen werden; da jedoch gleichzeitig eine hohe statistische Wahrscheinlichkeit für bestimmte Auslöser-Folge-Zusammenhänge besteht, wird als Behelf eine quasi-kausale Erklärung eingeführt. Diese Art des **historischen** oder **sozialwissenschaftlichen Erklärens** ist auf die Literaturwissenschaft teilweise übertragbar. Mit diesem Verfahren wird – im Unterschied zum Verstehen – auch erfaßbar, was ‚hinter dem Rücken der Akteure' vorgeht, was also außerhalb ihres Bewußtseins besteht und deshalb in den von ihnen verfaßten Texten gar nicht ausgedrückt ist.

In welchen Fällen läßt sich das Verstehen durch ein Erklären ersetzen, um die als subjektiv kritisierte Komponente des ersteren auszuschließen? Es gibt einfach literaturwissenschaftliche Fragestellungen, die auf Erklärungen abzielen, und solche, die notwendig Verstehen voraussetzen. Da Erklären und Verstehen nicht austauschbar sind, müssen die Eigenschaften der Gegenstände und die Art der in bezug auf sie gesuchten Ergebnisse als Kriterium für die Entscheidung zur Anwendung des einen oder des anderen gelten. Literarische Texte und die mit ihnen in Verbindung stehenden Handlungen (Produktion, Rezeption, Distribution und Verarbeitung) sind für beide Verfahren zugänglich, jedoch sind nicht mit beiden dieselben Ergebnisse zu gewinnen. Wo immer das zu einem Zeitpunkt Normale, strukturell Erwartbare im historischen Kontext gesucht wird, kann es statistisch erfaßt und in seinen Zusammenhängen erklärt werden. Das Besondere, Einzigartige erscheint unter diesem Gesichtspunkt nur als Abweichung – ob es somit einen Irrtum, Fehler oder aber eine Erneuerung, Verbesserung darstellt, ist nicht zu unterscheiden. Eine solche Beurteilung ist abhängig vom sozialen Sinn des Besonderen, und der muß verstanden werden. Generell ist der Sinn literarischer Texte eher dem Verstehen zugänglich; partiell kann er zwar auch empirisch erfaßt und erklärt werden, doch erreicht dies nie die Komplexität, die im Verstehen aufgenommen werden kann. Einer Erklärung oder Erläuterung einzelner Textkomponenten (wie Wörter, Anspielungen,

Formen, Gattungsmuster u. a.) bleibt der integrierende Sinn des Textes gänzlich verschlossen.

Trotzdem darf im Gegenzug dieses Erklären von Textkomponenten – und darüber hinaus sämtlicher bekannter Bedingungen ihres Wirkens – nicht vernachlässigt werden: eigensinnig subjektive Meinungen über den Textsinn lassen sich durch die Erklärung möglichst vieler historischer Faktoren einschränken oder zurückweisen. Die hermeneutische Interpretation darf sich durch vermeintlich schöpferisches Verstehen nicht willkürlich über das sozial(-historisch) Erklärbare hinwegsetzen. Die seit den 1960er Jahren intensivierte Auseinandersetzung um den Gegensatz von empirischem Erklären und hermeneutischem Verstehen hat zu einem erkenntnistheoretischen Kompromiß geführt: erklären, was erklärt werden kann, verstehen, was nicht erklärbar ist. Diese pragmatische Lösung hat – wenn sie auch in der jüngeren Vergangenheit besser begründet wurde – Geschichte: schon im Positivismus, unter dem Postulat, kausale Gesetze der Literaturgeschichte zu erforschen, war die hermeneutische Auslegung von Texten nie ganz zurückgedrängt worden. Die generelle Erfahrung, daß Literaturbetrachtung rein nach äußeren Gesichtspunkten unbefriedigend bleibt, ist entsprechend alt. Wenn auch die Wissenschaft in einem empirischen Paradigma erfolgreich arbeiten kann, erscheint das Fehlen relevanter Interpretationen in einem weiter gefaßten sozialen Umfeld als Mangel. Zu den externen Anforderungen an Literaturwissenschaft gehört immer die Frage nach sozialem Sinn.

Steht statt der historischen Komponente ein **aktualisierter** Umgang mit literarischen Texten im Vordergrund, ist mit sozialhistorischer Erklärung nichts mehr zu gewinnen. Was ein Text heute für einen Leser bedeutet, welchen Sinn ihm dieser zumißt, hängt vom individuellen Verstehensakt ab. Dies fällt aber nicht mehr nur in den Bereich der wissenschaftlichen Erkenntnis.

Beschreiben und Bewerten

Wer im Rahmen literaturwissenschaftlicher Tätigkeit etwas verstehen oder erklären will, bringt die vorgefundenen Phänomene in eine Ordnung, worin Bedeutung und Sinn durch Verknüpfungen von Befunden hergestellt werden. In diesem Prozeß sind nicht alle Elemente gleich wichtig, vielmehr werden einige bevorzugt, andere zurückgestellt oder ganz aus dem Wahrnehmungsfeld ausgeschieden. Auch wenn ein Text etwa auf eine zentrale Aussage hin gedeutet werden soll, so enthält er doch immer auch Bestandteile, die für diese eine Interpretation unbrauchbar sind; ganz ähnlich verhält es sich auch mit literarhistorischen Rekonstruktionen. Die Einteilung des Materials in relevante und weniger relevante Daten läßt sich als Hierarchisierung begreifen, deren Grundlage eine Bewertungsskala ist. Nur durch Wertung sind Daten in einer Rangfolge unterschiedlicher Wichtigkeit anzuordnen. Wertung heißt in diesem Zusammenhang nicht Einteilung nach willkürlichen Qualitätsmerkmalen – wie dies bei ästhetischen Wertungen im Stile von ›gelungen / nicht gelungen‹ der Fall ist –, sondern nach systematischen Kriterien, die jeweils von der zugrundeliegenden Theorie vorgegeben sind. Es handelt sich dabei um Normen, die reflektiert und expliziert werden müssen.

Unter bestimmten Umständen kann es jedoch nützlicher sein, auf eine Wertung zunächst zu verzichten; etwa, wenn es in einem neuen Gegenstandsfeld noch keine plausible leitende Hypothese gibt oder die Ergebnisse aus anderen Gründen nicht durch voreilige Wertungen vorab beeinflußt werden sollen. Dann besteht die Möglichkeit, Daten nur zu beschreiben. Diese **Deskription** enthält sich aller normierenden Wertungen, sie stützt sich auf gängige Vorannahmen über strukturelle Zusammenhänge und ordnet die Befunde nach Oberflächenmerkmalen. Deskription verhält sich in bezug auf das Material neutral. Damit bietet sie weitergehenden, sekundären Analysen die Möglichkeit, nachträglich Zusammenhänge zu entdecken, zu erklären und in wertenden Aussagen darzustellen.

Hermeneutisch / ideologiekritisch oder analytisch-empirisch?

Zum Zeitpunkt des scientific turn etablieren sich drei Ansätze fest in der literaturwissenschaftlichen Theoriediskussion um Verstehen oder Erklären. Sie alle sind nicht auf die Literaturwissenschaft beschränkt, sondern reichen über die Sozial- und Geschichtswissenschaft bis in die Philosophie. Diese Transdisziplinarität sicherte ihnen einen großen Wirkungskreis. Es handelt sich um die **Universalhermeneutik** Hans-Georg Gadamers, die **Ideologiekritik** der Frankfurter Schule und den **Kritischen Rationalismus,** eine maßgeblich durch Karl Popper angeregte Richtung. Die beiden ersteren beruhen auf hermeneutischer, der letztere auf analytischer Basis.

Gadamer steht mit seinem Hauptwerk „Wahrheit und Methode. Grundzüge einer philosophischen Hermeneutik" (1960) in der Tradition Heideggers. Dessen Existenzphilosophie weist Verstehen als einzigen Weg aus, dem ›Sein‹ seinen Sinn abzugewinnen. Damit ist Hermeneutik ontologisch, mit dem Sein bereits gegeben. Da alles Sein durch Sprache erst artikulierbar wird, muß diese Sprache als verstehbar angenommen werden: entweder ist Sein verstehbar, dann muß die Sprache per se verständlich sein, oder aber die Sprache ist nicht verstehbar und dann erübrigt sich die Frage nach dem Sinn des Seins – er bleibt immer verborgen. Der hier emphatisch begrüßte Zirkel des Verstehens setzt die vorhandene Seinserfahrung als Vorverständnis im Subjekt voraus (›Vorstruktur des Verstehens‹). Gadamer nun stärkt die Seite dieses Vorurteils: in ihm wirke die Autorität der Tradition, das je von den Vorgängern als bewahrenswert Angesehene präformiere einen Horizont des historischen Verstehens. Gadamer wendet sich damit gegen Schleiermacher und die romantische Hermeneutik, die die Eigenleistung des Subjektes, seine relative Freiheit im Wiederentdecken eines gegebenen Sinnes, hervorhebt. Dagegen behauptet er dessen überwiegende Prägung durch die unentrinnbare Tradition. In den tradierten Vorurteilen – die hier ganz im Gegensatz zum aufklärerischen Verständnis positiv bewertet werden – sei eine fortdauernde historische Erfahrung enthalten, ohne die das aktuelle Verstehen nicht sinnvoll zu denken sei: „Ein wirklich historisches Denken muß die eigene Geschichtlichkeit mitdenken [...] Ich nenne das damit Geforderte Wirkungsgeschichte“ (Gadamer, 4. Aufl. 1975, 283). Auf die Literatur angewendet bedeutet dies, daß alle Subjekte, die die Einbettung ihres Denkens in eine fortwirkende Geschichtlichkeit anerkennen, sich der Wirkung der klassischen Vollkommenheit unterwerfen: was den klassischen Formen und Inhalten nicht entspricht, erscheint fremd und ist kaum zugänglich. Dies verhindert jedoch nicht die Möglichkeit eines aktuellen Verstehens, es bleiben durchaus zwei unterschiedliche Horizonte bestehen. Im Falle des gelingenden Verstehens geschieht deren ›Verschmelzung‹. Dabei verlieren weder der historische noch der aktuelle Horizont ihren Selbständigkeitsanspruch, die relevanten Elemente aus beiden werden nur aufeinander bezogen.

Der in diesem Konzept festgeschriebene Überlegenheitsanspruch der historisch überlieferten Autorität ist Ausdruck einer konservativen Haltung. Nach Auffassung nicht nur der Zeitgenossen (repräsentativ die Habermas-Gadamer-Debatte) schreibt Gadamer die ältere Germanistik fort, indem er die Bedeutung des Überkommenen betont und es gegen Kritik und Innovation immunisiert. Das gilt für die Wirkungsmacht der literarischen wie der literaturwissenschaftlichen Tradition. Eine geregelte Methode, bekräftigt Gadamer, biete die Hermeneutik nicht, ihr Verstehensbegriff sei dem Erkenntnisideal der analytischen (Natur-) Wissenschaften entgegengesetzt.

Die Gadamersche Auffassung verringerte das Ansehen der Hermeneutik in der Theoriedebatte und forderte verschiedene Abgrenzungsbewegungen heraus. Es entstanden alternative Auslegungslehren, die dem Verstehen eine methodische Kontrollierbarkeit sichern sollten. Zu diesem Zweck wurden neue Kanones (mit einer Tendenz zur Wiedereinführung dogmatischer Regeln) vorgeschlagen (Betti 1962 u. a.). Verbindlich für die Auslegung sollte zunächst die Autorseite sein: die mögliche Mehrdeutigkeit wird auf die Bedeutung eingeschränkt, die dem Autor mit größter Wahrscheinlichkeit unterstellt werden kann. Nach diesem Modell können Kriterien einer ‚richtigen‘ Interpretation vorgegeben werden (Hirsch 1972). Die Betonung der Autorseite hebt die Inhaltskomponente des Textes hervor, da über den Inhalt im Zuge der Interpretation am leichtesten Konsens hergestellt werden kann. Die oberflächlichste Textebene erhält somit in diesem Modell den Vorzug.

Durchgesetzt haben sich andere neuere Entwürfe, die die Mehrdeutigkeit der Texte (Polysemie) nicht reduzieren. So plädiert Uwe Japp für eine Hermeneutik der ›Entfaltung‹, ohne deshalb auf Konsistenzprüfung der Interpretationsergebnisse zu verzichten (vgl. Japp 1977). Dabei soll die literarische Hermeneutik als

›philologische‹ von der Universalhermeneutik abgetrennt und eigenen literaturwissenschaftlichen Standards unterworfen werden. Auf die mehrdeutige Auslegung von literarischem Stil zielt ebenfalls Manfred Franks an Schleiermacher orientierte ›divinatorische Hermeneutik‹ (vgl. Frank 1975 u. öfter), die jedoch mehr die Fähigkeit zur ›Divination‹ (Erraten) als die methodische Standardisierbarkeit in den Mittelpunkt stellt.

Eine weitaus folgenreichere Modifikation hermeneutischer Auffassungen bietet der Ansatz der **Rezeptionsästhetik**. Darin wird Gadamers Begriff der Wirkungsgeschichte gewissermaßen umgedreht; statt der unterstellten Herrschaft der Überlieferung gewinnt die Perspektive des Publikums, wie auch immer sie zu einem historischen Zeitpunkt sein möge, die wichtigere Funktion. Leser werden – empirisch, als historisch wirklich belegte, oder ideal, als ideelle (Re-)Konstruktion – in den Mittelpunkt des Textgestaltens und -verstehens gestellt. Als konstitutiv für Texte gilt nicht mehr die einsame Absicht des Autors, sondern die von ihm unterstellte – oder wirklich vorhandene – Interessenlage des Publikums. Dabei wird entweder „Der Akt des Lesens“ (Iser 1976) oder der historisch zu rekonstruierende ›Erwartungshorizont‹ (Jauß 1970 u. öfter) eines ›idealen Lesers‹ zur wichtigsten Bezugsgröße. Entscheidend für die Innovationsleistung dieser Richtung ist die endgültige Relativierung aller auf die Produktionsseite der Textentstehung und des Verstehens fokussierten ästhetischen und hermeneutischen Ansätze.

Tonangebend in den 1970er Jahren war die Ideologiekritik in der Tradition der **Kritischen Theorie**, wie sie von Max Horkheimer und Theodor W. Adorno im Programm des Frankfurter Instituts für Sozialforschung als umfassende Gesellschaftswissenschaft entworfen worden war. Aus dem Anspruch auf eine Demokratisierung von Wissenschaft – und mit ihrer Hilfe der gesamten Gesellschaft – heraus wurde Gadamer kritisiert: In seinem Konzept sei eine Überwindung der ›rehabilitierten‹ Tradition nicht möglich, die Subjekte können ihre zeitgemäße Auffassung von sinnvollen Zusammenhängen der Welt nicht an geschichtlichen Texten diskutieren, nicht aus überlieferten Äußerungen lernen. Ideologiekritik kombiniert hermeneutische Auslegung mit einem marxistisch geprägten dialektischen Geschichtsverständnis (deshalb wird sie in der zeitgenössischen Theoriedebatte oft als dialektisch-hermeneutisch bezeichnet). Wissenschaftstheoretisch angeleitet wird die Diskussion nach dem scientific turn durch die Philosophen und Sozialwissenschaftler Karl Otto Apel und Jürgen Habermas.

Ideologie bedeutet in diesem Konzept ›verkehrtes Bewußtsein‹ von gesellschaftlichen Zuständen. Ausgangspunkt der Bewertung ist das Ziel einer weitreichenden Befreiung der Menschen (Emanzipation) von gesellschaftlichen Mißständen und vor allem staatlichen Zwängen. Der Ansatz war längerfristig prägend für die Germanistik. Seine Perspektive setzt eine Einordnung der Literaturwissenschaft in die Sozialwissenschaften voraus, literarische Texte werden verstanden als sprachliche Äußerungen, die in historischen Handlungszusammenhängen stehen. Der Begriff der Geschichtlichkeit benennt hier nicht, wie bei Gadamer, eine zwingend über die Zeiten fortbestehende Tradition, sondern einen Bezug auf einen – jeweils zum bestimmten historischen Zeitpunkt anderen – Rahmen. Diesen kontinuierlich sich verändernden Kontext ebenso wie den Text selbst zu verstehen, ist einem Erkenntnisinteresse unterworfen: Es richtet sich darauf, die **Gründe** für menschliches Handeln historisch angemessen zu verstehen und gleichzeitig die Ideologie, die die wirklichen Gründe verdeckt, zu entlarven – oder, in der Terminologie des Ansatzes: zu hinterfragen. Dieses Interesse ist von dem der naturwissenschaftlichen Erkenntnis zu unterscheiden, welche die **Ursachen** für Naturzusammenhänge erklärt, um die Natur technisch-instrumentell verfügbar zu machen. Deshalb erhebt die Ideologiekritik gegenüber einer empirischen Sozialwissenschaft, die sich an der Logik der Naturwissenschaften orientiert, den Positivismusvorwurf: alles, was als Faktum empirisch gegeben sei, werde allein deshalb schon als unveränderliche Tatsache anerkannt (normative Kraft des Faktischen) anstatt einer Kritik unterzogen zu werden.

Die Kritische Theorie stärkt statt dessen die hermeneutische Position. Dies führt sowohl zu Versuchen, den Begriff des Verstehens vom Vorwurf der Subjektivität zu befreien als auch Daten aus der Geschichte zur Prüfung von Interpretationsaussagen im historischen Kontext hinzuzuziehen. Im ersten Fall werden zwei Argumente vorgebracht: zunächst könne das Erklären der analytisch-formalisierten Wissenschaften selbst nicht ohne Verstehen auskommen, da die Verständigung über eine streng geregelte Wissenschaftssprache (Formalisierung) letztlich in der Alltagssprache vor sich gehe. Da diese als natürliche Sprache selbst nicht eindeutigen Regeln folge (das können nur künstliche, formalisierte Sprachsysteme), unterliege die analytische Wissenschaft in dem ihren Formeln vorgelagerten Verständigungsprozeß (ihrer **Metasprache**) hermeneutischen Problemen. Damit wird der Vorwurf an die Hermeneutik, sie könne nur wissenschaftlich werden, wenn sie den Übergang zur Formalisierung vollziehe, entschärft: Erklären verliert seine Rolle als höchstes szientifisches Methodenideal, wenn sein Zustandekommen auf der Basis von **Alltagssprache** – und damit hermeneutisch zugänglichen Operationen von Sinnverstehen – bedacht wird. Außerdem wird dem Vorwurf mangelnder Intersubjektivität entgegengehalten, daß sprachliche Verständigung immer schon mehr als ein Subjekt voraussetze: indem ein Subjekt sein Verstehen anderen mitteile, unterwerfe es seine Aussagen bereits der intersubjektiven Prüfung durch alle am Kommunikationsprozeß Beteiligten. Letztlich – freilich ist das eine ideale Annahme in der theoretischen Argumentation – prüfe die gesamte Kommunikationsgemeinschaft sämtliche wissenschaftlichen Aussagen. Als zutreffend werde nur das akzeptiert, was allen plausibel ist (was nicht bedeutet, daß nur eine Position zugelassen wird, vielmehr gelten alle unterscheidbaren begründeten Positionen).

Geprüft werden die Ergebnisse des Verstehens im zweiten Fall an den verfügbaren historischen Daten. Objektive Sachaussagen über geschichtliche Zustände, unter denen Texte geäußert werden, erlauben eine Korrektur verzerrender (ideologischer) Darstellung im historischen Text selbst wie auch in einer historisch unangemessenen Interpretation. So kann im historischen Kontext der liebe, gute Landesvater, der etwa in einem Gedicht des 17. Jahrhunderts besungen wird, trotz aller lobenden Darstellung als feudaler oder absolutistischer Herrscher erkannt werden, indem die Interpretation die Bedingungen seiner Regentschaft ›hinterfragt‹. Der Text tritt somit auch in die wissenschaftliche Analyse historisch-politischer Prozesse ein, unabhängig davon, wie sehr ein Hofschriftsteller die politischen Strukturen ‚vertuscht' – und wie rhetorisch plausibel seine Darstellung der paternalen ‚guten Seiten' noch einem Publikum des 20. Jahrhunderts erscheinen mag. Zu recht ist später kritisiert worden, daß die pragmatische Reduktion dieses Zieles auf begrifflich undifferenzierte und mangelhaft explizierte Oppositionen wie Herrschende / Unterdrückte, reaktionär / fortschrittlich und andere wissenschaftlichen Ansprüchen nicht genügt (Anz 1982, 216ff.).

Ziel **analytisch-empirischer** Ansätze in der Literaturwissenschaft ist die Einführung von Erfahrungstatsachen als Objekten und formalisierbaren Verfahren als Methoden. Damit ist das eingefordert, was in jeder szientifischen Kritik als Defizit aller hermeneutischen oder dialektischen Geisteswissenschaften bemängelt wird: Nur empirische Daten bieten eine sichere Grundlage, um methodisch kontrollierte Hypothesen und Gesetze oder statistische Wahrscheinlichkeiten über Zusammenhänge aufzustellen. Diese Zusammenhänge enthalten materiale Gegebenheiten, individuelle Handlungen und soziale Institutionen. Deren Ineinanderwirken zu erklären, es in Gesetze zu fassen, heißt, allgemeine Abhängigkeiten herauszufinden, die von der Besonderheit des Einzelfalls unabhängig sind. Jeder Einzelfall vielmehr muß zurückzuführen sein auf hinreichend viele gleichartige Fälle und damit auf allgemeingültige Gesetze. Voraussetzung für diese Betrachtungsweise ist, daß alles Handeln soziale und historische Gründe hat, die sich nur wenig von den Ursachen unterscheiden, wie sie in den Naturwissenschaften untersucht werden. Keineswegs dürfen sie gegenüber den letzteren als so unterschiedlich gedacht werden, wie dies in der Hermeneutik der Fall ist. In einem solchen Modell kann auch Geschichte wie ein quasi-natürlicher oder strikt logisch aufgebauter Gegenstand behandelt werden. Als allgemeines Gesetz wird anerkannt, was die Voraussage eines Ereignisses oder einer Handlung möglich macht. Je sicherer diese Prognose eintrifft, desto fester gilt das Gesetz. Die Erklärung von Zusammenhängen beginnt mit der Aufstellung von Hypothesen auf der Basis einer möglichst großen Menge beobachteter empirischer Daten. Gesetzesrang erhalten solche Hypothesen, die mit Hilfe des vorhandenen Datenmaterials nicht als falsch zurückgewiesen (falsifiziert) werden können und deren Aussagen statistisch wahrscheinliche Prognosen erlauben.

Gesetze abschließend positiv als richtig zu beweisen (zu verifizieren) ist unmöglich, da neue empirische Daten oder neu gewonnene Einsichten in Zusammenhänge sie später falsifizieren könnten.

Das Feld des historischen Erklärens wird in der **analytischen Wissenschaftstheorie** seit über fünfzig Jahren umfangreich diskutiert; in der Germanistik sind davon jedoch nur wenige Grundüberlegungen überhaupt aufgegriffen worden. Ihren Ausgang nehmen die meisten Diskussionen vom ›Hempel-Oppenheim-Schema‹ (formuliert von Hempel bereits 1942), in dem erstmalig eine Gesetzes- respektive Wahrscheinlichkeitsaussage über das Eintreten eines historischen Ereignisses E formalisiert gegeben wird: E wird aus einer Menge gegebener E_1 bis E_n nach generellen Gesetzen L_1 bis L_n erklärbar. Das heißt auch: sicher oder mit einer quantifizierbaren Wahrscheinlichkeit vorhersagbar. Nicht berücksichtigt wird, ob ein Ereignis, das in der Beobachtung einem anderen ähnlich sieht, denselben Sinn hat; unberücksichtigt bleibt also die Motivation, die menschlichen Handlungen gewöhnlich zugrundeliegt. Zu ihrer Analyse dienen weiterführende Modelle, die ausdrücklich zur gesetzmäßigen Rekonstruktion der Absicht (Intention) in einer individuellen Handlung (H) dienen. Dafür wird die Ebene der freien Entscheidungen des Akteurs eingeführt, dem allerdings in seinen Handlungen zielgerichtete Rationalität und nicht Freiheit der Willensentscheidung unterstellt werden muß. Gefühle, Zufälle und andere logikfremde Einflüsse nämlich können nicht systematisch erfaßt werden. Das Problem: ‚warum ist E eingetreten?' kann nun erklärt werden durch die Annahme ‚der Akteur hat H durchgeführt, um ein Ziel zu erreichen, von dem er weiß oder glaubt, daß es durch H zu erreichen ist'. Handlungsschritte eines Akteurs werden hier als absichtsvolle Anwendung seines Wissens oder Glaubens erklärt, die zunächst seinem Willen verpflichtet sind. Da Absichten der Akteure jedoch niemals restlos aus Gesetzen deduziert werden können, empfiehlt sich der Begriff der „Regelmäßigkeitsannahme" (Eibl 1976). In der Praxis hat sich der beträchtliche Aufwand analytischer Theoriebildung bisher kaum ausgezahlt: weder der Umfang noch die Präzision der auf diesem Wege neu gewonnenen Ergebnisse vermögen in dem Maße zu überzeugen, wie dies für die literaturwissenschaftliche Praxis erforderlich wäre.

5. Modernisierung der literaturwissenschaftlichen Arbeitsfelder

Die tiefgreifenden erkenntnistheoretischen Reflexionen erreichten zwar nicht in allen Fällen die literaturwissenschaftliche Praxis, bewirkten aber doch eine Reihe von Veränderungen in der Auffassung von sinnvollem Vorgehen. Mit Ausnahme der Philologie wurden alle Arbeitsfelder durch den scientific turn stark verändert.

Literaturgeschichte

Die sozialwissenschaftlichen Einflüsse drängten zunächst die Interpretation als Aufgabe der Literaturwissenschaft zurück (die schließlich in den 1980er Jahren im Zuge einer neuen Subjektivität / Innerlichkeit wieder an Bedeutung gewann). Das Interesse richtete sich auf die Literaturgeschichte, da die Werkimmanenz auf diesem Gebiet die größten Lücken hinterlassen hatte und zugleich die Frage nach der Historizität kultureller Produkte aktuell war. Literaturgeschichte erschien nicht mehr als Ordnungsschema für den Kanon ästhetisch hoch bewerteter Texte, sondern als Teil der Gesellschaftsgeschichte. Nachholbedarf bestand vor allem im Bereich der Datensammlung im Literatursystem, ferner in der Formulierung historischer Modelle zur Verknüpfung der neuerdings wieder gesammelten Datenmengen. Dafür waren nicht mehr Leistung und Schicksale ›großer Dichter‹ ausschlaggebend, sondern alle gesellschaftlichen Zustände, die mit der Entwicklung von Literatur in Verbindung stehen, sowie die literarischen Strukturen (beispielsweise die Gattungen als abstrakte Muster, die entweder zwingende Vorgaben machen oder als variierbares Ausgangsmodell anzusehen sind). Statt der alten **Ereignisgeschichte**, die auf einzelne, herausragende Begebenheiten abzielt, trat **Serien**- oder **Strukturgeschichte** in den Vordergrund. In den beiden letzteren Modellen dominiert nicht mehr das Einzelwerk, sondern eine historisch gewachsene Reihe von Texten (Serie), die über Merkmalsähnlichkeiten verfügen (Strukturhomologien). So wurden unter anderem die überlieferten Epochenbegriffe problematisch: literarhistorische Epochen können nun keine starren Ereignisklassen mehr sein, sondern erscheinen als dynamische Zusammenhänge, deren Epochenschwellen nur vorläufige, heuristische Konstrukte sind – auch wenn sie als solche weiterhin eine notwendige Ordnungsfunktion in der Literaturgeschichte übernehmen.

Wenn die Formen und Botschaften literarischer Texte in ihrer sozialen Funktion erforscht werden sollen, können diese nicht mehr als zeitlos gültige Sinnangebote für Interpreten aller Zeiten gleichermaßen betrachtet werden, sondern nur im konkreten Zusammenhang der historischen Strukturen. Nicht der ›Geist‹ – wie in der Geistesgeschichte – bestimmt diese Strukturen, sondern das zeitgenössische Handlungsgefüge: wer hat die Texte gelesen, wer hat ihnen welchen Sinn zugewiesen, warum sind sie gelesen und gedeutet worden? Fragen dieser Art sind durch **Rezeptionsgeschichte** zu beantworten. Ist der **historische** Blick erst einmal geschärft – nicht im Sinne Gadamers als Unterwerfung unter die Tradition, sondern als Einsicht in die Abhängigkeit literarischer Handlungen von historischen Umständen, die sich von den aktuellen sehr stark unterscheiden können –, entsteht immer mehr Erklärungsbedarf, erscheint das Verstehen über die historische Differenz hinweg immer problematischer. Was galt den Zeitgenossen anderer Zeiten eigentlich als Literatur? Das historische Selbstverständnis der Epochen erhält einen größeren Einfluß auf die Gegenstandsbestimmung. Soll die Rekonstruktion solchen Selbstverständnisses nicht zum Selbstzweck werden (**historische Rekonstruktion**), sondern die Frage nach den Erklärungsangeboten für die weitere Entwicklung, ja für den heutigen Zustand leitend für die Literaturwissenschaft bleiben (**rationale Rekonstruktion**), erfordern derartige Strukturuntersuchungen mehr denn je theoretische Modelle, damit die Forschungswege sich nicht orientierungslos im Geflecht der Gegenstände verirren.

Interpretation, Kommentar

Die Arbeit am literarischen Text heißt in der deutschen Literaturwissenschaft **Interpretation.** Im engeren Sinn ist dieser Terminus an das hermeneutische Verstehen gebunden, er bezeichnet die in sich geschlossene sprachliche Wiedergabe einer Textauslegung. Allgemein wird er jedoch darüber hinaus auch für die Bedeutungs- und Sinnermittlung und -darstellung aufgrund anderer Erkenntnisverfahren verwendet. Dabei kommt es zu Überschneidungen u. a. mit **Kommentar** und **Erläuterung** (historisch-hermeneutisch), **Textanalyse** (strukturalistisch), **Lektüre** und **Dekonstruktion** (neo-strukturalistisch). Wenn die Rede auf Interpretation kommt, ist deshalb zur Präzisierung der Diskussionsbasis die Bedeutung des Terminus einzugrenzen.

Interpretation gehört zur alltäglichen – und weithin anerkannten – Praxis der Literaturwissenschaft, steht aber ebenso allseits in einem schlechten Ruf. Die ganze theoretische Wucht des anti-hermeneutischen Vorwurfs der unkontrollierbaren Subjektivität trägt dazu genauso bei wie die vielen seltsamen und eigensinnigen Meinungen, die gelegentlich in Interpretationen vertreten werden. Interpretation, so lassen sich die Vorbehalte zusammenfassen, sei eine Spielwiese für all diejenigen, die in die von ihnen behandelten Texte etwas hineininterpretieren wollten. Wenn das so wäre, dürfte Interpretation tatsächlich nicht zur Literaturwissenschaft gerechnet werden. Neben dem Mißtrauen in schlechte oder übertriebene Interpretationen, für die der Rückzug ins Subjektive meist zugleich Ausweichen vor dem akkumulierten Wissen ist, herrscht aber auch Anerkennung, ja Bewunderung für solche, die weithin als gelungen gelten. Sind schlechtere und bessere Interpretationen wirklich zu unterscheiden, und wenn, nach welchen Kriterien? Gibt es völlig falsche unter ihnen? Seit dem scientific turn ist die theoretische Begründung verbindlicher Rationalität und und möglicher Falsifizierbarkeit von Interpretationen aus verschiedenen methodischen Perspektiven angegangen worden, vorläufig ohne befriedigende Lösung. Interpretationen lassen sich methodisch nur in Teilen als Abfolge von Regelmäßigkeitsannahmen (Deutungshypothesen) auffassen, die an einer empirischen Datenbasis (dem Text oder seinen Kontexten) prüfbar sind. Dem steht vornehmlich die mangelnde Erklärbarkeit von Sinn im Wege. Auch die Entwicklung neuer, verbindlicher hermeneutischer Kanones, die zur Systematisierung des Auslegungsverfahrens führen sollten, hat sich trotz zahlreicher Versuche nicht durchgesetzt (vgl. Betti 1971 u. a.). Das ist aber kein Freibrief für beliebigen Eigensinn.

Einige Verfahrensweisen sind in der Praxis konsensfähig, weil sie den Rahmen des sinnvollerweise Erwartbaren abstecken. Die Voraussetzung lautet: Interpretationen formulieren Thesen, die zur kritischen Diskussion exponiert werden. Das heißt, wenn einer Interpretationsthese mit Gründen widersprochen werden kann, so ist dies zunächst keine Schwäche, sondern ein Zeichen von Wissenschaftlichkeit. Anzustreben sind exemplarische Aussagen – nicht alle Textstellen und möglichen Fragen können berücksichtigt werden –, die im Bemühen um Klarheit und Deutlichkeit komplexe Sachverhalte vereinfachen. Bei der Formulierung von Thesen sind Regeln einzuhalten: jede Interpretation muß in sich widerspruchsfrei und zusammenhängend sein (Konsistenz), sowohl im Hinblick auf die aus theoretischen Überlegungen heraus gewählte Erkenntnismethode als auch auf die Darstellung. Interpretationsthesen können frei gewählt werden, sind aber nicht zufällig oder willkürlich beliebig. Sie müssen das relevante Wissen (historisches, ästhetisches, methodisches, aber auch allgemeines Weltwissen) der Disziplin beachten, besonders aber bereits vorliegende andere Interpretationen zum Text berücksichtigen (Kumulation von Wissen über den Text). Zugleich sollen sie in diesem Rahmen etwas Neues bieten. Interpretationen sind nie abgeschlossen, weil jederezit ein weiterer, neuer Aspekt gefunden werden kann. Unterschiedliche Interpretationen sind gleichwertig, wenn sie im Rahmen des zugrundegelegten Ansatzes die genannten Kriterien erfüllen. Auch wenn in der Diskussion um Interpretationsergebnisse einzelne Positionen mit Gründen als problematisch oder nicht überzeugend zurückgewiesen werden, sind Interpretationen nicht korrigierbar. Fragwürdige müssen durch neue ersetzt werden.

Wenngleich die genannten Punkte kein Prüfverfahren mit objektiver Strenge erzeugen, bieten sie doch Maßstäbe zur Beurteilung von Interpretationen. Diese Maßstäbe haben sich im Laufe der Zeit bewährt – auch wenn sie die Kritik an der Subjektivität von Interpretationen nicht ganz entkräften können. Die Instanz, die über Akzeptanz oder Zurückweisung von Interpretationen entscheidet, ist – genau wie im Falle der unterschiedlichen Theorieangebote – die disziplinäre Gemeinschaft. Eine Interpretation setzt sich durch, wenn sie für eine möglichst große Gruppe nachvollziehbar, ihre Ergebnisse also offensichtlich oder überzeugend sind. Evidenz und Plausibilität schließen die Aspekte des Fachwissens, der konsistenten Darstellung, der sinnvollen Einordnung in einen bestehenden Forschungskontext sowie die notwendige Innovation und Wissenserweiterung ein. Dabei muß nicht einmal weitgehende Zustimmung herrschen, es reicht aus, eine zentrale Rolle in der Diskussion zu erhalten; umfangreiche und sachkundige Kritik kann auch ein Zeichen der Anerkennung sein. Von Zurückweisung muß gesprochen werden, wenn die Disziplin mit Sanktionen auf eine Interpretation reagiert; sie bestreitet oder ignoriert. Diese Einschätzungen sind historisch variabel: aus einer früheren Ablehnung kann durchaus plötzlich überragende Anerkennung werden und andersherum.

Die Historisierung der Literaturwissenschaft wertet den **Kommentar** (oder: die **Texterläuterung**) gegenüber der Interpretation auf. Er erhebt nicht den Anspruch, Thesen über Sinnzuweisung aufzustellen, sondern begnügt sich mit der historisch-philologischen Klärung von Textstellen und deren historischen Kontexten. Kommentare sind im Grunde jeder Interpretation vorausgesetzt, enthalten selbst aber möglichst wenig interpretierende Aussage, sie sind Hilfsmittel beim adäquaten historischen Verständnis von Texten.

Strukturale Textanalyse

Unter dem Einfluß strukturalistischer Theorieimporte entstand, zugleich als Vorschlag für die Methodisierung von Interpretationen, eine Variante unter der Bezeichnung **strukturale Textanalyse**. Darin wird nicht, wie bei der hermeneutischen Interpretation, die Instanz des einheitsstiftenden Subjektes in den Mittelpunkt gestellt, sondern der Text selbst. Sie stützt sich auf einen Begriff von Struktur, der die immanenten Textkomponenten in ihrer Relation untereinander beschreibt, ihre Bedeutungen gegeneinander abgrenzt und anschließend in ihrer jeweiligen strukturalen Funktion bestimmt. Wichtigstes Vorbild ist die Analyse des ästhetischen Textes, wie sie der sowjetische Strukturalist Jurij M. Lotman vorgelegt hat; eine wesentlich erweiterte detaillierte Ausarbeitung bietet Michael Titzmanns „Strukturale Textanalyse. Theorie und Praxis der Interpretation" (1977). Der Gewinn dieser Art von Analyse besteht zunächst in einer weitreichenden Formalisierbarkeit der Beobachtungen am Text und ihrer Auswertung. Strukturale Textanalyse orientiert sich an den formalen Verfahren der empirisch-analytischen Wissenschaftstheorie. Mit der Bestimmung von ›semantischen Räumen‹ (zu verstehen etwa als Wortfelder im Text mit benachbarten Bedeutungszusammenhängen), logischen Beziehungen (Äquivalenz, Opposition) bietet sie ein reproduzierbares Raster der Erfassung von Komponenten, das nicht – wie in vielen naiv-hermeneutischen Interpretationen – bloß intuitiv ist. Auch Text-Kontext-Relationen innerhalb des Werkes (Leerstelle, Unbestimmtheit, Ambiguität) werden in einer abstrakten Strukturvorgabe als Instrumente der Analyse vorgegeben, weiterhin textexterne Interpretationsmittel (hervorzuheben ist hier das kulturelle Wissen). In ihrer theoretisch geklärten, methodischen Komplexität bietet die strukturale Textanalyse ein Verfahren, das viele Interpretationsschritte einsichtig und nachvollziehbar macht (Titzmann 1977 formuliert 114 Interpretationsregeln). Die Textstruktur, die sie systematisch aufdecken, läßt sich auf ein abstraktes Muster reduzieren, welches mit den Mustern anderer Texte verglichen werden kann und so zur Aufstellung epochen-, autor- und gattungsspezifischer Modelle führt.

Der Gewinn an Methodisierung wird freilich erkauft mit der Notwendigkeit, Texte stets nach dem gleichen umfangreichen Schema zu bearbeiten und nicht auf ihre auffallenden Besonderheiten hin zu untersuchen. Weiterhin werden die problematischen hermeneutischen Vorgehensweisen keineswegs abgeschafft oder umgangen: um semantische Räume oder Relationen zu bestimmen, müssen alle Komponenten mit uneigentlichen Aussagen erst durch hermeneutisches Verstehen in die Semantik des Textes eingeordnet werden – woher sollte ein Analytiker sonst etwa wissen können, daß in der Struktur eines Liebesgedichtes ‚Rosen', ‚Sonnenuntergang' und ‚Schäfchenwolken' oder ‚Vögelgezwitscher' Äquivalenzen mit zärtlichen Gefühlen ausdrücken können? Indem dieses notwendig vorgelagerte hermeneutische Verstehen geleugnet wird, wird zugleich seine theoretische Reflexion generell verweigert.

Lektüre und Dekonstruktion

Zu den Arten, die Arbeit am Text durchzuführen und in ihrer Ausrichtung zu begründen, zählen auch **Lektüre** und **Dekonstruktion**. Beide Termini gehören zusammen, sie sind Bezeichnungen für jene Interpretationsweisen, die im Zusammenhang der neostrukturalistischen Ansätze an die Stelle der traditionellen Interpretation treten. Die Unterscheidung beruht auf theoretischen Voraussetzungen, im Hinblick auf die praktische Arbeit am Text lassen sie sich am besten in einer Abgrenzung beschreiben: sie richten ihr Interesse auf den Text, „ohne Identität, Homogenität, Präsenz, Kohärenz und Totalität zu prämieren und ohne zu behaupten, dem Text käme Sinn, ein Sinn zu, und der wäre aufzulesen" (Müller 1993, 98). Wenn also die Lektüre keine einheitliche, widerspruchsfreie Interpretation leisten will, dann kann sie auch mit den oben genannten Prüfkriterien der Konsistenz nicht angemessen beurteilt werden. Derartige Lektüren beruhen auf Dekonstruktion, sie wollen die Texte in jene Teile zerlegen, die in der traditionellen Interpretation mühevoll und mit großem theoretischen Aufwand gerade zu Einheiten, möglichst zu einer alles einschließenden Einheit der Totalität, nachvollziehbar geordnet werden sollen. Lektüren reichen immer nur so weit, wie ihre Eigenwilligkeit akzeptiert wird; sie nehmen von vornherein in Kauf, daß sie einzelne Aspekte, unter Umständen nach allgemeinem Eindruck sehr nebensächliche oder fernliegende, am Text bevorzugen.

Jede Lektüre endet dort, wo der Anspruch einer anderen beginnt, sie können kaum richtig oder falsch, plausibel oder unplausibel genannt werden. Mit diesen Eigenschaften legen sie Widerspruch ein gegen die auf konsistente Ganzheit, auf Totalität des Werkes, seiner Bedeutung und seines jeweiligen kohärenten Sinnes gerichteten traditionellen Textarbeit. Die kritische Absicht macht all jene Techniken der Sinnkonstruktion durchschaubar, die ursprünglich die Einheitlichkeit herstellen: die Schwierigkeit der Verständigung über literarischen Sinn wird somit nicht nur durch das einzelne Lektüreergebnis (die Interpretation mit dekonstruktivistischem Zug) und den Streit über seine Angemessenheit dargestellt, sondern die Wahrscheinlichkeit des Mißverstehens wird auf methodischer Ebene deutlich gemacht. Dies ist die Antwort auf eine lange totalisierende Tradition, denn ohne die Vorgaben eines festgefügten vereinheitlichenden Lesens kann sich die dekonstruktivistische Lektüre gar nicht entfalten. Sie kann auch nicht von sich aus auf jeglichen Sinnentwurf verzichten – denn dann wird das Verfahren auch für das Paradigma der postmodernen Sinnvielfalt uninteressant –, sondern vollzieht letztlich selbst in Abgrenzung von Vorhandenem „immer *unreine* hermeneutische Totalisierungsbewegungen" (Müller 1993, 111). In der disziplinären Diskussion hält dekonstruktivistische Lektüre in diesem Sinne die Perspektive des Abweichens offen; ihr beständiger Anspruch, innovativ und kritisch zu sein, läßt sich allerdings kaum halten. Lektüre hat im Vergleich mit den Interpretationsweisen der germanistischen Tradition am ehesten Ähnlichkeit mit der werkimmanenten Interpretation, da sie sich ausschließlich auf den Text bezieht und alle Phänomene, die diesem äußerlich sind, zurückweist.

Gegen Ende der 1990er Jahre hat sich bereits vielfach eine Rückbesinnung durchgesetzt auf die sinnstiftende Vermittlung zwischen Text und Lesenden. Im Zuge eines neu erwachten Interesses an hermeneutischer Theorie versteht sich dekonstruktivistische Lektüre immer weniger als Kampfansage an eine umfassende interpretatorische Tradition, sondern eher als deren Sonderfall.

Erkenntnistheorie

– Anschluß an die allgemeine Erkenntnistheorie, die Möglichkeiten und Grundprobleme der Erkenntnisgewinnung untersucht (Wissenschaftstheorie, Epistemologie als Teilbereich der Philosophie)
– Forderung nach Begründung und theoretischen Kontrolle methodischer Verfahren
– Verstehen als Verfahren von Hermeneutik und Ideologiekritik: subjektzentriert, Nachvollzug innerer Vorgänge (Motive und Willensentscheidungen), Verzicht auf Kausalitätsannahmen und damit auf formalisierbare Prozeduren
– Erklären (historisches, sozialwissenschaftliches) als Verfahren empirisch-analytischer Ansätze, Beobachtung äußerer Merkmale, quasi-kausale Verknüpfung in Ursache-Wirkung-Ketten; statistische Wahrscheinlichkeitsbeziehungen; Trennung von Subjekt und Objekt der Erkenntnisgewinnung

Modernisierung der Arbeitsfelder

– Literaturgeschichte: statt Betrachtung ›zeitloser Dichtung‹; historische Kontextbildung für literarische Texte und ihre Produktions- oder Rezeptionsbedingungen; Serien- oder Strukturgeschichte in Abgrenzung von der Geschichte ›großer‹ Ereignisse, Werke oder Personen; Literatur als soziale Interaktion
– Arbeit am Text: methodisch reflektierte Regelvorschläge für die traditionelle Interpretation; als Ersatz für letztere auch strukturale Textanalyse unter Berücksichtigung des Strukturalismus, im Neostrukturalismus Lektüre und Dekonstruktion

VI. Strukturalistische Ansätze

Unter der Sammelbezeichnung Strukturalismus werden verwandte Theorieentwürfe verschiedener Disziplinen (Biologie, Psychologie, Ethnologie, Soziologie, Linguistik, Kunstwissenschaft u. a.) zusammengefaßt, die – zu unterschiedlichen Zeitpunkten und Anlässen – in mehreren europäischen Ländern entstanden sind. Ihr Einfluß prägt in der Literaturwissenschaft mehrere Strömungen, zwischen denen wechselseitige Bezüge bestehen. In der germanistischen Literaturwissenschaft fand diese Richtung insgesamt erst breiteres Interesse, als die klassische strukturalistische Methode in Frankreich bereits eine intensive Kritik und Erweiterung durch den Neostrukturalismus (auch als Poststrukturalismus bezeichnet) erfahren hatte.

1. Der klassische Strukturalismus

Für die Herausbildung des literaturwissenschaftlichen Strukturalismus sind Überlegungen der russischen Formalisten grundlegend. Sie begründen mit ihrem Konzept eine ganz neue literarische und literaturwissenschaftliche Richtung, die nicht aus einer früheren Tradition hervorgeht sondern als deren Gegensatz konzipiert wird. So entstehen nach 1915 neue Auffassungen von Literatur, die in expliziten Abgrenzungsbewegungen gegenüber der Soziologisierung und Psychologisierung des Literaturbegriffs durch den Positivismus (Autorbiographie, soziales Umfeld) auf der einen Seite und durch die Hermeneutik in der Nachfolge Diltheys (Begriff des Erlebnisses) auf der anderen begründet werden. Literarische Texte sollen nun in ihrer Literarizität selbst zum Hauptgegenstand der Betrachtung werden. Die russischen Formalisten propagieren einen Begriff von Kunstwerk, der auf Abtrennung von allem Äußeren, auf Selbständigkeit im Rahmen eigener Prinzipien sowie generell auf einer Vorstellung von ästhetischer Unverwechselbarkeit beruht: Kunst sei nur in Bezug auf sich selbst zu rezipieren und folglich auch nur in dieser Perspektive wissenschaftlich zu untersuchen. Das Interesse richtet sich dabei auf den Text, genauer gesagt auf seine sprachliche Ausführung, er wird aufgefaßt als sprachliches **Material**, das durch eine jeweils im Einzelfall vorgenommene **Organisation** charakteristische Ausprägungen erhält. Die in ihm enthaltene dynamische Beziehung zwischen Form (die im Vordergrund steht) und Inhalt wird zum Gegenstand der immanenten formalistischen Analyse. Besonderes Interesse erfährt die kunstspezifische Abweichung des Materials und seiner Organisation vom Alltagsgebrauch (Ablösung vom ›Automatismus‹ der Gewohnheit). Inszeniert wird die Irritation; leitende Idee ist die **Verfremdung** der eingefahrenen Wahrnehmung durch die Kunst und in ihrer Folge durch die Kunstwissenschaften. Die wechselseitige Beeinflussung von literarischer Praxis, Literaturkritik und -wissenschaft ist konstitutiv; im formalistischen Paradigma entwickelt sich die wissenschaftliche Untersuchung in Abhängigkeit von der künstlerischen Innovation. Gegenstandstheorie und Methoden werden in ihren Grundbegriffen und Zielen von den avantgardistischen zeitgenössischen Kunstströmungen angeregt (Impressionismus, Futurismus, Kubismus).

Einen notwendigen, sachbezogenen Übergang vom Formalismus zum Strukturalismus sollte niemand behaupten, doch spricht einiges für eine vorhandene Beziehung – so die ausdrückliche Übernahme von Begriffen (›Struktur‹, ›Transformation‹ u. a.) und Zielen, ferner die personelle Kontinuität im Falle Roman Jacobsons (er verlagerte seinen Wirkungskreis vom Formalismus zunächst zum Prager und dann im us-amerikanischen Exil zum westlichen Strukturalismus). Gegen die unterstellte Kontinuität grenzen sich andererseits Vertreter des Strukturalismus gelegentlich ab: „Im Grunde genommen kann es keine methodologische Gemeinsamkeit zwischen dem Formalismus, der auf der philosophischen Grundlage des mechanistischen Materialismus und Positivismus basierte [...] und dem zutiefst dialektischen, strukturalen Herangehen an geistige Phänomene geben" (Lotman 1972, 13). Maßgeblich für derlei Volten mag aber auch die offizielle Unterdrückung des Formalismus in der ehemaligen ›realsozialistischen‹ Welt sein. Generell zielen strukturalistische Theorien und Verfahrensweisen – verglichen mit dem Formalismus – auf deutlich weiterreichende historische wie gegenwartsbezogene Beschreibungs- und Erklärungsansprüche. Im Prager Strukturalismus beginnt, weiterhin von der Struktur des Werkes ausgehend, die Ausrichtung der Fragestellungen auf einen umfassenden kommunikativen Kontext und anthropologische Funktionsbedingungen von Literatur.

Für die Genese des Strukturalismus im engeren Sinne sind die Arbeiten Ferdinand de Saussures, des Begründers der modernen Linguistik, grundlegend. Sein postum publizierter „Cours de linguistique générale" (1916) bildet noch heute einen zentralen Bezugspunkt für die meisten strukturalistischen Argumentationen. Erste Anwendungsvorschläge in der Literaturwissenschaft boten der 1926 gegründete Prager linguistische Zirkel (Roman Jacobson, Jan Mukařovský u. a.), sowie die Arbeiten russischer Strukturalisten. Dieser Vermittlungsprozeß erstreckte sich schließlich über mehr als ein halbes Jahrhundert. Seit den 1960er Jahren beschleunigte sich die Herausbildung eines französischen Strukturalismus (vertreten durch Jean Piaget, Claude Lévi-Strauss, Roland Barthes u. a.) bis hin zur kritischen Umwandlung in den Post- oder Neostrukturalismus (Jacques Derrida, Jacques Lacan u. a.).

Die genannten Namen – angeführt als die bekanntesten Vertreter unter vielen weiteren – dominierten auch die Aufnahme des Strukturalismus in der germanistischen Literaturwissenschaft, welche im Vergleich zu den Nachbarphilologien erst mit großer Verspätung nach dem scientific turn vollzogen wurde. Es waren vor allem Arbeiten Mukařovskýs und der französischen Autoren, die in Deutschland erstmals Interesse für den Strukturalismus weckten. Freilich bedurfte es langer Debatten, bis sich die traditionalistische, hermeneutisch orientierte Germanistik den andernorts gar nicht mehr so neuen Einsichten öffnete. Katalysatorfunktion besaßen dabei statt der linguistisch-strukturalistischen zunächst informationstheoretische Fragestellungen, so in dem Sammelband „Mathematik und Dichtung" von 1965. Eine der frühen apologetischen Stellungnahmen für die Anwendung tschechischer oder französischer Entwürfe bildet Beda Allemanns Aufsatz „Strukturalismus in der Literaturwissenschaft?" (Allemann 1969, mit Breitenwirkung ebenfalls Schiwy 1969), der sich kritisch gegen Hugo Friedrichs zuvor tonangebende antistrukturalistische Abwehrposition wendet (Friedrich 1967).

Strukturalistische Grundbegriffe

Trotz ihrer Vielfalt gehen die Ansätze des Strukturalismus auf die gemeinsame Vorstellung zurück, daß sich viele natürliche, ökonomische, politische, aber vor allem kulturelle Phänomene in übergreifenden Strukturen beschreiben und untersuchen lassen. Strukturen können nicht in der Erfahrungswelt beobachtet werden, sie sind nur abstrakte Organisationsmodelle für allgemeingültige Zusammenhänge. Darin werden einzelne Phänomene nie für sich selbst betrachtet, sondern stehen immer in Beziehung zu anderen. Jede Struktur ist zusammengesetzt aus unterscheidbaren Bauteilen, deren Abhängigkeit und Ineinanderwirken Struktur erst entstehen läßt: Unterschieden werden als kleinste Bauteile 1. **Komponenten** (oder Elemente); 2. die übergeordnete Einheit des **Systems** (als Menge von Komponenten); 3. **Relationen** als Beziehungen zwischen Elementen und / oder Systemen. Struktur erscheint in diesem Grundmuster als Menge der Relationen in einem System oder zwischen mehreren Systemen. Jedes System regelt seine interne Struktur selbsttätig; diese Systemsteuerung stellt man sich in Analogie zu kybernetischen Prozessen vor.

In der modellierten Struktur sind ganz unterschiedliche Gegenstände erfaßbar, vorausgesetzt, sie lassen sich in Relationen beschreiben. Entscheidend für die universelle Anwendbarkeit dieses Entwurfs ist, daß die Größenordnung von Elementen und Systemen willkürlich gewählt werden kann; sie ermöglicht eine großräumige (**makroanalytische**) oder kleinräumige (**mikroanalytische**) Gegenstandskonstitution. Anschlußfähigkeit ist aufgrund der einheitlichen theoretischen Voranahmen immer gegeben. So können etwa einzelne Texte, Textkorpora oder soziale Einheiten beliebiger Größe und Komplexität bearbeitet werden, ohne daß im Übergang vom einen zum anderen Gegenstand die Methode modifiziert werden muß. Unterschieden werden als Dimensionen der

Untersuchung weiterhin Längs- oder Querschnitte (**diachrone** oder **synchrone** Betrachtung), die entweder die chronologische Abfolge von Strukturveränderungen oder aber gleichzeitig nebeneinander bestehende Teile innerhalb der Struktur erfassen. Strukturalismus schließt **qualitative** Aussagen (darüber, daß und wie Relationen bestehen) und **quantitative** (darüber, wie häufig Elemente und Relationen auftauchen) zusammen. Die Prozeduren der Logik, der Hypothesenbildung und der Statistik im allgemeinen lehnen sich an die empirisch-analytische Wissenschaftstheorie an.

Gegenstandskonstitution in der Literaturwissenschaft

In kulturwissenschaftlichen Gegenstandsbereichen dient Strukturalismus besonders der Untersuchung von sozial geregelten Bewußtseinszuständen und daraus hervorgehenden Kommunikationshandlungen. Das solcherart gegebene ›kollektive Bewußtsein‹ (Mukařovský) verwaltet und organisiert einerseits vorhandenes Wissen über die Welt, andererseits gibt es Normen vor, die die Wahrnehmung der Welt von vornherein prägen. Struktur existiert nicht von sich aus; es gibt sie nur dort, wo ein Kollektivbewußtsein ihr allgemeine Geltung verschafft, wie auch Lévi-Strauss hervorhebt: „Das Grundprinzip ist, daß der Begriff der sozialen Struktur sich nicht auf die empirische Wirklichkeit, sondern auf die nach jener Wirklichkeit konstruierten Modelle bezieht" (Lévi-Strauss 1973, 130). Damit bietet sie ein höchst geeignetes heuristisches Instrument, um zugleich die Aspekte der Wirklichkeitsinterpretation wie auch der künstlerischen Illusionsbildung einzufangen.

Der Bereich, in welchem die Bewußtseinsstrukturen aufgefunden werden, ist der der Zeichen – im engeren literaturwissenschaftlichen Sinne: die Welt der sprachlichen Zeichen und ihrer literarischen Verwendung. Strukturalistische Literaturanalyse ist insofern Teil der allgemeinen Wissenschaft von den Zeichen, der **Semiotik**. Zeichen ersetzen im Bewußtsein und in der Kommunikation Gegenstände und Sachverhalte, sie sind sprachliche Stellvertreter für eine außenliegende Erfahrungswelt. Ausgehend von Saussures Bestimmung muß jedes Zeichen als Zusammensetzung aus einem Lautbild, dem Bezeichnenden (**Signifikant**, frz. signifiant) und einer Vorstellung, dem Bezeichneten (**Signifikat**, frz. signifié) aufgefaßt werden. Das Signifikat verweist auf eine Sache oder einen Sachverhalt, den Referenten. Alle Zeichen einer Sprache sind im System dieser Sprache verankert, sie sind Teil einer für den Gültigkeitsbereich dieser Sprache zu einer bestimmten Zeit eingeführten Semantik. Jedes Zeichen ist in diesem Kontext weiterhin dadurch bestimmt, daß es sich von allen anderen vorhandenen Zeichen unterscheidet. Diese Differenz ist konstant, sie gibt dem Zeichen zwar keine Identität mit sich selbst, sichert aber innerhalb eines einmal gültigen historischen Sprachsystems seine Wiederholbarkeit mit stabiler Bedeutung.

Unter dem Gesichtspunkt des historischen Wandels freilich muß auch eine Veränderbarkeit des Zeichens angenommen werden. Die Menge der Zeichen, die in einer Situation in einer Sprachgemeinschaft bereitgehalten werden, konstituieren eine Semantik von begrenzter historischer und sozialer Geltung. Sie unterliegt beständiger Transformation. Die Stelle, die ein Zeichen innerhalb des geltenden semantischen Systems im Verhältnis zu allen anderen Zeichen einnimmt, bestimmt seine Bedeutung. Die Menge aller überhaupt möglichen Zeichen und Relationen bildet das **Sprachsystem** (frz. **langue**), während die **Rede** (frz. **parole**) eine jeweils aktuell ausgewählte Menge von Zeichen aus diesem System umfaßt (z. B. die Elemente eines bestimmten Textes).

Aus dieser Skizze ergibt sich, daß literarische Texte Zeichencharakter haben, daß sie im Rahmen von Semantik und Kommunikationsstrukturen Bedeutungen transportieren. Sie stellen als Zeichen Komponenten der Struktur dar und inkorporieren eine solche ebenfalls in sich selbst. Zu untersuchen sind sie einerseits in ihrer jeweiligen immanenten Struktur – der Auffassung des Formalismus entsprechend –, andererseits aber auch in übergreifenden Strukturzusammenhängen, die als Rahmenbedingungen für einige weiterführende Aspekte ihrer Analyse unverzichtbar sind. Trotz der Einbindung in die allgemeine Kommunikationsstruktur gelten literarische Zeichen nämlich als etwas Besonderes, wird Wert auf die Abgrenzung ihrer Literarizität gelegt. Unterschieden sind literarische Texte von Sachtexten dadurch, daß für die Kodierung ihrer Zeichen besondere Bedingungen gelten. Während die Sachaussage eine Auswahl von Zeichen zusammenstellt, die jedes für sich bereits auf Elemente der Erfahrungswirklichkeit verweisen, ist diese unmittelbare Verweisung im literarischen (fiktionalen) Text ausgesetzt – das kann heißen: modifiziert, relativiert oder aufgehoben. Literarische Texte verweisen zunächst auf sich selbst, ihre Elemente entfalten ihre Bedeutung in den Relationen, die sie untereinander eingehen, und erst in zweiter Linie enthalten sie Bedeutung für die Erfahrungswirklichkeit.

Prager Strukturalismus: Jan Mukařovský

In der westlichen Rezeption gilt Jan Mukařovský als bekanntester Vertreter des Prager Strukturalismus. In zahlreichen Vorlesungen und Vorträgen, deren Entstehung sich über einen Zeitraum von mehr als vierzig Jahren erstreckt, hat er seinen Ansatz beständig ausgebaut. Der folgende Grundriß konzentriert sich auf fünf Vorträge: „Die Kunst als semiologisches Faktum“ (1934/36); „Der Begriff des Ganzen in der Kunsttheorie“ (1945); „Zur Semantik des dichterischen Bildes“ (1946); „Zum Begriffssystem der tschechoslowakischen Kunsttheorie“ (1947); „Über die gegenwärtige Poetik“ (1971) – sie sind in unterschiedlichen Sammelbänden in deutscher Übersetzung zugänglich.

Mukařovský sucht ausdrücklich neue Wege für die Literaturwissenschaft, die nicht aus dem Traditionsbestand herrühren. Er empfiehlt zum Beispiel die

Übertragung des Strukturmodells auf Literatur, weil es sich in den exakten Wissenschaften bewährt habe: „Der charakteristische Begriff der Kunstwissenschaft ist seit einigen Jahrzehnten der Begriff der Struktur. Dieses Wort ist im Hinblick auf den jetzigen Stand wissenschaftlichen Denkens kein Novum: in den heutigen Sozial- und Naturwissenschaften ist es geradezu bezeichnend für eine bestimmte Denkmethode [...]" (Mukařovský 1974, 7). Er hebt zugleich die Verwandtschaft der anvisierten literaturwissenschaftlichen Gegenstände mit historisch veränderbaren, lebendigen Formen hervor. Zurückgewiesen werden damit ältere Positionen, die literarische Formen als statische Ganzheiten denken – wie es in Prag vor allem der Holismus Johann Friedrich Herbarts getan hatte. Während dessen Formbestimmungen auf die Abgrenzung literarischer Texte nach außen, auf die Festschreibung ihres Umrisses ziele, „ist der Begriff der Struktur auf der inneren Vereinheitlichung des Ganzen durch wechselseitige Beziehungen seiner Komponenten aufgebaut; dabei handelt es sich nicht nur um positive Beziehungen – Übereinstimmung und Einklang – sondern auch um negative – um Widersprüche und Gegensätze; aufgrund dieser Beschaffenheit steht der Begriff der Struktur in Verbindung mit dem dialektischen Denken" (ebd.).

Welche Instanz nun leistet diese formale, strukturelle Integration nach innen? Mukařovský legt dieses Verdienst gerade nicht in die Zuständigkeit von Verfassern; er betont vielmehr die übergreifende Eingebundenheit jeden Werkes in Prozesse, die die Fähigkeiten und Kompetenzen einzelner weit übersteigen. Nur ein kleiner Anteil an jedem Kunstwerk geht auf die Erfindungs- und Gestaltungsgabe seines ‚Urhebers' zurück, der größere Teil des Werkes ist allgemeinen Konventionen entnommen. Zwar wählt ein Autor z. B. aus, welche Verse er verwenden will, doch seine Auswahl ist weitgehend darauf begrenzt, wie Verse nach Auffassung seiner Zeitgenossen aussehen dürfen. Das Aufgreifen vorhandener Formen erst sichert das Verständnis. Als Beispiel dient Mukařovský die Folklore, deren Tradition reproduzierbare Formen dokumentiere, auf deren Existenz auch die Tradition der ›hohen Kunst‹ als Voraussetzung angewiesen sei: „Betrachten wir mit dieser an der Volkskunst gewonnenen Erkenntnis die ›hohen Künste‹, bei denen es scheinbar in erster Linie auf die individuelle Schöpfung ankommt, so wird uns bewußt, daß nicht sie die eigentliche Existenz der Kunst gewährleistet, sondern die ›lebendige Tradition‹, die Eigentum der gesamten Gesellschaft ist und über das Schaffen des Einzelnen hinausgeht" (ebd., 9).

Die Metapher des Lebendigen der Struktur verdeutlicht die Auffassung von der beständigen **Transformation**. So ist nicht etwa zu einem bestimmten Zeitpunkt eine Struktur vorgegeben und wird mit der Entstehung eines neuen Werkes durch eine neue ersetzt. Vielmehr bleibt die umfassende Struktur durchgehend bestehen – so weit die Kontinuität des ›kollektiven Bewußtseins‹ eben reicht – und erfährt durch das neu entstandene Werk nur eine Veränderung.

Struktur ist deshalb nie statisch sondern immer dynamisch. Sie findet in einer sprachlichen Manifestation, in einem Text, nie Abgeschlossenheit, sondern ist immer in vielen Texten gegeben, ein abstraktes Prinzip jenseits der konkreten Formen, die sie doch hervorbringt. Sie ist insofern eine „soziale Realität" (ebd., 26f.). Für einzelne literarische Texte als konkrete Ausprägungen der Entwicklungsmöglichkeiten heißt dies, daß sie in ihrer historischen Abfolge eine Transformationslinie vorgeben. Diese vermittelt vorgeprägte Muster höherer Ordnung (Gattungen, Genres, Stilrichtungen), die wiederum in übergeordnete und weiterreichende Bewußtseinsstrukturen eingebunden sind, mit neuen Formen. Zugleich reicht sie die Muster, indem sie sie modifiziert, durch die Zeit hindurch weiter.

Wohl gibt es also die individuellen Urheber der Werke, doch ihre Bedeutung, ihr selbstverantworteter Anteil an der Urheberschaft wird drastisch eingeschränkt, das Gleiche gilt für die Selbständigkeit des Subjektes auf der Rezeptionsseite. Fundiert wird Literatur in ihrer Struktur durch die Einflüsse des **kollektiven Bewußtseins**: „Grundlage der Kunst ist also [...] der Komplex künstlerischer Gewohnheiten und Normen, die künstlerische Struktur, welche überpersönlichen, gesellschaftlichen Charakter trägt" (Mukařovský 1974, 10). Die Konsequenzen dieser Auffassung sind zahlreich und weitreichend, ganz zu schweigen von der Abwehrhaltung, die sie bei traditionellen subjektorientierten Denkweisen herausfordern. Einige weitere Eckpfeiler der traditionellen Literaturwissenschaft scheinen ebenfalls bedroht; zwar kann deren Wissensbestand in diesem theoretischen Entwurf berücksichtigt werden, doch wird ihr heuristischer Charakter deutlicher als in anderen Theorien. ›Dichtung‹ als unabhängiger Gegenstandsbereich zum Beispiel ist ebensowenig haltbar wie die Unterscheidung einzelner Nationalliteraturen. Die genannten Bereiche weisen zwar partiell selbständige Strukturen auf, sind jedoch zugleich in gemeinsame, übergreifende unauflösbar eingebunden.

Bei der Bestimmung des Literaturbegriffs werden die beiden Perspektiven eingenommen: künstlerische Selbständigkeit und Prägung durch die ›soziale Realität‹; vermittelt durch letztere entsteht eine Beziehung zur Erfahrungswelt. Keine der beiden Seiten freilich erhält ein Übergewicht gegenüber der anderen. In Mukařovskýs Konzept wird Literatur explizit als Kunst aufgefaßt, die darüber hinaus gleichberechtigt eingebettet ist in den großen Kontext kommunikativer Prozesse. Beide Aspekte stehen in einem Wechselverhältnis, das durch den Strukturbegriff begründet wird.

Die Erscheinungsweise des Werkes und seine Einbindung in die Struktur des ›kollektiven Bewußtseins‹ stützt sich auf Sprache. Allerdings ist das Werk nicht einfach Sprache, sondern es befindet sich in einer „Analogie zwischen Kunst und Sprache". Der künstlerische Kommunikationsvorgang ist ein besonderer: „Ähnlich wie die sprachliche Äußerung ist auch das Kunstwerk dazu bestimmt, zwischen zwei Seiten zu vermitteln; im Falle der Sprache zwischen Sprecher und

Hörer, beim Kunstwerk zwischen Autor und Aufnehmendem" (Mukařovský 1974, 11f.). Die Kunst nimmt also innerhalb der Kommunikation eine Sonderstellung ein, in welcher sie eine eigene Art von Zeichen bildet. Der verwendete „Zeichentyp" sei „ein sprachliches Zeichen, ein Wort, das die materielle Wirklichkeit nicht nur vertritt, sondern aktiv auf sie hinweist [...]" (ebd., 14). Die Kommunikation ist im Falle des literarischen Werkes komplexer als in einem auf sachliche Information ausgerichteten Vorgang; im Gegensatz zur ›mitteilenden Rede‹ bezieht es sich nicht nur auf einen Sachverhalt in der Wirklichkeit, sondern auch auf sich selbst und seine eigene ästhetische Normierung. Diese doppelte Bedeutung wird für die Rezipienten erkennbar durch die Konvention der künstlerischen Normen, alle Eingeweihten wissen um die besondere Art der ästhetischen Bedeutung. Das Kunstwerk bezeichnet zwar auch Teile der Wirklichkeit, wählt dabei jedoch Elemente aus. Durch diese Auswahl entsteht seine besondere kommunikative Leistung: sie liefert einen ›Schlüssel‹ zum Verständnis der Wirklichkeit. Nur auf den ersten Blick „ähnelt also das Kunstwerk den rein kommunikativen Zeichen. Die Beziehung zwischen dem Kunstwerk und der bezeichneten Sache hat jedoch keinen existentiellen Wert, und dies ist gegenüber den rein kommunikativen Zeichen ein erheblicher Unterschied [...]" (Mukařovský 1970, 146f.).

Die Auswahl aus dem Stoffangebot ist in der Frage der Referentialität das entscheidende Merkmal für den Kunstcharakter, sie weist auf die künstlerische Selbstbestimmtheit hin. Das Werk ist insofern ein *„autonomes* Zeichen" (ebd., 140). Seine Aufgabe nimmt es keineswegs willkürlich wahr, sondern richtet sich nach den Anforderungen des ›Kollektivs‹, es bezieht sich auf den immer schon vorhandenen sozial codierten Gesamtkontext. Die Bedeutung des komplexen Zeichens entsteht also einerseits durch die autonome Umgangsweise mit den darzustellenden Komponenten, andererseits durch die Eingebundenheit in die soziale Sinnerzeugung. Erst im Bezug auf das ›kollektive Bewußtsein‹ von der Erfahrungswelt gewinnt die Werkstruktur Aussagekraft.

Die Folge aus diesem Konzept ist die notwendige Fokussierung auf den „Begriff des Zeichens und den mit ihm in Wechselbeziehung stehenden Begriff der Bedeutung" (Mukařovský 1974, 11). Die Form bestimmt die Bedeutung der Aussage in diesem Zeichenmodell ebenso mit wie die Inhaltselemente; deshalb kann die traditionelle Trennung zwischen Inhalt und Form nicht aufrecht erhalten werden. Das Zeichen umfaßt beides gleichzeitig, und in den Fehler der Trennung verfällt nur eine formalistische oder inhaltsorientierte realistische Literaturwissenschaft: „Ohne semiologische Orientierung wird der Theoretiker der Kunst stets der Versuchung erliegen, das Kunstwerk als eine rein formale Konstruktion zu betrachten, oder sogar als unmittelbares Abbild sei es der psychischen, sei es der physiologischen Stimmungen des Autors, oder der vom Werk ausgedrückten [...] Situation des jeweiligen Milieus" (Mukařovský 1970, 145).

Die strukturalistische Methode fragt nicht nur nach der Bildung des ästhetischen Zeichens, sondern auch nach seiner sozialen Funktion. Da die Autonomie des literarischen Werkes eine Reduktion seiner kommunikativen Leistung auf eine gewöhnliche Mitteilungsfunktion verbietet, muß die Besonderheit der ästhetischen Funktion in etwas anderem als dem Inhalt liegen: „Die ästhetische Funktion hat keinen Inhalt dieser Art [...] Sie ist die dialektische Negation des Funktionellen überhaupt" (Mukařovský 1974, 17). Die ›Negation des Funktionellen‹ macht jedoch die Frage nach der Funktion nicht überflüssig, sondern rückt die Leistung dieser Negation in den Mittelpunkt: „bei der dichterischen Benennung richtet sich die Aufmerksamkeit auf das Zeichen selbst, und deshalb tritt hier der Bedeutungsbezug jedes Wortes zu dem umgebenden Zusammenhang des Textes in den Vordergrund, während bei der mitteilenden Benennung das Hauptgewicht auf der Beziehung des Wortes zur Sache liegt [...] In der Dichtung drückt das Wort immer eine umfassendere Bedeutung aus als in der Mitteilung [...] es zielt jedoch immer auf die nicht unmittelbar ausgesprochene Bedeutung (auf Vorstellungsassoziationen, komplizierte Bündel von Gefühlen, Willensbewegungen)" (ebd., 200f.).

Russischer Strukturalismus: Jurij M. Lotman

Während Mukařovský die beiden Leistungen des literarischen Zeichens als voneinander abhängige Doppeltheit versteht, die in einem Spannungsverhältnis verbleibt, schlägt Jurij M. Lotman eine homogenere Lösung vor. Sie verfolgt allerdings auch ein etwas anderes Ziel, dient nämlich vorrangig einer theoretischen Klärung der Voraussetzungen für die strukturalistische Textanalyse im engeren Sinne. Deshalb werden die umfassenden sozialen Strukturen, in denen Mukařovský die Funktion der literarischen Zeichen in der Konkurrenz zu anderen Bewußtseinsstrukturen diskutiert, weitgehend ausgeblendet. Zentraler Text für die Explikation der Lotmanschen Leitbegriffe Modell und Zeichen sind die „Vorlesungen zu einer strukturalen Poetik" (1958-62; Übers. in Lotman 1972), sowie „Analyse des poetischen Textes" (1970; Übers. in Lotman 1975).

Kunst dient der Erkenntnis und hat in dieser Funktion besondere Eigenschaften; es ist geradezu die „erweiterte Definition von Kunst: Erkenntnis in bildlicher Form zu sein" (Lotman 1972, 37f.). Auch die künstlerische Erkenntnis zielt zunächst auf die Wirklichkeit, die durch sie gebotene Erkenntnisfähigkeit wird in bezug auf die Erfahrungswelt ohne Einschränkung postuliert. Den Unterschied zwischen künstlerischen und anderen Erkenntnisweisen sieht Lotman darin, daß die Kunst sich nicht auf einzelne Analysen und Schlußfolgerungen stütze sondern die Wirklichkeit umfassend nachbilde. Diese Nachbildung bezieht sich nicht unmittelbar auf das Vorbild, sie schafft vielmehr ein abgehobenes, in sich gerundetes Modell des letzteren. Lotman lehnt damit die marxistische These, Kunst sei eine Form gesellschaftlichen Bewußtseins, in ihrer orthodoxen Eindeutigkeit ab; um „die Spezifik der Kunst innerhalb der anderen Formen von Ideologie zu begreifen" (ebd.), müssen die unverwechselbaren Eigenschaften des Kunstwerkes in Abgrenzung gegenüber den anderen Bereichen berücksichtigt werden.

Die Analogiebildung stützt sich nicht auf einzelne, isolierte Komponenten, sondern besteht in der Entdeckung von weitreichenden Strukturhomologien zwischen Kunstwerk und Erfahrungswelt: „Die den Künstler umgebenden Phänomene sind keine formlose Masse, sondern zeigen eine bestimmte materielle Struktur, ein System von Relationen, die der Künstler in der Konstruktion seines Werkes reproduziert. Das Werk [...] erfüllt seine Erkenntnisfunktion, wenn seine Struktur die Wirklichkeitsstruktur adäquat aufdeckt, und zwar in dem Maße, wie es dem am weitesten fortgeschrittenen Bewußtsein der gegebenen Epoche möglich ist. Auf diese Weise geht in den Begriff der Kunst selbst das Problem der Adäquatheit, der vergleichenden Zusammenstellung von Darzustellendem und Darstellung ein [...]" (Lotman 1972, 23). Damit schließt der Theorieentwurf an einen fortschrittsgläubigen Kunstbegriff an – angemessen erfaßt werden nur solche Werke, in denen selbst die Frage nach dem ›fortgeschrittensten Bewußtsein‹ gestellt und beantwortet wird. In der Kombination von struktureller Analogie zur Wirklichkeit und deren Prägung durch das Bewußtsein wird die gleichzeitige Autonomie und Referentialität des Werkes konstruktiv möglich. Die künstlerische Darstellung gewinnt ihre Besonderheit durch die Auswahl des Dargestellten; Aufnahme und Weglassung von Elementen sind für die Bedeutung des entstehenden Werkes gleichermaßen wichtig.

Kunst ist infolgedessen als **sekundäres semiotisches Modell** beschreibbar. Im Gegensatz zum wissenschaftlichen Modell, dem analytische Akte vorausgehen, habe der Künstler „eine geschlossene Vorstellung von der Ganzheit des zu reproduzierenden Objektes, und eben diese Ganzheit modelliert er" (Lotman 1972, 37). Auf diesem Wege entsteht die geforderte strukturelle Ähnlichkeit. Wie die Totalität der Strukturen ohne vorausgegangenes – bewußtes oder unbewußtes – analytisches Verfahren des Künstlers zustandekommen kann, führt Lotman nicht weiter aus. Dabei wäre ein solches analytisches Bewußtwerden der Strukturen wohl auch beim Künstler notwendig, wenn die strukturelle Homologie mehr als nur zufällig sein soll. Nur wenn die Ähnlichkeit der Kunst mit dem Wirklichkeitsmodell (der ›Ideologie‹) immer vorhanden ist, kann die Differenz zwischen ihnen, die durch größere ›Diffusität‹ der künstlerischen Nachbildung entsteht, ebenfalls als strukturbildend angesehen werden. Die Besonderheit der Kunst kommt schließlich in diesem Punkt zur Geltung: ohne die Verbindung besteht auch keine Abgrenzung. Literatur ist einerseits ohne Bezug auf die Wirklichkeit sinnlos und unverständlich, andererseits pocht sie auf ihre differente Sichtweise. Erst der immer bemerkbare Unterschied zwischen Sachaussage und literarischem Text erzeugt die Literarizität. Hier wird die Abgrenzung zur simplen Abbildungs- oder Widerspiegelungstheorie noch einmal bekräftigt.

Zur Individualisierung der künstlerischen Werkstruktur gegenüber der allgemeinen Struktur des Lebens führt die Auswahl, die der individuelle Urheber aus dem Angebot der vorhandenen systemischen Möglichkeiten trifft. Deshalb treten aus dem Text auch die Welt und das einzelne Bewußtsein des Verfassers gleichermaßen hervor. Allgemeine Struktur und individuelle Prägung überschneiden sich – es ist die Wahrnehmung dieser unterschiedlichen Relationsbildung, die das Spannungsverhältnis zwischen Realität und Fiktion entstehen läßt. Hervorgehoben wird in diesen Überlegungen freilich immer die Seite der Produktion, sowohl allgemeine wie auch individuelle Strukturerzeugung stehen im Mittelpunkt und nicht die Strukturauffassungen der Rezipienten.

Die Manifestation der parallelen Strukturen im Text ist in diesem Sinne selbst ein Produkt, ein Artefakt: der Text kann nicht Ausdruck der ursprünglich zugrundeliegenden Strukturen sein, ohne selbst ein unveränderlicher Gegenstand in der Wirklichkeit zu werden. Er ist Ausdruck von Bewußtsein und materiale Realität: „Das Kunstwerk ist seiner Natur nach zwiespältig: Es ist ideell, denn als Fakt des gesellschaftlichen Bewußtseins findet es seine Erklärung in einer Reihe theoretischer Vorstellungen des Menschen, und es ist materiell, insofern die Reproduktion der Wirklichkeit nur durch eine bestimmte materielle Struktur, die die Struktur der dargestellten Erscheinung nachbildet, realisiert werden kann. [...Es] wird selbst zu einem Phänomen der Wirklichkeit" (ebd., 22). In seiner überlieferten Materialität wird der Text deutbar. Seine Wirklichkeitsreferenz muß nicht in jedem Akt der Deutung immer wieder die gleiche sein, zur literarischen Erkenntnis gehört dann doch ein Einfluß der Rezeption.

Literarische Zeichen können mit gewöhnlichen sprachlichen nicht gleichgestellt werden: „Wenn wir zum Zeichen in der Kunst übergehen, stoßen wir aber sofort auf unerwartete Dinge. Für ein beliebiges semantisches System bildet das Zeichen (die Einheit von Bezeichnendem und Bezeichnetem), da es sich nach den Gesetzen der Syntagmatik mit anderen Zeichen verbindet, den Text. Dem gegenüber wird in der Kunst das Bezeichnete (der Inhalt) durch die *ganze* modellierende Struktur des Werkes übermittelt, d. h. der Text wird zum Zeichen, aber die den Text ausmachenden Einheiten, die Worte, die in der Sprache als selbständiges Zeichen auftreten, werden in der Poesie (und in der Literatur überhaupt) zu Elementen des Zeichens" (ebd., 48f.). Jedes komplexe literarische Zeichen hebt sich ab von allen gleich- wie auch andersartigen, die jeweils auch für sich eine Struktur erzeugen. Es kann mit seiner geschlossenen Struktur – insofern sie künstlerisch ist – auf unterschiedliche andere Zeichensysteme bezogen werden. Dies geschieht in einem aktiven Akt der Rezeption, der Entscheidungen über die Relationen trifft, in welche die Zeichen eingesetzt werden sollen. Dabei entsteht eine jeweils unterschiedliche, neue Sicht auf den Text. Die Gegensätzlichkeit des literarischen Zeichens zu seiner Umgebung hält je nach

Auswahl eines ›Hintergrundes‹ verschiedene Bedeutungen bereit: „Das Zeichen oder sein sinnunterscheidendes Element kann gleichzeitig auf einige (oder auf die Mehrheit) der Hintergründe projiziert werden, da es in jedem Fall zum Träger unterschiedlicher Semantik wird" (ebd., 49).

Bei der Untersuchung poetischer Texte stehen für Lotman die textimmanenten Relationen des komplexen Zeichens ›Wortkunstwerk‹ im Vordergrund; ihre strukturelle Abgrenzung und zugleich funktionale Abhängigkeit von außertextlichen Beziehungen werden jedoch mitreflektiert. Dabei stehen der poetischen zunächst alle nicht-poetischen Strukturen (als ›Hintergründe‹) gegenüber: „Es ist ganz offensichtlich, daß der reale künstlerische Bedeutungsgehalt der Textelemente nur in der Beziehung zu den außertextlichen verständlich wird [...] Der Begriff ›Poesie‹ wird zur allgemeinsten und höchsten Ebene für die Definition eines poetischen Textes. Entsprechend wird ›Nicht-Poesie‹ zu einem außertextlichen Begriff" (ebd., 181). Jenseits dieser grundsätzlichen Abgrenzung gehören der Schaffensprozeß mit der Frage der Urheberschaft und die Rolle von Autor und Publikum zu den außertextlichen Gegenständen, ohne deren Einbeziehung „auch eine strukturelle Untersuchung der Kunst im wesentlichen nicht möglich ist" (ebd., 181).

Für die strukturale Textanalyse reformuliert Lotman die wichtigsten Positionen in explizitem Bezug auf den Begriff des poetischen Textes. Sein Lehrbuch „Die Analyse des poetischen Textes" führt sie in beispielhafter Anwendung auf russische Gedichte vor. Entscheidend ist dabei, die Trennung in Inhalt und Form rückgängig zu machen; an ihre Stelle tritt die **strukturelle Verbindung** von **Form** und **Bedeutung**: „Die Idee ist nicht in irgendwelchen Zitaten enthalten, so glücklich sie auch ausgewählt sein mögen, sondern sie findet in der ganzen künstlerischen Struktur ihren Ausdruck [...] Der Dualismus von Form und Inhalt muß ersetzt werden durch den Begriff der Idee, die sich in einer adäquaten Struktur realisiert und außerhalb dieser Strukturen nicht vorhanden ist. Eine veränderte Struktur vermittelt dem Leser eine andere Idee. Also ist das Gedicht ein komplex aufgebauter Gedanke" (Lotman 1975, 53).

Der poetische Text reproduziert in seiner Struktur die Abgeschlossenheit gegenüber seiner Umgebung. Da er ein in sich fest gefügtes und auf sich selbst verweisendes System bildet, so können auch seine Elemente zunächst nur in bezug auf ihn selbst Bedeutung annehmen. Einheiten der poetischen Struktur sind morphologische und grammatische Elemente, Wiederholungen oder auf einer komplexeren Ebene Verse, Strophen sowie die Komposition als Ganzes. Wie das Sprachsystem jeder allgemein zugänglichen Sprache bietet der Text nur zu den literarischen Elementen Bezug, die er selbst umfaßt und für die er deshalb in seiner Struktur eine Bedeutung bereithält. Dies heißt aber zugleich, daß er ausschließlich sie inkorporiert: „Betrachtet man den poetischen Text als eine auf bestimmte Weise organisierte Sprache, so ist diese darin vollständig realisiert. Dasjenige, was den Teil des Systems bildete, stellt sich hier als ein ganzes System heraus [...] Wenn aber irgendwelche Teile der Realität von diesem System nicht erfaßt werden [...] so werden sie von dessen Standpunkt aus für *nichtexistent* erklärt" (Lotman 1975, 125).

2. Neostrukturalismus / Poststrukturalismus

Aus einer Kritik am französischen Strukturalismus heraus entwickelten sich ab Mitte der 1960er Jahre neuere Ansätze, die einerseits argumentativ bis zu Saussures Nachlaß zurückgehen, andererseits aber die Theorie des klassischen Strukturalismus in Frage stellen. Sie werden deshalb entweder als neo- oder als poststrukturalistische Ansätze bezeichnet – ›neo‹, weil sie sich immer noch auf strukturalistische Modelle beziehen, ›post‹, weil sie die Ära des klassischen Strukturalismus durch ihre fundamentale Kritik beenden. Im folgenden wird die erstere Bezeichnung verwendet, obwohl die zweite ebenfalls gebräuchlich ist (vgl. Culler 1988 u. a.): entscheidend ist, daß die kritischen Einwände nicht zur Abschaffung strukturalistischer Theorie führen – das wäre ein Indiz für einen erfolgreich vollzogenen Paradigmenwechsel –, sondern sie als Voraussetzung für die eigene Argumentation weiterhin benötigen (im einzelnen vgl. Frank 1984, 98ff.).

In der Literaturwissenschaft unterliegen vor allem die strukturalistische Zeichentheorie sowie die scheinbare Universalität gängiger Strukturbeschreibungen der Kritik. In keinem der beiden Bereiche sei jene Geltungssicherheit gegeben, von der die älteren Ansätze ausgehen: im Bereich der Texte entfalten die Zeichen während der aufmerksamen Lektüre ein Eigenleben, welches das Saussuresche Modell eindeutiger Beziehungen zwischen Signifikant und Signifikat sprengt; zugleich erweisen sich Texte nicht als statische sondern als dynamische Gebilde. Jede feste Strukturiertheit sei deshalb bloß eine **Konstruktion** aus der Sicht der Lesenden. Das Verfahren der **Dekonstruktion** tritt an die Stelle der regelrechten und ihrer selbst gewissen Analyse. Das Kunstwort deutet die kritische Absicht schon an, die überall beobachteten Konstruktionen auseinanderzunehmen, um auf ihre Konstruiertheit aufmerksam zu machen und sich durch diese Offenlegung ihrem Machtanspruch zu entziehen. Der Terminus weist bereits darauf hin: er setzt sich aus den Komponenten Destruktion und Konstruktion gleichberechtigt zusammen, will also nicht das Denken zerstören, sondern es zerlegen und wieder zusammenfügen. Dies dient dazu, die lang eingeführte Selbstverständlichkeit impliziter Konstruiertheit sichtbar zu machen und aus einzelnen herausgetrennten Versatzstücken probeweise andere Gedankengefüge zu errichten.

Zu den prominentesten Verfahren der Dekonstruktion gehören Züge des **Spiels**, der **Vieldeutigkeit**, der **Übertretung** von Grenzen, der **Verschiebung** von Bedeutungen im Umgang mit Zeichen. Kein Textverständnis könne sich diesen und anderen Unsicherheitseffekten entziehen, also sei das Beharren auf einer eindeutigen, sicheren Auslegung unhaltbar. Es habe keinen Sinn, Klarheit und Deutlichkeit zu erwarten; begründet wird die Angemessenheit solcher Opposition gegen jegliche anzunehmende Eindeutigkeit durch die Beobachtung, daß widerständige Denkmöglichkeiten immer schon bestehen, bevor die Herrschaft der Vernunftordnung sie durch Ausgrenzung beseitigt: Vielfalt und Uneindeutigkeit seien früher dagewesen als Ordnung und Logik – und damit nicht allein der Sprache ursprünglich gemäß, sondern darüber hinaus Opfer der Geschichte des Denkens.

Dekonstruktion richtet sich nämlich nicht nur gegen traditionelle Annahmen über die Eindeutigkeit von Texten. Im Hintergrund steht eine Opposition gegen allgemeinere Konstellationen, denen die Hervorbringung von falschen Textverständnissen zugeschrieben wird. Die Kritik richtet sich gegen die vereinheitlichenden Tendenzen eines sogenannten ›traditionellen abendländischen Denkens‹ und dessen Ausrichtung auf die Vernunft, das polemisch und abwertend als ›Logozentrismus‹ bezeichnet wird. Dekonstruktion deckt auf, daß die vermeintlich feststehenden Begriffe, Denkoperationen und Sinnentwürfe nur willkürliche Vorgaben sind, die mit dem Ziel der Herrschaftsausübung und der einseitigen Festlegung philosophischer Grundsätze erfolgen (Normierung, Systematisierung). Eine der wichtigsten Instanzen dieser Herrschaftsausübung sei der Begriff des selbstbewußten Subjekts. Die kritisierten Konstruktionen seien entweder in ihrer Herkunft auf ein außerweltliches Prinzip bezogen – und damit ›theologisch‹ –, oder aber zielgerichtet auf einen nur unterstellten, unbeweisbaren Endpunkt der Geschichte – und somit teleologisch. Diese Fluchtpunkte sind metaphysisch begründet, das heißt, sie sind der Erfahrung oder Beobachtung entzogen und nur in Annahmen der Vernunft vorhanden; sie lassen sich deshalb nur aufrechterhalten, indem der Logos die einseitige Durchsetzung seiner Prinzipien betreibt. Jedes festgefügte wissenschaftliche System habe einen solchen letzten metaphysischen Bezugspunkt, freilich meist ohne sich dies selbst auch nur einzugestehen. Auch die Interpretation von Texten, die nach Einheit und Zusammenhang sucht, richte ihre Perspektive letztlich auf solche metaphysischen Begriffe, weshalb sie durch die dekonstruktivistische Lektüre zu ersetzen sei.

Dekonstruktion erhebt den Anspruch, aus den Horizonten der auf Logik ausgerichteten Wissenschaften auszubrechen und außerhalb von deren System sowohl anders zu denken als auch dementsprechend sprachliche Äußerungen anders zu lesen: „Die Philosophie ›dekonstruieren‹ bestünde demnach darin, die strukturierte Genealogie ihrer Begriffe zwar in der getreuest möglichen Weise und von einem ganz Inneren her zu denken, aber gleichzeitig von einem gewissen, für sie selbst unbestimmbaren, nicht benennbaren Draußen her festzulegen, was diese Geschichte verbergen oder verbieten konnte, indem sie sich durch diese irgendwie eigennützige Repression zur Geschichte machte. Von diesem Moment an erfolgt [...] jene zugleich getreue und rücksichtslose Zirkulation zwischen dem Drinnen und dem Draußen [...]" (Derrida 1986, 38). Die Perspektive richtet sich also auf jene Bereiche, die die herkömmlichen Ansätze durch methodische Klärungen und Festlegungen ausgrenzen wollen, weil sie als begrifflich nicht faßbare Elemente die Geltung, Reichweite und zum Teil sogar die Möglichkeit wissenschaftlicher Begriffsbildung überhaupt in Frage stellen.

Die Positionen des Neostrukturalismus stehen in Verbindung mit einigen Denk- und Stilrichtungen anderer kultureller Gebiete (Architektur, bildende Kunst, Medientheorie) der jüngeren Vergangenheit, die sich selbst als postmodern bezeichnen. Mit dem neuen Epochenbegriff der **Postmoderne** erheben sie den Anspruch, die klassische Moderne zu beenden und abzulösen. Zu prüfen ist, ob das neostrukturalistische Denken in der Literaturwissenschaft ebenfalls einen so weitreichenden Umbruch eingeleitet hat, oder ob es mit den Mustern des alten Denkens durchaus nachzuvollziehen ist. Diese Frage kann gegenwärtig nur kontrovers diskutiert werden: handelt es sich um eine umfassende, tiefgreifende Epochenzäsur, die in fast allen kulturellen Bereichen die Ablösung der Moderne (als den Großzeitraum von 1790 bis heute) vollzieht, oder bloß um eine zugespitzte Fortsetzung der klassischen Moderne? Innovativ ist die Abwendung von zusammenhängenden, einheitlichen Interpretationsversuchen von Kultur und Gesellschaft, wie sie als zentrales Anliegen der Wissenschaften und Künste der Neuzeit eingeführt worden waren. Durch die Zurückweisung allgemeiner, feststehender Grundsätze von Weltdeutung würde die Geschlossenheit des modernen Denkens aufgehoben und mit ihr die Sinnvorgaben der durchgängigen Vernunft und der zentralen Einheit des selbstbewußten Subjektes. An ihre Stelle träte eine unkontrollierbare Vielfalt und allgemeine perspektivische Brechung. Andere Einschätzungen sehen in diesen Ausprägungen nur eine der möglichen Ausfaltungen einer fortgeschrittenen (Spät-)Moderne, die sich kritisch mit ihren eigenen traditionellen Prinzipien konfrontiert.

Zwei verschiedene Herkunfts- und Begründungszusammenhänge prägen das Feld der Dekonstruktion: ein französischer (Jacques Derrida) und ein amerikanischer (Paul de Man) Zweig unterscheiden sich sowohl nach ihren theoretischen Implikationen als auch nach ihrer Praxis der **Lektüre**. Zwischen beiden besteht eine Abhängigkeit insofern, als de Man sich an die frühen grundlegenden Arbeiten Derridas anschließt, um dessen Ideen in einer eigenen Denkrichtung weiterzuentwickeln.

Dekonstruktion I: Jacques Derrida

Die Geschichte des Neostrukturalismus begann in Paris bereits vor der Zeit des germanistischen scientific turn. Bis zur Aufnahme der Ideen in Deutschland vergingen Jahre, denn vor einer Rezeption und Diskussion des älteren Strukturalismus fehlte jede Grundlage, um die neostrukturalistische Kritik verstehen und anwenden zu können. Vor allem die ideologiekritische und sozialhistorische Ausrichtung der Literaturwissenschaft bot keine Anschlüsse zum Neostrukturalismus. So stand die Wahrnehmung der Schriften Jacques Derridas in Deutschland zunächst im Kontext von Forschungen zum französischen Strukturalismus (vgl. etwa bei Hempfer 1976). Zu den meistzitierten Texten Derridas gehören „Die Struktur, das Zeichen und das Spiel im Diskurs der Wissenschaften vom Menschen" (in: „Die Schrift und die Differenz" 1967; dt. 1972), „Grammatologie" (1967; dt. 1974), „Positionen" (1972; dt. 1986). „Positionen" eignet sich wohl zur Einführung besonders, da diese Folge von Interviews von vornherein der Popularisierung zentraler Ideen dienen sollte und deshalb nicht die ausschweifende, unpräzise Schreibweise der übrigen umfangreichen Texte Derridas aufweist.

Derrida nimmt als Ausgangspunkt seiner Überlegungen eine Aufwertung der Schrift gegenüber dem gesprochenen Wort vor. Begründet werden soll die Wissenschaft von der Schrift, die **Grammatologie**. Die Vorstellung von Schrift wird hier abgesetzt gegenüber Saussures Auffassung, es handele sich um ein der Sprache fremdes, ihr nur willkürlich zugeordnetes Aufzeichnungssystem. Saussures Trennung zwischen gesprochener Sprache (**phoné**) und Schrift (**gramma**) bevorzugt die erstere, die allein die Präsenz der Bedeutung des Zeichens jeweils unverändert gewährleiste. Im Gegensatz dazu erklärt Derrida die Schrift zur ursprünglicheren Äußerungsform. Damit hebt er ein besonderes Problem hervor, das in der Geschichte der Arbeit am Text durchaus bekannt ist: Schrift ist das material Überlieferte, das selbst nicht reden kann; sie bedarf deshalb immer der Auslegung. Und durch diese Eigenheit droht, wenn man sie ernst nimmt, die Schrift das Geschäft der Bedeutungszuweisung kompliziert zu machen – wenn nicht gar zu stören. Für Derrida sind diese störenden Eigenschaften so stark, daß die Schrift im Grunde aus dem Geltungsbereich strukturalistischer Zeichentheorie ausgeschlossen werden müsse: „das *gramma* ist weder ein Signifikant noch Signifikat, weder ein Zeichen noch ein Ding, weder eine Anwesenheit noch eine Abwesenheit [...]" (Derrida 1986, 91). Aus diesem widerspenstigen gramma wird gewöhnlich erst durch Regeln, durch Konventionen etwas Eindeutiges gemacht. Nach Saussures konventionalisierter Auffassung stellt Schrift zum Beispiel Signifikanten bereit, die ihrerseits auf die phonetischen Signifikanten verweisen: die Schriftzeichen sind nur Stellvertreter für die phonetische Seite der Zeichen der gesprochenen Sprache, sie sind ›Signifikanten der Signifikanten‹. Das kann zu Eindeutigkeit nur führen, wenn diese Platzhalter als unproblematisch akzeptiert werden: „›Signifikant des Signifikanten‹ beschreibt [...] die Bewegung der Sprache – in ihrem Ursprung; aber man ahnt bereits, daß ein Ursprung, dessen Struktur als Signifikant des Signifikanten zu entziffern ist, sich mit seiner eigenen Hervorbringung selbst hinwegrafft und auslöscht. Das Signifikat fungiert darin seit je als ein Signifikant" (Derrida 1974, 17). Damit scheint der notwendige Zusammenhang von Signifikant und Signifikat durch die sekundäre Verweisung in Frage gestellt. Wenn nun die Schrift einerseits das wichtigere Zeichensystem ist, andererseits aber nur immer auf etwas verweist, das in einem ihr fremden Zeichensystem enthalten ist, so vermittelt das schriftliche Zeichen immer nur eine Bedeutung, die ihm nicht präzise und unveränderlich zugeordnet ist, sondern in der **Kette der Verweisungen** verwischt, undeutlich wird.

Als sekundäres Zeichensystem kann die Schrift nur „notwendig von bereits konstituierten Bedeutungseinheiten ausgehen und mit ihnen arbeiten [...], doch hat sie an deren Herausbildung keinen Anteil gehabt" (ebd., 56). Die Folgerung lautet, daß alle Zeichen letztlich eine solche fortlaufende Verweisung enthalten, daß also die Saussuresche Strukturbehauptung, Zeichen seien durch Differenz präzisierte Einheiten von Signifikant und Signifikat, nicht aufrecht erhalten werden kann. Die Verweisung der Signifikanten auf andere Signifikanten, ihre ›Verdoppelung‹ im ›Spiel‹ der Verweise verhindere die Rückführung auf präzise Bedeutungen, die Vervielfältigung sei nicht reduzibel auf Einheitlichkeit. Um den Prozeß der Bedeutungsstreuung zu bezeichnen, verwendet Derrida verschiedene Termini: das bereits genannte Spiel ist einer darunter, ein anderer die **dissémination**, sie benennt eine „generative Mannigfaltigkeit" (Derrida 1986, 95) der Sprache im vielfältigen Prozeß der Verweise. Auch dieser Terminus stützt sich auf ein Wortspiel, ähnlich dem der Dekonstruktion, denn das Wort bezeichnet die Abweichung vom ›sem‹ (dem Element der Semantik) und spielt zugleich auf ›semer‹, das französische Wort für ›säen‹ an. In der Zerstreuung der Signifikate findet die Aussaat der anderen Bedeutungen, der Abweichung, statt. Diese Eigenschaft der Zeichen wird schließlich generalisiert; sie gilt nicht allein für die Schrift, sondern für alle Zeichen schlechthin: „Die Sekundarität, die man glaubte der Schrift vorbehalten zu können, affiziert jedes Signifikat im allgemeinen, affiziert es immer schon, das heißt, von Anfang, von Beginn des Spieles an. Es gibt kein Signifikat, das dem Spiel aufeinander verweisender Signifikanten entkäme, welches die Sprache konstituiert [...]" (Derrida 1974, 17).

Alle Texte verweisen so immer schon auf andere Texte – indem ihre Signifikanten deren Signifikanten bezeichnen und keineswegs ein festlegbares, außer ihnen gesichertes (präsentes) Signifikat –, es zieht sich in dieser Art von wechselseitiger Beziehung der Zeichen eine **Spur** (trace) durch die Sprache. Eigentlich ist es eine beliebige Vielfalt von Spuren, die die Vielfalt der unkontrollierbaren Beziehungen im Spiel darstellt. Es ist eine „strukturbedingte Unmöglichkeit, dieses Netz [der Struktur] abzuschließen, seine Verflechtung aufzuhalten und einen Rand abzustecken" (Derrida 1986, 85).

Die wechselseitigen Verweise lassen keinen festen Bezugspunkt zu – es sei denn, er würde gewaltsam ›logozentrisch‹ gesetzt, und ein solches Verfahren soll ja ausgeschlossen bleiben. Damit geht all das verloren, was in der strukturalistischen Zeichentheorie, und über sie hinaus in allen Bemühungen der abendländischen Philosophiegeschichte, einst Sicherheit stiften sollte: „Präsenz des Gegenstandes, Präsenz des Sinns im Bewußtsein, Präsenz des Selbst in dem, was man das lebendige Sprechen nennt, und im Selbstbewußtsein" (ebd., 36). Nichts kann unverrückbar präsent sein, alles unterliegt dem Spiel der Bedeutungsverschiebung. Auf der Strecke bleibt auch die Instanz, die in anderen Theorieentwürfen die Einheit durch Selbstbewußtsein und Identität mit sich selbst gewährleistet: das Subjekt. Die Zeichen sind im gramma sie selbst, ohne auf die (hermeneutische) Realisierung durch ein ihnen äußerliche einheitliches Denkzentrum angewiesen zu sein. Das Spiel erfolgt ohne Halt oder auch nur Einmischung durch ein Subjekt, der Theorieentwurf ist subjektdezentriert. Entsprechend sind diejenigen, die Lektüren durchführen, dabei den Texten ohne feste Leitlinie ausgeliefert.

Den größten Erfolg hat die terminologische Neubildung **différance** (Versuch einer deutschen Übersetzung: Differänz). Sie verändert an der Schreibweise des französischen Wortes ›différence‹ (Differenz) nur einen Buchstaben (was sich in der Aussprache nicht einmal erkennen läßt, da beide Wörter phonetisch gleich lauten). Die Sinnveränderung, die sich – wiederum nur durch das charakteristische Wortspiel – ergibt, beruht auf der Bedeutung des Partizips Präsens des französischen Verbes ›différer‹: ›differant‹, die etwa durch ›aufschiebend‹ wiedergegeben werden kann. Es tritt also eine Verbindung ein zwischen ›Differenz‹ und ›aufschieben‹. Enthalten ist darin natürlich eine weitere Kritik am strukturalistischen Zeichenbegriff, anzuwenden auf Schrift und gesprochene Sprache gleichermaßen. Die Differenz reicht nach Saussure als Unterscheidungskriterium aus, um die Zeichen nicht nur wiedererkennbar, sondern vor allem bedeutungsgleich wiederholbar und damit konstant zu machen. Die Differenz schafft Identität des Zeichens mit sich selbst über Zeit und Raum hinweg, solange die Semantik historisch einigermaßen stabil bleibt. In der dynamischen Domäne eines Spiels kann eine solche Festlegung hingegen unmöglich gelingen; Derrida betont, daß die bedeutungsgleiche Wiederholung ein und desselben Zeichens praktisch unvorstellbar sei: „Das Spiel der Differenzen setzt in der Tat Synthesen und Verweise voraus, die es verbieten, daß zu irgendeinem Zeitpunkt, in irgendeinem Sinn, ein einfaches Element als solches *präsent* wäre und nur auf sich selbst verwiese. Kein Element kann je die Funktion eines Zeichens haben, ohne auf ein anderes Element, das selbst nicht präsent ist, zu verweisen [...] Aus dieser Verkettung folgt, daß sich jedes ›Element‹ – Phonem oder Graphem – aufgrund der in ihm vorhandenen Spur der anderen Elemente der Kette des Systems konstituiert. Diese Verkettung [...] ist der Text, welcher nur aus der Transformation eines anderen Textes hervorgeht [...] Es gibt durch und durch nur Differenzen und Spuren von Spuren" (Derrida 1986, 66f.). Das Verschieben und Aufschieben von Relationen bewirkt eine stetig neue Bedeutungsproduktion, die „Produktivität" (ebd., 68) der différance. Die Art ihrer Aktivität wird mit unterschiedlichsten Metaphern bedacht, ihre Auswirkungen sind nicht vorhersehbar und auch nicht zurückzuführen auf grundlegende Bedeutungseinheiten. Was entsteht, sind überraschende, divergente Bedeutungs- und Sinneffekte: so „verweist die *différance* auf eine (aktive und passive) Bewegung, die darin besteht, mittels Aufschub, Übertragung, Zurückstellen, Zurückweisung, Umweg, Verzögerung, Beiseitelegen zu unterscheiden. In diesem Sinne geht der *différance* keine ursprüngliche und ungeteilte Einheit einer gegenwärtigen Möglichkeit voraus [...]" (ebd., 41).

Das Derridasche Konzept der Dekonstruktion hat, soll es konsequent und seiner eigenen Idee getreu angewendet werden, eine Reihe von Auswirkungen auf die Begriffe der Literaturwissenschaft. So problematisiert es jegliche Ordnung, die zwar nicht aufgehoben, aber stets als beweglich aufgefaßt werden muß. Feste Einteilungen in Kategorien der Literaturgeschichte, Gattungsmuster und anderer sind dann nicht mehr angemessen, da sie jeweils ihren metaphysischen Referenzpunkt einschließen. Texte sind kaum nach literarisch und nichtliterarisch zu unterscheiden, da die ›Spur‹ keine Unterschiede kennen kann; der zugrundeliegende Literaturbegriff wird somit auf alles Geschriebene ausgeweitet.

Dekonstruktion II: Paul de Man

Die amerikanische Variante der Dekonstruktion entstand in den 1970er Jahren und fand in Deutschland erst zehn Jahre später größere Beachtung. Sie hat ihren Ursprung an der Yale-Universität und setzt sich ihrerseits ab vom zuvor in den USA dominierenden Ansatz des New Criticism, den sie schließlich als Paradigma verdrängt. Der in Deutschland am stärksten beachtete Vertreter der Yale critics ist Paul de Man, von dessen Sammelbänden vor allem „Allegorien des Lesens" (1979, dt. in Teilen 1988) und „Widerstand gegen die Theorie" (1986, der Haupttext dt. 1987) aufgegriffen wurden (als prominente Vertreter an der institutionellen Durchsetzung der Dekonstruktion beteiligt waren u. a. auch Harold Bloom und J. Hillis Miller). Ausgehend von Derridas frühen Positionen richtet sich die amerikanische Dekonstruktion allerdings weniger auf Sprach- und Zeichentheorie im allgemeinen, sondern diskutiert mehr herausragende Beispiele ›schöner Literatur‹. Leitend für de Mans Arbeiten sind schriftlich fixierte Werke kanonisierter Schriftsteller, die auf ihre Gestaltung und Wirkung – ihre Literarizität – hin betrachtet werden.

Wie viele literaturwissenschaftliche Ansätze folgt die Dekonstruktion in ihrer eigenen Entwicklung den Beobachtungen am Gegenstand. Sie formiert sich als Richtung der Lektüre an den Erkenntnissen über Literatur, die innerhalb der Literatur selbst implizit oder explizit thematisiert werden. Die literarische Praxis versuchsweise nachzuvollziehen und diesen Vorgang selbst zugleich zu reflektieren, gehört zum dekonstruktiven Verfahren: sozusagen das aufmerksame Lesen unter Selbstbeobachtung. Jeweils aus der einzelnen, konkreten Lektüreerfahrung erwachsend, lehnt die Dekonstruktion ab, ihre Prinzipien und Einsichten systematisch darzustellen. Jede Festschreibung wäre – ähnlich wie Derrida dies anmerkt – selbst schon ein Akt der Konstruktion, welcher die kritische Absicht des Verfahrens zunichte mache. Deshalb ist auch die Forderung, endlich einmal deutlich zu sagen, worum es denn genau gehe, eigentlich nicht erfüllbar: was charakterisiert werden kann, ist nur das Verfahren. Ein Anspruch auf standardisierte Wissenschaftlichkeit wird ohnehin entschieden abgelehnt – natürlich auch als Prüfkriterium für die eigenen dekonstruktiven Interpretationen. Diese Umgangsweise mit den eigenen Einsichten erschwert Außenstehenden, sich hineinzufinden: in mancher Hinsicht ist aus den zusammenfassenden Positionsbestimmungen der Sekundärliteratur über de Man mehr und schneller zu lernen als aus seinen eigenen umfangreichen Interpretationen.

Die zentrale Entdeckung, die de Man für sich in Anspruch nimmt, ist die **Unlesbarkeit** literarischer Texte. Dieser Terminus faßt pointiert zusammen, was als besondere Eigenart ästhetischer Literatur herausgearbeitet wird: solche Texte sind Geflechte aus rhetorischer, uneigentlicher Sprachverwendung, die sich bei genauem Lesen (close reading) einem vereinheitlichenden Verstehen und damit jeglichem befriedigenden Verständnis in der geläufigen Bedeutung des Wortes entziehen. Was ein Verfasser einmal ausdrücken wollte, ist im Text nicht mehr nachzuvollziehen. Wenn aber doch eine einheitliche Lesart zustandezukommen scheint, dann durch Zuweisung von Sinn, der nicht aus dem Text, sondern aus der Tradition oder Erfahrung herrührt. Es tritt eine konventionalisierte Referentialisierung ein: „Das faktische Lesen basiert nicht auf einem Text, sondern auf einem sozialen Vertrag: Da der Text unlesbar ist, spricht man sich darüber ab, wie er doch zu lesen sei. Auf diese Weise kann man eine Verständigung erzielen, aber nur wenn man die Unlesbarkeit des Textes verschleiert" (Martyn 1993, 17). Dieser Vorgang, der jedem traditionellen Verstehen unterstellt wird, sorgt durch Herstellung von Eigentlichkeit der Sprache im Grunde für Entliterarisierung der Texte und ordnet sie damit einem außerliterarischen Sinnverstehen unter.

Die Dekonstruktion spielt sich im Problemfeld eines dilemmatischen Verhältnisses von uneigentlicher und eigentlicher Sprachverwendung, von **Figuralität** und **Literalität**, ab. Wird Text als rhetorisches Gebilde ernst genommen, offeriert er eine Vielzahl unvereinbarer – lückenhafter, widersprüchlicher etc. – Sinnangebote; wird er als Medium eines einheitlichen Sinnangebotes wahrgenommen, verliert er seine Literarizität. In einer beispielhaften Lektüre führt de Man anhand von Marcel Prousts „Auf der Suche nach der verlorenen Zeit" vor, wie das Lesen im Roman selbst als irreführende, mißverständliche Tätigkeit dargestellt wird. Sein Fazit, das als Hinführung auf die Unlesbarkeit gedeutet werden kann, lautet: „das Gemeinte ist stets etwas anderes. Man kann zeigen, daß der angemessenste Ausdruck, dieses ›etwas andere‹ zu bezeichnen, LESEN ist. Aber man muß gleichzeitig ›verstehen‹, daß dieses Wort ein für allemal den

Zugang zu einer Bedeutung sperrt, die dennoch immer danach verlangt, verstanden zu werden" (de Man 1988, 111).

Die Rhetorik unterwandert mit ihren Gestaltungsmitteln die Ordnung der Grammatik – und damit die Logik. Literarische Texte aber sind aufgrund ihrer figürlichen Redeweise Ausbünde an Rhetorik und können umso weniger auf logische Strukturen zurückgeführt werden. Ziel und Aufgabe der Lektüre ist es, die rhetorischen Verfahren aufzudecken und in ihrer Funktionsweise zu verfolgen. Dabei kann gerade nicht die Erzeugung einheitlicher Interpretationen gemeint sein, sondern das Offenlegen der Schwierigkeiten, die Literatur dem Verständnis entgegenstellt; Lektüre schließt das Sichverlieren in rhetorische Verweise des Textes ein. Dekonstruktion wendet sich gegen die überlieferten Leseweisen, die der Kanon den Texten zuordnet, indem er weniger die Texte überliefern als vielmehr ihre Lektüre vorherbestimmen will. Kanon enthält nicht die Geschichte von Texten, sondern eine Reihe von Leseanweisungen, die deren falschen Lektüren vorausliegen. Die vermeintlichen ‚ewigen Wahrheiten', die nach traditioneller Auffassung durch die Texte repräsentiert sein sollen, sind Ausdruck des Herrschaftsanspruchs einer Interpretationstradition, der die Literatur in seine jeweils eigenen Interessenströmungen einordnen und sie sich somit unterwerfen will. Diese einseitige Vereinnahmung von Texten im **Kanon** bezeichnet de Man als **Ideologie**, der die Dekonstruktion die Grundlage, nämlich die Blindheit und Gutgläubigkeit des Publikums, entziehen soll. Erst die Einsicht in die Unlesbarkeit, in das Allegorische der Literatur, führe zu einem offenen, aufnahmebereiten Umgang mit Texten.

Dabei geht es allerdings weniger um die Seite der Rezipienten als um die Leistung der rhetorisch aufeinander verweisenden Zeichen. Was geschieht, geschieht im Text, ebenso wie im klassischen Strukturalismus und bei Derrida der Bereich der Zeichen die Bewegungen des Bedeutens, Verschiebens etc. in sich einschließt. Literatur erscheint in de Mans Auffassung als Gruppe von Texten (mit Kontexten), die – überwiegend in der Moderne – eine Geschichte der Auflehnung gegen Vereinnahmung darstellt. Es sind die ästhetischen Differenzierungsbewegungen, die die Literarizität der bemerkenswerten Texte eigentlich ausmachen; sie sind immer schon Ausdruck der Flucht, des Abweichens von den vorgeschriebenen Pfaden. Da die Verschiebungen und Verweisungen des figürlichen Redens nicht allein auf Literatur beschränkt sind, sondern auch Bestandteile jeder Sprachverwendung sein können, existiert letztlich in dieser Betrachtungsweise keine theoretisch bestimmbare feste Grenze zwischen Literatur und Nichtliteratur – in der Praxis jedoch ist die Orientierung an den ›großen Texten‹ unübersehbar, und mit ihr ein emphatischer Anspruch darauf, daß Dekonstruktion etwas Besonderes ist, das vom Ausübenden gewisse Begabungen verlangt.

Klassischer Strukturalismus

– Vorläufer: Russischer Formalimus
– Struktur besteht aus Relationen zwischen Elementen eines Systems; sie unterliegt ständigem Wandel
– Struktur äußert sich im Bereich der Zeichen; Zeichen: Verbindung von Bedeutendem (Signifikant) und Bedeutetem (Signifikat), verankert im Sprachsystem (langue), ausgewählte Zeichen konstituieren Rede (parole); dies alles ist Gegenstand der wissenschaftlichen Disziplin Semiotik
– daraus wird abgeleitet das Interpretationsverfahren der strukturalen Textanalyse
– Prager Strukturalismus (exemplarischer Vertreter Jan Mukařovský); Strukturen leben im kollektiven Bewußtsein, sie organisieren lebendige Zusammenhänge nach innen; künstlerische Zeichen und Strukturen sind nicht referentiell wie Sachaussagen, Nicht-Funktionales als Funktion der Ästhetik
– Russischer Strukturalismus (exemplarischer Vertreter Jurij Lotman): Kunst leistet durch die Herausarbeitung von Struktur Erkenntnis der Welt; zu ihrer Erzeugung trägt die individuelle Auswahl des Autors ebenso bei wie der allgemeine Weltzusammenhang; künstlerische Struktur bildet Welt nach (sekundäre semiotische Modellbildung); Texte stellen die strukturale Verbindung von Form und Inhalt dar, als poetische bilden sie ein abgeschlossenes System

Neostrukturalismus

– beruht auf strukturalistischer Zeichentheorie, bestreitet jedoch die eindeutige und wiederholbare Zuordnung zwischen Signifikanten und Signifikaten; Dekonstruktion als Interpretationsverfahren, das den Logozentrismus aufheben soll
– aufgefaßt als Bestandteil einer Postmoderne, die die klassische Moderne mit ihren zentralen Konstituenten des Subjektes, der Vernunft und der Eindeutigkeit ablöst (alternativ: Spätmoderne)
– Dekonstruktion I als französische und ursprüngliche Variante (Jacques Derrida): Bevorzugung der Schrift (gramma) vor dem gesprochenen Wort (phoné); Eindeutigkeit der Zeichenbedeutung ist wegen der différance nicht gegeben, Spiel und Spur abweichender Bedeutungen lassen das Textverständnis unsicher werden
– Dekonstruktion II als amerikanische Variante (Paul de Man): literarische Texte sind eigentlich unlesbar, ihre Figuralität vereitelt das Verstehen; behelfsweise wird so getan, als habe der Text normale Bedeutung (Literalität) und biete dadurch ein vermittelbares Verständnis; Texte und tradierte Leseweisen werden gemeinsam im Kanon überliefert; dieser transportiert eine Ideologie, die die eigentliche Leistung der Texte verdeckt

VII. Diskursanalyse

Diskurs wurde in der Literaturwissenschaft der 1980er Jahre verbreitet wie kein anderer Terminus, er fungiert als Leitbegriff einer Theorie der Diskursanalyse. Diskurs bezeichnet eine strukturierte Menge von (überwiegend sprachlichen) Äußerungen, deren Geltungsbereich durch eine Diskurs-Ordnung geregelt wird. Der innere Zusammenhang solcher Diskurse ist semantisch bestimmt: zu einem Diskurs gehören alle Äußerungen, die seine Regeln befolgen und zum spezifischen Thema des Diskurses Wissenselemente beitragen. Diskurse unterwerfen die Individuen, haben aber selbst keine benennbaren Urheber. In der literaturwissenschaftlichen Anwendung weist der Diskursbegriff viele Facetten auf, ohne daß ein konsistentes Modell oder eine übersichtliche Methode bisher entwickelt worden wäre. Statt dessen bietet die Diskurstheorie so etwas wie einen Satz weitreichender Annahmen über eine Ordnung der Welt im allgemeinen. Für die Literaturwissenschaft bleibt die Diskursanalyse in diesem Kontext weiterhin eine mit Interesse aufgenommene aber eher „unausgearbeitete Alternative" (vgl. Fohrmann / Müller 1988, 14) zu traditionellen Verfahren.

Insgesamt erleichtert wohl gerade die relative Unbestimmtheit des Begriffs seine Applikation; zum Diskurs kann dieses und jenes erklärt werden, ohne daß daraus gleich eine Bindung an feste methodische Vorgaben entstünde. Wenn die Merkmale des verwendeten Diskursbegriffs nicht offenliegen, entsteht dem Namen und dem Anspruch nach zwar eine Diskursforschung, die jedoch nicht notwendig eine theoretische Kontinuität aufweist. Einige konsensfähige Grundlagen ermöglichen andererseits eine diskussionsfördernde generelle Anschließbarkeit, während die einzelnen Forschungsarbeiten zugleich die Freiheit einer eigenen Perspektive behalten. Ihren Ausgangspunkt hat die Diskursanalyse in den Arbeiten des französischen Philosophen Michel Foucault. Sie bieten zwei unterschiedliche Zugriffsweisen: eine eher an der Auswertung von Fakten orientierte in den historischen Studien der 1950/60er Jahre (Foucault nennt sich gelegentlich selbst ›Positivist‹) sowie eine stärker konzeptionell ausgerichtete in den generalisierenden Schriften aus den 1970ern.

Ergänzend hinzuweisen bleibt auf andere Diskursbegriffe, die in einzelnen Arbeiten versuchsweise auf literaturwissenschaftliche Gegenstände angewendet wurden. Prominent darunter ist allein der von Jürgen Habermas in „Die Theorie des kommunikativen Handelns" (1981) entwickelte Diskursbegriff, der im Gegensatz zu dem Foucaults auf einer Theorie sozialer Interaktion aufruht und Anschluß an soziologische Untersuchungen bietet. Verwendung findet er überwiegend in der Tradition der Kritischen Theorie.

Die Ordnung des Diskurses: Michel Foucault

Das alte französische Wort ›discours‹ (etwa: Rede über etwas), das schon in der deutschen Aufklärung einmal als Diskurs (im Sinne von Unterhaltung, Gespräch) eingedeutscht worden war, erhält bei Foucault und in der deutschen Rezeption seiner Schriften einen zentralen terminologischen Status. Entwickelt wurde das Konzept in mehreren historischen Studien, unter denen die vergleichsweise spät entstandenen Werke „Die Ordnung der Dinge" (dt. 1974, frz. Original 1966) und „Archäologie des Wissens" (dt. 1981, frz. Original 1969) große Wirkung erlangt haben. Die vielleicht größte Beachtung findet darüber hinaus die kurze konzeptionelle Inauguralvorlesung „Die Ordnung des Diskurses" (gehalten 1970 am Collège de France; dt. 1974).

Als ein Kerngedanke läßt sich aus Foucaults Œuvre zunächst die Entdeckung herausheben, daß alle sprachlichen Aussagen einem heterogenen Regelwerk gehorchen, das aus geläufigen allgemeinen Grundsätzen zu bestehen scheint. Und zwar sind zu jeder Zeit die gängigen Weltdeutungs- und Erkenntnismuster jeweils einer **redebeherrschenden Macht** unterworfen, die sich selbst fortschreibt und dabei nach Grundsätzen verfährt, die nicht leicht zu durchschauen sind. Sie wird keineswegs von den Redenden und Schreibenden allein ausgeübt, ja ihre Anwendung liegt überhaupt nicht in deren Ermessen. Es sind Ordnungsprinzipien jenseits der einzelnen Personen, die alle jene Aussagen bestimmen, in denen die menschliche Kenntnis der Welt aufbewahrt (**archiviert**) wird. Diese **Ordnung** erscheint im Diskurs, in der Menge aller zugelassenen Aussagen; nur dort kann sie von Beobachtern, die sie analysieren wollen, wahrgenommen werden. Ordnung regiert den Diskurs, sie prägt ihm ihre Machtstruktur ein, ohne daß durch eine reale Person oder faßbare Instanz Herrschaft ausgeübt würde – und insofern geschieht dies auch ohne jedes auf ein Ziel gerichtetes Interesse.

Zu den Ordnungsprinzipien gehören „Beziehungen, die der Diskurs bewirken muß, um von diesen und jenen Gegenständen reden, sie behandeln, sie benennen, sie analysieren, sie klassifizieren, sie erklären zu können" (Foucault 1981, 70). Die Ordnung wird auf den ersten Blick durch die Zwänge eingeführter, normierter Redeweisen befestigt, denen sich niemand entziehen darf, wenn er beachtet werden will. Diese Bedingung schränkt die Verfügungsgewalt des Individuums über seine vermeintlich eigenen Aussagen gewaltig ein: Weltdeutung und Erkenntnis sind auf diesem Wege immer schon vorgeprägt, ohne daß sich andererseits verantwortliche Urheber für diese Prägungen ermitteln ließen.

Diese mächtigen Diskurse decken einen überwältigend großen Bereich in jeder Kultur ab, sind aber von zwei anderen Domänen zu unterscheiden: von den Systemen des wissenschaftlichen Wissens und der primären Kodierungen, die jeder kulturellen Organisation zugrundeliegen: „zwischen diesen beiden so weit auseinanderliegenden Gebieten herrscht ein Gebiet, das, obwohl es eher eine Zwischenrolle hat, nichtsdestoweniger fundamental ist. Es ist konfuser, dunkler und wahrscheinlich schwieriger zu analysieren. Dort läßt eine Zivilisation, indem sie sich unmerklich von den empirischen Ordnungen abhebt, die ihr von den primären Codes vorgeschrieben sind [...] ihre ursprüngliche Transparenz verlieren" (Foucault 1981, 23). Wissenschaftlichphilosophische Aussagesysteme gehören deshalb nicht mehr zum kulturellen Diskursbereich, weil sie dessen Ordnung durch ihre eigene, auf logische Systematik hin ausgerichtete Neuordnung durchbrechen, sie bilden eine Metaebene der Reflexion über die diskursive Formation hinaus. Die ›primären Codes‹ hingegen treten auf, ohne daß der Diskurs sie hervorgerufen hätte, zu ihnen zählt Foucault „Sprache, Wahrnehmungsschemata, [...] Techniken" (Foucault 1974, 22). Der Diskurs tritt also erst nach der ›primären Codierung‹ in Funktion und kann deshalb als Codierung zweiter Ordnung aufgefaßt werden. Er hat zwar zwischen der Wissenschaft und der ursprünglichen Codierung explizit seinen eigenen breiten Geltungsbereich, dehnt seinen Geltungsanspruch aber auch auf die anderen Bereiche aus. Zumindest ihre allgemein interessierenden Bestandteile können nur vermittelt werden, indem sie sich dem Einfluß des Diskurses aussetzen. Nichts entkommt dem Diskurs.

Gegenstand des diskursanalytischen Forschungsprogramms sind im wesentlichen zwei Problemkreise: Erstens muß das Vorhandensein und die Strukturierung von Diskurs überhaupt erst einmal durchschaut sein, um beschreib- und analysierbar zu werden. Zweitens gilt es dann herauszufinden, was die Diskurse prägt, „aus welchem Grund eher diese Ordnung als jene errichtet worden ist" (ebd., 22f.).

Ordnung äußert sich zwar notwendig durch alle Diskurse hindurch, läßt sich aber – so Foucaults Ausführungen – letztlich nur in den Beobachtungsdaten wahrnehmen, ohne aus ihnen restlos ableitbar zu sein. Ordnung ist etwas Vorgegebenes, sie ist bereits vor den Diskursen da, „bereits vorhanden, als schweigend auf den Moment seiner Aussage Wartendes" (ebd., 22). Ordnung ist somit weder auf den Begriff einer Tiefenstruktur im linguistischen Sinne zu reduzieren, die allen Zeichenstrukturen als Gemeinsames vorausgesetzt wäre, noch auf den eines methodologischen Metadiskurses, der auf einer allgemeingültigen abstrakteren Modellebene die Eigenschaften aller gleichzeitig beobachtbaren Diskurse vereint. Vielmehr bleibt Ordnung in diesem Konzept etwas Geheimnisvolles, das sich der wissenschaftlichen Erkenntnis entzieht.

episteme – historische Muster der Ordnung

Ordnung konfiguriert die Diskurse von vornherein. Zu verschiedenen historischen Zeitpunkten existieren unterschiedliche Ordnungen. Sie stiften für die Vielfalt der Diskurse in je einem Geschichtsabschnitt Gemeinsamkeiten, dadurch sind diese in einem Zeitalter als relativ homogen anzusehen. Die gemeinsamen grundlegenden Regelsysteme, die dominierende Verfaßtheit historisch differierender Diskurstypen, nennt Foucault **episteme.** Das Wort bezeichnet hier nicht, wie im geläufigen strengen Sinn, ein vorherrschendes Wissenschaftssystem, sondern weiter gefaßt den Zusammenhang aller zeitgenössischen Diskurse. Foucault nimmt drei großräumige episteme an: Mittelalter, Renaissance und Aufklärung (für Foucault das ›klassische Zeitalter‹), Moderne. Wie sich die Epochen dieser episteme jeweils unterscheiden, bleibt hier unberücksichtigt (vgl. dazu Foucault 1971; kritisch einführend Frank 1984), zumal für die meisten literaturwissenschaftlichen Gegenstandsbereiche die jüngste episteme, angesetzt mit dem Beginn der Französischen Revolution, Geltung beanspruchen kann. Anzumerken ist jedoch, daß sich die Herleitung der Dreiteilung aus der französischen Kulturgeschichte nicht ohne weiteres für eine Übertragung auf die anders gelagerten deutschen Zustände eignet. Als Differenzierungsinstrument sind diese Riesenepochen im übrigen wenig trennscharf, wie der historische Wandel von der einen zur darauffolgenden vor sich geht oder gar motiviert wäre, bleibt im dunkeln. Foucaults Ziel ist auch keine zusammenhängende Geschichte der Diskurse, sondern eine **Archäologie** ihrer Schichtung – wobei sich die Bezeichnung Archäologie für die historische Forschung im Umfeld des Diskursbegriffes durchgesetzt hat. Die Diskurse selbst wandeln sich innerhalb einer episteme durchaus, ohne freilich ihre Grundprinzipien zu modifizieren. Letztlich gilt das Interesse der Diskursanalyse jedoch nicht dem historischen Wandel.

Funktionen im Diskurs

Aus der historischen Rekonstruktion der episteme wird schließlich ein allgemeingültiges Konzept von Diskurs abgezogen. Es beschreibt vor allem jene **Konstitutionsregeln**, die die äußere Begrenzung von Diskursen sowie ihre innere Organisation betreffen. Die Konturierung gegenüber einem äußeren, diskursfremden Bereich geschieht durch Verbote, die das Nichtzulässige aus dem Diskurs fernhalten und nach außen verbannen: „Drei große Ausschließungssysteme treffen den Diskurs: das verbotene Wort; die Ausgrenzung des Wahnsinns; der Wille zur Wahrheit [...] Während die beiden ersten immer schwächer werden, und ungewisser, sofern sie vom Willen zur Wahrheit [›volonté de vérité‹, eigentlich also dt. Wahrheitswille] durchkreuzt werden, wird dieser immer stärker, immer tiefer und unausweichlicher" (Foucault 1974, 16). Der Wahrheitswille verbietet innerhalb des Geltungsbereiches des Diskurses solche Aussagen, die als unwahr eingeschätzt und daraufhin abgewiesen werden. Dies entspricht der Alltagserfahrung, daß falsche Aussagen von Gesprächsteilnehmern korrigiert oder ignoriert werden. Die diskursinterne Organisation stützt sich auf „Klassifikations-, Anordnungs-, Verteilungsprinzipien" (Foucault 1974, 17). Um durchgängig seine Macht zu behalten, muß sich der Diskurs vor dem Hereinbrechen des Unvorhergesehenen, vor dem Regelverstoß und der Gefahr anmaßender Inkompetenz schützen. Dies geschieht durch Mechanismen der

Kontinuitätsstiftung und der **Verknappung** von Partizipation. Nur wer die Regeln akzeptiert, wird seine Äußerungen im Diskurs plazieren dürfen – und danach müssen ja alle streben, die sich am kulturellen Austausch beteiligen wollen. Gelegentlich freilich können sie sich auch mit etwas Neuem, Fremdem, Gehör verschaffen, doch nur gegen die Selbstimmunisierungsrituale des Diskurses. Der nämlich bekräftigt als Abwehr gegen jedes unvorhergesehene plötzliche **Ereignis** – dessen Auftauchen als eine große Bedrohung der diskursiven Ordnung anzusehen ist – eine Konstanz des Zulässigen, indem die beständige Wiederholung desselben, bereits Gesagten zum Prinzip gemacht wird.

Das meiste, was geäußert wird, darf nur ein **Kommentar** über bereits Bekanntes sein; im Bereich der kanonisierten Texte etwa ein Kommentar über ältere Primärtexte (wie z. B. die Bibel oder Gesetzessammlungen): „Um den Zufall des Diskurses in Grenzen zu halten, setzt der Kommentar das Spiel der *Identität* in der Form der *Wiederholung* und des *Selben* ein“ (Foucault 1974, 22). In der Formulierung des ›in Grenzen halten‹, die Unerwartetes in Rechnung stellt, hält Foucault das Ereignis immerhin für möglich. Darüber hinaus existieren jedoch eine Reihe von Regeln, die den am Diskurs partizipierenden Individuen auferlegt werden: sie treten vor allem als **Rituale** in Erscheinung, die kaum Abweichendes zu sagen erlauben. Sie berauben die Individuen ihrer (eingebildeten) Selbständigkeit und reduzieren sie auf Funktionsträger im Diskurs.

Diskurs als Zeichensystem

In welcher Welt ist Diskurs eigentlich anzutreffen? Er entmündigt die Personen und setzt sich über die Bewußtseinsinhalte von Subjekten hinweg (wobei Subjekt als philosophische Konstruktion abgelehnt wird). Er zwingt ganze Epochen unter seine Macht – und ist zugleich auf keine Herrschaftsinstanz zurückzuführen. Sein Machtanspruch verwirklicht sich im Zeichensystem. Die Dinge der Erfahrungswelt und die Zeichen stehen sich als getrennte Bereiche gegenüber. Da alle Ordnung in der Kultur aber erst einmal nur durch Zeichen geäußert werden kann, bestimmt der Diskurs über seinen **Zeichencharakter** zugleich das Verhältnis – wie der von Foucault gewählte französische Titel „Les mots et les choses“ treffend kennzeichnet – der Zeichen zu den Dingen. Insofern ist Diskurs mächtig, aber von allen empirischen, konkreten Gegebenheiten abgetrennt, ein ausgedachtes Konstrukt. Diskurs bildet in dieser Hinsicht ein zeichentheoretisches Modell ohne Referenz auf die Erfahrungswelt; es reicht genau so weit, wie Zeichen innerhalb der Ordnung geäußert werden und kann gar nichts anderes beschreiben. Durch diesen semiotischen Grundzug erhält Foucaults Konzept Anschluß an neostrukturalistische Theorien.

Die Vielfalt der synchron möglichen Diskurse ist innerhalb des Zeichensystems allein nicht zu unterscheiden. Es geht nicht nur um Ordnungsprinzipien, sondern auch um Inhalte. Diese inhaltliche Seite hat einen Bezug auf gesellschaftliche Zustände, sie umfaßt eine (historische) Semantik. Die gegenseitige Abgrenzung der Diskurse innerhalb einer episteme – wo sie von der Art ihrer Ordnungen her im Grunde nicht zu unterscheiden sind – erfolgt über die Inhalte, die Themen, die Wissensvorräte, die sie jeweils exklusiv archivieren. Es bestehen Segmente von einander thematisch ausgrenzenden Diskurszusammenhängen, unter denen ein juristischer, religiöser, therapeutischer und politischer von Foucault selbst als wichtigste hervorgehoben werden. Ihre Eigenständigkeit in der Parallelität zu den benachbarten Diskursen behalten sie durch diese semantische Spezialisierung. Da Diskurs auf seiner semantischen Ebene nur Inhalte berücksichtigen kann, verfährt die Diskursanalyse letztlich wie eine literatursoziologische Inhaltsanalyse literarischer und nichtliterarischer Texte.

Diskurs als Handlungs- oder Sozialsystem

Die Analyse des Diskurses zielt vornehmlich auf alle Äußerungen, die den Menschen und seine Verhältnisse zum Gegenstand haben – sie ist aus einer globalen humanwissenschaftlichen Perspektive entstanden. Die früheren Arbeiten Foucaults gehen von einem positivistischen Interesse für historische Entwicklungen in der Erfahrungswelt aus. Mit den (neo-)strukturalistischen Debatten wächst die Einbeziehung von zeichentheoretischen Überlegungen. Sie können jedoch den positivistischen Zug nie völlig abstreifen: die Entdeckung der Ordnung in den Arbeiten über Irrenhäuser und Gefängnisse stützt sich dem Anspruch nach auf konkrete historische Ereignisse und keineswegs nur auf Zeichengebilde, von denen niemand sagen könnte, ob ihnen irgendetwas in der Erfahrungswelt entspricht. Aus diesem Grund bleibt immer etwas zurück, das auf soziale Strukturen verweist, Diskurs behält eine irgendwie geartete Beziehung zu empirisch-historischen Beobachtungen.

Noch zur Zeit von Texten wie „Die Ordnung des Diskurses" – deren semiotische Rezeption im vorausgegangenen Abschnitt in den Mittelpunkt gestellt wurde – tauchen Elemente auf, die den Diskurs statt allein auf Zeichensysteme auch auf soziale Strukturen beziehen. Dies bleibt so lange ein Widerspruch zur zeichentheoretischen Fassung des Diskursbegriffs, wie die Vermittlung zwischen Zeichensystemen und **sozialen Strukturen** nicht theoretisch geklärt wird. Weder Foucault noch seine Exegeten haben sich diesem Problem gewidmet. An den Stellen, wo die Indifferenz oder der unausgesprochene Übergang zwischen Zeichen- und Sozialstruktur stattfinden, tauchen hinter den von allen Akteuren abgetrennten diskursinternen Aussagen plötzlich Vorstellungen von Personen oder Institutionen auf. Wer den Zeichencharakter stark machen möchte, wird sich dagegen verwahren müssen: „die Regularitäten des Gesagten [sind] als eigene, emergente Ordnungen konstruiert, die nicht auf andere soziale Phänomene gleich welcher Art reduziert werden; die Regelmäßigkeiten eines bestimmten ausgewählten Textkorpus sind nicht als ›Dokument, als Zeichen für etwas anderes‹ (Foucault 1981, 198) aufgefaßt" (Meyer 1992, 390). Einen solchen Eindruck erwecken – vor dem Hintergrund der konkreten historischen Studien Foucaults – Stellen wie die folgende: „In einer Gesellschaft wie der unseren kennt man sehr wohl Prozeduren der *Ausschließung*" (Foucault 1974, 11). Darin kommt zum Ausdruck, daß hinter dem Zeichensystem etwas tätig wird, das selbst nicht Teil von ihm ist. Daher stellt sich weiterhin die entscheidende Frage, die unter anderem auch über die Situierung des Diskurskonzeptes in einem Umfeld von Sozialgeschichte oder neostrukturalistischer Zeichentheorie entscheiden müßte: Ist Diskurs im Zeichensystem verankert oder in einem System historischer Institutionen / Handlungen, oder in beiden? Die Widersprüche, welche die unsystematische und begrifflich nicht hinreichend entfaltete Ausarbeitung von Foucault selbst zeitigt, zwingen seine Exegeten zu verschiedenen Klärungsansätzen. Die einen reduzieren die Probleme auf solche des Zeichensystems (etwa Frank 1984, 138ff.; 221ff.), andere befassen sich mit der Zurechnung von Diskursen auf soziale Strukturen (Meyer 1992, 390ff.). Tendenziell überwiegt jedoch in der Germanistik die Rezeption im Sinne der zeichentheoretischen Interpretation des Diskursbegriffs.

Anwendungsbereich Literatur: Text und Autor

Häufig gewählte Fragestellungen der literaturwissenschaftlichen Applikation richten sich auf den diskurstheoretischen Status von Literatur, ferner auf den implizierten Text- und den Autorbegriff. Da Foucault selbst keinen literarischen Diskurs vorgesehen hat, besteht eine Diskussion darüber, inwieweit die Annahme eines solchen angemessen wäre. Die meisten expliziten Überlegungen zur Diskurstheorie bestreiten einen eigenen Diskurs Literatur, da letztere kein genuines Thema, keine spezielle Semantik aufweist. Dadurch gibt es keine geeigneten Merkmale, um einen solchen Diskurs überhaupt von anderen abzugrenzen, literarische Texte sind über ihren Inhalt ja nicht von nichtliterarischen zu unterscheiden. Und über Textformen können Diskurszugehörigkeiten gerade nicht ermittelt werden, ebensowenig wie über den abweichenden Wahrheitsanspruch der Fiktionalität. Diskurse bleiben semantisch orientiert, literarische Texte haben im Diskurs nichts spezifisch Literarisches, sondern sind beliebige Texte unter anderen, die sich einem Thema widmen. Der Literaturbegriff, der sich daraus ergibt, ist dem literatursoziologischen verwandt, für den ästhetische Besonderheit ebenfalls keine Rolle spielt. Umgangen werden diese Probleme gelegentlich pragmatisch: in der literaturwissenschaftlichen Forschungspraxis werden beliebig kleine Kontexte im Lichte des eigenen Forschungsinteresses ohne theoretische Begründung zum Diskurs erklärt.

Eine Möglichkeit, die Verständigung über literarische (oder generell künstlerische) Probleme einer spezifischen diskursiven Organisation zuzurechnen, wäre die Annahme eines Ästhetik-Diskurses. In ihm wären Aussagen über Ästhetik –

überwiegend also philosophische Texte – organisiert, ferner literarische Werke, wenn sie als Diskussionsbeiträge zur Entwicklung der Ästhetik gelesen werden sollen. Dies entspräche aber weiterhin keinesfalls der im geläufigen Literaturbegriff eingeschlossenen Annahme vom eigenständigen Aussagemodus, wie er durch die literaturwissenschaftlichen Gegenstandstheorien von der Hermeneutik über den Strukturalismus bis hin zu empirischen Ansätzen weitghend konsensuell gefaßt wird.

Unverzichtbar für die Literaturwissenschaft ist die Einsicht, daß die individuelle Leistung eines Autors für den eigenen Text gering sein kann. Wenn der Diskurs die Ordnung der Texte bestimmt, verschwinden ihre Urheber. Die **Autorrolle** muß unter diesen Umständen neu überdacht werden. Auf diesem Feld lag ein erster Schwerpunkt der Applikation. Grundlage bietet auch hier ein Vortrag Foucaults: „Was ist ein Autor?" (in: Foucault 1974, Original 1969). Die oben kurz erwähnte Klassifikationsfunktion der Instanz mit der Bezeichnung Autor, die in traditionellen Zusammenhängen als Subjekt – durch sein integrierendes Bewußtsein und sein intentionales Schreiben – die Texte erst erzeugt, läßt sich differenzieren: als Etikett; als Autorname; als urheberrechtlich gesicherte Aneignungsbeziehung zu Texten, die unter diesem Etikett besessen werden; als Zuschreibungsbeziehung, in der die anderen dem einen die Texte in Rechnung stellen („so konstituiert z. B. die Literaturkritik den Autor"; Foucault 1974, 42); als Repräsentant des Diskurses im Text (Erzähler, Autor-Ich o. ä.). Damit verlieren die Akteure in der Handlungsrolle der Produzenten die Herrschaft über ihre Produkte, sie erfüllen unter der Macht des Diskurses selbst nur eine Funktion der **Diskursregulierung**. Entsprechend wählt Foucault am Beginn von „Die Ordnung des Diskurses", wo er sein eigenes Verhältnis zum Vortragstext darstellt, auch die Formulierung, am liebsten ließe er sich in den Diskurs hineingleiten („glisser" – die deutsche Übersetzung, er wünschte sich „einzuschleichen" geht hier eher fehl), denn selbsttätig einen Anfang zu setzen, ist im Herrschaftsbereich des Diskurses unmöglich. Letzterer ist durchaus wie ein Schwimmbecken (in dem der Beckenrand freilich nicht zu sehen ist), dessen Fluten ein Mensch sich nur anvertrauen kann, um getragen und mitgenommen zu werden: „man muß Wörter sagen, solange es welche gibt; man muß sie sagen, bis sie mich finden, bis sie mich sagen" (ebd., 9).

Der ›Tod des Autors‹ (Roland Barthes) als absichtsvoller Produzent von Texten hat sich in der literaturwissenschaftlichen Arbeit mittlerweile aber als unergiebiges Modell erwiesen. Die Beschränkung seiner Funktion auf die Selektion von Diskurselementen, die selbst anderer Herkunft sind, verhindert die Anwendung einiger bewährter Muster im Umgang mit Literatur. Literarische Texte brauchen als Fluchtpunkt der Analyse und Kontextuierung letztlich den Begriff eines Autorbewußtseins, eines Subjektes, das sie planvoll handelnd hervorbringt. Alle Aspekte künstlerischer Authentizität etwa sind daran gebunden. Die literaturwissenschaftliche Praxis hat sich im übrigen selten an die diskurstheoretische Herabsetzung des Autors gehalten, eigenartigerweise kehren diskursanalytische Arbeiten selbst zum Autorbegriff in einem durchaus traditionellen Sinn zurück (vgl. u. a. Bogdal 1999), ohne den Bruch zwischen ihrer Ausgangsposition und deren neuer Abwandlung zu reflektieren. Die kritische Diskussion des Autorbegriffs wird darin meist beiläufig als Episode abgetan, ohne daß eine theoretische Neubegründung erfolgt. Letzteren Schritt vollzieht in einer detailreichen Zusammenführung unterschiedlichster theoretischer Positionen der Sammelband „Rückkehr des Autors" (1999).

Literatur und Interdiskurs

Wenn es keinen literarischen Diskurs gibt, die Untersuchung der Bruchstükke anderer Diskurse in literarischen Texten aber auf den ersten Blick nur unbefriedigende Inhaltsanalyse im Stile der Literatursoziologie hervorbringt, dann ist die Frage nach der Leistung von Literatur im diskursanalytischen Modell noch einmal neu zu stellen: wieso gibt es keinen eigentlichen literarischen Diskurs, während Literatur doch allgemein weit verbreitet und auch wichtig ist? Liegt nicht in der fehlenden Spezifikation des literarisch vermittelten Wissens der Schlüssel zur Leistung von Literatur? Jürgen Links Ansatz erklärt gerade das Zusammengesetzte, Mosaikartige literarischer Texte in Bezug auf die ‚großen' Foucaultschen Diskurse zum Spezifikum: Literatur konstituiere einen Diskurs, in dem Teile aller anderen Diskurse ohne wechselseitige Ausgrenzungen artikuliert werden können. Der Diskurs Literatur bietet somit eine Art allgemeinverständlicher Schnittmenge, die weicheren Formierungsregeln unterliegt als die Spezialdiskurse und die einen weiter reichenden Verständigungsrahmen aufspannt als die letzteren. Dieser Diskurs zwischen den Spezialdiskursen heißt **Interdiskurs**, er schafft „Reintegration, Kopplung mit anderen diskursiven Formationen, kulturelle [...] Verzahnung" (Link 1988, 285). Elemente der Spezialdiskurse können nach den interdiskursiven Regeln reformuliert werden, sie treten in neuem Gewand und Zusammenhang auf, um zentrale Anliegen ohne die Beschränkungen ihrer genuinen Herkunft vorzutragen. Sozialhistorisch bindet Link die Spezialdiskurse an die Verständigungsformen hochdifferenzierter gesellschaftlicher Funktionsbereiche, den Interdiskurs aber an übergreifende Verständigungsbedürfnisse mit allgemein verbreiteter kultureller Prägung.

Aus dem Interdiskurs stammen alle Angebote kollektiver Sinnstiftung, wie sie die Literatur auch anderen Modellen zufolge bereithält. Exemplarischer Gegenstand der Analyse ist für Link das Symbol, dessen Genese und Funktion zwischen seiner ästhetisch-literarischen und seiner allgemeingültigen kulturellen Ausprägung untersucht wird. Besser als andere vermag die Diskursanalyse dabei zu plausibilisieren, daß nicht die ursprüngliche Intention einzelner Verfasser weitreichende Symbole erzeugen kann, sondern nur die feste Integration bestimmter Zeichenkombinationen in den bestehenden Interdiskurs. Im Wettbewerb alternativer Symbolangebote entscheidet der Interdiskurs qua Diskursregeln, welches Symbol unter den herrschenden Leistungsanforderungen angemessen erscheint.

Es stellt sich allerdings die Frage, warum literaturwissenschaftliche Analyse sich auf ein Diskursmodell einlassen muß, das im Grunde Literatur ausgrenzt, um sie am Ende als etwas zu beschreiben, was eigentlich kein richtiger Diskurs ist. Der Vorbehalt, der gegenüber der Inhaltsanalyse erhoben wird, gilt hier weiterhin, auch wenn das zugrundeliegende Modell gründlicher durchstrukturiert ist: sollte die Annahme gelten, daß Literatur nur eine Wissensmenge ist, die aus Bruchstücken anderer Wissensmengen besteht (wie zum Beispiel auch die Alltagsrede), dann scheint die Literaturwissenschaft hier ihren Gegenstand Literatur nicht so wichtig zu nehmen, daß sie ihm spezifische Literarizität zubilligt. Unter dieser Voraussetzung führt Diskursanalyse nicht zu einer stringenten Literaturwissenschaft, sondern lenkt von deren Perspektive ab.

Diskursanalyse

– Diskurs (nach Michel Foucault) ist ein Zusammenhang geläufiger Redeweisen, an deren Prägung der einzelne Sprecher nur geringen Anteil hat (subjektdezentriert)
– Diskurs entsteht durch eine Ordnung, die zu verschiedenen historischen Zeitpunkten je einer vorherrschenden episteme (übergreifendes Ordnungsmodell) unterworfen ist
– Diskurs besteht aus geregelten Aussagen; er grenzt solche aus, die seinen Regeln nicht gehorchen; er erschwert die Teilnahme (Partizipation) durch Rituale
– Diskurs kann als Zeichensystem aufgefaßt werden, wird aber oft auch auf soziale Fakten bezogen. Das Verhältnis beider Bereiche zueinander ist unklar
– Diskurse sind gegeneinander durch ihre Inhalte (Semantik) unterschieden; die wichtigsten Diskurse sind der politische, religiöse, juristische und therapeutische; ein literarischer Diskurs existiert nicht, weil es kein spezifisches literarisches Wissen gibt, das er verwalten könnte
– literaturwissenschaftliche Diskursanalyse ordnet die Inhalte literarischer Texte in thematisch verbundene Kontexte ein und bestimmt so ihre Abhängigkeit oder ihre Abgrenzung von vorhandenen Diskursen
– Autor ist hier nur eine Funktion des Diskurses, da die individuelle Verfasserschaft von Texten irrelevant ist; Autoren erscheinen als Namen, denen zu Ordnungzwecken Texte zugeschrieben werden
– ein erfolgreiches Arbeitsgebiet der Diskursanalyse ist die Erforschung von Kollektivsymbolik. Darin werden besonders auffällige, immer wiederkehrende sprachliche Formationen mit relativ festen Bedeutungen untersucht

VIII. Literaturpsychologie / Psychoanalytische Literaturwissenschaft

Literatur hat viele Bezüge zur Psychologie. Schon im 18. Jahrhundert verhandelten Schriftsteller wie Publikum in literarischen Texten Entwürfe einer psychologischen Figurenkonstruktion und -deutung. Diese Leistung ermöglichte es überhaupt erst, daß Literatur das neuzeitliche Menschenbild entscheidend mitbestimmt. Im 19. Jahrhundert nahm die Psychologisierung der Literatur weiter zu, sei es im Sinne einer Alltagspsychologie der gewöhnlichen Menschenkenntnis, sei es durch die Verarbeitung wissenschaftlich-psychologischer Theorien. In der hermeneutischen Tradition wird Literatur als Lebensäußerung (Dilthey) aufgefaßt, die die inneren Zustände der Verfasser ausdrückt. Eigentlich ist es nur konsequent, daß von einem bestimmten Grad von Spezialisierung an ihre Erforschung schließlich als Aufgabe einer eigenständigen Psychologie angesehen wurde; diese löste die Philosophie dort ab, wo sie bis dahin den Gegenstand ›Seele‹ zu behandeln hatte. Erst mit der Herausbildung einer Disziplin Psychologie (erste Institutionalisierungen um 1875) konnte diese Übertragung im akademischen Bereich geschehen. Während unter dem Dach der Leitwissenschaft Philosophie noch alle Aspekte der Literatur – ästhetische, psychologische, soziale – metatheoretisch zusammengeführt werden konnten, erfolgte nun mit der Spezialisierung eine wechselseitige Distanzierung der Bereiche. Aspekte der Literatur konnten entweder als ästhetisch oder sozial oder als psychologisch angesehen und jeweils nach den Maßgaben der entsprechenden Disziplin bearbeitet werden.

Die Trennung von **psychischer** gegenüber **formal-ästhetischer** Modellierung von Literatur schien nun geboten; manche Kritik an der Hermeneutik – beispielsweise bei den Formalisten und frühen Strukturalisten – richtete sich ja gerade gegen deren implizierten Psychologismus, der ästhetische wie soziale Entstehungs- und Wirkungsbedingungen weitgehend außer acht ließ, ohne deswegen bei der psychologischen Behandlung den Stand der therapeutischen oder medizinischen Theorieentwicklung zu berücksichtigen. Zwar blieb Textarbeit weiterhin Gegenstand einer philosophischen Verstehenslehre oder Seelenkunde, jedoch traten psychologische Fragestellungen, Methoden und Theoriekonzepte von seiten der neugegründeten Disziplin mit ihnen in Konkurrenz.

Literaturpsychologie

Ähnlich wie im Falle der Literatursoziologie bildete sich ein Überschneidungsbereich zwischen den zwei Fächern Psychologie und Literaturwissenschaft. Das Segment der Psychologie, das sich mit Literatur beschäftigt, wird Literaturpsychologie genannt – analog zu anderen durch ihren Gegenstand bestimmten Teilbereichen wie Arbeits- oder Sportpsychologie. Es vereint Problemstellungen, die sowohl die psychische Struktur von Autoren und Lesern berücksichtigen als auch die Konstitution und Funktion von literarischer Kommunikation im Hinblick auf ihre psychische Wirkung untersuchen. Ihren Literaturbegriff übernimmt die Literaturpsychologie weitgehend aus der Literaturwissenschaft – im Sinne eines unumstrittenen Kanons – und untersucht den konkreten Umgang, den Individuen oder Gruppen mit den einschlägigen Texten pflegen. Die Überschneidungen zwischen den beiden beteiligten Disziplinen führen immer wieder zu theoretischen wie praktischen Problemen. Der Gegenstand Literatur berührt zwar nur einen kleinen Bereich von Psychologie, stellt aber auf der anderen Seite innerhalb der Literaturwissenschaft ein äußerst komplexes und in keiner Sichtweise restlos zu explizierendes Begriffsgebilde dar; die Forschungsrichtung Psychologie ist für die Literaturwissenschaft nur ein kleiner Ausschnitt aus einer Vielfalt von Perspektiven, für die Psychologie selbst jedoch das Zentrum eines weitreichenden Faches. In der Überschneidung mißachtet deshalb notwendig die eine Seite die spezifische Erkenntnislage der jeweils anderen, so daß die Übernahme von Ergebnissen nicht immer angemessen gelingt.

Empirisch oder hermeneutisch?

Die methodische Basis der Literaturpsychologie ist, wie die der ganzen Psychologie überhaupt, in einen **empirischen** und einen **hermeneutischen Bereich** aufzuteilen. Empirisch ist sie dort, wo Verhalten und Handeln in bestimmten Situationen untersucht werden, hermeneutisch dort, wo das Verstehen sprachlicher Äußerungen im Vordergrund steht.

Eine innovative Ergänzung der traditionellen Literaturwissenschaft liefert die empirische Literaturpsychologie seit dem scientific turn. Sie betreibt Labor- und Feldforschung über den Umgang mit Literatur. Dabei steht die **Leseforschung** im Vordergrund: durch Beobachtung und Befragung werden die Reaktionen von Testpersonen auf literarische Texte unter kontrollierten Bedingungen festgehalten. Aus den Befunden werden Hypothesen und daraus – bei Bestätigung in der weiteren empirischen Prüfung – Modelle oder Theoriekonzepte gebildet. Die wirklichen Menschen und ihre zu beobachtenden Verhaltensweisen werden in dieser Untersuchungsweise weitaus stärker berücksichtigt als die begrifflichen Konstrukte, mit denen sonst die Literaturwissenschaft ihre Gegenstände Autor und Rezipient faßt.

In diesem Sinne stellt die weitergehende empirische Untersuchung des Zugriffs auf Texte einen Fortschritt dar, der die Vermittlung zwischen Hermeneutik und Empirie aussichtsreich erscheinen läßt. Indem eine Interpretation nicht, wie hermeneutisch üblich, generalisiert wird, sondern in konkreten, unter Theorieanleitung erhobenen Erfahrungsdaten ihre Überprüfung findet, ist sie nicht mehr auf einen einzelnen Interpreten bezogen. So verlieren dessen Intuition, individuelle Selbstbeobachtung und Reflexion ihre spekulativen – und teilweise beliebigen – Züge. In der Praxis könnte dieser Prozeß etwa so aussehen, daß einer Gruppe von Probanden (unter Laborbedingungen oder in einer alltäglichen Situation der Feldforschung) zu einem literarischen Text zugleich zwei oder mehr alternative Interpretationen vorgelegt werden, die sie als ›plausibel‹ oder ›nicht plausibel‹ einschätzen sollen; oder aber sie werden aufgefordert, selbst Interpretationen zu dem Text zu entwerfen. Über die Beurteilung und Herstellung von Interpretationen hinaus werden auch Prozesse der Textwahrnehmung empirisch erforscht. Dieser Bereich der Kognitionspsychologie, in dem das „Verstehen von Texten zum größten Teil nicht als Methode, sondern als Gegenstand der Wissenschaft" (Groeben 1987, 65) erscheint, beobachtet die Art und Weise, wie Testpersonen die Vermittlung zwischen dem im Text Mitgeteilten und ihrem eigenen vorhandenen Wissensbestand vornehmen. Auch auf diesem Wege kann die Unterscheidung zwischen literarischen oder nicht-literarischen Texten angestrebt werden, sie erfolgt somit nicht mehr nach Textmerkmalen, sondern nach der Entscheidung, die konkrete Rezipienten treffen.

Neben Text und Rezipient spielen in diesem Vorgang auch die Lektüresituation und die Kenntnis der Rezipienten über den Verfasser eine Rolle: diese vier Faktoren konstituieren gemeinsam ein ›Sprachspiel‹, in dem das Verstehen unter Voraussetzungen der individuellen Wissensorganisation zustandekommt. In den vielfältigen Modellvorschlägen der Psychologie werden – nur soviel sei hier skizziert – zwei Gruppen unterschieden: die einen gehen von vorhandenen Wissensstrukturen im Individuum aus, die von oben herab auf den konkreten Text angewendet werden (**Top-down**-Prozesse), die anderen beginnen ihre Betrachtung bei den einzelnen Propositionen des Textes selbst und überprüfen deren aufsteigende Realisierung im Wissensschema des Rezipienten (**Bottom-up**-Prozesse). Jenseits der Wissensressourcen darf aber auch der emotionale Bereich nicht ausgeschlossen werden, so daß die psychologische Erforschung von literarischem Verstehen nicht nur auf zielgerichtete Wissensverarbeitung, sondern ebenfalls auf die diese steuernden Gefühlszustände gerichtet werden muß (vgl. den ausführlichen Forschungsbericht bei Viehoff 1988). Mit Hilfe derartiger Überlegungen und Verfahren sind literaturwissenschaftliche Spekulationen rückführbar auf eine solide Basis wirklichen Literaturverständnisses, und der akademische Streit darüber, welche Individuen oder Bevölkerungsgruppen welche Texte aus welchen Gründen lesen, erhält zumindest präzisierte Anknüpfungspunkte.

Insgesamt steht die Literaturpsychologie der soziologisch-empirischen Erforschung sozialer Konventionen näher als der auf Literaturgeschichte, Edition und Textanalyse spezialisierten Literaturwissenschaft. Literarische Texte werden als ein möglicher Fall in einem breiten Spektrum von Kommunikations- und Weltdeutungsmustern verschiedenster Provenienz behandelt.

Bisher ging es vorrangig um die Herstellung und Aufnahme sowie Verarbeitung literarischer Texte. Diese sind unter dieser Perspektive nur als Medien der Kommunikation interessant, sie stellen das Ergebnis oder die Grundlage von Produktion oder Rezeption dar. Doch ihre Inhalte und Formen sind auf einer anderen Ebene ebenfalls Gegenstand der Literaturpsychologie, und zwar als fiktionaler Ausdruck lebensähnlicher Zusammenhänge, an denen ebenfalls (heuristische) Erkenntnisse über menschliche Probleme gewonnen werden können. Dabei erscheint die literarische Konstruktion gewissermaßen als ‚Fall', der psychologisch untersucht wird. Damit konstituieren Texte neben den Institutionen Autor und Publikum die dritte ›Verschränkungsebene‹ (Groeben 1972) zwischen Psychologie und Literaturwissenschaft.

Ursprünge der psychoanalytischen Literaturbetrachtung

Unter den psychologischen Modellen hat die Psychoanalyse das größte Interesse gefunden. Was hat Literatur mit den psychischen Störungen zu tun, welche die Psychiatrie gewöhnlich erforscht und behandelt? Psychoanalyse ist zunächst ein dominierendes Konzept der Erklärung und Therapie im Bereich abweichenden Verhaltens von Menschen. Die Abweichungen – wie auch das gewöhnliche Verhalten – werden zurückgeführt auf allgemeine Bedürfnisse und Wünsche, mit denen einzelne Individuen unter unterschiedlichen Rahmenbedingungen allerdings verschieden umgehen. Grundlage der Therapie ist die **Analyse**, in deren Verlauf Patienten selbst ihre innere Befindlichkeit und ihre Erlebnisse sprachlich darstellen. Die analytische Leistung besteht anschließend darin, die Elemente der Erzählung auf Grundmuster oder Klassen von immer wiederkehrenden Elementen zurückzuführen, und so schließlich die Besonderheiten der Patientenäußerungen auf das bei allen Menschen Vorfallende zu beziehen und die Abweichungen zu erklären. Die Bezugsebene psychischer Normalität wird von einer Theorie menschlicher Entwicklungsschritte – vor allem in der Kindheit – und einer **Instanzenlehre** der inneren Ordnung (Ich – Über-Ich – Es nach Freud) aufgespannt.

Die Verbindung zwischen Äußerungen, wie sie als Gegenstand der psychoanalytischen Therapie auftreten, und literarischen Texten wird in den meisten Fällen aus grundlegenden Überlegungen Sigmund Freuds hergeleitet. In seinem kurzen Aufsatz „Der Dichter und das Phantasieren" (als Vortrag 1907, gedruckt 1908) skizziert er die literarische Fiktion als verwandt mit dem Traum. Den Ausgangspunkt bildet die Frage „woher diese merkwürdige Persönlichkeit, der Dichter, seine Stoffe nimmt [...] und wie er es zustande bringt, uns mit ihnen so zu ergreifen, Erregungen in uns hervorzurufen, deren wir uns vielleicht nicht einmal für fähig gehalten hätten" (Freud SW 7, 213). Literatur zu schaffen erscheint ihm als dem kindlichen Spiel verwandt – beide sind der „Wirklichkeit" (ebd.) entgegengesetzt. Bei Erwachsenen heißt das entsprechende Verfahren „Phantasieren": „Der Dichter tut dasselbe wie das spielende Kind; er erschafft eine Phantasiewelt [...] anstatt zu spielen phantasiert er jetzt. Er baut sich Luftschlösser, schafft das, was man Tagträume nennt" (ebd., 215). In ihrer Funktion für die Psyche wie auch in ihrer Zusammensetzung sind die Tagträume den Nachtträumen ähnlich: „Unbefriedigte Wünsche sind die Triebkräfte der Phantasien, und jede einzelne Phantasie ist eine Wunscherfüllung, eine Korrektur der unbefriedigenden Wirklichkeit" (ebd., 216).

In der umfangreichen „Traumdeutung" (1900/01) hatte Freud bereits den Wunschcharakter der Träume erläutert, der nun in der Analogie auch auf literarische Äußerungen zutreffen soll. Für das Zustandekommen der literarischen Phantasie allerdings unterstellt Freud eine zusätzliche bewußte Kontrolle, während im Traum allein die unterbewußte Zensur für die Einschränkung des Dargestellten verantwortlich gemacht wird: „Der Dichter mildert den Charakter des egoistischen Tagtraumes durch Abänderungen und Verhüllungen und besticht uns durch rein formalen, d. h. ästhetischen Lustgewinn [...] Ich bin der Meinung [...] daß der eigentliche Genuß des Dichtwerkes aus der Befreiung von Spannungen in unserer Seele hervorgeht" (Freud SW 7, 223). Dabei geht es nicht nur um die inhaltlichen Elemente, auch die Form übernimmt hier die Aufgabe, Lust und Unterhaltung zu gewähren sowie Angst und Schuldgefühle zu verringern.

Die Analogiebildung zwischen Traum und literarischer Phantasie, Ersatzwunscherfüllung und schriftstellerischer Schaffensmotivation, entspringt nicht einer einzelnen, kurzfristigen Beschäftigung Freuds mit dem Thema. Seine Vorgaben auf dem Gebiet der Deutung gehen zurück auf eigene Beobachtungen von Ähnlichkeiten zwischen diversen Strömungen von Textüberlieferungen und Patientenäußerungen im therapeutischen Gespräch. Freuds hermeneutische Interpretation im einen wie im anderen Bereich schärft die Aufmerksamkeit für die einschlägigen Textphänomene. Vorbilder für die spätere literaturwissenschaftliche Interpretation sind dabei auch seine expliziten Auslegungen belletristischer Texte (z. B. „Der Wahn und die Träume in W.[ilhelm] Jensens ›Gradiva‹", SW 7). Freuds Lektüre berücksichtigt besonders den bildungsbürgerlichen Kanon, geht aber gerade in der „Gradiva"-Studie auch mit Recht auf einen sogenannten trivialen Text ein. Damit belegt er – früher als die Literaturwissenschaft – das gleichartige Funktionieren literarischer Texte höchst unterschiedlichen ästhetischen Ranges.

Geistesgeschichtliche Literaturverehrer waren bereits zu Freuds Zeiten weder über seine Entdeckungen noch über den Weg, auf welchem er sie gefunden hatte, begeistert. Die implizite Behauptung von der „Verwandtschaft von Künstler und Neurotiker" (Marx / Wild 1984, 171) schien die Erhabenheit des Literaturbegriffs ebenso zu beeinträchtigen wie die Rückführung ästhetischer Oberflächenphänomene auf eine verursachende Sexualität. Deshalb erfuhr zeitweilig der konkurrierende tiefenpsychologische Ansatz Carl Gustav Jungs größere Anerkennung, der eine Idealisierung der Kunst betreibt.

Psychoanalytische Modellbildung

Seit Freuds Zeiten ist die Theoriebildung in der Psychoanalyse gewaltig vorangeschritten. Diejenigen literaturwissenschaftlichen Arbeiten, die sich an den noch wenig ausgefeilten und kaum empirisch bestätigten Entwürfen der Gründungsväter orientieren, verfehlen die methodischen Möglichkeiten, die psychoanalytische Ansätze heute bieten. Deren Vorteil gegenüber einer traditionellen Hermeneutik besteht darin, daß ihre hermeneutischen Vorgehensweisen durch Annahmen über psychologische Strukturen theoretisch modelliert werden. Das Verstehen des Subjektes ist keine undurchdringliche Einheit mehr, sondern wird zusammengesetzt aus zumindest teilweise empirisch überprüfbaren Abläufen. Anstelle der Unwägbarkeiten einer interpretativen Beliebigkeit, die sich auf freie Annahmen über das verstehende Subjekt stützt, bestehen schon im vorhinein Modellstrukturen, die – hat sich eine Untersuchung erst für eine von ihnen entschieden – in ihrer systematischen Ausführung und mit allen Implikationen übernommen werden können (und müssen). Der Spielraum eigenwilliger Textauslegungen ist dabei relativ klein, die implizite Forderung nach vollständiger Berücksichtigung des vorausgesetzten Modells um so strenger. Im folgenden werden einige der wichtigsten – das heißt am weitesten ausgeführten und konsensfähigen – Modelle für verschiedene literaturbezogene Fragestellungen umrissen.

Textentstehung

Aus dem Verhältnis zwischen dem Freudschen Modell des tagträumenden Dichters und dem literarischen Text ist ein **Kreativitätsbegriff** abzuleiten, der die Hervorbringung von Texten durch Autoren in Ursprung, Verlauf und Ergebnis festhält. Er analogisiert die Textproduktion mit dem Erzeugen von Vorstellungen durch Traum und Wahn, in denen sich vor allem unbewußte Wünsche artikulieren. In dieser Hinsicht umfaßt Kreativität zunächst einen **Primärprozeß,** der nach dem **Lustprinzip** abläuft. Die Wünsche unterliegen in dieser ersten Artikulation nicht der Kontrolle durch Logik oder Wirklichkeitsbezug; diese beiden Kriterien bringt erst der **Sekundärprozeß** ein, der nach dem **Realitätsprinzip** verfährt. Lust- und Realitätsprinzip überlagern sich in ihren Auswirkungen auf das Endprodukt. Vorbild für diese Phasenbildung ist wie immer in der psychoanalytischen Modellbildung die kindliche Entwicklung; darin werden beide Prozesse in chronologischer Aufeinanderfolge gedacht, sie konstituieren die entscheidenden Kreativitätsphasen im Verlauf des Erwachsenwerdens. Das Verhältnis beider Phasen zueinander sowie die Reichweite ihrer jeweiligen Wirkungen ist in der Forschung umstritten, dominierend jedoch ist die Annahme, literarische Texte würden überwiegend durch die erstere angeregt. Somit wären sie mit kindlichen Äußerungen verwandt.

Wie aber kommen die Texte unter diesen Bedingungen zu ihrer spezifischen ästhetischen Form? Niemand wird bestreiten, daß die meisten literarischen Texte eine konzisere Gestaltung aufweisen als kindliche Phantasieprodukte. Wirkt also doch das Realitätsprinzip stärker? Zwischen den Möglichkeiten der wenig kontrollierten Expression von Phantasien und der an die Wirklichkeitsmuster angelehnten kontrollierten Darstellung (›zentripetale‹ Wirkung nach Gombrich 1967) wird eine Zwischenstufe angenommen, in der die Vorstellung des fertigzustellenden Werks die organisierende Leitung in der Formbildung übernimmt (›Opus-Phantasie‹ nach Matt 1979). Letztere Konstruktion erlaubt, literarische Texte als bewußtseinsfähig aber nicht wirklichkeitsreferentiell zu beschreiben.

Psyche des Autors

Konkrete Autoren werden für den psychoanalytischen Blick in gewisser Weise durchsichtig, weil sie in ihren ›Tagträumen‹ nach dem skizzierten Modell gleichzeitig Auskunft über sich selbst geben. Ihr psychischer Zustand und die Entwicklung ihrer Vita können daraus abgelesen werden. Im Gegensatz zu gewöhnlichen Personen hinterlassen sie sozusagen analysierbare Visitenkarten und bieten damit Anlaß zu einer psychoanalytischen Biographieforschung. Wenn angenommen wird, daß literarische Werke durch einen von der psychischen Normalität abweichenden Kreativitätsakt generiert werden, erscheint der Schriftsteller tendenziell als Neurotiker und sein Text als Äußerung, die der Analyse seiner eigenen Seele dient. Wie in Freuds Fallberichten über Patienten wird nun statt aus der Erzählung auf der Couch aus dem dichterischen Œuvre eine Krankengeschichte in analytischen Kategorien abgeleitet. Literaturgeschichte wird aus dieser Perspektive zur Abfolge von Analysebefunden, zur Personengeschichte.

Lesen und Interpretation

Mit der heimlichen Beherrschung jener Phantasien, die den Text aus dem Inneren seines Urhebers – freilich unter Einwirkung des Realitätsprinzips – hervorbrechen lassen, ist die Rolle des Un- oder Vorbewußten in der literarischen Kommunikation keineswegs erschöpft. Auch auf der Seite der Rezeption muß es, da es einmal als gültiges Strukturprinzip der menschlichen Psyche unterstellt wurde, als wirksam angenommen werden. Beim Lesen erleidet oder aktiviert das wahrnehmende Subjekt ebenso wie das produzierende Mechanismen, die nicht oder nur eingeschränkt bewußtseinsfähig sind. Sie greifen in jeden Leseakt ein; aus den verschiedenen Möglichkeiten, sie in Modellen zu erfassen, seien im folgenden drei wirkungsmächtige herausgegriffen. Alle gehen davon aus, daß die Lesenden sich unbewußt mit Hilfe von bereits in ihrer Psyche bestehenden Mustern im Text orientieren und auch seine Interpretation und Beurteilung größtenteils davon abhängig machen.

Der erste Vorschlag, die Rezeptionstheorie Norman N. Hollands, stellt das **Lebensthema** der Lesenden in den Mittelpunkt. Es wird als Teil des Selbst in jedem Text aufs neue gesucht: „Das übergreifende Prinzip lautet: Identität schafft sich selbst neu [...] D. h., wir alle benutzen als Leser das literarische Werk, um in ihm ein Symbol unseres Selbst und schließlich unser Ebenbild zu entdecken. Mit Hilfe des Textes arbeiten wir unsere charakteristischen Bedürfnis- und Anpassungsmuster durch. Wir interagieren mit dem Werk, machen es zum Bestandteil unseres psychischen Haushalts und uns zum Bestandteil des literarischen Werks [...]" (Holland 1979, 1136). In diesem Modell wirkt der Text sozusagen wie ein Spiegel, in dem letztlich nie etwas anderes aufscheinen kann als das, was die Lesenden hineinprojizieren. Allerdings hat der Text als reflektierendes Medium auf das Abbild ebenfalls Einfluß, es wird unter der formenden Wirkung der Textstruktur zurückgespiegelt. Das Zwiegespräch zwischen Autor und Lesenden findet in diesem Falle nur über eine größere Distanz hinweg statt, weil der Text, der die Distanz überbrückt, sie durch seine eigenständige Wirkung zugleich fast unüberwindlich macht: vor einem Spiegel ist für den Betrachter nur noch das Gespräch mit sich selbst und die Betrachtung des Spiegels möglich, keinesfalls aber ein Blick auf den, der den Spiegel gemacht hat. Zugleich fördert eine Lektüre nach diesem Modell stets ähnliche Aspekte an höchst unterschiedlichen Texten zutage. Wenn Lesende unbewußt nur nach Variationen zu ihrem Thema suchen, dann ignorieren sie letztlich jene Textelemente, die ihre vorgegebene Auffassung stören, oder sie vermögen bei der Lektüre mit bestimmten Texten gar nichts anzufangen und lehnen eine Auseinandersetzung mit ihnen ab.

Im zweiten Vorschlag wird ein generell für alle Kommunikationsformen gültiges Interaktionsschema fruchtbar gemacht, das beide Seiten, produzierende wie rezipierende, in symmetrischer Weise einbezieht. Die Grundannahme besteht darin, daß in einer Kommunikationssituation die eine Seite der anderen durch die Strukturierung ihrer Äußerungen Rollenangebote macht. Diese werden als solche wahrgenommen und als Grundlage für das Gespräch aktualisiert durch einen Akt der **Projektion**, in dem die andere Seite eigene alte Rollenerfahrungen (in der Regel schon seit der Kindheit ausgeprägt und als mögliche Handlungsoptionen immer wieder angewendet) in diese angebotenen Gesprächsstrukturen einsetzt. Diese Rolleninszenierung wiederum wird beantwortet durch eine entsprechende Verhaltensweise der ersten Gesprächsinstanz, sie schätzt das aufgegriffene und zugleich ausgestaltete Rollenmuster gemäß ihrer eigenen Kompetenz ein und reagiert mit einer **Gegenprojektion**. Dieses Modell vom Aufeinandereingehen nach – meist unbewußt – in der Erinnerung und den eigenen Wunschvorstellungen vorhandenen Rollenoptionen wurde in der psychoanalytischen Therapiepraxis entwickelt und getestet; auf literarische Kommunikation angewendet, macht es diese selbst zum Rollenspiel (vgl. Pietzcker 1992). Dabei müssen mindestens zwei Ebenen unterschieden werden: Projektion und Gegenprojektion zwischen Autor und Publikum (textextern, aber über den Text vermittelt) sowie zwischen Instanzen innerhalb des Textes (textintern als impliziter Erzähler oder Leser). Die Polysemie der literarischen Texte läßt in dieser Hinsicht eine große Bandbreite von Projektionen zu; kombiniert mit der Pluralität jeweils vorhandener ›innerer‹ Rollenmuster können in diesem Modell komplexe literarische Intentionen wie Rezeptionsweisen differenziert erfaßt und beschrieben werden.

Der dritte Vorschlag bezieht sich auf eine **Identifikation** zwischen Lesenden und Textelementen. Er kann als das allgemeinste Modell der Annäherung des lesenden Subjektes an die Entwürfe, die es im Text auffindet, gelten (Schönau 1991, 56f.). Es geht durchaus von der gängigen Lektüreerfahrung aus, in der sich Leser in das fiktionale Schicksal von literarischen Figuren hineinversetzen. Insofern begünstigt es alle jene Interpretationen, in denen besondere Affinität oder Abneigung gegenüber Figuren eine Rolle spielen. Dabei ist es – auch wenn psychologische Erkenntnisse über Prozesse der Identifikation vorliegen – das theoretisch am wenigsten entfaltete Modell unter den hier genannten. Die Folge ist, daß sich literaturwissenschaftliche Arbeiten besonders oft darauf berufen. Während Rezeptions- und Projektionsmodelle eine gewisse Komplexität aufweisen und somit eingehende theoretische Beschäftigung erfordern, läßt sich bei der Identifikationsannahme scheinbar auch im Duktus eines ›gesunden Menschenverstandes‹ verfahren. Solche theoretisch nicht ausreichend reflektierten Anwendungen bringen die psychoanalytische Literaturwissenschaft jedoch letztlich in Verruf. Dazu trägt auch bei, daß psychoanalytische Fragmente längst Bestandteil der alltäglichen Weltdeutung geworden sind und als solche für eine sprunghaft verfahrende ›divinatorische‹ Hermeneutik ohne die Auflagen theoretischer Konsistenzprüfung zur Verfügung stehen.

Figuren, Symbole

Wie die traditionellen literaturwissenschaftlichen Arbeiten kann auch die psychoanalytische Literaturbetrachtung geläufige Perspektiven einnehmen, etwa die des Blickes auf die dargestellte fiktive Welt oder deren Bestandteile. Auf der textimmanenten Ebene können Figuren der Handlung wie psychische Konstrukte mit einem ›Innenleben‹ betrachtet werden. Diese erscheinen als Abbilder psychischer Konstellationen und werden analysiert, als seien sie wirkliche Menschen. Da Figuren im literarischen Text jedoch gegenüber der Wirklichkeit in ihrer Komplexität stark reduziert sind, stehen nur die in der Konstruktion des Textes als wichtig modellierten Züge im Mittelpunkt, also gewissermaßen die psychoanalytische Vorauswahl, die der Verfasser getroffen hatte. Meist aber werden nicht einmal alle dargestellten oder deutlich erschließbaren Figurencharakteristika für die Interpretation herangezogen, sondern nur Gruppen von auffälligen Einzelheiten. Zu ihnen gehören vor allem die literarischen Symbole, die gedeutet werden wie die Symbole des Traumes. Vasen, Flaschen und Höhlen als weibliche, Stangen, Schwerter und Zeppeline als männliche Geschlechtskennzeichen gehören zu den Deutungen, die in Zeiten breitenwirksamer ›Küchenpsychoanalyse‹ allen sogleich auffallen.

Eine ganze Reihe von Symbolen und Symbolkombinationen tauchen in literarischen Texten über ein breites Spektrum von Zeiten und Kulturen verteilt immer wieder auf. Sie bilden offenbar ein von historischen Kontexten relativ unabhängiges Bildarsenal; insofern scheint es gerechtfertigt, sie als Repertoire von ›Urphantasien‹ (Schönau 1991, 23) anzusehen. Hier liegt auch der gemeinsame Ursprung von Psychoanalyse und psychoanalytischer Literaturinterpretation. Freud selbst ist durch Lektüre auf sie aufmerksam geworden und hat zuerst die literarische Überlieferung für die Psychologie fruchtbar gemacht, bevor das Verhältnis methodisch wieder umgekehrt werden konnte: „einige der zentralen Begriffe der *Traumdeutung*, die von da an zentrale Begriffe der Psychoanalyse blieben und die bedeutsam sind für die psychoanalytische Literaturanalyse – ›Verdichtung‹ und ›Verschiebung‹ (was man auch ›Metapher‹ und ›Metonymie‹ nennen könnte!) [...] und nicht zuletzt Symbol verleugnen nicht ihre Herkunft aus der literaturwissenschaftlichen oder poetologischen Rede“ (Marx / Wild 1984, 167).

Die Darstellung unbewußter Wünsche etc. durch Symbole wird wegweisend ausgeführt in der „Traumdeutung“. Ausgehend von der Beobachtung, daß gewisse Kodierungen in verschiedensten Kontexten wieder auftauchen, „muß man sich die Frage vorlegen, ob nicht viele dieser Symbole wie die ›Sigel‹ der Stenographie mit ein für allemal festgelegter Bedeutung auftreten, und sieht sich vor der Versuchung, ein neues Traumbuch nach der Chiffriermethode zu entwerfen. Dazu ist zu bemerken: Diese Symbolik gehört nicht dem Traume zu eigen an, sondern dem unbewußten Vorstellen, speziell des Volkes, und ist im [!] Folklore, in den Mythen, Sagen, Redensarten, in der Spruchweisheit und in den umlaufenden Witzen eines Volkes vollständiger [...] aufzufinden [...] Der Traum bedient sich nun dieser Symbolik zur verkleideten Darstellung seiner latenten Gedanken“ (Freud SW 2/3, 356f.).

Während im Zuge des scientific turn die psychoanalytische Literaturbetrachtung deutlich aufgewertet wurde und neuen Zuspruch erfuhr, erhob sich zugleich Kritik, die die ebenfalls auflebenden ideologiekritischen und sozialhistorischen Fragestellungen vorbrachten: bedeutet Psychoanalyse nicht ebenso wie die werkimmanente Interpretation einen Rekurs auf das Individuelle? Einen Rückzug nach innen? Werden dabei die gesellschaftlichen Umstände nicht insgesamt ausgeblendet? Den Kritikern galt schon bald folgendes als „Grundproblem psychoanalytischer Literaturinterpretation: dem theoretischen Gerüst der Psychoanalyse kann über die Traumata der frühen Kindheit und deren spätere Folgen hinaus nichts mehr von Bedeutung [...] für die Literatur sein. Damit ist [...] jeder Einfluß gesellschaftlicher Erfahrung, materieller Bedingungen des Schreibens usw. ausgeschlossen" (Stenzel 1982, 13f.). Im Gegenzug erhoben neuere Ansätze der Sozialpsychologie – die freilich meist nur individualpsychologische Kategorien auf gesellschaftliche Gruppen übertrugen – um so lauter den Anspruch, Bestandteil der Sozialwissenschaften zu sein.

Der Signifikant und das Unbewußte: Jacques Lacan

Im Zuge des Neostrukturalismus ist auch die Freud-Rezeption von Jacques Lacan bedeutsam geworden, deren Anfänge bis in die 1930er Jahre zurückreichen. Vor allem die für die Diskussion um eine weibliche Ästhetik wichtigen französischen Theoretikerinnen modellieren ihre Konzepte an und in kritischer Auseinandersetzung mit „Großpapa Lacan" (Hélène Cixous).

Charakteristisch für Lacan ist die Verknüpfung von Psychoanalyse und linguistischen Verfahren, wobei letztere an die Zeichentheorie Saussures anknüpfen. Über die bei Freud zu findende Analogiesetzung von Text und Unbewußtem hinaus versteht Lacan das Unbewußte als eine Sprache – als eine **Sprache des Begehrens** allerdings, die in der erstarrten (Schrift-)Sprache nicht mehr zum Ausdruck kommen kann. Ebenfalls im Rekurs auf Freud postuliert Lacan ein Aufbrechen der Einheit des Zeichens, dessen Referentialität nicht einmal mehr über metonymische oder metaphorische Konstellationen aufgesucht werden kann. So fahndet Lacan auch nicht nach einem (verdrängten) Signifikat, sondern postuliert einen **Primat des Signifikanten**: „Man kann also sagen, daß der Sinn in der Signifikantenkette *insistiert*, daß aber nicht ein Element der Kette seine *Konsistenz* hat in der Bedeutung, deren es im Augenblick gerade fähig ist. Es drängt sich also der Gedanke auf, daß das Signifizierte unaufhörlich unter dem Signifikanten gleitet" (Lacan 1975, 27).

Die Dynamik des Sprechens entsteht durch eine unendliche Bewegung, ein permanentes Drängen, in dem das Subjekt sich zu konstituieren sucht. Lacan unterscheidet zwischen dem **moi**, dem imaginären Ich, und dem **je**, dem wahren begehrenden Ich. Das Ich-Imago wird konstituiert im sogenannten ›Spiegelstadium‹ der kindlichen Entwicklung und ist verbunden mit Spracherwerb und dem Einbruch der – realen und symbolischen – Vaterinstanz in die Mutter-Kind-Dyade. Durch das Eintreten in die symbolische Ordnung wird das Unbewußte als Unbewußtes erst eröffnet: die primäre Verdrängung – Unterdrükkung des Begehrens und Verlust der präödipalen Einheit mit der Mutter – schafft das Unbewußte. Subjektwerdung ist also nur durch Verlust möglich.

Für die Literaturbetrachtung ist von Bedeutung, daß nicht das Unbewußte von Probanden oder einer Autorinstanz Gegenstand wird, sondern die textuelle Strukturbildung selbst. In den Text ist das Begehren eingeschrieben als Drängen des Buchstabens, Bewegung des Signifikanten, als unendliche Suche des Subjekts nach Identität. Insofern ist der Text nicht das zu analysierende Zeugnis einer individuellen Verdrängung, sondern Ausweis des begehrenden Vorsymbolischen einer- und der entgleitenden Konstruktionsleistung andererseits.

Literaturpsychologie

– Teilbereich der Psychologie und Literaturwissenschaft; wechselseitige Theorieimporte und Ergebniseinflüsse
– Gegenstand sind reale Testpersonen, deren Umgang mit Texten untersucht wird
– empirische (Labor- / Feld-) Forschung erklärt beobachtete Umgangsweise mit Literatur
– hermeneutisches Verstehen richtet sich auf die Äußerungen von Probanden über Texte (Leseweisen, Interpretationen)

Psychoanalytische Literaturwissenschaft

– Sigmund Freud gilt nicht nur als Begründer der Psychoanalyse, sondern ebenfalls als Stammvater der psychoanalytischen Literaturwissenschaft, da er sich auch mit Literatur befaßte
– seine Modellbildung über das Unbewußte: Instanzenlehre (Es – Über-Ich – Ich) wird auch zur Interpretation von Literatur angewendet
– im hermeneutischen Verfahren geschieht ein verstehender Nachvollzug
– Gegenstände sind Texte, Verfasser oder Rezipienten
– Kreativitätsprozeß: Primärphase (nach dem Lustprinzip) und Sekundärphase (nach dem Realitätsprinzip); Vorstellung vom zu gestaltenden Werk (Opus-Phantasie) als Leitmodell für die Herstellung von literarischen Texten
– Rezeptionsmodelle: Lebensthema, Übertragung / Gegenübertragung, Identifikation
– Produktionsmodell: Biographie der Autoren wird aus der psychonanalytischen Deutung der Werke als ›Fall‹ konstruiert
– literarische Figuren: interpretiert wie vollständige Personen der Erfahrungswelt, psychoanalytische Deutung ihrer Handlungen
– Symbole: Arsenal von Urphantasien, die durch Zeiten und Kulturen hindurch relativ unverändert auftauchen
– Jacques Lacan verbindet Psychoanalyse und Lingusitik: das Unbewußte als Sprache des Begehrens; Unterscheidung von moi und je; Gegenstand: Text, in den das Begehren eingeschrieben ist

IX. Feministische Literaturwissenschaft / Gender-Forschung

Ein eigenes Kapitel für feministische Literaturwissenschaft? Wieso eigentlich? Ist sie nicht sowieso Bestandteil aller anderen Konzepte? Warum aber kommt sie dann dort nicht vor? Dieses ‚Überall und Nirgends' ist charakteristisch.

Feministische Forschung findet sich regelmäßig in diesem Dilemma wieder – sowohl in institutioneller, forschungspraktischer als auch in theoretisch-methodologischer Hinsicht. Will und soll sie Teil eines wissenschaftlichen Ganzen sein oder sich als Alternative konsolidieren? Die Wahl zwischen der Hälfte der Welt und dem Nischendasein ist jedoch selten eine echte (bislang hat beispielsweise kein Frauenförderprogramm die männliche Dominanz im Wissenschaftsbetrieb ernsthaft gefährden können). Trotzdem gibt es gerade in den Kulturwissenschaften eine Vielfalt feministischer Vorstöße, die bei allen Divergenzen auch Gemeinsamkeiten aufweisen. Sie können auf eine lange Tradition der Artikulation weiblicher Interessen und Intellektualität zurückgreifen (vgl. Klassische philosophische Texte 1998). Die folgenden Ausführungen sollen unterschiedliche Ansätze und Arbeiten vorstellen, die sich Literatur und literarischem Handeln mit Hilfe der Kategorien **Geschlecht**, **Geschlechtsrolle** und **Gender** nähern. Dabei wird häufig Bekanntes auftauchen, denn Verfahren und Ergebnisse feministischer Literaturwissenschaft sind in Anwendungen (wenn auch kaum in der Konstruktion) aller neueren Ansätze aufzufinden, und Feministinnen bedienen sich aller dieser Konzepte. Die feministische Perspektive ist politischen und erkenntnistheoretischen Ursprungs; sie übernimmt ihrerseits vorhandene Ansätze und Verfahren, modifiziert sie und ist an der Entwicklung neuer beteiligt, es gibt aber **keine eigenständige oder verpflichtende Methode.**

Was heißt ›feministisch‹?

Die politische **neue Frauenbewegung** der 1960er / 70er Jahre und ebenso der **akademische Feminismus**, der aus der politischen Aktion wichtige Impulse bezog, bedeuten eine doppelte Provokation. Beide schöpfen wesentliche Teile ihrer Antriebsenergie aus der erfahrungsgesättigten Erkenntnis, daß in der Forderung nach Befreiung des Menschen nicht notwendigerweise die Emanzipation von Frauen und die Gleichstellung der Geschlechter enthalten ist. Das gilt auch für Gegenstände und Verfahren der Wissenschaften.

Karin Fischer u. a. markieren als Konvergenzpunkt aller feministischen Forschung, „die patriarchalen Strukturen innerhalb einer Gesellschaft aufzudecken und den darin eingeschriebenen Ort der Frau oder des Weiblichen zu analysieren, sowie langfristig auf eine Abschaffung oder zumindest eine Veränderung dieser Strukturen hinzuwirken" (Bildersturm im Elfenbeinturm 1992, Einleitung, 19). Feminismus erscheint hier als moralisches und politisches Projekt, als Strategie zur Veränderung einer als ungerecht empfundenen Gesellschaftsstruktur. Außerdem ist vom Erkenntnisobjekt Frau oder Weiblichkeit die Rede – Kategorien, die gleichzeitig mit den Erkenntnissubjekten in Verbindung gebracht werden müssen, denn die Akteure feministischer Forschung sind Frauen. Was Frau und Weiblichkeit letztlich sind, darüber gehen die Ansichten auseinander. Wie diese Kategorien, ob sie überhaupt als Kategorien gedacht sind, strukturiert Gegenstandsbegriff, Verfahren und Strategien des jeweiligen feministischen Ansatzes – nicht zuletzt auch die langfristige Perspektive, ob feministische Praxis eine dauerhafte Notwendigkeit ist oder Ziele formuliert, die ihre Selbstabschaffung beinhalten (zum Überblick vgl. Messer-Davidow 1989).

Die Literaturwissenschaftlerin Toril Moi geht von der Triade **female – feminine – feminist** aus (Moi 1986, 204-210), um auf die biologische, soziale, politisch-emanzipatorische Dimension hinzuweisen. So ziehen weder biologisches ‚Frau sein', noch die Erfahrung sozial konstruierter Feminität notwendigerweise feministische Positionen nach sich. Umgekehrt ist es patriarchale Strategie, biologische Weiblichkeit und weibliche Geschlechtsrolle zu einem untrennbaren Ganzen zu erklären und damit als ›natürliche‹ Ordnung festzuschreiben. Feministinnen geht es um ›eigenmächtige Positionsbestimmungen‹, um eine eigene Wirklichkeit von Frauen in einer Umwelt, die kaum etwas anderes als entfremdete Erfahrung ihrer Interessen und Bedürfnisse zuläßt. Frühe Konzepte, die authentische Erfahrung und erfolgreiche Suche nach weiblicher Identität postulieren, sind allerdings inzwischen als naive, sozial- oder geschlechtsromantische Vorstellungen zurückgedrängt worden. Trotzdem kann ein Feminismus, der wissenschaftlichen und anderen sozialen Wandel beabsichtigt, nicht auf eine Positionsbestimmung von Frauen verzichten, auch dann, wenn er die Heterogenität weiblicher Erfahrung anerkennt und die Möglichkeit von Geschlechteridentität (wie jeder anderen) bestenfalls für eine regulative Idee hält.

Diese konzeptionellen Vorentscheidungen bestimmen, wie Forschung gesehen wird: soll Feminismus eine Enklave im Universum der männlich dominierten Wissenschaft sein, soll alles – alle Gegenstände, alle Konzepte, alle Methoden – in neuer Perspektive gesehen werden, sollen alte Methoden verändert oder neue entwickelt werden, soll Geschlechterforschung sich mit bestimmten, besonders prädestinierten Forschungsfeldern verbinden – und wenn ja, welchen?

Diese Fragen sind keineswegs nur von rein methodischem Interesse, sie präfigurieren auch wissenschaftspolitische Strategien: ob sich Forschung als separierende **Women's Studies** und **Frauenforschung**, als integrierende **Gender Studies** oder als eine bestehende Disziplinen durchkreuzend **feministische Forschung** institutionalisieren will, hat z. B. Einfluß auf die akademische Stellenplanung. Umgekehrt wirkt die Institutionalisierung auf Konzepte zurück – was sich jüngst an den Unterschieden zwischen amerikanischer und kontinentaleuropäischer Genderdebatte erweist (vgl. Stephan 2000).

Literaturwissenschaft

Die Gegenstände feministischer Literaturwissenschaft sind Literatur und literarisches Handeln, Literaturtheorie und Literaturgeschichte. Insofern stellt sie kein Spezifikum dar. Der Unterschied liegt im Zugriff. Die Annahme, daß die Differenz der Geschlechter als soziale Faktizität und symbolische Konstruktion konstitutiv für die moderne Gesellschaft ist, läßt vermuten, daß auch Literatur und Literaturwissenschaft in ihren relevanten Teilen davon nicht unberührt bleiben. Daß diese Differenz asymmetrisch ist, d. h. mit der Unterordnung der einen unter den anderen verbunden, legt als Strategie nahe, die Partialität der scheinbar objektiven, geschlechtsneutralen Wissenschaft zu decouvrieren. Die Einsicht in den Konstruktionscharakter von Wissenschaft ermöglicht auch die Kritik eines männlichen Blicks, der sich seiner Parteinahme und Interessengebundenheit nicht bewußt ist und der feministischen **Erweiterung** und **Korrektur** bedarf. Diese können sich beziehen auf Erkenntnisweisen, Methoden und Konzepte, Gegenstände.

Feministische Literaturbetrachtung konzentriert sich dabei, vereinfacht gesagt, auf zwei Fragestellungen: Was macht die Literatur mit der Frau (der Geschlechterdifferenz)? Was macht die Frau (die Geschlechterdifferenz) mit und in der Literatur? Dabei geht es zum einen – auf Literatur als **semiotisches System** oder **Diskurs** bezogen – um die in Texten dargestellte Welt, oder richtiger: die literarisch konstruierten Sinnwelten, sowie Schreibweisen und literarische Formen. Zum anderen – auf Literatur als **gesellschaftlichen Handlungsbereich** bezogen – um Geschlecht als sozial strukturierendes Merkmal. Haben Frauen und Männer tatsächlich oder in gesellschaftlichen Normvorstellungen unterschiedliche Zugangsmöglichkeiten zur Produktion und Rezeption von, zur wissenschaftlichen Beschäftigung mit Literatur? Diese Perspektiven verbindet die Frage, wie Literatur als Text und Handlung zur symbolischen Strukturierung, zur Konstitution eines geschlechterdifferenten **Kultursystems** beiträgt.

Wichtig ist, daß die Bereiche des ästhetischen und sozialhistorischen Interesses zwar verklammert sind, aber unterschiedliche Zugriffsweisen erfordern: eine Soziologie oder historisch-rekonstruierende Betrachtung kann auf Biographien, Zensurbestimmungen, Verhältnisse des literarischen Markts und die Diffusion sozialer Normen angewendet werden, der Literarizität von Literatur wird sie nicht gerecht. Literarische Texte sind immer **Imaginationen des Weiblichen** (oder Männlichen); es geht nie um wirkliche Frauen und Männer, sondern um Konstruktionen biologischer und sozialer Geschlechtlichkeit, die die Freiheit der literarischen Fiktionalität nutzen. Nicht-Referentialität ist in der Literatur der Moderne immer mitgedacht, und damit unterscheiden sich literarische

Entwürfe von Weiblichkeit von anderen Diskurselementen, über die sich der historische Ort von Frauen erschließen ließe, wie Anstandsbücher, Rechtsvorschriften, Modezeitschriften.

Das gilt natürlich für jede literarische Konstruktion, und gerade das Weibliche hat auch vor dem Beginn des Feminismus Generationen von Literaturwissenschaftlern interessiert. Trotzdem bleibt eines auffällig: Frauen und Weiblichkeit spielen in der Fiktion häufig eine größere Rolle als in der historischen Wirklichkeit. Unproblematisch bleibt das Verhältnis von fiktionalen Frauen, sozial konstruierter Weiblichkeit und realen Frauen für die Literaturwissenschaft nur, solange sie sich beschränkt: auf den einzelnen Text, auf den Diskurs oder die Geschichte weiblicher Autorschaft. Interessant und komplizierter wird es, wenn diese Aspekte in Konkurrenz treten und sich produktiv ergänzen. Diese Überlegungen haben zu einer – von z. T. heftigen Auseinandersetzungen begleiteten – Ausdifferenzierung von Ansätzen geführt.

Gleichheit und Differenz

Die Begriffe **Gleichheit** und **Differenz** markieren nicht nur politische, sondern auch erkenntnistheoretische Fluchtpunkte feministischer Forschung: Sind Frauen und Männer gleich oder unterschiedlich, sollen sie gleichberechtigt sein, sollen sie gleich behandelt werden oder muß einer biologischen oder sozialen Differenz Rechnung getragen werden, die eine Gleichbehandlung geradezu ungerecht erscheinen läßt? Heißt Gleichheit, daß Frauen so sind oder werden wie Männer, oder gibt es auch hier den goldenen ‚dritten Weg', die gute Androgynität, die Yin und Yang vereint? Ist jeder Mensch eine Kombination dessen, was wir konventionellerweise weiblich oder männlich nennen? Ist Geschlechteridentität ein Bedürfnis des Individuums oder Erfordernis der Gesellschaft? Oder ist die bloße Annahme, man könne Männer und Frauen, männlich und weiblich unterscheiden, ein Irrweg?

Kompliziert wird es, wenn **deskriptive** (beschreibende) und **präskriptive** (vorschreibende) Begriffe aufeinandertreffen oder abgeleitete Vorstellungen auf essentialistische. So bedeutet gleich zu sein ja nicht, identisch zu sein. Bei Differenz stellt sich die Bewertungsfrage: was machen wir aus der Differenz, sind die Unterschiede, die wir annehmen, signifikant oder eher unwichtig? Die Geschlechterdifferenz hat offenbar stärkere praktische Auswirkungen auf unser Leben als beispielsweise unterschiedliche Haarfarben haben. Die sexuelle Differenz ist im Patriarchat prinzipiell ungleichgewichtig gedacht, aber auch hier gibt es Unterschiede. Ist die Frau **Reduktion**, Verkleinerung, Mangel, so ist sie anders und nicht gleichwertig; ist sie komplementäre **Ergänzung** des Mannes, so ist sie anders und kann trotzdem als gleichwertig gedacht sein. Aber auch die zweite Variante, der Mythos des ›ewig Weiblichen‹, ist ein Argument pro domino: die substantialisierte Konstruktion des Andersseins beinhaltet auch den

Zwang zum Andersbleiben. Die diskursive **Ordnung der Geschlechter** (Honegger 1991) ist konstitutiv für die Moderne; die Vorstellungen von sogenannter geschlechtlicher Normalität trennen zwischen Weiblichkeit und Männlichkeit und sie wirken gleichermaßen zurück auf die Lebenswelten von Frauen und Männern.

Sex und Gender

Die Konzeption der Geschlechterdifferenz läuft entlang der Begriffe **sex** oder **gender**, die auf **biologisches Geschlecht** und **sozial-kulturelle Definition von Geschlechtsrollen** verweisen. Ob biologische Frauen oder soziale Weiblichkeit Ausgangspunkt sind, äußert sich in programmatischen Bezeichnungen: in den USA sind neben die Women's Studies zunehmend Gender Studies getreten, die die Relationalität von Geschlechterforschung verstärkt in den Blick nehmen. Ellen Messer-Davidow möchte beides – Geschlecht als Biologie und Vergesellschaftung – auf die Konstruktionsebene verlegen und von „ideas about sex and gender" (Messer-Davidow 1989, 76) sprechen, nicht über ein Substrat des einen oder anderen. Es geht aber immer um beides, um Faktizität und Geltung: biologisches Geschlecht denotiert körperliche Unterschiede, die mit einer gewissen statistischen Häufung auftreten und kategorisierbar sind. Daraus folgt aber keineswegs eine bestimmte kulturelle Behandlung. Die Kategorisierung biologischer Geschlechter ist ein konstruktives Verfahren, das aus empirischen Befunden Regelmäßigkeiten und Normen ableitet: die Verteilung von Organen und Hormonen ist meßbar, Bezeichnungen für bestimmte regelmäßige Kombinationen zu finden, ist eine plausible Komplexitätsreduktion, die im Rahmen der gesellschaftlichen Produktion von Sinn aber neue Strukturierungsmacht erhält. Gebären beispielsweise ist ein konkreter, beobachtbarer Akt; dem Frauenkörper das Abstraktum Gebärfähigkeit regelmäßig als Merkmal zuzuordnen, ist ein Konstrukt.

Auch das soziale Geschlecht besitzt unbestreitbare Faktizität: geschlechtsspezifische Arbeitsteilung ist ein Faktum, ebenso, daß die Geschichte der literarischen Produktion mehr schreibende Männer als Frauen aufweist. Darüber hinaus aber kursieren auch gesellschaftliche Vorstellungen über Geschlechtsrollen, die mit derfaktischen Wirklichkeit wenig zu tun haben, sie aber trotzdem als Normvorstellungen ordnen. Wir sehen uns mit einer Gemengelage aus sozialen, psychologischen, kulturellen und biologischen Wirkmechanismen konfrontiert. Das analytische Dilemma besteht darin, daß die nicht-notwendige Verknüpfung von biologischer und sozialer Weiblichkeit als faktische Einheit die empirische Wirklichkeit strukturiert. Der Mythos Frau kann sich aus der Empirizität der Biologie speisen und die Kausalität der Rollenverteilung behaupten. Die geschlechterdifferente Sozial- und Denkordnung funktioniert so als selbstregelndes System, in dem nicht nur Normen und Werte oder gesellschaftliche Räume, sondern auch Ressourcen und Entscheidungskompetenzen entlang der Unterscheidung Mann / Frau verteilt sind.

Die Einsicht in den Konstruktionscharakter von geschlechtsdifferenten Zuschreibungen ist der Angelpunkt weiter Teile der feministischen Forschung. Konzeptionell enggeführt wird er in Vorschlägen, **Gender** oder **Genus** als kulturwissenschaftliche Analysekategorie dominant zu setzen (vgl. Hof 1995, Genus 1995, Gender-Studien 2000).

Der doppelte Ort der Frau

Die Differenz, das Ausgeschlossene, ist Funktionsbedingung für die Perpetuierung von Ordnung. Was die Psychoanalyse als subjektkonstituierende Verdrängungsleistung sieht, ist für die Soziologie der moralische Nachschub, der die von der Modernisierung hinterlassenen Schäden ausgleicht. In beiden Fällen ist das Weibliche funktional: als Mythos vom Anderen oder als vorkapitalistischer weiblicher Sozialcharakter.

Die Position der Frau und des weiblichen Sozialcharakters ist also gar keine, sondern eine (negative) Relation zum Eigentlichen, sei dies die ›commercial society‹ oder die ›Ordnung des Vaters‹. Die **Komplementarität ohne eigene Position** ist das Kennzeichen realer Frauen und der Vorstellungen von Weiblichkeit in einer androzentrischen Kultur. Frauen bewahren die hegemoniale Ordnung, indem sie als das Andere aus ihr ausgeschlossen bleiben. Sigrid Weigel hat dies den **doppelten Ort** der Frau „innerhalb *und* außerhalb des Symbolischen" (Weigel 1987, 9) genannt. Der doppelte Ort bedeutet die symbolische Zwangsverfassung ohne eigene Subjektivität oder Identität, er ist Not und Tugend zugleich. Frauen haben keine Zugangsberechtigung, andererseits müssen sie sich dadurch – und das ist gleichzeitig die Chance – in anderer Weise zum Herrschaftsdiskurs und zur Macht stellen als Männer. Diese widersprüchliche Positionierung ist in die literarische Produktion von Frauen eingeschrieben, die „Stimme der Medusa" kann keine direkte Repräsentation der Macht sein; im Reden und Schreiben können Frauen selbständig Position beziehen.

Klassikerinnen: Virginia Woolf und Simone de Beauvoir

Auf zwei Gründungstexte rekurriert feministische Literaturwissenschaft immer wieder: Virginia Woolfs „A Room of One's Own" (1929; dt. „Ein Zimmer für sich allein", 1981) und Simone de Beauvoirs „Le Deuxième Sexe" (1949; dt. „Das andere Geschlecht", 1992). Bei aller Kritik und gegenläufigen Lektüre, die sie im Laufe der Jahre erfahren haben, entfalten Woolf und Beauvoir Fragestellungen, die auch heute die feministische Literaturwissenschaft bewegen.

Für Woolf ist **ökonomische Unabhängigkeit** und die Selbstbestimmtheit des ›eigenen Zimmers‹ – des eigenen Entfaltungsraums – Grundlage für die soziale und intellektuelle Freiheit, die auch literarische Produktion erst ermöglicht: „Intellektuelle Freiheit hängt von materiellen Dingen ab. Dichtung hängt von intellektueller Freiheit ab. Und Frauen sind immer arm gewesen, nicht nur seit zweihundert Jahren, sondern seit aller Zeiten Anfang“ (Woolf 1981, 124). Außer dem Fehlen materieller Eigenständigkeit spricht aber noch anderes gegen die Kreativität von Frauen: der Mangel an weiblicher Schreibtradition und die Indifferenz und Ablehnung der Umgebung gegenüber ihrer intellektuellen Artikulation. Jede Frau dient zunächst als Spiegel „mit der magischen und köstlichen Kraft, das Bild des Mannes in doppelter Größe wiederzugeben“ (ebd., 43), die Suche nach einer eigenen Position macht diese Funktion zunichte und wird deshalb sanktioniert.

Ausgangspunkt ist für Woolf die Frage, „warum keine Frau auch nur ein Wort zu jener außerordentlichen Literatur beigetragen hat, während doch, wie es scheint, jeder zweite Mann in der Lage war, ein Lied oder ein Sonett zu schreiben. Was waren das für Bedingungen, unter denen die Frauen lebten“ (ebd., 49). Offenbar andere als ‚der Dichter‘ beschreibt. Die Diskrepanz zwischen literarischer Konstruktion von Weiblichkeit und der Lebenswirklichkeit von Frauen, die eben auch den weitgehenden Ausschluß aus der Literaturgeschichte bedeutet, spiegelt sich hier. Das Weibliche spielt in der Literatur eine bedeutende Rolle, die Frau in der Literaturgeschichte aber keineswegs: „In der Tat, wenn Frauen außer in von Männern geschriebener Fiction nicht existieren, würde man sie sich als Personen von größter Bedeutung vorstellen; sehr unterschiedlich im Wesen; heroisch und mittelmäßig; strahlend und niederträchtig, unendlich schön und extrem häßlich; so bedeutend wie Männer, manche glauben sogar bedeutender. Aber das sind Frauen in Fiction. In der Wirklichkeit wurden sie, wie Professor Trevelyan [der englische Sozialhistoriker] aufzeigt, eingeschlossen, geschlagen und im Zimmer herumgestoßen“ (ebd., 51). Weibliche Außerordentlichkeit ist also nur als fiktives Konstrukt möglich, in der Wirklichkeit scheitert die Kreativität. Paradigmatisch ist die eingewobene Erzählung von **Shakespeares** begabter **Schwester**, die mit ihren dichterischen Ambitionen an der Geschlechtsrolle, die die Zeit ihr vorschreibt, scheitern muß. Die Zerreißprobe von Begehren und Kontrolle – „wer kann die Hitze und Heftigkeit von eines Dichters Herz ermessen, wenn es eingefangen und verstrickt ist in den Körper einer Frau?“ – endet zwangsläufig in ihrer Selbstentleibung (ebd., 56).

Woolf formuliert keine spezifische weibliche Kreativitätstheorie. Ihre Auffassung, der „große Geist“ sei androgyn (ebd., 113ff.), hat ihr harsche Kritik von Seiten einiger Feministinnen eingetragen. Trotzdem nimmt sie so etwas wie eine weibliche Schreibweise und „andere schöpferische Kraft“ (ebd., 101) an. Über Jane Austen und Emily Brontë sagt sie, sie „schrieben wie Frauen schreiben, nicht wie Männer“ (ebd., 84). Und auch Mary Carmichael, fiktive Romanschriftstellerin und alter ego, deren Werk Woolf kritisch auseinandernimmt „schrieb als Frau, aber als eine Frau, die vergessen hat, daß sie eine Frau ist, so daß ihre Seiten voll sind von jener seltsamen geschlechtlichen Qualität, die nur entsteht, wenn das Geschlecht sich seiner nicht bewußt ist" (ebd., 107).

„Das andere Geschlecht" von Simone de Beauvoir ist eine umfassende Analyse der Funktion des Weiblichen in der bürgerlichen Gesellschaft, die auf sozialistischer Gesellschaftskritik ruht. Als vom Patriarchat konstruierte „Alterität schlechthin" (Beauvoir 1992, 14) ist der **Mythos Frau**, das Verdrängte des Patriarchats, Funktionsbedingung und Garant der männlichen Machterhaltung. Die Frau erlangt keine Eigenständigkeit, sie ist nicht als Selbst zu denken, sondern „wird mit Bezug auf den Mann determiniert und differenziert, er aber nicht mit Bezug auf sie. Sie ist das Unwesentliche gegenüber dem Wesentlichen. Er ist das Subjekt, er ist das Absolute: sie ist das Andere" (ebd., 12).

Die Frau ist nicht nur anders, sondern dem Mann nachgeordnet, was der Originaltitel („Le Deuxième Sexe") deutlicher zum Ausdruck bringt als die deutsche Übersetzung. Etwas Eigenes schaffen Frauen nicht einmal in der Projektion: „Da die Frauen sich nicht als Subjekt setzen, haben sie keinen männlichen Mythos geschaffen, in dem sich ihre Entwürfe spiegeln. Sie haben keine Religion und keine Dichtung, die ihnen selbst gehört" (ebd., 194).

Die Unterordnung der Frau als Normalfall bringt ihr jedoch nicht nur Nachteile; weibliches Aufbegehren wäre zuerst mit dem Verlust aller symbiotischen Rechte verbunden: „Eine Weigerung, das Andere zu sein, eine Ablehnung der Komplizenschaft mit dem Mann hieße für die Frau, auf alle Vorteile zu verzichten, die das Bündnis mit der höheren Kaste ihr bringen kann" (ebd., 179). Die Zweitrangigkeit der Frau, das Weibliche als soziale Funktion des männlichen Machtanspruchs und den daraus resultierenden Ausschluß zeichnet Beauvoir in den Denkordnungen der Psychoanalyse und des historischen Materialismus, in den Sozialordnungen der Geschichte und in den mythischen Weiblichkeitskonstruktionen der Literatur nach, um sich anschließend den eingeschränkten biographischen Optionen von Frauen ihrer Gegenwart zuzuwenden.

Beauvoir sucht die literarische Konstruktion des patriarchalen Mythos Frau in der Relektüre kanonisierter männlicher Autoren auf. Die Entfremdung der Frau, der ein Eigenes durch die Doxa des sozialen Geschlechts nicht zugestanden und zugänglich wird, ist Leitthema in Beauvoirs kulturkritischer tour de force. Beides, der Gedanke der **konstitutiven Alterität** und der **sozialen Konstruktion von Geschlechtlichkeit**, sind bis heute wichtige Elemente der feministischen Theoriebildung: man kommt nicht als Frau zur Welt, man wird es.

Der weibliche Körper bleibt – trotz eines Kapitels über die ›biologischen Gegebenheiten‹ – seltsamerweise ausgespart. Wenn überhaupt, so erscheinen weibliche Sexualität und Körperfunktionen als schicksalhafte Fügungen und Grundlage für die weibliche Versklavung unter die ›Erfordernisse der Art‹; eine Schwangerschaft z. B. ist das Opfer des weiblichen Individuums für die Spezies. Selbstfindung und Befreiung der Frau sind für Beauvoir ein gesellschaftliches Problem, das eine soziopolitische Identitätsfindung voraussetzt, keine sexuelle.

Frauenbilder und renitente Leserinnen

In einer literaturwissenschaftlichen Tradition der Interpretation einzelner Texte liegt es für Feministinnen nahe, dieser Praxis eine eigene Wendung zu geben. Vor allem in den USA prosperierte die Analyse der **Images of Women** in den 1970er Jahren (programmatisch: „Images of Women in Fiction. Feminist Perspectives", 1972). Im Verfahren des **close reading** wird die dargestellte Welt auf die Lebenswirklichkeit von Frauen bezogen. Ein im engeren Sinne ideologiekritisches Verfahren also, das allerdings häufig von einem undifferenzierten **realistisch-didaktischen Literaturbegriff** ausgeht, der über der Freude, einen Autor der Misogynie anklagen zu können, die Polyvalenz der Literatur außer acht läßt und die Komplexität ihrer Beziehung zur Realität übersieht.

Die Images of Women-Kritik ist in erster Linie autor- und textzentriert. Das Geschlecht des Verfassers literarischer Texte ist dabei wichtig; zum einen wird Kritik an den Frauenbildern männlicher Autoren geübt, zum anderen die Hoffnung gehegt, daß Schriftstellerinnen bessere oder angemessenere Frauenfiguren zeichnen. Problematisch ist, wenn auf diese Weise allzu kurzschlüssig Autorbewußtsein und literarische Frauenbilder ineins gesetzt werden und nicht die literarisch konstruierte Sinnwelt, sondern die mutmaßliche Gesinnung des Verfassers einer Prüfung unterzogen wird. Die feministische Ideologiekritik geht in solchen Fällen von der Vorstellung einer weiblichen Identität ‚hinter den Bildern' aus, die sich im Stande der Unschuld und Nicht-Entfremdung befindet und durch Ikonoklasmus (Bildersturm, Zerstörung der Bilder) und Vatermord am Autor nur befreit werden müsse.

So wenig sich ‚falsche' von ‚richtigen' Bildern separieren lassen, so wenig lassen sich ‚gute' an die Stelle von ‚bösen' setzen, soll nicht eine literarische Zensur der political correctness eingeführt werden. Die Suche nach positiven weiblichen **Rollenvorbildern** auch in der Literatur mag verständlich sein – was wären aber die daran anschließenden ästhetischen Forderungen: ein ‚feministischer Realismus' der einen (Trübsinn des weiblichen Alltags) oder anderen (Superweib) Sorte? So würde einerseits fiktionaler Spielraum verschenkt, andererseits bliebe die Autorität des Textes, gar die Autorintention unangetastet. Solche Einsichten führen u. a. dazu, daß die Auseinandersetzung mit literarisch konstruierter Weiblichkeit eine rezeptionsästhetische Wendung erhält: die **weibliche Leserinstanz** erweist sich als „The Resisting Reader" (so der Titel der 1978 erschienenen Studie von Judith Fetterley) und sperrt sich sowohl gegen die vermeintliche Autorität von Text und Autorintention als auch gegen den Interpretationskanon der sich universalistisch gerierenden männlichen Literaturwissenschaft. Die Widerständigkeit wird in den **differenten weiblichen Blick** verlegt, die Deutungshoheit liegt bei der Betrachterin. Auch im feministischen ›Gegenden-Strich-Lesen‹ liegt der Schwerpunkt auf der Enthüllung patriarchaler Frauenbilder und dem Machtkampf der Geschlechter.

Gegen die ideologiekritische Relektüre sind sicher viele Einwände möglich, aber sie liefert neben z. T. anregenden Neuinterpretationen bekannter Texte wichtige Einsichten: Kanon und Wertfreiheit der Kritik werden in Frage gestellt, die Standortgebundenheit jeder Interpretation benannt. Das Prinzip des feministischen Wi(e)derlesens ist deshalb auch nicht ad acta gelegt; in seiner Weiterentwicklung beschränkt es sich aber nicht auf Weiblichkeitsbilder in ausgewählten Texten, sondern beschäftigt sich mit der literarischen Bildqualität und deren kultureller Bedeutung.

Authentizität: Frauen schreiben (sich) selbst

Die Suche nach einer weiblichen Schreibtradition, nach einem weiblichen ‚Eigenen' in der Literatur hat nicht nur die bislang vergebliche Suche nach Shakespeares Schwester eingeleitet, sondern auch neue Textsorten in den Blick gerückt. Literarisch wurde die Forderung nach weiblicher Authentizität in den 1970er Jahren durch die **Frauenliteratur** beantwortet. Unter diesem Sammelbegriff werden in der Regel die Texte weiblicher Autoren gefaßt, die sich mit dem Thema der Frauenemanzipation auseinandersetzen. Es geht also überwiegend um die literarische Verarbeitung politischer und sozialer Normen. Die Vorstellung, **weiblicher Erfahrung** eine Stimme zu verschaffen und über die Klammer der **Betroffenheit** eine Verbindung zwischen Leserinnen, Autorinnen und auch Protagonistinnen literarischer Texte herzustellen, prägt den Umgang mit Frauenliteratur. Die angenommene Gemeinsamkeit weiblicher Erfahrung soll im **identifikatorischen Leseprozeß** zu einem gemeinsamen Bewußtsein führen. Neben heute vergessenen Kultbüchern wie Verena Stefans „Häutungen" (1975), Svende Merians „Tod des Märchenprinzen" (1980) oder Karin Strucks Romanen erschließt diese Perspektive die literarischen und zum Teil auch die poetologischen Texte von Gegenwartsautorinnen wie Ingeborg Bachmann, Irmtraud Morgner, Christa Wolf oder Ingeborg Drewitz.

Von einem emphatischen Authentizitätsbegriff weitgehend verabschiedet haben sich literar- und kulturhistorische Ansätze, die ebenso auf fiktionale wie nicht-fiktionale Texte von Frauen als **Quellen** zurückgreifen. Der weitgehende Ausschluß vom offiziellen literarischen Diskurs und der offiziellen Literaturproduktion, von akademischer Gelehrsamkeit und literarischem Markt, führt zwangsläufig dazu, daß Frauen in der Literatur unterrepräsentiert sind. Ihre Äußerungen sind in privaten Formen wie Tagebuch und Brief, in eher randständigen wie Reiseliteratur, in didaktischen Abhandlungen oder neuen Textsorten zu finden. Eine weibliche Schreibtradition wird also kaum in den traditionellen Gattungen, der traditionellen Hochliteratur oder Ästhetik überhaupt sichtbar werden, sondern in diesen Schreibnischen oder neu entstehenden Schreibräumen. Die autobiographische Dimension von Brief- und Tagebuchliteratur eröffnet zudem der kontextorientierten Literaturinterpretation und Kulturgeschichtsschreibung nicht nur auf die einzelne Autorinnenbiographie gerichtete Möglichkeiten, sondern den Zugriff auf weibliche Lebensläufe und damit indirekt auf die abseitige Geschichte der Frauen.

Tradition: (K)eine Geschichte der Frauen

Virginia Woolf hatte auf die dünne und brüchige Geschichte schreibender Frauen hingewiesen. Die frustrierte und frustrierende Suche nach Autorinnen konzentrierte sich anfänglich auf die immer gleichen Namen. Die feministische Literaturgeschichtsschreibung versucht, eine Tradition weiblicher literarischer Produktion zu rekonstruieren. Die Zahl der im Keller der Literaturgeschichte gefundenen weiblichen Leichen wächst im Zuge dieser Bemühungen kontinuierlich (vgl. Forschungsbericht Sagarra 1993). Grundlage dieser Bemühungen ist, die Erfahrung von Frauen in ihrer Literatur aufsuchen zu wollen, den doppelten Ort für die Geschichte der Geschlechterdifferenz erkenntnistheoretisch fruchtbar zu machen. Zunächst ist die **Herstory**, der Versuch, eine **Genealogie weiblichen Schreibens** aufzuzeigen, jedoch als andere Geschichte neben der History angelegt (vgl. Moers 1976; Showalter 1977; Gilbert / Gubar 1979 und 1985). Erst im Laufe der Zeit kristallisiert sich heraus, daß die Geschichte der Frauen kaum als eigene Linearität nachgezeichnet werden kann, sondern als komplexe Verklammerung und Relationalität geschrieben werden muß.

Elaine Showalter hat mit **Gynocritics** dem männerfixierten Feminismus, der von ihr so genannten feminist critique, die sich empört an vermeintlich oder tatsächlich misogynen Autoren und Kritikern abarbeitet, ein Konzept entgegengestellt, das als Grundlage einer methodischen und thematischen Konsolidierung Texte von Frauen in den Mittelpunkt rückt. Sie versucht eine Rekonstruktion der Geschichte des englischen Romans von Frauen entlang eines Dreiphasenmodells: der ›feminine phase‹, die von Überanpassung an patriarchale Normen und imitativem Schreiben geprägt ist, der ›feminist phase‹ als Phase des politischen Protests, schließlich der ›female phase‹ als Phase der künstlerischen Selbstfindung. Für die Geschichte der deutschen Literatur sind die Bände „Deutsche Dichterinnen vom 16. Jahrhundert bis zur Gegenwart“ (1978) und „Deutsche Literatur von Frauen“ (1988), herausgegeben von Gisela Brinker-Gabler, die „Frauen – Literatur – Geschichte“ (1985) von Hiltrud Gnüg und Renate Möhrmann zu nennen. Wichtige Leistungen dieser Unternehmen sind neben dem Nachweis, daß es durchaus eine – wenn auch diskontinuierliche – Geschichte weiblichen Schreibens gibt, die Erkenntnis, daß eine feministische Historiographie anders verfahren muß als die traditionelle.

Kanonrevision und literarische Wertung

Der Kanon ist nicht nur ein Fundus, das ›Archiv‹, in dem die traditionelle Literaturbetrachtung ihr Wissen und ihre Wertungen aufbewahrt, sondern in didaktisch verschlankter Form auch die Grundlage für den Literaturunterricht an Schulen. Der Zugriff auf den Literaturkanon sichert also die Einflußnahme auf einen wesentlichen Teil der literarischen Sozialisation, die in einer Gesellschaft geleistet wird. Eine wichtige Aufgabe sieht die feministische Literaturgeschichte deshalb darin, den literarischen Kanon auf seine Zusammensetzung zu befragen und Autorinnen einen Platz zu sichern. Die Etablierung eines weiblichen Gegenkanons hat aber nicht nur didaktische Gründe: Frauenforscherinnen wollten sich nicht länger nur mit den Produkten von Männern beschäftigen und suchen Antworten auf feministische Fragestellungen in Zeugnissen von Frauen.

Die **feministische Kanonrevision** verbindet sich mit der Suche nach einer Tradition weiblichen Schreibens und der Konstruktion einer Frauenliteraturgeschichte. Insofern manövriert sie sich nicht selten in eine schwierige Situation: einerseits bedeutet das Festhalten am traditionellen Kanonkonzept von ›Höhenkammliteratur‹, sich auf dessen Wertmaßstäbe einzulassen; andererseits bedingt der Ausschluß von Frauen aus den Schreibtraditionen und dem öffentlichen Diskurs, die diese Kriterien hervorgebracht haben, die Untauglichkeit einer solchen Suchlogik für feministische Zwecke. Die bildungsbürgerliche Institution Kanon ist eine männliche, die nicht durch Zwangsquotierung verändert werden kann. Die Ausschlußverfahren des Literatursystems bestehen eben nicht nur in Selektionsmechanismen, die in böswilliger Absicht Texte von Frauen an den Rand drängen, sondern greifen im Vorfeld, indem sie die Bedingungen weiblicher literarischer Produktion einschränken. Deshalb wenden sich Wissenschaftlerinnen zunehmend den Kanonisierungsstrategien und -prozessen im Bildungs- und Literatursystem sowie der historischen Rekonstruktion literarischer Produktionsbedingungen zu (z. B. Heydebrand / Winko 1994).

Ecriture féminine: Hélène Cixous

Die feministische Diskussion trug wesentlich zur Rezeption des französischen Strukturalismus und Neostrukturalismus in der bundesrepublikanischen Literaturwissenschaft bei. Charakteristisch ist die Koppelung von linguistisch-zeichentheoretischen und psychoanalytischen Überlegungen. So bezieht sich Hélène Cixous mit ihren Texten zur subversiven Kraft weiblichen Schreibens insbesondere auf Derridas Gedanken der **différance**, des freien Spiels der Signifikanten. Wie Derrida verwirft sie die binär-hierarchische Einteilung der Welt, die das logozentrische Denken des Abendlands hervorbringt.

Logozentrismus und **Phallozentrismus** verbünden sich in der Herrschaftsstruktur eines **patriarchalen binären Denkens**, in dem die ›weibliche‹ Seite immer als die negative, die untergeordnete erscheint. Alle Oppositionen sind auf diese geschlechterdifferenzierende Grundstruktur zurückzuführen: „In der Tat ist alle Theorie der Kultur, alle Theorie der Gesellschaft, sämtliche symbolischen Systeme – also alles, was sich spricht, sich organisiert als Diskurs, Kunst, Religion, Familie, Sprache, alles das, was uns verhaftet ist, was uns macht – organisiert in hierarchisierenden Oppositionen, die zurückgehen auf die Opposition Mann / Frau, die nur aufrechterhalten wird durch eine Differenz, die der kulturelle Diskurs als ‚naturgegegeben' versteht, die Differenz zwischen Aktivität und Passivität" (Cixous 1977, 21). Für die Frau heißt das: „Entweder ist die Frau passiv, oder sie existiert nicht" (Cixous 1976, 136).

Diese ›männliche Ökonomie‹ der Aneignung und Unterordnung kann nur durch ein anderes, vom **Phallogozentrismus** selbst undenkbares Denken unterlaufen werden: die **weibliche Ökonomie des Begehrens**, auf deren Grundlage eine von der männlichen littérature unterschiedene **weibliche Schreibpraxis, écriture féminine**, entsteht.

Die écriture féminine ist nicht an das biologische Geschlecht geknüpft, sondern die Ausdrucksmöglichkeit des Begehrens im Text. Der ›weibliche‹ Text unterwirft sich in ihr nicht der Repräsentationslogik der **Schrift**, Feminität wird als **Stimme** artikuliert. Die weibliche Ökonomie ist keine des Eigenen, das sich durch die Abgrenzung vom Anderen konstituiert, sondern ist durch ein kontinuierliches Geben und plurales Sich-Verströmen gekennzeichnet. Obwohl Cixous' logozentrische Hierarchisierung ablehnt, basieren ihre Überlegungen also auf einer binären Opposition der ›Ökonomien‹.

Die Bewegung der Entäußerung, die Identität und Subjektivität zugunsten unmittelbaren Sprechens auflöst, faßt Cixous in Metaphern des Überfließens und Erbrechens (vgl. Cixous 1977, 44). Diese sei an das – im Gegensatz zum phallischen – dezentrierte sexuelle Lustempfinden der Frau geknüpft, das ihr ermögliche, statt der selbstidentifikatorischen phallischen Literatur ›den Körper zu schreiben‹ (vgl. Cixous 1976, 145). Unmittelbarkeit wird zurückerlangt im „Schreiben: Akt, Verwirklichung nicht nur des ent-zensierten Bezugs der Frau zu ihrer Sexualität, zu ihrem Frau-Sein. Schreiben verschafft ihr Zugang zu den eigenen Kräften, gibt ihr ihren Besitz zurück, ihre Lust, ihre Organe, ihren Körper" (ebd., 147).

Cixous formuliert eine utopische Kreativitätstheorie, die sexuelles und textuelles Lustempfinden ineins setzt. Weibliches Schreiben ist der Freiflug des geknebelten Begehrens, das die symbolische Ordnung erschüttert: „Ein weiblicher Text kann immer nur subversiv sein: in dem er sich schreibt, hebt er vulkanartig die alte, immobile Kruste empor" (ebd.). Die Allegorie dieses Verfahrens ist die **Hysterikerin**, die – innerhalb der herrschenden Ordnung zum Verstummen gebracht – sich als „wahre ›Herrin des Signifikanten‹" (ebd., 145) erweist: „Die Hysterikerin, das ist ein wunderbarer Dämon [...] Sie ist diese nicht einzuordnende weibliche Struktur, deren Fähigkeit, das Andere zu produzieren eine Fähigkeit ist, die ihr nicht wieder sich einbringt" (Cixous 1977, 26f.). Denn schließlich „ist die Frau, die zur Hysterie getrieben wird, die Frau, die nichts weiter als Verwirrung ist und die verwirrt" (ebd., 32).

Speculum, Mimikri, Hysterie: Luce Irigaray

Luce Irigaray hat keine Theorie der Literatur formuliert; ihre psychoanalytische Revision der abendländischen Philosophie ist trotzdem zu einem der wichtigsten Leittexte für feministische Relektüren avanciert. In „Speculum. Spiegel des anderen Geschlechts" (1980, frz. 1974) vollzieht sie die **Durchquerung** des philosophisch-phallischen Diskurses über das Weibliche. Die Anwendung dekonstruktiver Verfahren auf kanonisierte Texte der Philosophiegeschichte von Plato bis Freud erscheint hier als immanenter Kommentar, der durch Zitieren die Logik des patriarchalen Diskurses ironisiert und die Grenze zwischen Primärtexten und Sekundärtext verschwinden läßt. Mit Hilfe dieses mimetisch-ironischen Wiederlesens, der **Mimikri**, sollen Spuren des Imaginären in der Sprache aufgefunden werden.

In der psychonanalytischen Theorie Lacans wird zwischen dem Imaginären und dem Symbolischen unterschieden. Das Imaginäre besteht aus prä-ödipaler und Spiegel-Phase und ist Transitorium auf dem Weg zum Symbolischen, der Ordnung des Vaters, dem Gesetz. Das Erkennen des Selbst in der Spiegelphase, die Konstitution des Subjekts, ist nur für das männliche Kind möglich. „LA femme n'existe pas" (Lacan) – Die Frau existiert nicht als weibliche Identität, nicht als DIE Frau. In „Das Geschlecht, das nicht eins ist" (1979, „Ce sexe, qui n'en est pas un" hat die Mehrfachbedeutung „Das Geschlecht, das nicht ein[e]s / das keines [davon] ist") nimmt Irigaray diesen Gedanken auf. Die Weiblichkeit in der symbolischen Ordnung kann nur eine gespiegelte Männlichkeit sein; sie ist Mangel, verkehrte Wiedergabe des Subjekts. Die Frau ist hier nie sie selbst, sie dient lediglich der Subjektkonstitution des Mannes. Ihr Erscheinen ist **Maskerade** und Inszenierung. Weiblichkeit in der phallischen Ordnung des Vaters ist ›maskuline Weiblichkeit‹. ›Weibliche Weiblichkeit‹ hingegen muß im **Imaginären** vor der phallischen Spiegelung aufgesucht werden, d. h. bevor die Konstruktion durch die Ordnung des Diskurses greift (vgl. Irigaray 1979, 217f.).

In der herrschenden Sprache als Artikulation der Ordnung ist nur die Entfremdung des Weiblichen aufzufinden: die „Artikulation der Wirklichkeit meines Geschlechts ist im Diskurs unmöglich, aus einem strukturellen, einem eidetischen Grund. Mein Geschlecht ist, jedenfalls als Eigentümlichkeit eines Subjekts, dem Funktionieren der Prädikation, die die Kohärenz des Diskurses gewährleistet, entzogen" (ebd., 155). Die Spur des weiblichen Imaginären im Diskurs läßt jedoch nicht auf ein Eigenes rückschließen. Das Korsett der entfremdeten Sprache kann aus der Sicht der Frau durch **Frau-sprechen** (parler femme) durchbrochen werden, „indem man Frau-spricht, kann man versuchen, dem ‚Anderen' als Weiblichen einen Ort einzuräumen" (ebd., 141). Dieser unmittelbare Ausdruck von Weiblichkeit hat nichts mit dem linear ordnendem Sprechen über die Frau zu tun, sondern ist ein prä-phallozentrisches Sprechen: „es spricht sich, es läßt sich nicht meta-sprechen" (ebd., 150). Das nicht-entfremdete Sich-Sprechen ist polyvalent, es korrespondiert mit der im Gegensatz zur phallisch-zentrierten multiplen Sexualität der Frau. Es repräsentiert aber nicht den weiblichen Körper, es ist der weibliche Körper. Die Repräsentativität des Zeichens ist Herrschaftsinstrument des Phallischen, die Frau als das Nicht-Festlegbare – „Weder Eine noch Zwei" (ebd., 213) – verweigert sich der Benennung. Als Möglichkeit, weibliches Bewußtsein und weibliche Sexualität angemessen auszudrücken, spricht die neue Sprache weder mit noch über, sondern den Körper: „Falls wir weiterhin das Gleiche reden [...] werden wir uns verfehlen. [...] Wir, fern von uns: ausgesprochen verdinglicht, sprechend verdinglicht. Eingehüllt in eigene Häute, die aber nicht die unseren sind. gewaltsam eingezwängt, vereinnahmt von Eigennamen. Weder der deine, noch der meine. Wir haben keine" (ebd., 211).

Wie schon bei Cixous und Lacan ist auch für Irigaray Hysterie der weibliche Diskurs: „In der Hysterie gibt es immer gleichzeitig eine potentielle und eine gelähmte Kraft" (ebd., 144). Frau-sprechen ist nur in der Ent- oder Verrückung möglich – als mystisches, hysterisches, nicht-referentielles Sprechen.

Irigaray betont das andere der weiblichen Existenz und Ausdrucksfähigkeit, die in körperlicher und genealogischer Selbstberührung das Potential der **jouissance** auszuschöpfen vermag. Vom unterschiedlichen Vermögen der Geschlechter ausgehend entwickelt sie eine **Ethik der Differenz** (1991).

Marginalität und das Semiotische: Julia Kristeva

Die Sprachwissenschaftlerin und Semiologin Julia Kristeva gehörte zu der Gruppe um die Zeitschrift „Tel Quel", von der in den 1960er/70er Jahren die wohl wichtigsten Impulse für den französischen Poststrukturalismus ausgingen. In einem ihrer programmatischen Hauptwerke – „Die Revolution der poetischen Sprache" (1978, frz. 1974) – entwickelt Kristeva eine von der Psychoanalyse Freuds und Lacans informierte Sprach- und Literaturtheorie.

Die Sprache ist die Praxis des Subjekts, der literarische Text eine Praxis, „die die Gesamtheit der unbewußten, subjektiven, gesellschaftlichen Beziehungen enthält in der Form von Angriff, Aneignung, Zerstörung und Aufbau, in der Eigenschaft positiver Gewalt also" (Kristeva 1978, 30). Insofern ist die Literatur – vor allem die der Avantgarde – vergleichbar mit den Triebkräften der politischen Revolution; die eine erreicht beim Subjekt, was die andere im Gemeinwesen erreicht (ebd.). In Bezug auf die vorgegebenen Symbolsysteme sind grundsätzlich zwei Positionsnahmen möglich: die identifikatorische des ängstlichen Subjekts, das ansonsten die Auflösung seiner symbolischen Integrität befürchten müßte, oder die der Triebstruktur gehorchende, die als Einbruch ›kinetischer Energie‹ die Gewißheiten der symbolischen Ordnung erschüttert.

Der poetische Mehrwert, den die Literatur gegenüber der Alltagssprache aufweist, ist, als besonderer Akt der Signifikation diesem **Begehren** Ausdruck zu verleihen: „Was wir als *Sinngebung* kennzeichnen, ist eben jene unbegrenzte und nie abgeschlossene Erzeugung, jenes unaufhaltbare Funktionieren der Triebe auf die Sprache zu, in ihr und durch sie hindurch, [...] Dieser heterogene Prozeß [...] ist Vorstoß hin zu den subjektiven und gesellschaftlichen *Grenzen*, und nur unter dieser Voraussetzung ist er Lusterleben und Revolution" (ebd., 31). Die Polysemie des poetischen Sprechens gründet in seiner Verbindung zum Semiotischen, der Text ist die „Wiederaufnahme der semiotischen *chora* im Apparat der Sprache" (ebd., 59). Das **Semiotische** der **Chora** ist im Gegensatz zum symbolischen Diskurs flüchtig, provisorisch „einheits-, identitäts- und gottlos", wenn auch nicht gänzlich regellos (ebd., 37), die Chora läuft dem Diskurs der Repräsentation zuwider, obwohl dieser auf ihr ruht. In der thetischen Phase, die den Eintritt in die symbolische Ordnung markiert, erfolgt Sinngebung durch Einschnitte in das heterogene Kontinuum der Chora, durch Objekt*setzung* wird das Semiotische verdrängt. Alle Strukturierung (auch die grammatische der Sprache) ist gesellschaftliches Produkt. Die Brüche, Unvollständigkeiten, der Rhythmus und das Phantastische in der Sprache, vor allem in der poetischen, sind Ausdruck, oder vielmehr: Aufscheinen, des in der Struktur eliminierten Semiotischen. Die Transposition tradierter Zeichensysteme bezeichnet Kristeva als **Intertextualität**. Dabei geht es nicht nur um den Kontakt zwischen zwei oder mehr Texten, sondern um die „Dringlichkeit der Neuartikulation des Thetischen" beim Übergang von einem Zeichensystem zum anderen (ebd., 69). Den ›Vorgängen‹ der Verschiebung und Verdichtung (oder Metonymie und Metapher) fügt Kristeva somit einen dritten auf der übergeordneten Ebene des Zeichensystems hinzu. Trotz neuer Setzung verhindert der dauernde Transpositionsprozeß eine endgültige Fest-Setzung: „Die Polysemie erscheint so auch als Folge semiotischer Polyvalenz, d. h. der Zugehörigkeit zu verschiedenen semiotischen Systemen" (ebd.).

Für Kristeva gibt es kein weibliches oder männliches Schreiben, die Diskurse, die Sphären des Semiotischen und Symbolischen sind geschlechtsneutral, auch wenn Männer und Frauen unterschiedliche Positionen einnehmen. Die Entwicklung der feministischen Strategien gliedert sie in drei Stufen: (1) die Stufe des liberalen Feminismus, in der Frauen im Zeichen der Gleichheit Zugang zu den Machtstrukturen fordern, (2) die des radikalen Feminismus, in der Frauen im Namen von Differenz (von Entitäten) und eines emphatischen Weiblichkeitskonzepts die symbolische Ordnung zurückweisen, (3) Frauen weisen die Opposition Mann / Frau, männlich / weiblich im Namen der différance zurück, die keine Identität mehr kennt: „Se croire ›être une femme‹ c'est presque aussi absurde et obscurantiste que de se croire ›être un homme‹" (Kristeva 1974, 20).

Statt einer homogenen weiblichen Identität nimmt Kristeva ›so viele Weiblichkeiten wie Frauen‹ an. Wenn sie die Frau mit der räumlichen Metapher des Randes in Verbindung bringt, als **Marginalität** versteht, so ist sie dies in Relation zum Zentrum des Diskurses. Eine Identität wird auf diese Weise nicht festgeschrieben. Das Weibliche ist das Unbestimmbare und offen für das Semiotische. Diese Offenheit ist aber kein Wesensmerkmal der Frau, sondern Qualität des Marginalen, von der Frau, Arbeiterklasse und avantgardistische Dichter gleichermaßen profitieren. Das Spannungsverhältnis zwischen Marginalität und Machtzentrum erscheint somit als positiv gewendetes, nicht als unterdrükkendes.

Dekonstruktiver Feminismus

Der dekonstruktive Feminismus führt die textzentrierten Traditionen des amerikanischen Re-Reading und des kontinentaleuropäischen Dekonstruktivismus Derridascher Prägung zusammen. Die Rezeption der Dekonstruktion verläuft über zwei Wege: einmal über die feministische Adaptation dekonstruktiver Verfahren durch Cixous, Irigaray und Kristeva, zum anderen über den Einfluß des ‚amerikanischen Dekonstruktivismus' Paul de Mans. Der dekonstruktive Feminismus läßt, wie Kristeva, die Geschlechterdifferenz nicht als Unterscheidung bestimmbarer Entitäten gelten, obwohl er immer wieder auf die Opposition rekurrieren muß, die er dekonstruieren will. Weiblichkeit wird verstanden als „Effekt kultureller, symbolischer Anordnungen" (Menke 1992, 436). Die **rhetorische Verfaßtheit der Geschlechter** ist – nicht als Repräsentation, sondern als Maskerade – im Text lesbar. „Der Text gibt die sexuelle Differenz, das heißt deren Produktion und ihre Dekonstruktion, zu lesen" (ebd., 447).

Die dekonstruktive feministische Theorie ist dann „Lektüre der symbolischen Anordnungen, in denen die Geschlechteridentitäten sich konstitutieren, und sie ist *als* Lektüre dieses Funktionierens, in dem der Schein der Substantialität ausgeht, dekonstruktiv, sie ist ein Re-Reading im doppelten Sinne des Wieder- und Gegenlesens dieser Konstruktion" (ebd., 438). Die Praxis des Gegen-den-Strich-Lesens verbindet sich also mit dem Gedanken der différance. „Weiblichkeit ist nicht biologische oder kulturelle Identität, sondern das differentielle Moment, das Identität erst ermöglicht, in der zustande gekommenen Identität aber verdrängt wird" (Vinken 1992, 19). Die Differenz als „unheimlicher Zwischenraum" stellt die Repräsentationslogik in Frage, ebenso wie die Frau gemäß der „von Irigaray vom Phallus auf die Füße der Differenz gestellte[n] Psychoanalyse" (Vinken 1992, 16) die Logik der symbolischen Ordnung. Sexuelle und textuelle Differenz funktionieren analog, die Frau ist die Allegorie dieser Figuration. Hieran knüpft sich die Frage, „ob (oder inwiefern) Dekonstruktion selbst schon feministisch ist oder sein muß – oder vielmehr feministisch gewendet werden kann oder muß" (Menke 1992, 439). Barbara Vinken, die **weibliches und feministisches Lesen** ineins setzt – damit jedoch weder biologische noch kulturelle Identität der Rezeptionsinstanz verknüpft, sondern das Verfahren meint, das die differentielle Relation des Textes zutage fördert –, beantwortet sie eindeutig: „Die feministische Lektüre wird dem Text nicht nur gerechter als die phallizistische; sie ist in der Lage, gleichzeitig mitzuanalysieren, wodurch das männliche ,Verlesen' konditioniert ist" (Vinken 1992, 18). In der dekonstruktiven Lektüre der textuell verfaßten Geschlechterdifferenz findet so selbst das Weibliche einen flüchtigen Ort: „Lesen als Gegen-Lesen macht diese Anordnungen und damit erst das Weibliche lesbar. Und darum ist ebenso Lesen als Wi(e)der-Lesen Lektüre von Weiblichkeit, wie das Weibliche seinen Ort erst im Gegenlesen hat. [...] Das Weibliche ist [...] Beziehung und Differenz, eine sich selbst stets wiederholende Unentscheidbarkeit zwischen einander ausschließenden, aber ineinandergleitenden Figuren" (Menke 1992, 447). Auch für den dekonstruktiven Feminismus ist somit nach wie vor die Geschlechterdifferenz konstitutiv: zwar ist nicht mehr das Auffinden von Frauen und Weiblichkeit im Text sein Ziel, was jedoch den dekonstruktiven Feminismus vom ,einfachen' dekonstruktiven Lesen unterscheidet, ist die Suche nach den differentiellen Effekten, den textuellen Modifikationen, in denen Geschlechteridentität verfaßt ist. Die explizite Abgrenzung von „frauenzentrierten" Ansätzen, die sich mit Autorinnen oder konstruierter Weiblichkeit befassen, äußert sich praktisch in einer Rekonzentration auf die Neu-Lektüre des Kanons, der nicht geändert oder abgeschafft, sondern neu gewichtet wird. Barbara Vinken markiert die neue feministische Position so: „Dekonstruktive Feministen lesen männliche Autoren ,wie Frauen' – und nicht weibliche Autoren ,wie Männer'" (Vinken 1992, 24).

Frauensozialgeschichte / Frauenkulturgeschichte

Eine Frauensozial- oder -kulturgeschichte geht über den traditionellen Rahmen von Literaturwissenschaft und damit auch über den feministischer Literaturwissenschaft hinaus. Insofern aber die Gründungsleistung des politischen Feminismus noch nicht gänzlich vergessen ist und sich mehr und mehr Ansätze von der Lektüre- und Textzentriertheit lösen, rückt die soziale und symbolische Verfaßtheit der Geschlechter(differenz) in den Blick und öffnet so die feministische Literaturwissenschaft hin zu umfassenderen Konzepten.

Dem liegt die Annahme zugrunde, daß auch ein ausdifferenzierter Bereich Literatur sich nicht unabhängig von anderen Faktoren wie politischen und ökonomischen Bedingungen und Wandlungsprozessen entwickelt, sondern in Interaktion mit diesen. Das gilt für die offenbar vernetzten Teilgebiete literaturbezogenen Handelns und seiner Institutionen – Entwicklung des literarischen Marktes, Sozialstruktur des ›literarischen Lebens‹, Publizistik und Literaturkritik – , aber auch für die literaturinternen: Entwicklung und Funktion ästhetischer Präferenzen und Programme, von Schreibweisen, bevorzugten Stoffen und literarisch verhandelten sozialen Normen. Die feministische Sozialgeschichte der Literatur ist in besonderem Maße auf die Integration der Forschungsergebnisse von Alltags-, Rechts-, Wirtschafts- und Bildungsgeschichte angewiesen, die selbst vermittels der Geschlechterkategorie neues Terrain erschließen. Eine sozialhistorische Topographie der Geschlechter wird fragen, welche gesellschaftlichen und diskursiven Räume Frauen offenstehen, welche ihnen verschlossen bleiben, welche ihnen gehören. Für den Handlungsbereich Literatur hieße das beispielsweise für das 19. Jahrhundert zu fragen, warum eigentlich – zugespitzt – Männer schreiben und Frauen lesen, Autoren belletristische Texte für ein weibliches Lesepublikum verfassen, der realen Leserin aber in ästhetischen Konzeptionen ein idealer männlicher Leser entgegengesetzt wird. Oder wie eine Gesellschaft mit dem nicht-knappen Gut (literarisches) Wissen umgeht, ob geschlechtsspezifische Aufbereitungen und Vermittlungswege bestehen und welche kulturelle Funktion solche literarischen Damenprogramme haben. Diese Beispiele zeigen auch, daß ästhetisch-programmatische und literarische Konstruktionen mit den Funktionsbedingungen des Aktionsraums intellektuelle Öffentlichkeit in Beziehung gesetzt werden müssen.

Was umgekehrt den Gegenstandsbereich Literatur und literarisches Handeln für die Frauengeschichte und feministische Kulturforschung prädestiniert, liegt auf der Hand: zum einem finden sich hier tatsächlich Zeugnisse von Frauen, zum anderen spielen Frauenfiguren und die Imagination von Weiblichkeit in literarischen Texten eine nicht unbedeutende Rolle (Fakt und Fiktion nicht zu verwechseln ist natürlich wichtig, gilt aber für jede Literaturbetrachtung). Kulturelles Handeln scheint somit permissiver als andere Gesellschaftsbereiche, nicht zufällig, sondern weil bestimmte Bereiche der kulturellen Produktion den Regeln der Ökonomie zwar nicht faktisch enthoben sind, ihre spezifische Leistung aber gerade darin besteht, Gegenpol der Modernisierungslogik zu sein.

Zugleich bedient sich der Kulturkampf um die Konstruktion von Geschlechterdifferenz – damit nicht zuletzt um deren gesellschaftliche Absicherung – des Mediums der Literatur. Die sozialhistorische Forschung hat sich in den letzten Jahren zunehmend der Einsicht geöffnet, daß die Distinktion und Selbstpräsentation von Klassen und Gruppen in der bürgerlichen Gesellschaft in wesentlichen Teilen über diese kulturellen Praktiken verläuft. Was läge also näher, als diese Erkenntnisse zu verbinden?

Silvia Bovenschen hat unter der eingängigen Formel von „Schattenexistenz und Bilderreichtum" vorgeführt, wie Geschlechterdifferenz explizit und latent kulturelle Diskurse strukturiert. Der von ihr in „Die imaginierte Weiblichkeit" (1979) ausgelotete Aspekt der symbolischen Repräsentation von Weiblichkeit ist das eine. Dazu gehören auch neuere Arbeiten, die in positiver Akzentuierung Inszenierung und spielerische Subversion (z. B. Lehnert 1994 und „Inszenierungen von Weiblichkeit" 1996), den Aspekt der ›Karnevalisierung‹ stark machen. Die andere, komplementäre Blickrichtung ist die von der Faktizität eines Herrschaftsverhältnisses ausgehende. Auch Literatur ist dann kulturelles Produkt, in das Erfahrung – nicht als authentischer Ausdruck, sondern als soziale Verfaßtheit – und Positionsnahme – nicht als politisches Programm, sondern als literarische Spekulation und ästhetische Inszenierung – gegenüber dieser Differenz eingeschrieben sind. Eine Frauenkulturgeschichte, die diese Aspekte wirklich zusammenführt, bleibt vorerst Desiderat. Da die feministische Wissenschaft jedoch kontinuierlich Forschungsergebnisse in all diesen Bereichen erbringt, bedarf es vielleicht auch gar nicht der ‚großen Mutter' einer feministischen grand theory, sondern einer integrativen Suchlogik, welchedie wechselseitigen Anschlußmöglichkeiten von feministischer Relektüre, weiblicher Ästhetik und der Sozialgeschichte von Frauen auf der Basis der kulturellen Signifikanz von Literatur und Geschlechterdifferenz formuliert und die entsprechenden Ergebnisse verknüpft (vgl. dazu auch Lindhoff 1995, 172f.).

Feministische Literaturwissenschaft / Gender-Forschung

– ensteht mit den wissenschaftlichen Neuansätzen der 1970er Jahre aus der neuen politischen Frauenbewegung; Motivation: (literatur-)wissenschaftliche Patriarchatskritik
– Analysekategorien: biologisches Geschlecht (sex) und soziales Geschlecht / Geschlechtsrolle (gender), Debatte um den Konstruktionscharakter der Geschlechterdifferenz
– Institutionalisierung als Frauenforschung, Gender-Forschung, feministische Wissenschaft
– feministisches Engagement orientiert sich an Gleichheit oder Differenz
– Feminismus geht von einem asymmetrischen (Herrschafts-)Verhältnis der Geschlechter aus, das die Frau aus der sozialen Ordnung ökonomisch und symbolisch ausschließt, respektive als das Andere dieser Ordnung vereinnahmt
– feministische Literaturwissenschaft besitzt keine eigene Methode, ihr Gegenstand ist Literatur als gesellschaftlicher Handlungsbereich, der geschlechterdifferent strukturiert ist, Literatur als semiotisches System, das Raum für geschlechtsspezifische Schreibweisen und Ästhetiken bietet und an der Konstruktion und Dekonstruktion von Weiblichkeitsbildern und Geschlechterdifferenz beteiligt ist, Literatur als konstitutiver Bestandteil des Kultursystems
– zwei vorherrschende Interessen: soziologisches / sozialhistorisches und ästhetisches
– Images of Women-Kritik / literarische Frauenbilder: feministische Ideologiekritik
– Frauenliteratur, Authentizität: Suche nach weiblichen Rollenvorbildern, gemeinsamer weiblicher Erfahrung
– Frauen-Literatur-Geschichte: Genealogie weiblicher Autoren, Suche nach weiblicher Schreibtradition, häufig verbunden mit feministischer Kanonrevision
– weibliche Ästhetik / weibliche Schreibpraxis, gründet écriture féminine in weiblicher Ökonomie des Begehrens, die der (männlichen) Ordnung von Phallus und Logos entgegengesetzt ist
– Hysterie als weiblicher Diskurs, in dem die Ordnung nicht anerkannt wird
– Literatur ist Teil des Systems symbolischer Repräsentation einer Gesellschaft, das Verhältnis der Geschlechter ist in die Repräsentationscodes eingeschrieben, Literatur kann andere Weiblichkeitsentwürfe präsentieren als die Wirklichkeit

X. Rezeptionsforschung

Für die Literaturwissenschaft hatte jahrzehntelang die Tatsache im Mittelpunkt gestanden, daß Texte **geschrieben** werden; Produktions- und Darstellungsästhetik dominierten den wissenschaftlichen Umgang mit Literatur. Texte werden aber auch **gelesen** und für die Lektüre verfaßt; macht nicht sogar erst die Aufnahme bei einem Publikum aus ihnen bekannte literarische Werke? Sind nicht nur die unter ihnen Klassiker, die immer wieder neue Lesergenerationen in ihren Bann ziehen?

Im Kommunikationszusammenhang, in den literarische Texte gestellt sind, ist der Leser eine wichtige Größe. Theoretische Fundierungen dieser Beobachtung haben in der Literaturwissenschaft einige Veränderungen bewirkt. Rezeptionstheorie und -forschung haben Einfluß genommen auf Werkbegriff und Interpretationsverständnis, sie haben mit der Rezeptions- und Wirkungsgeschichte einen speziellen Zugriff auf die Literaturgeschichte geprägt, die Editionsphilologie informiert und in Verbindung mit literatursoziologischen und empirischen Ansätzen den Blick auf das tatsächliche Leseverhalten gelenkt. Das Interesse an **Leser** und **Leseakt** ergänzt und transformiert traditionelle Felder der Literaturwissenschaft, die Impulse der Rezeptionsperspektive sind in allen neueren Ansätzen nachzuweisen. Als selbstverständlich integrierter Bestandteil fällt sie heute vielleicht gar nicht mehr auf – 1967 aber war sie einmal als Herausforderung angetreten. Den Anstoß gab die Konstanzer Antrittsvorlesung des Romanisten Hans Robert Jauß: „Literaturgeschichte als Provokation der Literaturwissenschaft“ (1967; zit. n. der erweiterten Fassung 1970).

1. Rezeptionsgeschichte und Wirkungsästhetik

Jauß' rezeptionsgeschichtlicher Vorstoß ist in verschiedener Hinsicht symptomatisch für die Neuorientierung der Literaturwissenschaft am Ende der 1960er Jahre: er fordert die Hinwendung zu einer **historisierenden Perspektive**, die nicht das überzeitliche literarische Werk und dessen gültige Interpretation in den Mittelpunkt stellt, sondern die wandelbaren Bedingungen seiner Aufnahme. Das Werk wird als **Text in einer Kommunikationssituation** verstanden – eine Verschiebung, die Jauß unter dem Einfluß des Textmodells von Wolfgang Iser weiter präzisiert. Drittens verbindet sich mit dem Rückgriff auf die **Literaturtheorie** vor allem der russischen Formalisten aber auch des Prager Strukturalismus der Anspruch einer wissenschaftlichen Modernisierung der Literaturbetrachtung: mit rationalen Verfahren soll über die Darstellung subjektiver Empfindungen hinausgegangen werden. Jauß plädiert so für eine **entsubstantialisierte Hermeneutik**, die einen intersubjektiven Bezugsrahmen für Verstehensprozesse und deren geschichtlichen Wandel annimmt, er verwirft den sinnverstehenden Zugriff auf Literatur aber keineswegs. Im Methodenspektrum positioniert Jauß sich zwischen einer bewahrenden Philologie und den radikalen Neuansätzen empirischer Literaturwissenschaft – was sich in kontroversen Diskussionen zeigt und in einen nachhaltigen Erfolg mündet.

Ausgangspunkt bleibt das einzelne Werk, in dem die literarischen Strukturen einer Epoche ereignishaft konkretisiert seien. Auf dieser Grundlage setzt sich Jauß mit der marxistischen Literaturtheorie – die exemplarisch für den Pol der ‚Geschichte' steht – und der formalistischen Schule – der radikalen ‚Ästhetik' – auseinander, um die „Kluft zwischen historischer und ästhetischer Erkenntnis zu überbrücken" (ebd., 168 u. ö.). Der rezeptionsgeschichtliche Werkbegriff ist zunächst negativ und metaphorisch formuliert: „Das literarische Werk [...] ist kein Monument, daß monologisch sein zeitloses Wesen offenbart. Es ist vielmehr wie eine Partitur auf die immer erneuerte Resonanz der Lektüre angelegt, die den Text aus der Materie der Wörter erlöst und ihn zu aktuellem Dasein bringt" (ebd., 171f.). Die hermeneutische Dialogizität des Werks bedarf des aktiven Lesers. Damit wird der Weg eröffnet für die Legitimität verschiedener, selbst gegenläufiger Interpretationen: wird die Instanz der Sinnkonstitution nicht mehr im Werk, sondern in der Rezeption gesehen, dann ist Lektüre nicht Unterwerfung unter die Tradition, sondern immer neue Konstruktion. Die Qualität, die dieses ermöglicht, bleibt eine im Werk angelegte, dieses wird aber nicht als autoritativer, zeitloser Text verstanden. Hierin liegt eine deutliche Distanzierung von erstarrten Hermeneutikkonzepten.

Jauß' erstes Interesse gilt jedoch nicht der Struktur des Textes, sondern dem **literaturgeschichtlichen Prozeß**: „Geschichte der Literatur ist ein Prozeß ästhetischer Rezeption und Produktion, der sich in der Aktualisierung literarischer Texte durch den aufnehmenden Leser, den reflektierenden Kritiker und den selbst wieder produzierenden Schrifsteller vollzieht" (ebd., 172). Der Leser, der literarhistorische ›dritte Stand‹, soll damit als konstitutive Instanz einer neuen Literaturgeschichte eingesetzt werden, denn im „Dreieck von Autor, Werk und Publikum ist das letztere nicht nur der passive Teil, keine Kette bloßer Reaktionen, sondern selbst wieder eine geschichtsbildende Energie" (ebd., 169). Jauß' Gerüst der Literaturgeschichte kennt drei Dimensionen: eine synchrone als **Querschnitt** zu einem bestimmten Zeitpunkt, eine diachrone als **Längsschnitt** über die Jahre hinweg und einen Bezug auf die allgemeine (politische wie Gesellschafts-) **Geschichte**. Die beiden ersten bilden Untersuchungsebenen, deren Schnittlinien über **literarischen Strukturwandel** Auskunft geben, die dritte bezieht sich auf die ›lebensweltliche‹ Wirkung von Literatur. Der synchrone Schnitt zeigt „die heterogene Vielfalt der gleichzeitigen Werke" (ebd., 194);

Jauß exemplifiziert dieses Verfahren an der thematischen Analyse einer Reihe von Gedichten des Jahres 1857 (in: Warning 1975). Aus einer nicht-werkzentrierten Blickrichtung kann die Gleichzeitigkeit der Rezeption Synchronität von zu unterschiedlichen Zeiten entstandenen Texten herstellen – ein Gedanke, der bei Jauß so nicht weitergeführt, im Interesse einer literartursystemischen Betrachtung aber vielversprechend ist. In der Längsschnittbetrachtung kann an der veränderten Rezeption der Wandel ästhetischer Normen nachgezeichnet werden. In Verbindung mit der angenommenen Innovationsleistung herausragender literarischer Werke kommt jedoch der ersten, historischen – ›im Augenblick des ersten Erscheinens‹ sich vollziehenden – Aufnahme eines Werks besondere Bedeutung zu.

Die im Querschnitt offengelegten ästhetischen Systeme folgen nicht verbindungslos aufeinander. Jeder Zustand enthält vielmehr seine Vergangenheit und seine Zukunft als „untrennbare Strukturelemente" (ebd., 197): Vorher und Nachher sind als Überwundenes und potentiell ›Erfragbares‹ eingeschrieben, als gelöstes und zu lösendes ›Problem‹. Diese geschichtliche Dimension tritt erst im Vergleich mit weiteren Querschnittsanalysen als Horizont**wandel** deutlich hervor. Die vergleichende Rekonstruktion ästhetischer Systeme ermöglicht, das Werk in einem literarhistorischen Kontext zu sehen, der mehr als nur den traditionellen Kanon umfaßt und damit über eine zirkuläre Begründung der eigenen Auswahl hinausweist. Jenseits dieser Arbeit im engeren Bereich der Literatur soll aber auch die gesellschaftliche Funktion von Literatur zum Gegenstand der Literaturgeschichtsschreibung werden, denn die „Geschichtlichkeit der Literatur [...] ist [...] auch durch ihr Verhältnis zum allgemeinen Prozeß der Geschichte zu bestimmen" (ebd., 167). Jauß sieht die Literaturgeschichte als eine Sondergeschichte, die zuerst aus sich selbst heraus erklärt werden muß, da sie über die Gesellschaft, in der sie entsteht, hinausweist. Die ›gesellschaftliche Funktion‹ von Literatur ist für Jauß nicht der Stellenwert, der ihr innerhalb eines sozialen Gefüges zugewiesen wird, sondern ihre potentielle **Wirkung**, die utopieentfaltende Kraft des ästhetischen Erlebnisses.

Der Erwartungshorizont

Kernstück des Jaußschen Entwurfs ist der **Erwartungshorizont**. Als heuristisches Konstrukt gehört er längst fest in den Begriffskanon der Literaturwissenschaft, auch wenn er wegen seiner mangelnden Präzision vielfach kritisiert worden ist. Mit dem Begriff des Erwartungshorizonts sollen „Aufnahme und Wirkung eines Werks" in einem „objektivierbaren Bezugssystem der Erwartungen" (ebd., 173) gefaßt werden. Der Anspruch der Objektivierbarkeit ist hier das Entscheidende: ermittelt werden soll ein ›transsubjektiver Horizont‹, der vom konkreten Verständnis des einzelnen Lesers – sei er Zeitgenosse des ›ersten Erscheinens‹, späterer Leser oder rekonstruierender Literaturhistoriker – abstrahiert, die individuelle Verstehenshandlung als methodologische Grundlage jedoch beibehält.

Wo genau ist dieser Verstehenshorizont zu lokalisieren und wie ist er zu ermitteln? Idealerweise ist der Erwartungshorizont **aus dem Werk selbst** zu rekonstruieren, insofern dessen „implizite Hinweise für eine ganz bestimmte Weise der Rezeption" (ebd., 175) gelesen werden können. Das gilt besonders für Texte mit selbstreflexiver Konstruktion und poetologischen Passagen, z. B. solche, die literarische Konventionen aufrufen, um sie zu zerstören oder zumindest zu verändern. Ein bekanntes, von Jauß angeführtes Beispiel hierfür ist Cervantes' „Don Quijote" (vgl. ebd., 176).

Die historische Rezeptionsforschung ist dazu übergegangen, verschiedene Facetten des Erwartungshorizonts aus Rezeptionsdokumenten (Rezensionen, Briefen etc.) zu extrapolieren. Sie verschiebt damit den Blick vom Werk als sinnerzeugender Totalität zum kommunikativen Text in literatursystemischen Zusammenhängen. Diese Perspektive ist bei Jauß nicht ausformuliert, aber angedeutet mit Blick auf die Texte, die selbst keine deutlichen Rezeptionshinweise enthalten, ihren Horizont also nicht thematisieren. In diesen Fällen könne der Erwartungshorizont „aus drei allgemein voraussetzbaren Faktoren gewonnen werden: erstens aus bekannten Normen oder der immanenten Poetik einer Gattung, zweitens aus den impliziten Beziehungen zu bekannten Werken der literarhistorischen Umgebung und drittens aus dem Gegensatz von Fiktion und Wirklichkeit, poetischer und praktischer Funktion der Sprache, der für den reflektierenden Leser während der Lektüre als Möglichkeit des Vergleichs immer gegeben ist" (ebd., 177). Mit dieser Bestimmung wird der Erwartungshorizont an den literarhistorischen **Kontext** des Werks geknüpft, in den die ästhetische und außerästhetische Vorerfahrung (des Produzenten ebenso wie des Rezipienten) eingeschrieben ist. Wenn Jauß ästhetische, literarhistorische und soziale Umgebung hier als die „drei allgemein voraussetzbaren Faktoren" zusammenfaßt, entproblematisiert er mit dem Hinweis auf scheinbar Selbstverständliches allerdings die Komplexität der historischen Bezüge, die durch die Rezeption zusammengeführt sind. Das scheint nur insofern gerechtfertigt, als sein Interesse auf das Werk als ästhetisches Ereignis konzentriert bleibt und die konkreten Bedingungen von Rezeption wie auch deren Rückwirkung in seinem Entwurf unberücksichtigt bleiben.

Die Betrachtung des ästhetischen Ereignisses dient bei Jauß weniger der Erkenntnis einer historischen Literatursituation als der Erkenntnis des Werks und seiner nachhaltigen Wirkung. Am Konzept des Erwartungshorizonts, so unmittelbar einleuchtend es auch sein mag, zeigen sich zwei grundsätzliche Probleme der Jaußschen Rezeptionsgeschichte: das Vertrauen auf Objektivierbarkeit bei gleichzeitiger Beibehaltung einer werkzentrierten Interpretationspraxis sowie die nur abstrakte Relevanz werkunabhängiger Institutionen und Instanzen – das gilt auch für den Leser.

Impliziter Leser und reale Leser

Die Texttheorie Wolfgang Isers, des zweiten namhaften Vertreters der Konstanzer Rezeptionstheorie, leistet eine wichtige Ergänzung zur Rezeptionsgeschichte, oder – wie ein amerikanischer Germanist formuliert – „his project complements Jauss's nicely“ (Holub 1984, 106).

Iser lokalisiert den Ansatzpunkt der Rezeptionsästhetik in der „Appellstruktur der Texte“ (1970). Sein Vorschlag ruht wesentlich auf Elementen der Sprechakttheorie und den literaturtheoretischen Entwürfen Roman Ingardens. Die Arbeiten des polnischen Phänomenologen entstanden in den 1930er Jahren, wurden aber erst in den 1960er Jahren in deutscher Übersetzung zugänglich. Im Mittelpunkt von Ingardens Überlegungen steht die Kategorie der **Unbestimmtheit**; der literarische Text weise Unbestimmtheitsstellen auf, die durch **Konkretisationen** gefüllt werden müssen. Iser sieht hierin die „Wirkungsbedingung“ literarischer Prosa (ebd.). Im Aufriß ähnlich, aber mit anderem Akzent als Ingarden betont Iser nicht die Notwendigkeit, sondern die vielfältige **Möglichkeit der Aktualisierung** literarischen Bedeutungspotentials; die Leerstelle im Text wird zum dynamisierenden Element literarischer Kommunikation.

Eine seiner wichtigen Publikationen trägt den Titel „Der Akt des Lesens“ (1976), trotzdem geht es Iser nicht um die Mechanismen der Sinnbildung durch Lektüre, sondern um das in die Struktur literarischer Texte eingeschriebene Konkretisationsangebot, deren **Appellstruktur**. Der Isersche Leser ist der **implizite Leser**, der keine historisch konkrete Person ist (und auch keine abstrakte Summe des historischen Publikums), sondern als Textmerkmal (**Wirkungsstruktur des Textes**) und gleichzeitig als Operation der adäquaten Rezeption (ohne konkreten Akteur) gedacht ist. Isers Überlegungen haben u. a. Resonanz in der Ausformulierung des amerikanischen reader-response criticism gefunden (vgl. Holub 1984, 82ff.).

Isers Überlegungen informieren insbesondere Jauß' Präzisierung des seiner Rezeptionsgeschichte zugrundeliegenden Werkbegriffs, „der die vorgegebene Struktur des Textes (Zeichencharakter des Artefakts) und seine Aufnahme oder Wahrnehmung durch Leser / Zuschauer (ästhetisches Objekt als Korrelat im Bewußtsein des oder der Rezipienten) zusammenschließt“ (Jauß 1973, 3). Werk wird verstanden „als eine dynamische, im historischen Wandel ihrer Konkretisationen faßbare Struktur“ (ebd., 32f.), als **Konvergenz von Text und Rezeption**. Als virtuelle Struktur erfordert der Text die Konkretisation, erst die ›aneignende Erfahrung‹ konstituiert Bedeutung und damit das Werk. Sinn ist deshalb „nicht mehr als überzeitliche Substanz, sondern als historisch sich bildende Totalität zu fassen“ (ebd.). Als Frage bleibt, welche Anteile Rezeption (als die von der konkretisierenden Instanz ausgehende Aktualisierung) und Wirkung (als das vom Text bedingte Element) jeweils an dieser Operation haben, mit anderen Worten: wie autoritativ bleibt der Text und wie frei wird die Leserinstanz in der Konstitution von Bedeutung? Für Iser wie für Jauß bleibt die Freiheit des einzelnen begrenzt durch die Norm der **textadäquaten Konkretisation.**

Mit seiner historischen Wandel und Traditionsbildungsprozesse anerkennenden Perspektive geht Jauß in dieser Frage aber weiter als Isers textuelle **Wirkungsästhetik.** Auch er freilich sieht den Leser vor allem als Adressaten und gesteht ihm keine vom Werk unabhängige Existenz zu: die ›geschichtsbildende Energie‹ der Rezeption ist eine die Produktion orientierende, Wandel geht vom ästhetischen Überschuß komplexer Werke aus. In der hermeneutischen Modellvorstellung vom dialogischen Kunstwerk ist der Adressat die antizipierte Frage, der Leser die Antworten konkretisierende Instanz. Nur in Ausnahmefällen rückt ein historisch konkreter Leser ins Blickfeld,.sofern er nämlich selbst als **produktiver Leser** wirkungsgeschichtlich bedeutsam und literaturkritisch oder literarisch produktiv wird. In diesem Fall sind die dokumentierten Lektüren wichtige Ereignisse für die rezeptions- und wirkungsgeschichtliche Rekonstruktion: etwa Goethe als Leser des Volksbuches von Doktor Faust oder Thomas Mann als Leser des Goetheschen Schauspiels. Beide geben mit ihrer jeweiligen Weiterverarbeitung des Stoffes aufgrund ihrer Lektüren wichtige literarische Impulse.

Innovation und Traditionsbildung

Die Differenz von Bedeutungspotential und Aktualisierung in der Rezeption ist Grundlage für die literaturgeschichtliche Entwicklung. Die am **Horizontwandel** ablesbaren Wirkungen literarischer Texte sind das dynamisierende Element der literarischen Evolution. In der Rezeption werden immer Horizonte konfrontiert: innertextueller Horizont und ›Epochenhorizont‹, der sich im rezipiernden Bewußtsein konkretisiert. Angenommen wird eine festgefügte ästhetische Erwartung des Rezipienten, die sich an geltenden Normen orientiert. Das literarische Kunstwerk kann mit diesen Normen brechen und innovative Antworten anbieten, die in der Folge wiederum in den Normbestand literarischer Erwartungen eingehen können. Auch das ästhetisch Neue gründet dabei immer im ästhetischen System seiner Zeit; Veränderung ist als „dialektische Selbsterzeugung neuer Formen" (Jauß 1970, 166) gedacht. Innovation und Traditionsbildung sind in dieser Perspektive also keine Gegensätze: Tradition entsteht nur durch Wirkung und die setzt Rezeption voraus (vgl. ebd., 173; 234).

Literatur ist deshalb nicht dazu verurteilt, mit der Epoche ihrer Entstehung unterzugehen, wie es das Postulat der ästhetischen Innovation in einer rigorosen Anwendung vermuten ließe. Der epochemachende Moment wird im Gegenteil oft von der zeitgenössischen Rezeption verkannt und erst auf den Umwegen verschiedener historischer Rezeptionsstufen deutlich. Gerade das erneute Gegen-den-Strich-lesen klassischer Meisterwerke verspricht ästhetische Erlebnisse, die nichts mit der selbstentmündigenden Unterwerfung unter die allgemeine Haltung der Bewunderung zu tun haben.

Trotz der Kritik an der Musealisierung des Literaturkanons ist die Begründung eines solchen also für Jauß ein zentrales Anliegen. Die Kritik mündet deshalb nicht in der Destruktion, sondern in der Revision des Kanons mit dem durchaus didaktischen Ziel, den durch bildungsbürgerliche Pflichtübungen verschütteten Wert literarischer Werke zu aktualisieren. Kanonbildung ist aber nicht die Offenbarung eines objektiven ästhetischen Werts wie für die traditionelle Hermeneutik, sondern ein Rezeptionsprozeß – und damit Veränderungen unterworfen.

Wirkung und Bewertung sind eng an das Innovationspostulat geknüpft. Der Kunstwerkcharakter bestimmt sich aus der Negation von Erwartungen: das Schöne soll nicht epigonal reproduziert, sondern neu geschaffen werden; das Werk soll neue Sehweisen erfordern, bisher unbekannte Erfahrungen anbieten und moralische Lösungen, die über die Wirklichkeit hinausweisen. Neben der ursprünglichen Innovationsleistung ist das spezifische Vermögen des Werks, auch unter veränderten historischen Bedingungen neue ästhetische Erfahrungen zu evozieren, ein Bewertungsmaßstab. Erst die anhaltende Dialogfähigkeit, die Dynamik von virtueller Bedeutung und aktueller Konkretisation, kanonisiert ein Werk.

Die verschiedenen Rezeptionsstufen gehen dabei in den Rezeptionsakt ein. Ein Text kann zwar ‚immer wieder neu' gelesen werden, die erneute Aktualisierung ist jedoch nicht unabhängig von der vorgängigen Deutungsgeschichte. Die Linie einflußreicher Interpretationen prägt den Deutungskanon. Die historische Differenz ist erschließbar als „Aufarbeitung des Prozesses [...], der zwischen dem rezipierten Werk und dem rezipierenden Bewußtsein liegt" (Jauß 1973, 39).

Der literatursystemische Kontext hat auch hier geringeres Gewicht als das Ereignis. In einer weniger werkzentrierten Sicht öffnet die Rezeptionsperspektive jedoch den Blick für eine Kanonforschung, die über Neuinterpretation und Revision hinaus auch die **Prozesse der Kanonisierung** und ihre Einflußfaktoren untersucht.

Auffällig ist, daß die Konstanzer Schule den ›dritten Stand‹ der Leser zwar konzeptionell salonfähig macht, aber weder den konkreten Leseakt, noch den empirischen Leser oder die historischen Leseverhältnisse betrachtet. Die Infragestellung eines feststehenden Erbes, der Autorität des Werks und eines fraglosen Primats der produzierenden Autoren darf in ihren Folgen für das Literaturverständnis trotzdem nicht unterschätzt werden (vgl. dazu Jurt 1998). Sie begründet die Akzeptanz verschiedener Lektüren und die Notwendigkeit der Leserinstanz auf der Basis eines hermeneutisch-historischen Literaturzugriffs, lenkt den Blick auf Kanonisierungsprozesse und bietet einen theoretisch fundierten Ansatzpunkt für die Einbettung von Einzeltextbetrachtungen in weitere Fragestellungen zu ästhetischen Normvorstellungen oder zur Empirie der literarischen Kultur.

2. Historische Rezeptionsforschung

Vielen ging der Entwurf der Konstanzer Rezeptionsforschung nicht weit genug. Die Verankerung entscheidender Konstitutionsbedingungen der Werkbedeutung auf der Rezeptionsseite bot zwar entscheidende Fortschritte gegenüber der traditionellen Produktions- wie der einflußreichen Wirkungsästhetik Gadamers, schloß jedoch die Instanzen des impliziten Lesers und des Erwartungshorizonts wiederum als gedankliche Konstrukte in den Zusammenhang hermeneutischer Auslegung ein.

Für eine konzeptionelle Erweiterung des wirkungsgeschichtlichen Ansatzes hin zur historischen Situationsabhängigkeit von Rezeptionsereignissen plädiert schon früh Karl Robert Mandelkow. Auch er unterscheidet die ›Aggregatzustände‹ „rezeptionsunmittelbarer Virtualität“ und „rezeptionsvermittelter Fixierung“ literarischer Werke (Mandelkow 1970, 78), möchte letztere aber in übergeordnete Prozesse eingebettet wissen: „Erst die literarhistorische Gesamtschau einer ‚Entwicklung‘ der verschiedenen Werke eines Autors, einer Gattung oder einer Epoche hebt naturgemäß die rezeptionsästhetische Kontingenz der Urteilsbildung über das einzelne Werk auf zugunsten einer diese Kontingenz suspendierenden gesetzlich-überhistorischen Stringenz von wie auch immer begründeten Abläufen.“ (ebd., 77f.) Das Musterbeispiel für eine solche Gesamtschau gibt Mandelkow selbst mit seiner Rezeptionsgeschichte Goethes (1980 / 89): „Die Geschichte der Deutung und Wirkung Goethes [...] ist zugleich die Geschichte des literarischen Publikums, der literarischen Kritik, der Poetik und der Ästhetik“ (Mandelkow 1980, 19). Auch für weniger bedeutende Autoren gilt, daß die Geschichte ihrer Rezeption im Erklärungszusammenhang der genannten Elemente literarhistorischer Entwicklung gesehen werden muß. Mandelkows rezeptionsgeschichtliche Forschung bindet das Interesse am einzelnen Text und die Aussagekraft der Rezeptionsdokumente für die Erkenntnis von Literaturzuständen und die gesellschaftliche Konstruktion kultureller Bedeutung zusammen.

Mit dem Sammelbegriff der historischen Rezeptionsforschung sollen hier die vielfältigen Verfahren zusammengefaßt werden, denen das Interesse an dokumentierten Lektüren und anderen Rezeptionszeugnissen gemeinsam ist und die durchaus auf Anknüpfungsmomente in der Geschichte der Literaturwissenschaft zurückgreifen können (vgl. Stückrath 1979). Die von Jauß konstatierte **Partialität** der Rezeptionsgeschichte (Jauß 1973, 30ff.) bietet Anschlußfähigkeit an unterschiedliche Fragestellungen. Historische Rezeptionsforschung kann textorientiert, autororientiert oder systemorientiert sein; sie fragt danach, wer was wann warum und wie gelesen hat – wobei jede Teilfrage dominant gesetzt sein kann.

Die Rezeptionsperspektive kann so als ein **Bindeglied zwischen kultur- und sozialhistorischen Fragestellungen und Literaturwissenschaft** betrachtet werden. Die Frage nach dem Lesen und den Lesern führt zur Auseinandersetzung mit den benachbarten Untersuchungen der Bildungsgeschichte, der Buchmarkt- und Buchhandelsgeschichte und zu den Erkenntnissen einer Literatursoziologie, die sich mit den lektürebezogenen Mechanismen sozialer Formation und Differenzierung beschäftigt (vgl. Jäger 1987, 493).

Mit diesen Fragestellungen löst sich die Rezeptionsforschung von der Textinterpretation, vom Autor und von dessen Wirkung. Als leserzentrierte Forschung stellt sie das **Lesen** als **Kommunikationsakt** und **kulturelle Praxis** sowie die Leistung der Literatur für den oder die Leser in den Mittelpunkt. Dabei spezifizieren die besonderen Kennzeichen von Fiktionalität und Poetizität der literarischen Rede auch den Leseakt (vgl. Stierle 1975). Die Frage der ästhetischen Wertung hingegen, die bei Jauß als Distanz zwischen konventionellem Erwartungshorizont und ästhetischer Innovationsleistung des Werks eine wichtige Rolle spielt, tritt zurück.

Gerade wenn es der Rezeptionsforschung um symptomatische, über den Einzelfall hinaus erklärungskräftige Aussagen geht, muß sie sich mit ihren Quellen kritisch auseinandersetzen. Literatur wird auch in nicht-literarischen Kontexten rezipiert – wenn ein Politiker Schiller zitiert oder eine Versicherung mit Goethe wirbt zum Beispiel. Solche literaturfernen Anwendungen geben Einblick in die Rolle, die Literatur als Autorität in gesellschaftlichen Sinnbildungsprozessen zugemessen wird, zur Erkenntnis von literarischen Texten hingegen werden sie kaum beitragen.

Aber auch Rezeptionsdokumente im engeren Sinne – z. B. Literaturkritiken, briefliche Äußerungen, Annotationen, Tagebucheinträge, literarische Verarbeitungen – müssen in ihrem jeweiligen Zusammenhang betrachtet werden. Sie unterscheiden sich hinsichtlich ihrer Verwendungszwecke und können ein Lektüreergebnis nie unmittelbar dokumentieren. Auf die Entstehung einer Rezension beispielsweise haben viele Faktoren Einfluß, es gibt äußere Vorgaben sowie Konventionen des Argumentierens, und auch Rezensenten orientieren sich am Horizont ihres Publikums. Gerade diese Einflüsse erklären aber die interessanten Fälle, in denen ein und derselbe Verfasser einen Text öffentlich verreißt, im privaten Brief jedoch lobt (und umgekehrt). Rezeptionsprozesse zu rekonstruieren, erfordert also eine **Quellenkritik** (vgl. Jäger 1987, 507), die auf Wissen um die kommunikativen und materialen Entstehungsbedingungen der Dokumente zurückgreift. Ein weiteres Probleme stellt die Überlieferung dar: meist wird es sich um professionelle, also Ausnahmeleser handeln, deren Rezeption dokumentiert ist. Die Geschichte des Lesens und allgemeinen Leseverhaltens greift in ihren Untersuchungen deshalb auf weiteres, traditionell kaum berücksichtigtes **Datenmaterial** zurück, das die Voraussetzungen (wie Alphabetisierung, Bildungsgrad, Kaufkraft und -neigung), die Verbreitung (wie Leihbibliotheken, Buch- und Zeitschriftenmarkt) und die sozialen Funktionen von Lektüre erschließt.

3. Empirische Rezeptionsforschung

Die Empirische Literaturwissenschaft untersucht Literatur in ihrer kommunikativen Funktion anhand von Beobachtungsdaten. Im Rahmen der ETL (vgl. auch Kapitel XII.2) Siegfried J. Schmidts wird Rezeption als **Handlungsrolle** mit einer eigenen Teiltheorie erschlossen; Rezeptionsdokumente sind allerdings erst das Ergebnis einer weiterführenden Literaturverarbeitung. Die für die Rezeptionsforschung bedeutendste Strömung innerhalb der Empirischen Literaturwissenschaft ist die von Norbert Groeben begründete leserbezogene **Rezeptionspsychologie**. In Abgrenzung von hermeneutischen Verfahren besteht die empirische Forschung auf einer „systematischen Geltungsprüfung wissenschaftlicher Aussagen durch die intersubjektive Nachprüfbarkeit anhand von Beobachtungsdaten" (Groeben 1982, 27). Sie importiert die Methoden der empirischen Sozialforschung und strebt an, verstehende Verfahren weitgehend durch erklärende zu ersetzen; dazu werden methodische Anleitungen für die theoriegeleitete Datenerhebung und -sicherung (vgl. Viehoff 1988) formuliert.

Während die hermeneutische Wissenschaft im Leser die Instanz sieht, die ein im Text angelegtes Sinnpotential aktualisiert, geht die empirische Wissenschaft vom Leser als Bedeutung konstruierender Instanz aus. Der Text ist als **Textformular** (Groeben) oder **Kommunikatbasis** (Schmidt) Anlaß für diese Operationen. Rezeption wird als die bedeutungsgenerierende Verarbeitung textueller Information (vgl. Groeben / Vorderer 1988, 193) gefaßt. Der Rezeptionsprozeß soll erschlossen werden durch Hypothesenbildung und Bedingungs-Ereignis-Annahmen, die das Verhältnis von materialen Textmerkmalen und kognitiver Konstruktion erklären. Als **Text-Leser-Interaktion** (Groeben 1989) sind subjektive Bedeutungszuweisung und objektive Textfaktoren an der Rezeptionshandlung beteiligt. Dabei besteht kein grundsätzlicher Unterschied zwischen pragmatischen und literarischen Texten. Bei letzteren stoßen bestimmte Hypothesen wie jene der Textverständlichkeit aber an Grenzen (Groeben 1982, 152ff.). Im Gegensatz zum radikal-konstruktivistische Ausbau der ETL, gesteht Groeben den objektiven Textfaktoren erforschbare Relevanz zu (vgl. 1989).

In der Erklärung von Rezeption werden zwei Frageperspektiven entwickelt: „bei der Frage nach den Rezeptionsvoraussetzungen ist die Textrezeption ein erklärtes Konstrukt (von der Versuchsstruktur her: abhängige Variable), das auf beeinflussende **Antezedenzbedingungen** zurückgeführt wird; bei der Frage nach der Wirkung ist die rezipierte Textbedeutung erklärendes Konstrukt (von der Versuchsstruktur her: unabhängige Variable), von dem aus für Wirkungseffekte **Sukzedenzbedingungen** beeinflußt werden" (Groeben 1977, 189; Hervorhebung M. Z.). Zu den erklärenden Vorbedingungen gehören vor allem die Lesermerkmale, die als konkrete Voraussetzungen zu einer bestimmten Bedeutungszuweisung führen; als Folgebedingungen sollen kognitive und emotionale Wirkungen der Rezeption untersucht werden.

Wie wird die rezipierte Textbedeutung als das Mittelglied dieser explanativen Kette empirisch erhoben? Unmittelbarkeit ist nicht zu erreichen; auch der Empiriker ist auf den Umweg der Fixierung eines mentalen Vorgangs ›Rezeption‹ angewiesen. In der empirischen Sozialforschung bewährte Verfahren sollen dabei aber ein Höchstmaß an Objektivierbarkeit ermöglichen: Protokolle, Fragebogen, Interview, freie Assoziation, (semantische) Ähnlichkeitsklassifikation, cloze procedure (Ergänzungsverfahren) sowie paraphrasierende Interpretation gehören zum Instrumentarium der empirischen Rezeptionsforschung.

Hypothesen über die Gesetzmäßigkeit von Leservoraussetzungen und Rezeptionseffekten können nur mit umfangreichen und aufwendigen Versuchsanordnungen überprüft werden. Dazu werden beispielsweise einer Klasse von Rezipienten, die anhand bestimmter Merkmale (Alter, Geschlecht, regionale Zugehörigkeit, Beruf, Bildungsgrad etc.) ausgewählt werden, Texte vorgelegt. Geprüft werden kann mit Hilfe der genannten Verfahren, ob und wie sich zugeordnete Textbedeutungen ändern, wenn sich die Lesermerkmale ändern, oder ob ein Einstellungswandel aufgrund der Textrezeption zu verzeichnen ist. Für die Literaturwissenschaft ergibt sich hier die Möglichkeit, die kommunikationspraktische Relevanz literaturtheoretischer Annahmen zu untersuchen: wie weit wird beispielsweise die Vieldeutigkeit literarischer Texte akzeptiert, als Kennzeichen von Literatur und Grundlage der individuellen literarischen Bedürfnisbefriedigung vorausgesetzt oder vielleicht im Gegenteil als Lektürehemmnis eingeschätzt?

Mit Blick auf historische Situationen lassen sich ganz ähnliche Fragen formulieren, empirische Untersuchungen dieser Art sind aber nicht möglich. Im Gegensatz zur aktuellen Leserforschung, die ausgewählte oder repräsentative Gruppen befragen kann, muß sich die historische mit den zugänglichen Daten zufrieden geben. Sie kann sich auf die Suche nach vernachlässigten Dokumenten machen oder Daten aus angrenzenden Forschungsgebieten einbeziehen, die Vergangenheit aber nicht unter Laborbedingungen mit ihren Fragen konfrontieren.

Rezeptionsgeschichte und Wirkungsästhetik

– wertet die Instanz des Lesers gegenüber der des Autors auf
– postuliert den Paradigmenwechsel von der Produktions- zur Rezeptionsgeschichte; Literaturgeschichte wird durch drei Dimensionen erschlossen: Synchronie des ästhetischen Systems, Diachronie des ästhetischen Wandels; Bezug auf allgemeine Geschichte
– sieht das Werk im Kontext ästhetischer Erfahrung; Werk entsteht erst im Rezeptionsakt
– gründet (bei Jauß) in Universalhermeutik und ästhetischem Formalismus; nimmt Anregungen der Sprechakttheorie auf
– zentrale Konzepte sind der Erwartungshorizont (Jauß) und die Appellstruktur des Textes (Iser)
– Leserinstanz: zu unterscheiden sind impliziter Leser und reale Leser
– literarische Evolution entsteht durch ästhetische Innovationen, die den Erwartungshorizont durchbrechen
– Ziele sind die Erneuerung der ästhetischen Erfahrung und eine Revision des Kanons

Historische Rezeptionsforschung

– ist ein wichtiges Bindeglied zwischen Literaturwissenschaft und kultur- und sozialhistorischen Fragestellungen
– erforscht den Kontext literarischer Rezeption; betrachtet Lesen als Kommunikationsakt und kulturelle Praxis
– beschäftigt sich mit realen Lesern und historischen Rezeptionssituationen
– muß mit Rezeptionsdokumenten quellenkritisch umgehen
– integriert weiteres Datenmaterial und Erkenntnisse der Bildungs- und Buchmarktgeschichte sowie der Literatursoziologie

Empirische Rezeptionsforschung

– erhebt mit den Methoden der empirischen Sozialforschung literaturbezogene Daten
– Ziel ist die Hypothesenbildung und -überprüfung
– Rezeption wird als bedeutungsgenerierende Verarbeitung textueller Information verstanden
– erfaßt die Verstehenshandlung mit empirischen Verfahren
– formuliert Gesetzmäßigkeiten hinsichtlich der Zusammenhänge von Leservoraussetzungen, Textrezeption und Rezeptionseffekten
– wichtige Konzepte: Handlungsrollen Rezeption und Verarbeitung, die zu Rezeptionsdokumenten (Kommunikaten) führen; Text-Leser-Interaktion

XI. Kritische Theorie in der Literaturwissenschaft

Die Kritische Literaturwissenschaft knüpft in den 1970er Jahren an den politisch-emanzipatorischen Anspruch der sozialwissenschaftlichen ›Frankfurter Schule‹ an. Sie beruft sich in erster Linie auf die literatursoziologischen und ästhetischen Arbeiten Theodor W. Adornos, Herbert Marcuses, Leo Löwenthals und Walter Benjamins. Damit greift sie eine Tendenz der allgemeinen Wissenschaftsentwicklung in der Bundesrepublik auf. Am Frankfurter Institut für Sozialforschung – gegründet 1924 – formierte sich um Friedrich Pollock, Max Horkheimer, Erich Fromm und die zuvor Genannten in den 1930er Jahren ein Forschungszusammenhang, in dem Philosophie als **praxisrelevante Theorie der Gesellschaft** begriffen wird. In der Verknüpfung vieler Einzeldisziplinen sollten Theorie und Erforschung der ganzen Gesellschaft geleistet werden. Die Beobachtung der politischen Entwicklung ließ die Forscher früh die lebensrettende Emigration vorbereiten; sie setzten ihre Arbeit im Exil fort. Wichtige Institutsmitglieder wie Adorno und Horkheimer kehrten in das westliche Nachkriegsdeutschland zurück; 1951 wurde das Frankfurter Institut wiedereröffnet.

Adornos philosophische Hauptwerke entstanden in den beiden darauffolgenden Dekaden. Erst im Zuge der wissenschaftlichen Neuorientierung in den 1960er Jahren wurden aber auch die älteren Schriften der genannten Theoretiker auf breiter Basis rezipiert, ihre Arbeiten avancierten zu Leittexten einer ganzen Forschergeneration. In der Soziologie und Philosophie entstanden neue Entwürfe; der wichtigste Vertreter dieser Generation Kritischer Theorie ist Jürgen Habermas. In „Strukturwandel der Öffentlichkeit" (1962) untersucht er die Entstehung einer kulturvermittelten Öffentlichkeit als Konstituens der bürgerlichen Gesellschaft, in der „Theorie des kommunikativen Handelns" (1981) werden die normativen Grundlagen kritischer Sozialtheorie auf den Begriff einer kommunikativen Vernunft gegründet. Die erstgenannte Arbeit wie die erkenntniskritische Schrift „Erkenntnis und Interesse" (1968) finden nachhaltige Resonanz auch in der Literaturwissenschaft (z. B. Mecklenburg / Müller 1974).

Die klassische Kritische Theorie hat ihre doppelte Wurzel in der idealistischen Philosophietradition und deren fundamentaler Kritik, einer an Marx geschulten Auseinandersetzung mit der kapitalistischen Wirtschaftweise und ihren sozialen Auswirkungen. Der **Kulturtheorie** kommt dabei besonderer Stellenwert zu sowohl für die Gesellschaftsanalyse als auch für die epistemologische Selbstbestimmung, die in der distanzierenden Betrachtungsweise der Künste ein erkenntniskritisches Potential findet. Die klassische Kritische Theorie beschäftigt sich beispielhaft mit den ästhetischen Feldern von Literatur, Film, Musik.

In der literaturwissenschaftlichen Einführungsliteratur spielt die Kritische Theorie kaum eine Rolle. Das ist um so erstaunlicher, als viele ihrer Grundpositionen Allgemeingut geworden sind und weite Teile literarhistorischer Forschungspraxis – ob eingestandenermaßen oder nicht – in ihrer Tradition stehen.

Kritische Theorie

Kritische Wissenschaft gibt der Philosophie eine gesellschaftstheoretische Wendung; sie versucht, menschliches Handeln innerhalb sozioökonomischer, historisch sich wandelnder Rahmenbedingungen zu verstehen und zu erklären. Sie verfährt hermeneutisch, insofern sie Sinnverstehen als konstitutiv für die Theoriebildung ansieht und nicht nur als heuristisches Hilfsmittel. Während sich die Universalhermeneutik im subjektiven Verstehen traditionaler Sinnhorizonte gründet, möchte die Kritische Theorie jedoch reflexive Verfahren bereitstellen, die die Abhängigkeit der Ideen und Interpretationen von den Interessenlagen der gesellschaftlichen Wirklichkeit erschließen. Ziel ist es, die Spuren des Veränderbaren in der Wirklichkeit freizulegen.

Leittext für die Selbstdefinition ist Max Horkheimers Aufsatz „Traditionelle und kritische Theorie" aus dem Jahr 1937, mit dem er die wissenschaftliche Arbeit in realen gesellschaftlichen Prozessen verankert und den fraglosen Objektivitätsanspruch positivistischer Wissenschaft zurückweist. Die Kritische Theorie versteht sich als Teil der Zeit und der Prozesse, deren Erkenntnis sie vorantreibt. Eine kritische Analyse des Vorhandenen hält dessen Veränderung für möglich und nötig; hierin liegt der utopische Aspekt der Kritischen Theorie. **Utopie** erscheint nicht als Gegenentwurf, sondern als Vorwurf der unzulänglichen Erfahrungswirklichkeit. Ausgangspunkt sowohl der Kartierung des Bestehenden wie der Forderung nach Veränderung ist das Individuum, das Freiheit und Selbstbestimmung in sozialen Zusammenhängen zu verwirklichen sucht. Die Kritische Theorie sieht „Menschen als Produzenten ihrer gesamten historischen Lebensformen" (Horkheimer [1937] 1988, 217). Nur als seiner selbst bewußtes **Subjekt** wäre der Mensch in der Lage, seinen Freiheitsanspruch auch zu verwirklichen. So wie der einzelne sich nicht außerhalb der gesellschaftlichen Totalität stellen kann, muß er sich im Denken als Teil des Ganzen begreifen.

Die grundsätzliche Historizität der Subjektposition gilt auch für den Wissenschaftler. Erst der Einbezug des subjektiven Standorts in den Erkenntnisprozeß ermöglicht Strategien der Objektivierung, und nur das Wissen um die Voraussetzungen des eigenen Denkens macht dessen Vorurteilsstruktur der Überprüfung zugänglich. Kritisch ist Theorie, die ihre eigenen Handlungsbedingungen und -folgen stets auch reflektiert. Philosophisches Denken wird zum unabschließbaren Prozeß: „Die Philosophie, die bei sich selbst, bei irgendeiner Wahrheit, Ruhe zu finden meint, hat daher mit kritischer Theorie nichts zu tun" (ebd., 225).

Ideologiekritik als Verfahren

Im Gegensatz zur marxistisch-leninistischen Literaturwissenschaft rekurriert die Kritische Theorie mit ihren ideologiekritischen Konzepten nicht auf Marx' und Engels' Urteile über literarische Texte und zeitgenössische Autoren, sondern auf die kulturtheoretischen Überlegungen des jungen Marx. Dabei ist dessen in der Einleitung zur „Kritik der Hegelschen Rechtsphilosophie" (1844) formulierte Religionskritik Ausgangspunkt: „Der *Mensch macht die Religion*, die Religion macht nicht den Menschen. [...] Das *religiöse* Elend ist in einem der *Ausdruck* des wirklichen Elendes und in einem die *Protestation* gegen das wirkliche Elend. Die Religion ist der Seufzer der bedrängten Kreatur, das Gemüt einer herzlosen Welt, wie sie der Geist geistloser Zustände ist. Sie ist das *Opium* des Volks" (MEW, Bd. 1, 378). Der Marxsche Ideologiebegriff legt die **Widerspruchsstruktur von Ideologie** frei; Ideologie drückt Wahrheit aus und bedeutet zugleich Täuschung über diese Wahrheit. Weil sich die „Protestation gegen das wirkliche Elend" in der ›Geistsphäre‹ äußern kann, ist Ideologie funktional und mündet in politischem und sozialem Quietismus.

In „Die deutsche Ideologie" (1845/46) verwenden Marx und Engels das Bild der camera obscura, in dem die Vorstellung einer verzerrenden Umkehrung gefaßt ist, die dennoch Rückschlüsse über die Wirklichkeit zuläßt (MEW, Bd. 3, 26). Ideologie im Sinne der Marxschen Kritik ist ›verkehrtes Bewußtsein‹. Auch das Zerrbild ist immer noch ein Bild der Wirklichkeit, es besitzt eine – wenn auch mehrfach gebrochene – Referentialität. In diesem Sinne ist Ideologie nicht ‚falsch', keine eigens zum Zwecke der Manipulation erfundene und schlicht als solche zu decouvrierende Lüge. Aber selbst die trivialisierte Fassung als ‚falsches Bewußtsein' bezeichnet noch den Doppelcharakter von Ideologie: auch das falsche, nicht mit Bedürfnissen und Interessen übereinstimmende Bewußtsein drückt die Notwendigkeit eines Selbstgefühls und Selbstbewußtseins aus.

Dieser allgemeine Ideologiebegriff, der alle geistigen Objektivationen einer Gemeinschaft betrifft, ist auf die Literatur übertragbar. Einen Wahrheitsgehalt bezieht sie nicht aus der ‚Richtigkeit' ihrer Bilder, sondern indem sie das verspricht, was die Wirklichkeit nicht hält. Die Täuschung durch Literatur verweist auf einen tatsächlichen Zustand, über den der Mensch der Täuschung bedarf; ihre ästhetische Durchformung ist Ansatzpunkt der reflektierenden Selbstvergewisserung und sie bewahrt das Kunstwerk davor, zum reinen Vehikel der Propaganda zu werden: „Noch in Kunstwerken jedoch, die bis ins Innerste mit Ideologie versetzt sind, vermag der Wahrheitsgehalt sich zu behaupten. Ideologie, als gesellschaftlich notwendiger Schein, ist in solcher Notwendigkeit stets auch die verzerrte Gestalt des Wahren. Es ist eine Schwelle des gesellschaftlichen Bewußtseins von Ästhetik gegen die Banausie, daß sie die gesellschaftliche Kritik am Ideologischen von Kunstwerken reflektiert, anstatt sie nachzubeten." (Adorno 1970, 345f.)

Der auf die Kunst enggeführte Ideologiebegriff vom ›schönen Schein‹ und ›Schein des Schönen‹ ist in der Nachfolge häufig zitiert worden. Eine grundsätzliche Schwierigkeit liegt in der uneinheitlichen Verwendung des Ideologiebegriffs, der negativ als Gegenbegriff zur Wahrheit, neutraler als Bezeichnung für die Sphäre gesellschaftlicher Deutung insgesamt gebraucht wird. Jenseits der Frage, ob Bewußtseinsinhalte in wahre und falsche scheidbar sind, liegt die wichtige Leistung in der Erkenntnis, daß Symbolsysteme und Sozialsysteme aufeinander beziehbar sind und die Art der Verarbeitungsleistung Gegenstand des Interesses sein muß.

Grundpositionen: Marcuse, Adorno, Benjamin

Bei allen Unterschieden lassen sich bei den Vertretern der Kritischen Theorie zwei grundsätzliche Elemente der Kulturbetrachtung ausmachen: die Kritik an einer stillstellenden **Massenkultur** und die Betonung des **Wahrheitsanspruchs** authentischer Kunst. Diese beiden Pole von Quietismus und Emanzipation stehen in einem Spannungsverhältnis und werden zu verschiedenen Zeitpunkten unterschiedlich gewichtet. Die Entwicklung von einer eingreifenden Sozialwissenschaft zur negativen Geschichtsphilosophie wird begleitet von einer veränderten Sicht auf Kunst. Während in der Anfangszeit die die Ordnung stabilisierende Funktion von Kultur im Vordergrund steht, rückt später die kritische Leistung der ästhetischen Form ins Zentrum. Das heißt nicht, daß die Analyse der Kulturindustrie aufgegeben wird – sie bleibt entscheidend, wenn es um die entfremdete Stellung des Individuums geht. Dagegen wird jedoch die Widerständigkeit des einzelnen Kunstwerks akzentuiert und das Gebrochene, Uneigentliche der Kunst als Erkenntnisform gewürdigt.

Kunst- und Kulturbegriff sind nicht deckungsgleich. Mit dem Kulturbegriff wird regelmäßig die Funktionsanalyse des Gesamtkomplexes Kunst und Literatur in einer Gesellschaft verbunden, der Begriff der Kunst steht mit seiner kritisch-emphatisch Aufladung in der Tradition der idealistischen Ästhetik und ist an die ästhetische Form des Werks geknüpft. **Kunst** opponiert, während **Kultur** als gesellschaftlicher Wirkungszusammenhang affirmiert

Herbert Marcuse geht in seinem Aufsatz „Über den affirmativen Charakter der Kultur" (1979 [1937]) von einer **Kritik der wertbesetzten Trennung von Kultur und Zivilisation** aus. Diese Scheidung von geistiger und materieller Welt verhindere eine Verbesserung der wirklichen Welt, indem der individuelle Glücksanspruch an einen emphatischen Kulturbegriff gekettet werde. Die Kultur – als von der Erfahrungswirklichkeit programmatisch abgetrennte – könne aber nur ein „Reich scheinbarer Einheit und scheinbarer Freiheit" (ebd., 193) sein. Gerade ihr Idealismus paralysiert, denn er besteht in der „Behauptung einer allgemein verpflichtenden, unbedingt zu bejahenden, ewig besseren, wertvolleren Welt, welche von der tatsächlichen Welt des alltäglichen Daseinskampfes wesentlich verschieden ist, die aber jedes Individuum ‚von innen her', ohne jene Tatsächlichkeit zu verändern, für sich realisieren kann." (ebd., 192) Affirmativ ist die Kultur, weil sie Interessen, Wünsche und Bedürfnisse, die der Ordnung zuwiderlaufen, einkapselt. ‚Innerlichkeit' resultiert im Verzicht auf äußere Freiheit. Obwohl diese Idealisierung also den Genuß und die Verwirklichung des Glücksversprechens vereitelt, formuliert die Kunst Wahrheiten. Die Kunst beschränkt, wenn sie Glück nur im Medium der Schönheit zuläßt und Sinnlichkeit in der Geistsphäre bändigt (ebd., 210). Mittelbar reklamiert sie die Gültigkeit dessen, was sie zu verinnerlichen, zu binden und zu rationalisieren sucht.

Im vierzig Jahre später erschienenen Essay „Die Permanenz der Kunst" (1977) stellt Marcuse die Provokation des Geordneten durch das Literarisch-Ästhetische in den Vordergrund. Kunst ist Hort der Sehnsucht und erlaubt zugleich die „Subversion der Erfahrung" (ebd., 16). Die Wahrheit der Kunst liegt in der **Durchbrechung des Realitätsmonopols** der bestehenden Gesellschaft . In Absetzung vom Basis-Überbaus-Theorem wird sie als **geschichtlich-autonome Produktivkraft** gesehen, die durch ihre Form – nicht durch Inhalte – ihren historischen Entstehungszusammenhang zu transzendieren vermag: „Die ästhetische Formgebung zielt auf die Transformation der Realität, die notwendig ist, um die qualitative Differenz der Kunst, das Anderssein ihrer Wahrheit sichtbar, fühlbar und hörbar zu machen. Aber diese Transformation erfordert einen Grad der *Autonomie*, der sie der Macht des mystifizierenden Realitätsmonopols entzieht und die Gestaltung der ihr eigenen Wahrheit möglich macht. Die ästhetische Formgebung verwandelt die Realität so, daß der Druck der Normalität, das Gewicht des Gegebenen gebrochen wird und die Menschen und Dinge in einem anderen Licht erscheinen: ihrem eigenen." (ebd., 18) Damit wendet sich Marcuse (wie auch Adorno) gegen eine besondere Art der ‚realistischen' Kunst, den „so oft ungebrochenenen, ja fröhlichen Optimismus der Propaganda-Kunst" (ebd., 23). Tendenzliteratur vernichte jede transzendierende Qualität der Kunst; deren kritischer Stachel ist die in die Form verlegte Autonomie (vgl. ebd., 31 u. ö.). Kunst, die in der Notwendigkeit, das Andere zu sein, über das Bestehende nicht hinwegtäuscht, kann nicht einsinnig sein.

Den nachhaltigsten Einfluß auf die Literaturwissenschaft haben die ästhetischen Theoreme Adornos gehabt. Sein Konzept der konkreten Negation schärft sich in den Musik- und Literaturanalysen, die ästhetische Sphäre gerät ihm zum einzigen Anker in einer Welt, die unversehrte Individualität nicht gewährt. In „Dialektik der Aufklärung" (mit Horkheimer [1944/47] 1969 u. ö.) analysiert Adorno die Reduktion der aufklärerischen Vernunft im positivistischen Tatsachendenken. Diese Kritik bindet Freiheit in der Gesellschaft unlösbar an das Projekt der Aufklärung, zeigt jedoch, wie das aufklärerische Denken den Keim des Rückschritts in sich trägt. In der Verschlingung von Aufklärung und Herrschaft ist die Vernunft zum Instrument degradiert. Der kritischen Spitze gegen sich selbst beraubt, schlägt auch die Vernunft in Mythologisierung um. Beispielhaft analysieren Horkheimer / Adorno diese Regression an den immergleichen Produkten der Massenkultur.

Die Kritik der **Kulturindustrie** setzt sich auch in Adornos „Ästhetischer Theorie" (1970) fort. Jene biete lediglich ein imitatives Inszenierungsangebot, das dem Einzelnen die Möglichkeit vorgaukele, eine Persönlichkeit zu sein. Dieser Schein der Individualität habe jedoch Vereinzelung zur Folge und keineswegs eine Gesellschaft selbstbestimmt handelnder Subjekte zum Ziel. Kulturindustrie bewirkt Entfremdung und macht Entfremdung unsichtbar.

Freiheitspotential wird in einer Kritik gesehen, die sich als Negation auf das Vorhandene bezieht, die versöhnende Aufhebung jedoch verweigert (›negative Dialektik‹). Nur in solcher Kritik kann sich auch das Subjekt als solches erhalten. Es ist nicht in der Lage, der Totalität der Gesellschaft zu entraten, die, alles durchdringend, eine negative Identität von Allgemeinem und Besonderem erzwingt. Die Erkenntnis dieser Position ist Angelpunkt jeder Kritik und findet sich in der Auseinandersetzung mit den Künsten wieder. Das einzelne Werk ist kraft seiner ästhetischen Autonomie konkrete Negation der empirischen Welt. Konkret ist diese Negation, weil sie erfahrbar ist. Der Gedanke der Negativen Dialektik durchzieht insofern auch die Ästhetische Theorie. Ästhetik als Theorie des Schönen wird als das Bindeglied zwischen Philosophie und Kunst gesehen, das weder hinter die eine, noch die andere zurückfallen dürfe. Kunst und ihre Praxis müssen im Verhältnis zu ihren materialen Entstehungsbedingungen analysiert werden. Aus der Erkenntnisform der Kunst wiederum schöpft sich die Kritik am positivistischen Glauben an die bloße Signifikation.

Zentraler Gedanke der „Ästhetischen Theorie" ist der **Doppelcharakter** von Kunst als **Autonomie** und **fait social**: „Der Doppelcharakter der Kunst als eines von der empirischen Realität und damit den gesellschaftlichen Wirkungszusammenhängen sich Absondernden, das doch zugleich in die empirische Realität und die gesellschaftlichen Wirkungszusammenhänge hineinfällt, kommt unmittelbar an den ästhetischen Phänomenen zutage. Diese sind beides, ästhetisch und faits sociaux. Sie bedürfen einer gedoppelten Betrachtung, die so wenig unvermittelt in eins zu setzen ist, wie ästhetische Autonomie und Kunst als Gesellschaftliches." (ebd., 374f.) Adornos Kunstbegriff integriert also die soziale Verfaßtheit künstlerischen Handeln, ohne vom Postulat der ästhetischen Autonomie abzusehen. Dieses erscheint hier als kritische Spitze der Kunst und nicht mehr als stillstellender Idealismus. Humanität wird als Versprechen der Versöhnung von Individuum, Gesellschaft und Natur im Kunstwerk festgehalten. Die Werktotalität als selbstbezügliche Form ist in diesem Sinne „sedimentierter Inhalt" (ebd., 15).

Weder die Kunst noch das einzelne Werk können sich außerhalb der Gesellschaft stellen; selbst in die Bewegung der Absonderung ist die empirische Realität eingeschrieben. In Distanz vom emphatisch-idealistischen Literaturbegriff wie von Widerspiegelungstheoremen faßt Adorno die **immanente Dialektik** der

Kunst so: „Kunst mit Offenbarung zu kontaminieren hieße, ihren unausweichlichen Fetischcharakter in der Theorie unreflektiert wiederholen. Die Spur von Offenbarung in ihr ausrotten, erniedrigte sie zur differenzlosen Wiederholung dessen, was ist. Sinnzusammenhang, Einheit wird von den Kunstwerken veranstaltet, weil sie nicht ist, und als veranstaltete das Ansichsein negiert, um dessentwillen die Veranstaltung unternommen wird – am Ende die Kunst selbst. Jegliches Artefakt arbeitet sich entgegen." (ebd., 162) Im permanenten Vollzug dieser dialektischen Bewegung durchbricht das Werk die Mechanismen der Affirmation: „Die Idee der Kunstwerke will den ewigen Tausch von Bedürfnis und Befriedigung unterbrechen, nicht durch Ersatzbefriedigungen am ungestillten Bedürfnis sich vergehen." (ebd., 362) Auskunft über ihre Entstehungsgesellschaft geben Kunstwerke als „die ihrer selbst unbewußte Geschichtsschreibung ihrer Epoche" (ebd., 272).

Die Überlegungen zum Literaturbegriff werden flankiert von einer soziologisch-materialen Sicht auf die künstlerische Praxis, in der sich die Formulierung von der Kunst als sozialem Faktum präzisiert. Werke werden als Ergebnis künstlerischer Arbeit und nicht individueller Eingebung gesehen. Zentral ist der Begriff des **Materials**, mit dem der im Kunstwerk vergegenständlichte Stand künstlerischer Formen bezeichnet wird. Es ist das, „womit die Künstler schalten" (ebd., 222). Dem Material als objektiv vorgegebenem Werkstoff tritt die subjektive Auseinandersetzung in der ›Verfahrungsweise‹ des Künstlers entgegen. Gleichzeitig ist der Materialstand bereits von vorgängigen subjektiven Bearbeitungen geprägt; der Künstler nimmt Bearbeitetes auf. Für Adorno ist das Material aber keine Addition subjektiver Bewußtseinsleistungen, sondern Ausdruck eines gesellschaftlichen Kunstzustands. Es wird als ›sedimentierter Geist‹ verstanden, durch subjektive Bewußtseinsleistungen geprägte Objektivität, die an den Künstler appelliere.

Neben Adorno hat Walter Benjamin die Kritische Literaturwissenschaft sehr stark geprägt. Seine Schriften haben vor allem Einfluß auf den Werkbegriff und die Konzeption von Literaturgeschichte. In den literaturwissenschaftlichen Debatten nach 1968 sind besonders seine ›Geschichtsphilosophischen Thesen‹ („Über den Begriff der Geschichte" [postum 1942] 1974) und sein Entwurf über die entmythisierte Kunst „Das Kunstwerk im Zeitalter seiner technischen Reproduzierbarkeit" ([1936] 1974) rezipiert worden. Im Kunstwerk-Aufsatz beleuchtet Benjamin den Wandel der künstlerischen Produktionsbedingungen und zeigt, wie Technologie der Kunst nicht äußerlich bleibt, sondern sie verändert. Anlaß und Gegenstand ist der auf Vervielfältigung angelegte Film, der ihm als Paradigma moderner Kunstproduktion gilt. Enggeführt auf die Filmindustrie arbeitet er allgemeine Entwicklungstendenzen heraus: in seiner **Reproduzierbarkeit** ist das Kunstwerk entzaubert, es ist seiner **Aura** beraubt. Das traditionelle Werk war durch seine Einzigartigkeit gekennzeichnet, es wurde rituell rezipiert und besaß Kultwert. Im Verlaufe eines Profanisierungsprozesses wird dieser **Kultwert** der Kunst verdrängt, sie wird zur Ware, die über ihren **Ausstellungswert** bestimmt ist. Wichtig sind die veränderten Rezeptionsbedingungen in einer modernen massenkulturellen Konstellation: der auratische Charakter der Kunst verschwindet in einer „**simultanen Kollektivrezeption**" (ebd., 460). Originalität, Einmaligkeit, Geheimnis des Werks sind getilgt. Die Stoßrichtung der Analyse bleibt allerdings uneindeutig: einerseits wird der Verlust der Aura und der sich versenkenden Wahrnehmung als historische Notwendigkeit nachgezeichnet, andererseits sind die kulturpessimistischen Anklänge unüberhörbar. Die Bejahung der modernen, zugleich kollektiven und zerstreuten Wahrnehmung ist nicht ungebrochen; der Vorschlag, Kunst statt im Ritual in der (revolutionären) Politik zu gründen, birgt seine eigenen Probleme.

Wie der Kunstwerk-Aufsatz dem historischen Materialismus in der zeitgemäßen Konturierung des Werkbegriffs zu seinem Recht verhelfen sollte, so sollen die sog. **Geschichtsphilosophischen Thesen** eine materialistische Geschichtsbetrachtung entwerfen. Der verdichtete Text ist durch sein spezifisches Zusammenspiel von Theologie und historischem Materialismus, von bildmächtiger Sprache und politischer Kritik gekennzeichnet. In 18 Thesen entwickelt Benjamin ein neues Geschichtsbild aus der Kritik des Historismus. Er wendet sich gegen eine Geschichtsschreibung, die sich in den Dienst der herrschenden Ordnung stellt, indem sie in einer ›Geschichte der Sieger‹ das Vorgefundene legitimiert, den materialen Beutezug in einem diskursiven verdoppelt und für immer ausschließt, was nicht in die konformistische Überlieferung paßt. Gleichermaßen kritisch beurteilt er den Fortschrittsenthusiasmus, der für die Schäden der Moderne blind ist. Der Linearität dieser Geschichtsbetrachtungen stellt Benjamin Geschichte als unabgeschlossene Diskontinuität entgegen, die es aus einer gegenwärtigen Konstellation neu zu betrachten gilt: „Denn es ist ein unwiederbringliches Bild der Vergangenheit, das mit jeder Gegenwart zu verschwinden droht, die sich nicht als in ihm gemeint erkannte." (ebd., 695) Er selbst beschreibt diesen Aneignungsvorgang auch als ›Erlösung‹. Die momentane Konstellation, die Gegenwart und Vergangenheit erkennend zusammenschließt, ist mit dem Begriff der **Jetztzeit** gefaßt. In These 9 läßt Benjamin Richtung und Fokus seiner Geschichtsphilosophie anschaulich werden. Mit einem pessimistischen Geschichtsbild wendet er sich kritisch gegen den Fortschrittsglauben: er interpretiert Paul Klees „Angelus Novus" als Engel der Geschichte, der vom Sturm des Fortschritts aus dem Paradies geweht wird – rückwärts in Richtung Zukunft, das Gesicht zur Vergangenheit gewendet, starrt er auf einen anwachsenden Trümmerhaufen. Dem Kontinuum der Erfolge stellt Benjamin Geschichte als **Katastrophe** und eine **Tradition der Unterdrückten** entgegen.

Auch heute bieten Benjamins Überlegungen der literarhistorischen Forschung Anregung, Brüchen nachzuspüren, in den ästhetischen Systemen der Vergangenheit das Abweichende aufzusuchen, der konformistischen Überlieferung des Kanons zu mißtrauen.

Institution Kunst und Literatur

Eine einflußreiche Applikation Kritischer Theorie in der Literaturwissenschaft wird in den 1970er Jahren von Peter Bürger angeregt. Seine wichtigsten Arbeiten sind 1979 in überarbeiteter Form und mit dem expliziten Anspruch, einen Beitrag zur Methodologie der Literaturwissenschaft zu leisten, publiziert worden („Vermittlung – Funktion – Rezeption"). Eine Umsetzung der theoretischen Überlegungen Bürgers in die Forschungspraxis bieten die Veröffentlichungen in der Suhrkamp-Reihe „Hefte für Kritische Literaturwissenschaft". Literarhistorischer Angelpunkt des Konzepts ist eine „Theorie der Avantgarde" (1974), in der die Bewegung der kritischen Distanzierung im literarischen Gegenstand selbst sein Vorbild findet. Eine diachrone Anwendung liefert der Band „Zum Funktionswandel der Literatur" (1983).

Theorie der Literatur bedeutet in diesem Rahmen nicht Theorie des literarischen Werks, sondern Kulturtheorie. Als umfassendes Konzept schlägt er das der **Institution Kunst** vor, mit deren Hilfe die ›Produkte des Geistes‹ in **ideologiekritischer** Absicht auf die sozialen und ökonomischen Verhältnisse bezogen werden sollen. Literatur wird als Produkt dieser Verhältnisse verstanden, wobei die Vorstellungen über Kunst Auskunft geben über die spezifische Gesellschaftsformation und die soziale Funktion, die Kunst in dieser zugewiesen wird. Als Ausdruck realer Verhältnisse könne auch Literatur in letzter Instanz auf Produktionsverhältnisse zurückgeführt werden. Institution Kunst ist **die gesellschaftliche Funktionsbestimmung von Kunst und Literatur**, die normative Positionierung literarischer Objektivationen innerhalb einer Gesellschaft. Zur Institution Kunst gehören „die in einer Gesellschaft (bzw. in einzelnen Klassen / Schichten) geltenden allgemeinen Vorstellungen über Kunst (Funktionsbestimmungen) in ihrer sozialen Bedingtheit [...]. Dabei wird angenommen, daß diese Funktionsbestimmungen an materiellen und ideellen Bedürfnissen der Träger festgemacht sind und in einem bestimmbaren Verhältnis zu den *materiellen Bedingungen der Kunstproduktion und -rezeption* stehen. Die Ausdifferenzierung der Funktionsbestimmungen erfolgt, vermittelt über ästhetische Normen, auf der Produzentenseite durch das *künstlerische Material*, auf der Rezipientenseite durch die Festlegung von *Rezeptionshaltungen*" (Bürger 1979, 176). Der in der Soziologie zwieschlächtige Institutionenbegriff – objektive Faktizität und normative Sinninstanz – ist hier auf den zweiten Aspekt enggeführt. Unterschieden wird zwar zwischen der Faktizität literarischen Lebens und dem ›literarischen Diskurs‹, der gesellschaftlichen Rede über Literatur. Die Institution Kunst erfaßt aber nur letzteres. Bürgers Ideologiekritik thematisiert insofern nicht das Verdeckte, sondern ausschließlich das Verdeckende: die **funktionale Funktionslosigkeit der Literatur**. Andere Indikatoren, die über den wirklichen Umgang mit Literatur Auskunft geben könnten (Lesepräferenzen, Prozesse der Kanonbildung, Verkaufszahlen etc.), werden nicht berücksichtigt. Hervorzuheben ist die Integration einer Rezeptionsperspektive. Die Vermittlung der „Dialektik von Institution und Einzelwerk" (Bürger 1979, 189) geschieht über **Material** und **Norm**.

Die funktionsanalytische Perspektive gliedert die Institution Literatur in eine kritische Gesellschaftsanalyse ein. Verglichen mit einer inhaltsorientierten Ideologiekritik, ist dies eine wichtige Verschiebung: die Kritik bleibt nicht der Institution immanent, die institutionalisierte Funktionsbestimmung selbst wird zum Untersuchungsobjekt. Ideologiekritische Literaturwissenschaft im Sinne Bürgers widersetzt sich damit auch dem Vorwurf, sie vernachlässige ‚das Eigentliche' der Literatur: dieses Schöne ist aber nicht mehr das überzeitlich gültige Kunstschöne, sondern die historisch zu bestimmende Ästhetik, die selbst zum Gegenstand der Forschung wird, statt sie normativ zu orientieren. Bürger macht im Vergleich zur klassischen Kritischen Theorie einen deutlichen Schritt in Richtung Historisierung des Kunstbegriffs.

Kritische Theorie in der Literaturwissenschaft

– Kritische Literaturwissenschaft nimmt die Kritische Theorie der ›Frankfurter Schule‹ in die Literaturbetrachtung auf
– Kritische Theorie versteht Philosophie als Gesellschaftswissenschaft, sie wendet sich gegen den Positivismus, sie postuliert die Einheit von Theorie und Praxis, sie reflektiert die Historizität des eigenen Denkens in der Theoriebildung
– zentrale Kategorie ist das Subjekt
– Kulturtheorie ist konstitutiver Bestandteil der Gesellschaftsanalyse, relative Autonomie der Kunst ist erkenntniskritisches Modell
– Ideologiekritik als Verfahren deckt Widerspruchsstruktur von Ideologie (zu der Literatur gehört) auf
– Literaturbegriff: Literatur ist soziales Produkt, das in Abhängigkeit von sozioökonomischen Bedingungen entsteht; die Produktionsverhältnisse einer Gesellschaft sind auch in ihre literarischen Werke eingeschrieben; Literatur ist aber auch autonom und transzendiert kraft der ästhetischen Formgebung ihre historisch-gesellschaftlichen Entstehungsbedingungen; das authentische Kunstwerk erhält die Sehnsucht nach Einheit
– Gegenstand Kritischer Literaturwissenschaft: ästhetisch-literarischer Diskurs, Kulturindustrie, Kunstwerk als kritische Negation der unzulänglichen Erfahrungswelt
– die ›Institution Kunst und Literatur‹ bezeichnet den jeweiligen Status von Kunst in einer Gesellschaft
– eine funktionsanalytische Perspektive integriert die Literaturbetrachtung in Gesellschaftstheorie

XII. Sozialgeschichte der Literatur

›Sozialgeschichte‹ ist ein Sammelbegriff, der weite Teile der Entwicklung seit dem scientific turn zusammenspannt. Aus dieser Perspektive ist Literatur ein Ergebnis menschlichen Handelns im Laufe der Geschichte. Produktion und Rezeption von literarischen Texten sowie alle anderen mit ihnen verbundenen Interaktionen und Ereignisse werden in ihren sozialen Kontexten betrachtet. Literatur wird als soziale Praxis verstanden. Dabei wird nicht behauptet, aus den Handlungszusammenhängen verschiedenster Zeitalter ließen sich die jeweiligen literarisch-künstlerischen Phänomene ableiten: Sozialgeschichte geht nicht von einer Determiniertheit der Literatur aus. Die Verknüpfung literarischen Handelns mit anderen sozialen Handlungsräumen präformiert nicht die je spezifische Ausprägung des ästhetisch-literarischen Diskurses oder gar des einzelnen Textes; die **relative Autonomie** der Literatur bleibt unbestritten. Literatur als **Ausdruck** der kulturellen und sozialen Verfaßtheit einer Gesellschaft und gleichzeitig als **Mittel ihrer Strukturierung** erfordert jedoch eine andere wissenschaftliche Annäherung als die überzeitliche Wahrheit des Schönen. An die Stelle des traditionellen einfühlenden Verstehens in das einzelne Werk tritt ein erklärendes Forschungsinteresse, das sich zwar hermeneutischer Verfahren bedient, diese und andere aber anwendet, um Position und Funktion literarischer Texte, literarischen Handelns und literarischer Institutionen in gesellschaftlichen Kontexten zu beschreiben und aus dieser Beschreibung heraus zu erklären.

Mit diesen Positionen ist – zumindest in der Anfangsphase – eine wissenschaftspolitische Strategie verbunden: wissenschaftliche Forschung sollte Ende der 1960er Jahre zur kritischen Erkenntnis der Gesellschaft beitragen, Literaturwissenschaft als ideologiekritische Wissenschaft die Funktion von Literatur in historischen und gegenwärtigen sozialen Strukturen aufdecken. Sozialgeschichte der Literatur ist unter anderem Ergebnis und Katalysator dieser Neuorientierung. Entwickelt werden **Gegenstandstheorien**, die einen sozialhistorischen Begriff von Literatur formulieren. **Theorien der Literaturwissenschaft** liefern wissenschaftslogische Grundlagen und vermitteln das disziplinäre Selbstverständnis der Forschung. Für den Objektbereich bedeutet die wissenschaftliche Entmythisierung des in sich geschlossenen ›Sprachkunstwerks‹ die Einsicht in den Konstruktionscharakter eines jeden Literaturbegriffs und damit auch die Möglichkeit der Erweiterung traditioneller Vorstellungen von Literatur. Zu den neuen Themen gehören zum Beispiel Trivialliteraturforschung, massenkulturelle Phänomene oder das kreative und vergesellschaftende Potential neuer Medien (und auch der schon älteren, wie Fernsehen und Film).

Die Neuorientierung geht auch einher mit Blicken über den disziplinären Tellerrand. Im Vordergrund steht die Frage, was die Literaturwissenschaft an Wissen und Methoden aus anderen Fachbereichen importieren kann.Die Ansätze kritischer Literaturwissenschaft und die rezeptionstheoretischen Vorstöße sind insofern ebenso mit der Entwicklung sozialhistorischer Positionen verklammert wie Bereiche der Literatursoziologie. Hier sollen zunächst Grundlagen zusammengefaßt und im folgenden neuere Ansätze vorgestellt werden, die die Diskussion in den vergangenen Jahren stark beeinflußt haben.

Interdisziplinarität: Literaturwissenschaft, Geschichtswissenschaft, Soziologie

Für eine Sozialgeschichte der Literatur richtet sich das erwachte interdisziplinäre Interesse in erster Linie auf die **Geschichts- und Sozialwissenschaften**. Geschichtswissenschaft, die sich als Sozialgeschichte versteht, sieht ihren Erkenntnisbereich im geschichtlichen Wandel gesellschaftlicher Strukturen. Sie grenzt sich ab von der als einseitig empfundenen Politischen Geschichte, die als Ereignisgeschichte und ›Geschichte großer Männer‹ in Deutschland bis in die Nachkriegszeit vorherrschte und auch heute ihre Vertreter hat. Sozialgeschichte geht es um eine Erweiterung des Gegenstandsbereichs und um einen veränderten Zugriff; deshalb bestimmt sie sich heute auch nicht mehr aus der Negation als „history with the politics left out" (G. M. Trevelyan).

In der Bundesrepublik hat sich die Sozialgeschichte in der Zeit nach dem Zweiten Weltkrieg allmählich etabliert, wobei das reformfreundlichere Klima der 1960er und -70er Jahre auch hier eine Neuorientierung befördert hat. Sie konnte dabei durchaus an wissenschaftliche Traditionen anknüpfen, die historische Sachverhalte in ihrem gesellschaftlichen Kontext betrachtet hatten. Diese Tradition war durch die nationalsozialistische Herrschaft abgebrochen worden, und dementsprechend gestaltete sich die Konsolidierung einer sozialgeschichtlichen Forschung in Deutschland schwieriger als beispielsweise in den USA, Großbritannien oder Frankreich, wo die Trennung von Politik-, Kultur-, Wirtschafts- und Sozialgeschichte nie so rigide gewesen war wie im deutschen Sprachraum unter dem Einfluß des Historismus.

Ein wichtiger Anstoß geht von der französischen Schule der **Annales** aus, die bereits in den 1930er Jahren eine analytische Strukturgeschichte der ›longue durée‹ konzipiert hatte, sich quantifizierender Methoden bediente und Interdisziplinarität zum Forschungsprogramm erhob. Der Titel der Zeitschrift, die der Gruppe ihren Namen gab, „Annales, économies, sociétés, civilisations" benennt das Bemühen, der Wirtschaftsgeschichte, Sozialgeschichte und der Geschichte der Mentalitäten Einfluß zu verschaffen. Nach 1945 hat die Annales-Gruppe die Geschichtswissenschaft über die Grenzen Frankreichs hinaus entscheidend geprägt. In der Bundesrepublik haben in den 1950er Jahren vor allem Werner Conze und Karl-Otto Brunner die Strukturgeschichte befördert.

Neue Konzepte erfordern das Nachdenken über tradierte und die Entwicklung neuer Methoden: die Hermeneutik des Sinnverstehens reicht nicht aus, um auch das zu erfassen, was ‚hinter dem Rücken der Akteure' vorgeht. Rollen, Institutionen und Funktionen müssen beschrieben und erklärt werden. Daten, die wirtschaftliche und gesellschaftspolitische Zusammenhänge erschließen, müssen erhoben, strukturiert und analysiert werden. Hier bieten sich die analytischen Verfahren der Sozialwissenschaften dem Projekt einer **Historischen Sozialwissenschaft** an. Die Integration hermeneutischer und analytischer Erkenntniskonzepte soll die Dichotomien von Struktur und Ereignis, Struktur und Wandel, Vergangenheit und Gegenwart überwindbar machen. Die interdisziplinäre Ausrichtung der Sozialgeschichte äußert sich in der **Konvergenz von Geschichtswissenschaft und Sozialwissenschaften.** Eine nicht nur additive Verknüpfung historischer und sozialwissenschaftlicher Erkenntniskonzepte zielt auf die Überwindung der Ahistorizität soziologischer Betrachtung und die theoretische Fundierung historischer Ansätze. Während in der historistischen Geschichtsschreibung die ideographische Beschreibung des besonderen Ereignisses im Vordergrund stand, sind es nun die strukturellen Bedingungen des Ereignisses. Das hat nicht nur Auswirkungen auf die Konzeptualisierung, sondern auch auf die **Darstellungsweise** – Strukturen können nicht erzählt werden. Die narrative Darstellung historischen Geschehens tritt hinter die Rekonstruktion historischer Sachverhalte und ihre Explikation anhand von Modellen zurück.

Die avisierten Veränderungen schlagen sich auch in der Benennung nieder: Jürgen Kocka schlägt als Bezeichnung **Gesellschaftsgeschichte** vor und rekurriert damit auf den denkbar umfassendsten Begriff, der Sozialgeschichte nicht als Teil- oder Komplementärgeschichte verstanden wissen will. Auch Hans-Ulrich Wehler schreibt: „Gesellschaftsgeschichte in diesem Sinn ist mithin keine Teildisziplin, geschweige denn, daß sie eine eigene Methode besäße, sondern sie ist der Fluchtpunkt, das inhaltlich zu füllende Orientierungsmodell für die historische Analyse einer Gesamtgesellschaft, die durch die drei gleichberechtigten Dimensionen von Wirtschaft, politischer Herrschaft und Kultur – durch „Herrschaft, Arbeit und Sprache" (Habermas) – konstituiert wird" (Wehler 1977, 364). Für die Diskussion der Sozialgeschichte der Literatur ist es bedeutsam, daß die Historische Sozialwissenschaft sich zunehmend auch als Kulturwissenschaft versteht (vgl. Daniel 1993; Geschichte zwischen Kultur und Gesellschaft 1997; Was ist Gesellschaftsgeschichte 1991). Die postulierte Gleichberechtigung der Sozialdimensionen Wirtschaft, Politik und Kultur hat zur verstärkten Beschäftigung mit der Vergesellschaftungsleistung kulturellen Handelns geführt. Hier findet auch die Literaturwissenschaft ihren Anknüpfungspunkt.

1. Handlungs- und systemtheoretische Ansätze

Besondere Aufmerksamkeit haben in den vergangenen Jahren **handlungs- und systemtheoretische Konzepte in der Literaturwissenschaft** gefunden. Vor allem die Systemtheorie hat sich zum wichtigsten soziologischen Paradigma der letzten Dekade entwickelt – zumindest in den Kulturwissenschaften. In der Soziologie selbst wird sie bereits seit den 1940er Jahren diskutiert; in der Bundesrepublik war sie Anfang der 1970er Jahre Zankapfel in einer der wichtigen sozialwissenschaftlichen Debatten der Nachkriegszeit (Habermas – Luhmann). Heute sind strukturfunktionale Überlegungen und systemtheoretische Bausteine als Heuristik in fast allen sozialwissenschaftlichen Konzepten und Untersuchungen zu finden – und wenn nur als metaphorischer Import von Begriffen wie ›Ausdifferenzierung‹, ›Selbstbeschreibung‹, ›Umweltreferenz‹ etc.

Handlungs- und Systemtheorie sind nicht nur zwei Paradigmen der Soziologie, sondern markieren epistemologische und forschungspraktische Grundprobleme, mit denen sich jede Literaturwissenschaft, die sozialhistorische Elemente hat, beschäftigen muß. In Theorie und Praxis der Literaturwissenschaft werden solche Bausteine verschieden rezipiert; eine – sicher die methodologisch plausibelste – Form der Adaptation ist die Konzeption des gesellschaftlichen Raums ›Literatur‹ als Handlungs- oder Sozialsystem. Diese strukturfunktionale Orientierung löst die Sozialgeschichte der Literatur der ersten Generation nicht grundsätzlich ab, sondern verbindet sich mit ihr. Das Interesse am System drängt die Frage nach der Geschichte konzeptionell in den Hintergrund, in der Forschungspraxis wird die literaturhistorische Erklärung und Darstellung aber zwangsläufig auf diese zurückgeworfen, so daß sich der theoretische Primat der (synchronen) Soziologie einem untersuchungspraktischen Interesse am (diachronen) literarischen Wandel konfrontiert sieht.

Grundlagen der Handlungs- und Systemtheorie

Im Zentrum von **Handlungstheorien** steht das intentionale und interpretative Verhalten von individuellen und kollektiven Akteuren in einer Sozialstruktur, sie sind also nicht auf Individuen beschränkt. Abgegrenzt werden in der Regel **Handeln** und **Verhalten**, wobei ersteres zielgerichtet ist, ohne daß dies dem oder den Handelnden immer bewußt sein muß. Handlungstheorie befaßt sich mit **Handelnden** (Akteuren), mit Interaktionen und Kommunikationen; **Handlung** findet immer in einer **Handlungssituation** statt, u. a. ist der Verlauf von Handlung von der Situationsdefinition durch die Akteure bestimmt, die nicht der objektiven Handlungssituation entsprechen muß. Die Vorstellung einer Zielgerichtetheit des Handelns fragt auch nach der Handlungs**motivation**.

Unterschieden werden **rationalistische** und **interaktionistische** Handlungstheorien. Bei ersteren stehen der Handelnde und die Zweckrationalität seines

Handelns (d. h. die Zielgerichtetheit, nicht eine Rationalität im Sinne von ‚vernünftig sein') im Vordergrund, bei letzteren die Interaktion und die Konstitution eines gemeinsamen Sinns in einer Handlungssituation. Vor allem die auf Rationalitätsmodellen basierenden Handlungstheorien berufen sich auf den Soziologen Max Weber.

Alle neueren Konzepte sind bemüht, Handlung und Struktur bereits auf der konzeptionellen Ebene in Verbindung zu bringen, d. h. nicht nur die Strukturen von Handlung zu bestimmen, sondern auch, die Handelnden als in einem überindividuellen Bedingungsgefüge agierend zu zeigen. Das (Vor-)Strukturierte von Handlung verdeckt dabei nicht **voluntaristische** Elemente: die Auswahl aus verschiedenen Handlungsoptionen ist immer mit Entscheidungen verbunden; aufgrund der Komplexität unterschiedlicher Motivationen, Kapazitäten, Einschätzungen kann der Ausgang einer Situation nie präzise vorhergesagt werden. Selbst wenn alle Parameter bekannt wären, ließe sich das Ergebnis nicht ausrechnen: Handlung ist durch Struktur **nicht hinreichend determiniert**.

Einige Forscher – zuerst der amerikanische Soziologe Talcott Parsons – haben versucht, Handlungs- und Systemperspektive miteinander zu verknüpfen. Jürgen Habermas verfolgt dieses Projekt in einer „Theorie des kommunikativen Handelns" (1981). Er faßt Vergesellschaftung als den Versuch der einvernehmlichen Handlungsplanung. Mit ›kommunikativem Handeln‹ beschreibt er die Ebene des alltäglichen Informationsaustauschs, auf der Sinnzusammenhänge / Normen etc. vorausgesetzt sind und nicht weiter problematisiert werden müssen; erst auf der Ebene des ›Diskurses‹ (nicht zu verwechseln mit Foucaults Diskursbegriff) werden strittige Fragen ausgetragen – und in der Idealvorstellung durch kommunikativ herbeigeführten Konsens gelöst.

Der Vorzug von Handlungstheorien besteht vor allem in ihrem Anspruch, **Handeln zu erklären**, d. h. Handlungsstrukturen zu ermitteln, die uns über individuelles und kollektives Agieren mehr erfahren lassen als es das hermeneutische Einfühlen in das Bewußtsein der Akteure ermöglicht. Handlungstheorien verbinden ideographische und nomothetische Verfahren, Sinnverstehen und strukturale Erklärung. So können einerseits komplexe Motivationsstrukturen im Handeln einzelner beschrieben werden, andererseits kann Handeln in Netzwerken oder die Plausibilität von generalisierenden Aussagen oder Statistiken, die Einzelhandlungen zu Gesellschaftsbildern addieren, analysiert werden. Nicht zuletzt bergen Handlungstheorien auch ein Erklärungspotential hinsichtlich gesellschaftlicher Wandlungsprozesse. Bestandteil jeder Handlungstheorie ist eine Vorstellung von **Akteur**, dem in den einzelnen Entwürfen allerdings unterschiedlich ausgeprägte Bewegungs- und Entscheidungsfreiheit zusteht. Damit unterscheiden sich Handlungstheorien grundsätzlich von Ausprägungen der subjektlosen (zumindest: individuumsfreien) Diskursanalyse und ebensolchen Varianten der Systemtheorie.

Die **Systemtheorie**, wie wir sie heute kennen, hat ihre Wurzeln in verschiedenen Disziplinen: der Kybernetik, der Theorie lebender Systeme in der Biologie, aus der Ludwig von Bertalanffy eine allgemeine Systemtheorie abgeleitet hat, sowie der Politikwissenschaft (vor allem David Easton und Karl W. Deutsch) und Soziologie (Talcott Parsons; der wichtigste Vertreter der soziologischen Systemtheorie in der Bundesrepublik war Niklas Luhmann).

Systemtheorien der Gesellschaft gehen im Gegensatz zu Handlungstheorien nicht von der mikrosoziologischen Ebene der Akteure aus, sondern nehmen übergeordnete Strukturen und Regelungsmechanismen an. Zentrale Begriffe der Systemtheorien sind **Struktur, Funktion und Steuerung**. Ein System besteht aus einer Menge interdependenter (untereinander abhängiger) Elemente und Relationen, die durch strukturelle oder funktionale Ähnlichkeit integriert werden. Veränderungen eines Elements oder einer Beziehung wirken direkt oder indirekt auf alle anderen Systemelemente ein. Innerhalb eines Systems herrschen bestimmte Regeln, die für genau dieses System typisch sind und es von anderen abgrenzen. Das **System** ist durch diese **Grenze** vom Nicht-System, der **Umwelt** (die aber wiederum als in Systemen organisiert verstanden werden kann) geschieden. Systeme können hinsichtlich ihrer internen Organisation analysiert werden, hinsichtlich ihrer Wechselwirkung mit externen Faktoren, hinsichtlich ihrer Persistenz oder ihres Wandels. Systeme nehmen Impulse anderer Systeme auf. Auf die Kritik an der einseitigen Betonung von Systemstabilität und Gleichgewicht in frühen Konzepten antwortet die Systemtheorie mit Vorstellungen von Strukturwandel, lernfähigen Systemen und einer prozessualen Dimension, die das Enstehen und Vergehen von Systemen als in der Zeit verlaufende **funktionale Ausdifferenzierung** (und Entdifferenzierung) faßt: neue systemische Zusammenhänge entstehen durch Spezialisierung, durch neue und veränderte Problemlösung.

In der **strukturell-funktionalen** Systemtheorie ist die Struktur der Funktion vorgeordnet, grundsätzliches Systemziel ist die Strukturerhaltung; die Leistungen, die beispielsweise einzelne **Subsysteme** (Untersysteme) erbringen, werden auf diesen funktionalen Beitrag zur Sicherung der gegebenen Grundstruktur hin befragt. Im Mittelpunkt steht die Beschäftigung mit der internen Organisation des Systems. Die Perspektive kann jedoch dahingehend erweitert werden, daß die **Adaptation** (Anpassung) des Systems an Umwelterfordernisse, der Strukturwandel aufgrund veränderter Rahmenbedingungen, berücksichtigt wird.

Funktional-strukturelle Konzepte drehen die Perspektive um: der Funktionsbegriff regiert den Strukturbegriff (›form follows function‹). Wichtiger Grundzug funktionaler Analyse ist das Schließen von Wirkungen auf Ursachen. Die Struktur sozialer Systeme folgt also den funktionalen Erfordernissen des spezifischen Problems, das gelöst werden soll. Nicht die einzelnen Strukturelemente eines Systems, sondern deren Relationen untereinander und die Beziehungen zwischen System und Umwelt rücken in den Vordergrund. Die Orientierung an der Funktion hat den Vorzug, funktionale Äquivalenzen strukturell unterschiedlicher Elemente erfassen zu können. (Ich will mich nicht langweilen, sondern unterhalten: was ich aber gerade interessant und spannend finde, was diese Funktion erfüllt, kann ein Fußballspiel, der neue Grass oder ein alter Krimi, Geldzählen oder eine Diskussion über systemtheoretische Ansätze sein.) Der analytische Vorteil, der mehr Flexibilität verheißt, birgt aber auch seine Probleme. So wie zuvor Strukturen gesetzt wurden, so werden nun funktionale Relationen bestimmt: im Beispiel ist die Erfordernis gesetzt, meine Langeweile zu bekämpfen. Auch bei noch so formaler Funktionsdefinition muß irgendwann eine inhaltliche Bestimmung erfolgen.

Die Reflexivität komplexer Systeme wird in der Annahme **selbstreferentieller Systeme** gefaßt, die auf das **Autopoiesis**-Konzept des Neurophysiologen Humberto Maturana zurückgeht, der seine Kognitionstheorie aus Tierexperimenten, insbesondere aus Beobachtungen der Wahrnehmungsmechanismen von Brieftauben ableitet. Autopoiesis meint Selbsterzeugung, autopoietische Systeme reproduzieren sich kontinuierlich aus ihren Bestandteilen. Sie sind operational geschlossen und in ihrem selbststeuernden Prozeß von Umwelteinflüssen und -reizen unabhängig und unveränderbar. Umwelt wird nicht als solche wahrgenommen, sie wird durch die Selektionsfilter des Systems in Paßform gebracht und absorbiert. Das autopoietische System kann nur durch die eigene Brille sehen, es beobachtet die Welt entlang eines (binären) Codes. Wenn für das System Kunst die grundlegende Codierung ›schön / häßlich‹ gilt, so klassifiziert dieses System alles danach, – auch Geldscheine werden nicht nach ihrem ökonomischen Tauschwert einsortiert, sondern als ›schön / häßlich‹.

Systemtheorie und ihre Terminologie erscheinen nicht nur sehr abstrakt, sie sind es auch; und was viele abschreckt, ist gleichzeitig ihr Vorzug: der Anspruch, eine universale, möglichst weitreichende Theorie zu formulieren, die viele disparate Gegenstände erfassen kann, mündet zwangsläufig in Abstraktion. Die Kunst – oder vielmehr: die forschungspraktische Fertigkeit – besteht darin, die Heuristik der Systemtheorie angesichts der konkreten Erfordernisse des eigenen Gegenstands anzuwenden, um die Ebene der spröden Faktizität plausibel zu organisieren. Es herrscht weitgehender Konsens darüber, daß es Systeme nicht wirklich gibt, daß es sich bei jeder System-Annahme um eine theoretische Konstruktion handelt, die es erlaubt, einen Sachverhalt unter bestimmten komplexen Fragestellungen zu betrachten, die sich aber auf ihre Angemessenheit hin überprüfen und gegebenenfalls verwerfen lassen müssen. Der Systembegriff ist also keineswegs eine Art epistemologischer Freifahrtschein, der die Frage nach der Plausibilität der angenommenen Zusammenhänge an den Fahrkartenautomaten verweist. Damit wenden sich die meisten Konzepte gegen eine Reifizierung (Verdinglichung) oder Ontologisierung des Systembegriffs. Es sei allerdings darauf hingewiesen, daß Niklas Luhmann gerade in dieser Frage einen anderen Standpunkt einnimmt und davon ausgeht, „daß es Systeme gibt", er möchte „die Rückzugsposition einer ‚lediglich analytischen Relevanz' der Systemtheorie" nicht teilen, sein Ziel ist „die Analyse realer Systeme der wirklichen Welt" (Luhmann 1984, 30).

System als Kommunikation: Niklas Luhmann

Im Gegensatz zu den Syntheseversuchen von Handlungs-und Systemtheorie bleiben bei Niklas Luhmann alle Vorstellungen von Handlung oder Akteur außen vor; er denkt Systeme als Kommunikationsstrukturen, deren einzige, immer gleiche Funktion die **Reduktion von (‚Welt'-)Komplexität** ist. Aufgabe der Systeme ist die Differenzierung zwischen System und Umwelt; durch diese Trennung wird die Umweltkomplexität vermindert, welche das System in seiner Integrität bedroht: das potentiell verstörende Andere der Umwelt wird wegselegiert oder in systemeigene Elemente transformiert. Luhmann gründet seine Überlegungen auf die Beschreibung lebender Systeme als autopoietischer Regelwerke. Auch soziale Systeme arbeiten tautologisch, in der Vorstellung der Differenzierung von Differenzen wird jedoch ein Moment der Beobachtung zweiter Ordnung eingeführt. Die Elemente (kleinste Einheiten) sozialer Systeme sind **Kommunikationen**. Kommunikationen sind Ereignisse, keine dauerhaft zugänglichen Objekte. Sie bestehen aus Information, Mitteilung, Verstehen und sind gegenüber Individuen emergent, d. h. nicht auf deren Handeln zurückzuführen. In Luhmanns Perspektive entsteht das soziale System also nicht durch die Vergesellschaftung von Individuen, sondern durch die kommunikative Vernetzung von Selektionsofferten.

Die Systemdifferenzierung verläuft entlang der Auseinanderentwicklung von bereichsspezifischen **binären Codes**. Ausdifferenzierung heißt Differenzierung von Differenzen: das politische System selegiert Kommunikation nach einer anderen Opposition als das ökonomische, das Rechts- oder Kunstsystem. Die Kommunikationsorganisation über differente Codierung steckt auf diese Weise Geltungsbereiche ab; das einzelne System ist durch Selbstbeschränkung und Delegation entlastet. Mit diesen Selektionsofferten ist noch keine Wertung verbunden, sie sind Wahrnehmungsweisen (auch wenn Codes selten symmetrisch gebaut sind und so wertkonnotiert heißen wie „schön / häßlich" oder „wahr / unwahr"). Die konfliktorische Auseinandersetzung läuft unterhalb von Leitdifferenzen auf der Ebene der Programmierung ab. Wichtig, wenn auch vielleicht nicht leicht zu verstehen, ist der Formalismus des Differenzdenkens in seiner Verbindung mit Codierungen, die wir inhaltlich denken möchten. Luhmann scheidet seine ›distinctions directrices‹ – Leitdifferenzen – von ›idées directrices‹ (vgl. Luhmann 1987): nicht „das Schöne" trennt das Kunstsystem von anderen Systemen, sondern die Frage „schön oder häßlich", ohne daß diese überhaupt oder zugunsten einer Seite beantwortet werden müßte.

Die Annahme autopoietischer Systemsteuerung wirft die Fragen nach dem Austausch zwischen Systemen und der Erklärung von Systemwandel und -entstehung neu auf. Der Rückzug auf theologische Schöpfungsmythen oder säkularisierte Urknall-Metaphern – der Anglist Dietrich Schwanitz z. B. spricht vom „Blitzschlag der Neuschöpfung" und von „Neuschöpfung ex nihilo" (Schwanitz 1990, 108) – bleibt letztlich unbefriedigend; in der Soziologie nähert man sich wieder einem Konzept von Interpenetration (vgl. Willke 1994) oder widmet einer Theorie der Austauschmedien verstärkte Aufmerksamkeit.

Literaturtheorie: systemtheoretische Reformulierungen

Luhmann selbst hat systemtheoretische Reformulierungen literaturwissenschaftlicher Positionen vorgelegt. Er konzentriert sich dabei auf die Ausdifferenzierung von ›Kunst‹ als spezifisch geregeltem Bereich und die Betrachtung des einzelnen Kunstwerks im Rahmen dieses Systems ›Kunst‹. Die Ausdifferenzierung der Kunst als autopoietisches Teilsystem der modernen Gesellschaft (Luhmann läßt seine literarhistorischen Betrachtungen im 16. Jahrhundert beginnen) geschieht unter dem „Sondercode schön / häßlich" (Luhmann1986, 620), d. h. die Grenze zwischen Kunst und Nicht-Kunst (der Umwelt des Kunstsystems) wird durch die Applikation der Leitdifferenz schön / nicht-schön gezogen. Dieser binäre Code markiert die selbsterzeugende, unveränderliche Grundstruktur des Systems, abweichende Elemente der jeweils kommunizierten Kunstbegriffe (Kunst als Innovation, Provokation, Belehrung, Unterhaltung, Utopie, Erschütterung, als Ausdruck des Genies oder der Zeitläufte etc.) oder Divergenzen zwischen den einzelnen Kunstformen werden von dieser Reduktionsformel nicht erfaßt, sie wären auf der (untergeordneten) Ebene der Programmierung zu berücksichtigen, berühren aber nie die Systemstruktur.

Die Elemente des Kunstsystems sind die einzelnen Werke, nicht als materiale Entitäten, sondern „als Kompaktkommunikation oder auch als Programm für zahllose Kommunikationen über das Kunstwerk" (ebd., 627). Die bekannte „Einheit des Kunstwerks" liegt in der Komplexitätsreduktion, in seiner Funktion als Kommunikationsprogramm: das Werk vereinheitlicht die auf es bezogene Kommunikation und organisiert die Beteiligung daran. Auf Kunst bezogene Kommunikation erweist sich dabei als selbstgenügsamer Sonderfall, es geht um ein (ästhetisches) Urteil, das „keinen anderen Sinn als sich selbst" (ebd.) hat. Die ästhetische Kompaktkommunikation des in sich geschlossenen Kunstwerks ist Bedingung, in ihrer Isolation aber gleichzeitig Hemmnis der Autopoiesis des sozialen Systems Kunst: die programmatische Hermetik des Systemelements Werk birgt notwendigerweise dessen Leistungsverweigerung in Sachen autopoietischer Reproduktion des Systems. Diesen Spagat zwischen einem Kunstbegriff, wie ihn Wolfgang Kayser programmatisch in „Das sprachliche Kunstwerk" (1948) für die Literatur formuliert hat, und den Anforderungen der

Autopoiesis soll die Vermittlungsinstanz **Stil** vollführen (ebd., 632). Stil ist dabei kein positiv zu bestimmendes formales Merkmal, sondern die Art, in der ein Werk Form auf künstlerischen Kontext bezieht. „Der Stil eines Kunstwerkes ermöglicht es zu erkennen, was es anderen Kunstwerken verdankt und was es für weitere, neue Kunstwerke bedeutet. Die Funktion des Stils ist es, den Beitrag des Kunstwerkes zur Autopoiesis der Kunst zu organisieren und zwar in gewisser Weise gegen die Intention des Kunstwerkes selbst, die auf Geschlossenheit geht. Der Stil entspricht und widerspricht der Autonomie des Einzelkunstwerks" (ebd.). Gleichzeitig fungiert Stil bei Luhmann auch als „Kontaktebene" zwischen Kunstsystem und gesellschaftlicher Umwelt (ebd., 646); dies aber nicht im Sinne einer Verarbeitung von Veränderungsimpulsen, sondern im Gegenteil als zur Verteidigung der Autopoiesis notwendige Pufferzone, in der die reaktive Selbstdetermination gegenüber von außen formulierten Interessen geleistet wird.

Luhmanns Konzept hat einige Resonanz bei Literaturwissenschaftlern gefunden. Die explizite Auseinandersetzung entzündet sich vor allem an der Frage, wie der Kunstcode zu füllen sei; statt ›schön / häßlich‹ favorisieren beispielsweise Gerhard Plumpe und Niels Werber als grundsätzliche Funktion der Kunst die Unterhaltung. Werber reformuliert Plumpes Leitdifferenz „interessant / uninteressant": „Als symbolisch generalisiertes Kommunikationsmedium motiviere im Kunstsystem das ›Werk‹, verstanden als Differenz von Medium und Form, zur Code- wie funktionsbezogenen Kommunikation. Es sei kein materielles Substrat, daß [sic!] aus ontischen Gründen Kunst zur Kunst mache, sondern die interessante oder uninteressante Formierung eines Mediums, dessen Ergebnis primär unterhalten will" (Werber 1992, 27).

Abweichend von der strengen Differenzierung der Differenzen bei Luhmann zieht Werber jedoch zur Abgrenzung des Literatursystems nicht nur die bereichsspezifische Codierung heran. Damit nicht auch das Fußballspiel unter Kunst fällt, definiert er: „Literarische Kommunikation liegt nur dort vor, wo ein ›Werk‹ primär eine Unterhaltungsfunktion erfüllt *und* von dem Code interessant / langweilig strukturiert wird *und* auch dementsprechend rezipiert wird" (ebd., 65). Das Vorhandensein von Werk ist also ebenso Bedingung literarischer Kommunikation wie die Applikation des Codes.

2. Empirische Theorie der Literatur

Siegfried J. Schmidt legt 1980/82 mit seinem „Grundriß der Empirischen Literaturwissenschaft" (zit. n. der überarbeiteten Neuausgabe 1991) einen zweiteiligen Entwurf vor, der aus der Konstruktion eines Theoriegerüsts (Bd. 1) und der anschließenden Rekonstruktion literaturwissenschaftlicher Fragestellungen im Rahmen dieser neuen Theorie (Bd. 2) besteht. Das Projekt der **Empirischen**

Theorie der Literatur ist innerhalb einer interdisziplinären (Bielefelder – später Siegener) Forschergruppe NIKOL entstanden, zu der Mathematiker, Wissenschaftstheoretiker und Linguisten gehören. Diese Grenzüberschreitung prägt das erkenntnistheoretische Programm, aus dem u. a. das „Siegener Periodicum zur Internationalen Empirischen Literaturwissenschaft" (kurz: SPIEL) hervorgegangen ist. Wichtige Grundlagen sind die analytische Wissenschaftstheorie Joseph P. Sneeds und der Konstruktivismus Humberto Maturanas sowie Übernahmen aus der linguistischen Sprechakttheorie. Die ETL versucht auf diese Weise, ein **nicht-hermeneutisches Paradigma** anzubieten, und unterscheidet sich damit grundsätzlich von den bisher skizzierten Entwürfen, die alle zumindest auf hermeneutische Verfahren nicht verzichten wollen.

Die als Objekttheorie konzipierte ETL versteht sich als eine **Theorie der literarischen Kommunikationshandlungen**; die Gruppe um Schmidt faßt den zugrundeliegenden Literaturbegriff zusammen: „Den Ausgangspunkt der Theorie Literarischer Kommunikationshandlungen (TLKH) bildet die empirische Hypothese, daß es in unserer Gesellschaft ein Handlungssystem gibt, das traditionellerweise als ›Kunst‹ bezeichnet wird und das theoretisch als ein System Ästhetischer Handlungen konstruiert werden kann; als System insofern, als dieser Handlungsbereich über eine angebbare Struktur verfügt, über Außen-Innen-Differenzierungen gegenüber anderen gesellschaftlichen Handlungsbereichen abgrenzbar ist und Funktionen erfüllt, die spezifisch für diesen Handlungsbereich sind. Innerhalb dieses Systems Ästhetischer Handlungen läßt sich ein Teilbereich ausgliedern, der selbst wieder Systemcharakter besitzt und traditionellerweise als ›Literatur‹ bezeichnet wird. Dieser Bereich wird in der Empirischen Theorie der LITERATUR (ETL) konstruiert als ein System von Handlungen, die auf solche sprachliche Objekte abzielen, die von den Handelnden gemäß der von ihnen vertretenen Normen für ›literarisch‹ gehalten werden. Die Struktur dieses Systems wird bestimmt durch die zeitlichen und kausalen Relationen, die zwischen den vier für elementar gehaltenen Handlungsrollen (des Produzenten, Vermittlers, Rezipienten und Verarbeiters Literarischer Kommunikate) bestehen" (Hintzenberg u. a. 1980, 13).

Aus dieser Explikation lassen sich einige zentrale Punkte isolieren. Ausgangspunkt ist eine handlungstheoretische Konstruktion: literarische Kommunikation wird auf mikroanalytischer Ebene erfaßt. LITERATUR – so die Schreibweise, die eine Distanzierung vom üblichen Literaturbegriff signalisieren soll – wird als soziales und historisch wandelbares Handlungssystem begriffen, dessen Struktur und Grenzen durch bereichsspezifische Handlungen bestimmt werden. Für das ›System Literatur‹, als Teilsystem eines ›Systems Ästhetischer Handlungen‹ konzipiert, sind das Handlungen, die auf als ›literarische‹ definierte Objekte gerichtetet sind. Handlungen werden strukturiert durch Regeln und Konventionen, solche im Bereich ›Kunst‹, zu dem auch ›Literatur‹ gehört, orientieren sich an Handlungskonventionen, die das je ›Ästhetische‹ definieren.

Die Theoriekonstruktion erfolgt in verschiedenen Schritten. Zunächst werden ›Voraussetzungstheorien‹ entworfen, auf deren Grundlage die spezifische Theorie des Literatursystems gebildet wird. Die Entwicklungsschritte entsprechen dabei einer zunehmenden Spezifikation auf diesen Objektbereich. Als Grundlegung formuliert Schmidt deshalb zunächst eine allgemeine ›Theorie der Handlung‹ (TH), die zu einer ›Theorie der kommunikativen Handlung‹ (TKH) spezifiziert wird. Das dem Literatursystem übergeordnete System Kunst wird mit Hilfe der ›Theorie ästhetisch kommunikativen Handelns‹ (TÄKH) beschrieben (Schmidt 1991, 36ff., 56ff., 103ff.). Diese progressive Verengung führt schließlich zum eigentlichen Kernbereich, der ›Theorie des literarisch kommunikativen Handelns‹ (TLKH), die Literatur als den ausdifferenzierten Teilbereich von Kunst beschreibt, der durch die Verwendung sprachlicher Medien gekennzeichnet ist. Das System Literatur ist also die Schnittmenge ästhetisch-kommunikativen und sprachlichen Handelns.

Aktant, Handlung, Handlungssituation, Handlungsrolle, Voraussetzungssystem

Voraussetzung für den Sachverhalt ›Handlung‹ ist jemand, der bereit und in der Lage ist zu ›handeln‹. Schmidt nennt diese Instanz **Aktant**. Aktanten können individuell, kollektiv oder institutionell sein. Auch kollektive oder institutionelle Aktanten bestehen letztlich aus individuellen, die im Gefüge einer Gruppe oder Institution handeln. Historizität und Sozialität sind dabei Parameter der handlungstheoretischen Konstruktion: „Aktanten müssen immer gesehen werden als historisch lokalisierbare Instanzen, die einen ›Sozialisationsprozeß‹ durchlaufen haben und in einer bestimmten Situation mit bestimmten Absichten ›handeln‹“ (Schmidt 1991, 39). Verbunden wird dies mit einem Netz von Begriffen, welches **Fähigkeit**, **Bedürfnis**, **Motivation** und **Intention**, also die spezifischen Voraussetzungen des einzeln oder kollektiv Handelnden erfaßt. Schmidt bezeichnet es als **Voraussetzungssystem**.

Handlungen werden von einem oder mehreren Aktanten in einer Handlungssituation ausgeführt. Diese **Handlungssituation** wird durch die ›kopräsenten‹ (auch anwesenden) Objekte, die ›kopräsenten‹ Aktanten und gleichzeitig ablaufende Handlungen bestimmt. Handlungen können beabsichtigte (›Resultate‹) und unbeabsichtigte (›Konsequenzen‹) Folgen haben. Die Definition von Handlung (H) lautet : „H ist eine Handlung von Aktant A genau dann, wenn H eine Veränderung oder Aufrechterhaltung eines Zustands ist, die von A in einer Situation im Rahmen seines Voraussetzungssystems gemäß einer Strategie intentional realisiert wird“ (ebd., 51). Alle so charakterisierten Handlungen von Aktanten lassen sich in vier **Handlungsrollen** erfassen (vgl. ebd., 52). Diese Rollen, ihre Verteilung, Gewichtung und Hierarchie bestimmen die Struktur von Handlungssystemen. Als Rollen transportieren sie überindividuelle soziale Normen.

Kommunikat, Kommunikatbasis

In der Theorie kommunikativen Handelns wird der Aktant zur Instanz des ›Kommunikationsteilnehmers‹ spezifiziert. Es interagieren zumindest zwei Aktanten. Eine kommunikative Handlung ist notwendig dialogisch: „von einer ›Kommunikationshandlung‹ wird erst dann gesprochen, wenn eine Kommunikatbasis angeboten und von mindestens einem anderen Kommunikationspartner auch tatsächlich als Kommunikat realisiert worden ist" (ebd., 68).

Kommunikationsmittel sind zunächst nur physische Wahrnehmungsangebote. Als **Kommunikatbasis** sind sie das materiale Substrat, dem die Kommunikationsteilnehmer in unterschiedlichen kognitiven Operationen ›Bedeutungen‹ zuordnen, die auf vorgängige, gespeicherte Bedeutungsstrukturen Bezug nehmen. Sprachliche kommunikative Handlungen sind ein (medien-)spezifizierter Teilbereich kommunikativen Handelns. Kommunikationsmittel sind hier natürliche Sprachen; die sprachlichen Kommunikatbasen sind, was „umgangssprachlich" (Schmidt) **Texte** genannt wird. **Kommunikate** sind **Texte in ihrer kommunikativen Funktion**. Texte müssen Regeln der Phonetizität, Lexikalität und Syntaktizität genügen, um Kommunikate zu ermöglichen, d. h. ihre sprachliche Struktur muß Bedeutungszuweisungen erlauben. Das gilt zwar prinzipiell auch für Literatur, deren Fiktionalität aber durch bestimmte Konventionen Rechnung getragen wird. Die empirische literaturhistorische Forschung soll sich nach dem Schmidtschen Modell primär auf diese Kommunikate (Texte über Literatur, literaturbezogene Kommunikate) stützen, nicht auf die Kommunikatbasen (literarische Texte) selbst, was allerdings zu forschungspraktischen Schwierigkeiten führt (vgl. auch Schmidt 1989) und das hermeneutische (und quellenkritische) Problem nur verlagert.

Ästhetik- und Polyvalenzkonvention

Schmidts Theorie Ästhetisch Kommunikativen Handelns (TÄKH) geht von einem System Kunst aus, das durch spezifische Handlungen organisiert wird. Kunst umfaßt neben Literatur auch Architektur, Tanz, Fotografie, bildende Kunst etc. ›Ästhetisch‹ wird hier im Sinn von ›kunstbezogen‹ oder ›zur Kunst gehörend‹ verwendet; die pragmatische Bestimmung klammert die inhaltliche Seite – was historisch jeweils als Kunst betrachtet wird – aus.

Die Annahme eines Kunstsystems erfordert Kriterien zur Außen-Innen-Differenzierung und internen Strukturierung. Als typische handlungsorientierende Regeln führt Schmidt zwei **Konventionen** ein. Konventionen sind soziale Regularitäten, die aus der Notwendigkeit entstehen, im sozialen Leben Koordinations- und Kooperationsprobleme lösen zu müssen. Sie ermöglichen den handelnden Individuen, gemeinsames Wissen oder Intentionen anzunehmen und auf dieser Grundlage zu agieren. In diesen Prozessen werden Konventionen nicht notwendigerweise als solche bewußt; soziales Leben basiert jedoch darauf, daß sie absichtlich oder habituell befolgt werden (vgl. Schmidt 1991, 111).

Die Abgrenzung des Systems ästhetischer Kommunikationshandlungen erfolgt bei Schmidt über die Ästhetik-Konvention und die Polyvalenz-Konvention. Die **Ästhetik-Konvention** wird zunächst negativ definiert: in allen Kommunikationssystemen außer dem Kunstsystem gilt, daß ein Bezug zur Wirklichkeit oder zur Vorstellung von Wirklichkeit herstellbar sein muß. Es wird erwartet, daß Aussagen ›wahr‹ sind oder zumindest ›referenzfähig‹ . Der praktische Nutzen (die ›Relevanz‹) von Aussagen wird an dieser Referentialität festgemacht. Ästhetische Kommunikation hingegen findet unter der Konvention der gesellschaftlichen Zweckfreiheit statt. Positiv ausgedrückt besagt die Ä-Konvention, daß die Kommunikationsteilnehmer nach Regeln agieren, die sie ›für ästhetische halten‹ (vgl. ebd., 106). Die Ä-Konvention erhöht Unsicherheit und Unbestimmtheit von Handlungserwartungen, erweitert aber auch Handlungsspielräume. Sie in dem Maße zu einer gesteigerten Erklärungsbedürftigkeit von Kunstwerken führt wie die von ihr tolerierten ästhetischen Normen an Allgemeinverständlichkeit verlieren.

Als zweite Konvention wird die **Polyvalenz-Konvention** zur Abgrenzung herangezogen. Zunächst ist die P-Konvention wiederum negativ als Vernachlässigung der M(onovalenz)-Konvention bestimmt. Für Kunst gilt gerade nicht, daß Kommunikatbasen eindeutige (monovalente) Kommunikate zuzuordnen sind. Auch die P-Konvention vergrößert die Freiheit ästhetischer Handlungen, Toleranz und Überraschung(serwartung). Das Zusammenwirken beider Konventionen gestaltet sich so, daß die erste Handlungsspielräume schafft, die die ästhetischen kommunikativen Handlungen von ihrer unmittelbaren Situationsverankerung und dem Postulat eines lebenspraktischen Bezugs entbinden. Innerhalb dieses entpragmatisierten Raums sind dann „Verfahren der Kommunikatbasenstrukturierung und -verarbeitung möglich, die der P-Konvention unterliegen", anders ausgedrückt: Texte können polyvalent produziert, rezipiert und verarbeitet werden (ebd., 143). Weiter differenziert werden können ›starke‹ und ›schwache‹ Polyvalenz-Konvention: ein einzelner Leser ‚darf' verschiedene Kommunikate aktualisieren, verschiedene Rezipienten ordnen dem Text unterschiedliche Bedeutungen zu (vgl. Groeben 1982, Schmidt 1984).

Mit dieser Konstellation soll keine normative oder explanative Absicht verbunden sein. Das, was jeweils als das Ästhetische verstanden wird, müssen historische Rekonstruktionen der in die Ä-Konvention eingehenden konkreten Normen erst untersuchen. In die übergeordnete Abgrenzung, die sich auf die Außerkraftsetzung von Referentialität und Monovalenz stützt, geht aber bereits die Vorstellung eines autonomen Kunstsystems ein. Die interne systemische Differenzierung des Literatursystems verläuft nicht über eigene Konventionen, Ä- und P-Konvention werden in bezug auf das sprachlich-literarische Medium spezifiziert (zu ÄLKO und PLKO).

Funktion und Struktur des Literatursystems

Da Kunst als ausdifferenziertes System verstanden wird, müssen auch Funktionen der Kunst benennbar sein. Schmidt nennt als drei Grundfunktionen ästhetischer Kommunikation eine **kognitiv-reflexive**, eine **moralisch-soziale** und eine **hedonistisch-emotionale** Funktion (vgl. ebd., 151ff.). Der Leser erfährt in der Rezeptionshandlung die Konfrontation eines Modells möglicher Wirklichkeit (des Kommunikats) mit einem Modell wirklicher Wirklichkeit (seiner Erfahrungswelt). In ihrer Differenz liegt ein kognitives Potential literarischen kommunikativen Handelns, insofern die Reflexion über Wirklichkeit und Wirklichkeitswahrnehmung zum Ausgangspunkt von Handlungen wird. Neben der Erkenntnis von Fiktionalität aktualisiert die Rezeption soziale Normvorstellungen, die Handeln in der Erfahrungswelt leiten können. Nicht weniger wichtig ist die Unterhaltungsfunktion. Die genannten Funktionen bezeichnen Leistungen für das Individuum, sie machen keine Aussage über die Funktion des Systems Kunst für die Gesamtgesellschaft. Diese gesamtgesellschaftliche Funktion ist vielmehr durch die differenzierenden Konventionen markiert: die jeweils gültigen ästhetischen Normen, die Zweckfreiheit und polyvalente Ausdeutbarkeit.

Die Struktur des Systems literarischer kommunikativer Handlungen ist bestimmt durch die vier Handlungsrollen und ihre Relationen. Es sind dies die Rollen **Produzent, Vemittler, Rezipient und Verarbeiter literarischer Texte.** Alle Handlungen finden unter der Voraussetzung literarischer Massenkommunikation statt, d. h. unter Voraussetzung einer medialen Kommunikation, die die unvermittelte literarische Individualkommunikation weitgehend verdrängt hat.

Alle im System des literarischen kommunikativen Handelns empirisch feststellbaren Handlungen entsprechen einer (oder einer Kombination aus mehreren) dieser vier Rollen. Mit Hilfe von vier an diesen Handlungsrollen orientierten spezifischen Teiltheorien soll der Gegenstandsbereich Literatur umfassend erschlossen werden. Damit nimmt Schmidt u. a. die Anregungen der Rezeptionsästhetik auf, die den Primat der Produktion in Frage gestellt hatte, ohne jedoch wie diese mit einem Primat der Rezeption zu antworten. Die Handlungsrollen, die das System aufspannen, werden auf die verschiedenen Voraussetzungssysteme, Handlungssituationen und -strategien, die Normorientierung von Literaturproduzenten, -vermittlern, -verarbeitern und -rezipienten hin untersucht. Entscheidend ist, daß die Regeln, die ihre Operationen steuern, weder Ä- noch P-Konvention widersprechen. Die Grenze des Systems wird durch durch diskursive Konventionen bestimmt, die Struktur durch Rollen. In einer literaturhistorischen Anwendung (Schmidt 1989) sind die aus mikroanalytischer Perspektive entwickelten Handlungsrollen zu Segmenten des Sozialsystems Literatur generalisiert.

Interpretation und Radikaler Konstruktivismus

Die Übernahmen aus der Kognitionstheorie Maturanas, den Arbeiten des Entwicklungs- und Sprachpsychologen Ernst von Glasersfeld sowie des ‚frühen' Kybernetikers Heinz von Foerster formieren sich zum erkenntnistheoretischen Programm des **Radikalen Konstruktivismus** (vgl. „Der Diskurs des Radikalen Konstruktivismus" 1987, auch Schmidt 1992), welches die Siegener Arbeiten zur Literaturwissenschaft seit Mitte der 1980er Jahre zunehmend grundiert. Die konstruktivistischen Annahmen stützen dabei in erster Linie den Literaturbegriff und die Einschätzung von Interpretationshandlungen, wie sie bereits im Grundriß der ETL angelegt sind. Ist alle Wahrnehmung konstruierend, so hebe dies letzlich auch die Scheidung von fiktionaler Kunst und realer Wirklichkeit auf. Kunst unterscheidet sich dann nur noch in ihren Verfahren, nicht in ihrer Konstruktivität von anderen Welt-Beschreibungsmöglichkeiten (Konstruktivismus, 70f.). Etwas ins Dunkel gerät bei diesen Ausführungen allerdings, daß die Konstruktion einer Realität sich in ihren handlungslogischen Konsequenzen wesentlich von der Konstruktion einer Fiktion unterscheidet. Ist unsere alltägliche Wirklichkeitswahrnehmung eine Konstruktion erster Ordnung, so ist die an literarische Handlungen gekoppelte eine zweiter Ordnung, die eben laut ÄLKO von pragmatischen Bezügen befreit ist – eine ‚fiktionale Differenz' bleibt durchaus bestehen.

Traditionelle Werkinterpretationen sieht Schmidt nicht als Aufgabe der Literaturwissenschaft, sondern vielmehr als Gegenstand, der selbst analysiert werden muß: die Grenzziehung verläuft zwischen der Teilnahme am Literatursystem und dessen Analyse. Die Textbetrachtung, die sich auf die Suche nach der ‚objektiven' und ‚richtigen' Bedeutung macht, kann aus konstruktivistischer Sicht keine wissenschaftliche Aufgabe sein. Mit der Ablehnung eines ontologischen Werkbegriffs und einer darauf gestützten Interpretationspraxis formuliert Schmidt also noch einmal einen ebenso zentralen wie konsensuellen Gedanken des scientific turn. In der ETL ist die Unterscheidung von Text und Kommunikat eine Voraussetzung, um bedeutungskonstruierende Prozesse statt bedeutungsfixierter Werke zum Thema zu machen.

3. Struktur-funktionale Sozialgeschichte

Einen Entwurf, der sozialhistorische Literaturwissenschaft in der Handlungs- und Systemtheorie von Talcott Parsons verankert, hat die Münchener Forschergruppe (MFG) ›Sozialgeschichte der deutschen Literatur 1770-1900‹ vorgelegt. In dem programmatischen Sammelband „Zur theoretischen Grundlegung einer Sozialgeschichte der Literatur" (hg. v. Renate von Heydebrand, Dieter Pfau und Jörg Schönert. Tübingen 1988, darin u. a. die Beiträge von Pfau / Schönert sowie Meyer / Ort), der als Ergänzung zu vorausgegangenen literaturhistorischen Untersuchungen dient, werden die für die Literaturwissenschaft zentralen Theoreme dieser soziologischen Grundlagen erläutert und kritisch diskutiert.

Zugrunde liegt ein Literaturbegriff, der literarische Sinnverständigung als **soziale Handlung** im Kontext anderer sozialer Handlungen bestimmt. Sozialgeschichte der Literatur fragt „nach der Verbindung von Literaturgeschichte und Gesellschaftsgeschichte, von Konstellationen literarischer Verständigungshandlungen und Konstellationen nichtliterarischen sozialen Handelns" (Theoretische Grundlegung, 8). Die Besonderheiten literarischer Sinnverständigung im gesamtgesellschaftlichen Kontext wird mit Hilfe eines integrativen Gerüsts erschlossen, das gesellschaftliche Mikro- und Makroperspektive, Synchronie und Diachronie, literarisches, literaturbezogenes und auch nicht-literarisches Handeln in einem Modell des **Sozialsystems Literatur (SLit)** zusammenspannt.

Trotz der weitgehenden Annäherung an die struktural-funktionale Soziologie versteht sich der Münchener Entwurf als **hermeneutischer**. Er fordert zwar mehr Empirie, nicht jedoch einen Paradigmenwechsel von hermeneutischer zu empirischer Literaturwissenschaft, wie die ETL ihn vorschlägt. Das Konzept der MFG „bleibt in den Grenzen eines kritisch reflektierten ›geschichtlichen Verstehens‹; es fordert jedoch dazu auf, Literaturgeschichtsschreibung auf eine breitere empirische Basis und eine kontrollierte Auswertung und Verbindung des ›Datenmaterials‹ zu beziehen" (ebd., 23). Empirie meint hier also eher die historische Rekonstruktion literarischen und literaturbezogenen Handelns und nicht die strenge oder gar ausschließliche Anwendung analytisch-empirischer Verfahren. Angestrebt sind vielmehr die Ergänzung und Präzisierung der Literaturgeschichtsschreibung durch eine möglichst weitgehende Berücksichtigung positiver Daten.

Der Theorierahmen nach Talcott Parsons: Handlung und System

Soziale Systeme müssen zur Erhaltung ihrer Existenz bestimmte Strukturen aufweisen. Parsons postuliert mit seinem **AGIL-Schema** vier funktionale Imperative, vier Systemziele, die einen ausgeglichenen Systemzustand gewährleisten: **A**daptation (Anpassung an die Umwelt), **G**oal-attainment (Zielerreichung), **I**ntegration, **L**atent pattern-maintenance (Strukturerhaltung, Spannungsbewältigung). Ein beliebiges System wird so in jeweils vier Subsysteme unterteilt. Die AGIL-Matrix bietet damit ein universales Modell, eine auf jedes Sozialgebilde anwendbare analytische Grundstruktur; sie faßt die vier funktionalen Dimensionen zusammen, die in der **Systemtheorie** nach Parsons die Grundlage für Systemstruktur und Systemprozeß bilden. Sie dienen der **Systemabgrenzung** und der **internen Systemorganisation**.

Die Systemprobleme A, G, I und L müssen für alle Systeme auf allen Ebenen gelöst sein. Abgeleitet sind sie aus Parsons' allgemeiner **Handlungstheorie**; die

Ausdifferenzierung von Systemen verschiedener Komplexitätsstufen ist als Selektionsprozeß zu verstehen, der über institutionalisierte Handlungsmuster erfolgt. Die Herleitung der universellen Systemprobleme aus handlungstheoretischen Überlegungen ist Indiz für den logischen Nexus von Handlungs- und Systemperspektive bei Parsons, mehr noch: für deren grundsätzliche Kohärenz (vgl. Meyer / Ort in ebd., 106f.). Diese Generalisierung bietet den Anknüpfungspunkt für immer großräumigere Systemvorstellungen. Handlungen sind regelgeleitet und entsprechend dieser Orientierungen codierbar. Handeln wählt aus Handlungsoptionen aus – Handeln ist ein Selektionsvorgang –, bildet Strukturen und generiert so Handlungssysteme.

Die Relation zwischen Aktor und Umwelt ist eine der analytischen Achsen (intern – extern), die zu der bereits bei Max Weber zu findenden Unterscheidung Zweck / Ziel – Mittel tritt. Hier zeigt sich die Doppelorientierung der Systemfunktionen: A- und G-Funktion sind der jeweiligen Systemumwelt zugeordnet, I- und L-Funktion den Beziehungen innerhalb des Systems. Das Schema bietet somit nicht nur eine strukturale Beschreibungsmöglichkeit, sondern formuliert auch (funktionale) Beziehungen zwischen den Systemen und Subsystemen. Keines der vier Systeme kann ohne die jeweils anderen auskommen.

Nicht nur Differenzierung und Organisation, sondern auch Systemsteuerung verläuft nach diesem Muster. Die Forderung, alle Funktionen müßten in jedem System erfüllt sein, heißt nicht, daß sie immer gleichgeordnet, gleichgewichtig oder gar unabhängig voneinander sind. Für das **allgemeine Sozialsystem** (die Gesamtgesellschaft) gilt: Voraussetzung für die Zielerreichung ist eine Formulierung von Zielen, die wiederum auf Hierarchisierung und Auswahl beruht. Diese kollektiven Ziele sind orientiert an vorhandenen Bedürfnissen und Erwartungen, die nicht unbeeinflußt von allgemein (d. h. innerhalb des Systems) anerkannten Wertestandards entstehen. Ziele können nur formuliert werden, wenn innerhalb der Gemeinschaft (I-Subsystem) widerstreitende Interessen und Normen integriert werden. Die Wertorientierung dieser Integration wird abgeleitet aus dem symbolischen Bezugsrahmen des Handelns, dem L-Subsystem der Gesellschaft, zu dem auch Ideologien als sinnstiftende und letztlich strukturbewahrende Elemente zu rechnen sind. Aus diesem symbolischen Bezugsrahmen abstrakter Wertmuster – in den auch das Literatursystem einzuordnen ist – werden verbindliche Normen konkretisiert, vermittelt und institutionalisiert (I-System), die eine affektive Verbundenheit zu kollektiv zu formulierenden und durchzusetzenden Zielen (G-System) bewirken. Die Beziehung zwischen symbolischem Code – Normen – Handeln entspricht einer **Steuerungshierarchie** L – I – G (zur Kritik am kulturellen Determinismus dieser Rangfolge vgl. Bühl 1986). Umgekehrt können auch Normen zu Wertmustern generalisiert werden, das L-System kann also (innerhalb seiner strukturalen Grenzen) verändert werden. Entsprechendes gilt auf der Ebene des Aktorhandelns: kulturell stabilisierte Handlungsmuster (L) werden als internalisierte

Normstandards konkretisiert, als Bindung an und Erfüllung von sozialen Erwartungshaltungen (I), das Handeln von Aktoren zur Erreichung individueller Ziele und persönlicher Bedürfnisse (G) orientiert sich an diesen Normen und Rollen und mobilisiert entsprechende Ressourcen (A). Aber auch hier gilt umgekehrt, daß persönliche kognitive, emotive und physische Ressourcen die spezifische Handlungsfähigkeit ausbilden, daß Handlungen reihenbildend sind und neue Handlungsmuster generieren können.

Systemreferenzen und Wandlungsperspektive im MFG-Entwurf

Wichtigste Forderung an das Modell ist zunächst die nach **zwei Systemreferenzen**, einer **mikrosoziologischen** und einer **makrosoziologischen**. Eine **aktorbezogene Systemtheorie** soll mithin die Integration von Handlungstheorie und Systemtheorie in dem Sinne leisten, daß auch die vertikalen Vermittlungswege zwischen Handlungs- und Gesellschaftssystem rekonstruiert werden können, ohne daß das eine auf das andere hoch- oder heruntergerechnet würde. Die Münchener sehen „als Gegenstand einer ›Sozialgeschichte der Literatur‹ den Zusammenhang von literarischen, literaturbezogenen und weiteren gesellschaftlichen Interaktionen, soweit diese als soziale Handlungssysteme rekonstruiert werden können" (Theoretische Grundlegung, 3). Unter **literarischem Handeln** werden Kommunikationshandlungen verstanden, „die zum Entstehen von solchen Texten führen, die als literarisch angesehen werden" (ebd., 4), unter **literaturbezogenem Handeln** „Interaktionen, die literarische Verständigung ermöglichen, regeln, kontrollieren, fördern, verhindern usf." (ebd.). Literaturbezogenes Handeln findet beispielsweise in Institutionen wie Verlagen, Feuilletonredaktionen, dem Literatur- und Deutschunterricht an Schulen oder auch in Zensurbehörden statt. Literarisches und literaturbezogenes Handeln sind nicht immer scharf zu trennen: wenn ein Verleger seinem Autor ein Ultimatum zur Manuskriptabgabe stellt, hat das wahrscheinlich seinen ökonomischen Grund (der Verleger muß Herstellungs- und Drucktermine einhalten, hat bereits in Werbung investiert etc.), befördert aber das Enstehen eines literarischen Textes, der ohne beharrliches Drängen vielleicht nicht zustande gekommen wäre. Die Unterscheidung ist sicher eine heuristisch und analytisch sinnvolle; in der Praxis sind literarisches und literaturbezogenes Handeln aber eng verflochten. Wichtig ist, daß der für die Modellkonstruktion relevante Handlungsbegriff nicht auf kommunikatives Handeln eingeschränkt wird. Wie jedes andere ist auch literarisches / literaturbezogenes Handeln interaktiv, situationsgebunden und kann aus Optionen wählen.

Für die Literaturgeschichte ist es nicht nur erforderlich, den Ist-Zustand eines Systems zu einem bestimmten Zeitpunkt beschreiben, sondern auch seine Veränderungen über Jahre hinweg berücksichtigen zu können. Um literarischen Wandel als sozialen Wandel in einer Weise erfassen zu können, die über die

Beschreibung aufeinanderfolgender Systemzustände hinausgeht, muß das Modell eine Dynamisierung von Systembeziehungen erlauben. Das soll über die Kategorien **Struktur und Funktion** geschehen (wobei Funktion immer die Perspektive der System-Umwelt-Beziehung einschließt). Systemwandel wird als das „historisch variable Verhältnis von Strukturwandel und Funktionswandel" begriffen (Theoretische Grundlegung, 5). Der **Wandel sozialer Systeme** hat zwei Dimensionen: die interne Organisation und die Leistung für verschiedene Umwelten. Wandel vollzieht sich als **interaktiver Mehrebenenprozeß**. Literaturgeschichte wird in diesem Konzept als **Geschichte des Sozialsystems Literatur** entworfen, wobei eine Vorstellung von Modernisierung eine übergreifende Erklärungsperspektive bietet, in die das Modell eingelagert ist: „Dabei sind die Perspektiven: ›Literatur als soziales Handeln‹, ›Soziales Handeln als System‹, ›Wandel‹ des Sozialsystems Literatur im Modernisierungsprozeß dominant gesetzt" (Theoretische Grundlegung, 24). Diese Orientierung hat zwei wichtige Konsequenzen: die MFG gliedert sich in einen weiteren sozialhistorischen Forschungskontext ein und sie entzieht sich mit einer solchen Theorie sozialen Wandels dem Vorwurf, mit ihrer systemtheoretischen Theorieoption einem einseitigen Strukturkonservativismus oder Funktionalismus aufzusitzen.

Literarischer Wandel im Sinne einer Veränderung von Textmerkmalen (Stil, Gattung etc.) ist analog als **Wandel semiotischer Systeme** konzipiert. Ein wichtiges Problem, das die MFG auch in anderen Publikationen in den Griff zu bekommen versucht hat, ist dieses Verhältnis von semiotischen und sozialen Systemen, ihre Austauschbeziehungen und Einflußnahmen. Die strukturanalytische Analogsetzung von Sozial- und Symbolsystemen bleibt unbefriedigend. Eine Weiterentwicklung der Vermittlungsperspektive – ebenso eine überzeugende Applikation des Gesamtmodells – ist die Gruppe bislang schuldig geblieben. Mit seiner präzisen Ausarbeitung böte der Entwurf die Möglichkeit, andere Konzepte der ‚dritten Ebene' zu integrieren – z. B. solche zur Wissensformation oder zur Institutionalisierung symbolischer Formen und Medien.

Das Mehrebenenmodell von SLit: Gesellschaft, Institutionen, Aktoren

Das Dilemma einer Bevorzugung mikro- oder makroanalytischer Perspektivierung soll durch die Entwicklung eines Mehrebenenmodells bereits in der Theoriekonstruktion ausgeschlossen werden: „Des weiteren ist in der Entwicklung einer ›*aktor*bezogenen Systemtheorie‹ welche die ›Strukturblindheit‹ der Handlungstheorie ebenso wie die ›Aktorblindheit‹ der kybernetischen Systemtheorie zu überwinden vermag, eine praktische Voraussetzung für die Ausarbeitung eines speziellen, auf historisch-empirische Anwendungsbereiche übertragbaren Systemmodells zu erblicken" (ebd.).

Ein aus diesen Überlegungen entstandenes Modell ist das Kernstück der Münchener Theoriearbeit. Die beiden abstrakten Referenzebenen, auf die die

MFG ihren Entwurf gründet, sind Parsons' allgemeines Handlungssystem, das sie als mikroanalytische Systemebene So einführen, und das allgemeine Sozialsystem der Gesamtgesellschaft S1. Insgesamt entsteht so ein **Modell mit drei Ebenen:** der **makroanalytischen Systemebene der Gesamtgesellschaft** S1, der **intermediären Ebene von Institutionen und Institutionalisierungen** S2 und der **mikroanalytischen, aktorbezogenen Ebene** S3, die an der des allgemeinen Handlungssystems modelliert ist.

Auf diese Weise eröffnen sich vertikale und horizontale Bezugswege. Zum einen wird das Literatursystem im Rahmen einer Gesamtgesellschaft verortet: als relativ autonomes Sozialsystem, das durch bereichsspezifische Handlungen konstituiert wird, über eine interne Struktur verfügt, in Austauschbeziehungen mit anderen Bereichen der Gesellschaft steht, mit eigenen Mitteln auf deren Anforderungen reagiert und umgekehrt Forderungen an andere Systeme stellt. Ferner wird die interne Struktur von SLit differenziert; aber auch von den untergeordneten, literaturinternen Ebenen S2 und S3 aus ist der Austausch mit nicht-literarischen Handlungssystemen beschreibbar. Jede Ebene kann von jeder anderen aus aufgesucht werden; dabei verhindert die Vorstellung zwischengeschalteter Instanzen allzu kurzschlüssige Zurechnungen (z. B. von politischen ‚Großwetterlagen' auf ästhetische Programme oder die Inhalte einzelner Gedichte); Produktion, Rezeption und Distribution von Literatur erscheinen so als ein komplexes Bedingungsgefüge, in dem verschiedenste Forderungen konkurrieren.

Das gesamtgesellschaftliche System (S1) ist – wie alle anderen – nach den Funktionen A, G, I und L differenziert. Die Systemfunktion der Adaptation (A) wird vom ökonomisch-technischen System erfüllt, die der Zielerreichung (G) vom politischen System, die Integration (I) vom System der normativ integrierten gesellschaftlichen Gemeinschaft, die Strukturerhaltung (L) vom sozial-kulturellen System. Das Sozialsystem Literatur wird nun diesem letzten Bereich, dem **Bildung und Erhaltung kultureller Strukturen** obliegen, zugerechnet (vgl. ebd., 132f.); es ist **Teilsystem der gesamtgesellschaftlichen L-Funktion**. Insofern ist SLit **funktional äquivalent** mit anderen Sozialsystemen, die ebenfalls strukturbildende Funktion haben (z. B. ›Religion‹, ›Wissenschaft‹, ›bildende Kunst‹). Gleichzeitig ist Literatur als funktional **differenziertes Subsystem** von Systemen unterschieden, die primär andere Funktionen (A, G, I) erfüllen. Im Verhältnis von SLit zu seinen ›Umwelten‹ sind also die Beziehungen zu funktional äquivalenten Systemen, d. h. anderen L1-Systemen, und zu Systemen anderer Funktion zu unterscheiden. Ist SLit als primär der L-Funktion zugehörig bestimmt worden, gilt das auch für seine internen Subsysteme. SLit besteht auf allen Systemebenen aus funktional äquivalenten Teilsystemen, die gleichzeitig funktional differenzierte Subsysteme sind (vgl. ebd., 133).

Die interne Differenzierung von SLit auf den Systemebenen S2 und S3 konstruiert also immer Systeme, die ungeachtet ihrer Subsystemfunktion (A, G, I oder L) als Teilsysteme der gesamtgesellschaftlichen L-Funktion zuzurechnen sind. Literaturhistorische Einzeluntersuchungen können z. B. beliebig kleinräumige Subsysteme von SLit thematisieren, oder das Verhältnis von SLit zu anderen funktional äquivalenten Systemen wie dem Sozialsystem Wissenschaft (das sich als SWiss ebenso differenzieren ließe wie SLit); sie können auch das Verhältnis zu funktional nicht-äquivalenten Umwelten wie dem ökonomisch-technischen oder dem politischen System zum Gegenstand haben. Das Verhältnis zwischen SLit als L_1-Teilsystem und seinen Umwelten A_1, G_1 und I_1 kann auf den Systemebenen S_1 (Gesamtgesellschaft) und S_2 (intermediäre Ebene der Institutionen) beschrieben werden.

Die **intermediäre Struktur** des ›Sozialsystems Literatur‹ stellt „den privilegierten, wenn auch nicht einzigen Gegenstandsbereich einer theoriegeleiteten Sozialgeschichte der Literatur dar" (ebd., 141f.). Privilegiert ist diese Ebene, weil erst die interne Differenzierung der S_1-Systeme in AGIL-Subsysteme die Interpenetrationsbeziehungen zwischen SLit und SLit -bezogenen Teilsystemen deutlich machen kann. Gegenüber der Beziehung zur Gesamtgesellschaft wird dabei die interne Struktur von SLit hervorgehoben.

SLit interpenetriert mit den gesellschaftlichen Subsystemen anderer Funktionalität, die aus der Perspektive von SLit als soziale Umwelten erscheinen. Erst die Schicht der Institutionen und Institutionalisierungen (S_2) ermöglicht es, diese Austauschbeziehungen zu präzisieren. Die analytische Ebene S_2 müßte, um eine modelladäquate Darstellung der Interpenetrationsbeziehungen zu liefern, die internen Differenzierungen aller SLit-bezogenen Teilsysteme von A_1, G_1 und I_1 vollständig umfassen, d. h. die Vernetzung der internen S_2-Struktur von SLit mit allen für literarisches und literaturbezogenes Handeln relevanten Institutionen des Wirtschafts-, Politik- und Gesellschaftssystems. Gleichzeitig greifen diese SLit-bezogenen Institutionen auf die Ebenen S_1 und S_3 aus: das politische System zensiert nicht nur einen als subversiv verdächtigten Verlag (S_2), sondern macht auch seinen Einfluß auf die Positionierung von Literatur in der Gesamtgesellschaft (S_1) geltend oder zeichnet einen bestimmten Schriftsteller aus (S_3).

Als **mikroanalytische Systemebene** beschreibt S_3 SLit-intern die Subsysteme literaturbezogenen (die interne Differenzierung von A_2 , G_2, I_2) und literarischen (L_2) Handelns. Sie erfaßt damit die interne Struktur der auf der Ebene S_2 beschriebenen Institutionen und Institutionalisierungen. Die Systemebene S_3 ist die des Aktorhandelns; die Interpenetrationsbeziehungen der Subsysteme des Handelns sind als Prozesse „der Interpretation durch die Handelnden" zu verstehen. Der ›Interpretationsspielraum‹ ist dabei „in viele Zusammenhänge wie z. B. denjenigen der jeweiligen Bezugsgruppe der Handlung (I_3), der zur Verfügung stehenden persönlichen Ressourcen (A_3), der Orientierung gebenden literarischen Wertmuster eingebettet" (ebd., 154).

In der Logik des Modells ergeben sich für die systeminterne Ebene S_3 sechzehn Systeme, da jedes der vier funktionalen Subsysteme der intermediären

Schicht wiederum in vier funktionale Subsysteme differenziert ist (A3, G3, I3, L3 von A2, G2, I2, L2). Literarische Texte sind Ergebnisse **literarischen** Handelns im L2-Subsystem von SLit. Die Produktion und Rezeption des literarischen Einzelwerks wird also auf der handlungsanalytischen Ebene S3 angesiedelt. Ebenso das **literaturbezogene** Handeln, zu dem die Verarbeitung, Vermittlung, Distribution von Literatur zählen.

Interaktion und Interpenetration

Die Handlungssubsysteme sind Konstrukte, die auf verschiedene Aspekte des Handelns fokussiert sind, gleichzeitig aber auch ermöglichen sollen, die jeweiligen Relationen zwischen den Systemen, die als ›mediengesteuerte Interpenetration‹ gedacht werden, zu analysieren. Diese Auseinandersetzungen, der Austausch von und über unterschiedliche Anforderungen und Leistungen sind nicht zuletzt Voraussetzung sozialen Wandels. Jedes Subsystem entwickelt ein je spezifisches Selektionskriterium, das die Konstanz von Handlungsmustern garantiert und den Austausch mit anderen Systemen ermöglicht. Das gilt für die Aktorebene: Die Medien der vier Handlungssubsysteme sind ›Intelligenz‹ für das adaptive Verhaltenssystem (A3), ›persönliche Handlungskompetenz‹ für das ›Persönlichkeitssystem‹ (G3), ›affektive Verbundenheit‹ (I3), ›Definition der Situation‹ (L3). Das gilt auch für das übergeordnete System Gesellschaft: wie die vier Handlungssubsysteme sind dessen Subsysteme durch Austauschbeziehungen miteinander verbunden. Auch hier ergeben sich wechselseitige Interpenetrationsbeziehungen, die über die Interaktionsmedien ›Geld‹, ›Macht‹, ›Einfluß‹ und ›Wertbindung‹ gesteuert sind. Interaktionsmedien haben die Doppelfunktion von Integration und Umweltorientierung. Sie werden systemspezifisch gebildet und organisieren das jeweilige System, sie garantieren gleichzeitig dessen Umweltkompatibilität, insofern sie intersystemische Interaktionen und Transfers steuern. Das systemspezifische Medium ‚funktioniert' auch in anderen Systemen und tritt in Konkurrenz zu den dort vorherrschenden Selektionsmustern. Der Gedanke, ›Literatur‹ selbst als Interaktionsmedium zu konzipieren (vgl. Meyer / Ort 1984), ist nicht in das MFG-Modell eingegangen.

Sozialgeschichte der Literatur

– Sozialgeschichte der Literatur ist Ergebnis und Katalysator des scientific turn
– Literaturbegriff: Literatur ist soziales Handeln innerhalb sozialer Strukturen als Teil einer allgemeinen Geschichte
– Ausweitung des Gegenstandsbereichs, interdisziplinäre Zusammenarbeit mit Sozial- und Geschichtswissenschaft, Import von Methoden, Modellen und Verfahren
– zielt auf Integrationvon hermeneutischen und empirischen Verfahren, von Struktur- und Ereignisgeschichte, von System- und Wandlungsperspektive
– Darstellungsweise: beschreibend und erklärend statt narrativ

Handlungs- und systemtheoretische Ansätze

– Grundbegriffe der Handlungstheorie: Akteur, Handeln, Handlung, Handlungssituation, Interaktion; Handlungstheorien gehen von einer Strukturierung des Handelns aus und von einer Einbettung des Handelns in übergeordnete Strukturen
– rationalistische – interaktionistische Handlungstheorien
– Grundbegriffe der Systemtheorie: Struktur, Funktion, Steuerung; System hat eine innere Struktur und ist durch Systemgrenze von Umwelt geschieden; Wandlungsperspektive: Ausdifferenzierung; Strukturwandel, lernfähige Systeme
– autopoietische Systeme sind in ihrer Grundstruktur operational geschlossen und unveränderlich, sie reproduzieren sich aus ihren Elementen
– in der Luhmannschen Systemtheorie verläuft Differenzierung über binäre Codes (systemspezifische Selektionsofferten), Funktion aller Codes ist Komplexitätsreduktion

Empirische Theorie der Literatur

– nicht-hermeneutische Theorie literarischer Kommunikationshandlungen
– kollektive oder individuelle Aktanten handeln in Handlungssituationen aufgrund ihrer Voraussetzungssysteme, um bestimmte Ziele zu erreichen; Handeln läßt sich in Handlungsrollen differenzieren: Produktion, Vermittlung, Rezeption, Verarbeitung
– Kommunikationsmittel sind die Kommunikatbasen für Handlungen, die Kommunikate realisieren, solche Handlungen sind kommunikative Handlungen; die ETL beschäftigt sich mit solchen Kommunikaten (Texte in ihrer kommunikativen Funktion), nicht mit den Kommunikatbasen (Texten) selbst
– das System literarisch-ästhetischer Kommunikationshandlungen (Literatursystem) ist abgegrenzt durch Ästhetik- und Polyvalenzkonvention
– kognitiv-reflexive, moralisch-soziale, hedonistisch-emotionale Literaturfunktion

Struktur-funktionale Sozialgeschichte

– literarische Sinnverständigung ist soziales Handeln; historisch-empirische Orientierung: historische Rekonstruktion und Datenerhebung werden mit hermeneutischen Verfahren gekoppelt
– Verknüpfung von Handlungs- und Systemtheorie in einer aktorbezogenen Systemtheorie, angelehnt an Talcott Parsons; analytische Grundstruktur: AGIL-Schema
– jedes System ist zugleich Teilsystem und funktional differenziertes Subsystem, Systeme werden aus der Perspektive funktionaler Äquivalenz oder Differenz betrachtet
– Mehrebenenmodell des Sozialsystems Literatur (SLit) umfaßt Aktorebene, intermediäre Ebene der Institutionen, Ebene des allgemeinen Sozialsystems; Wandel ist interaktiver Mehrebenenprozeß
– SLit: Teil des gesellschaftlichen Kultursystems, das den symbolischen Code verwaltet
– Interaktion und Interpenetration werden durch Medien geleistet, jeder Funktionstyp bildet ein spezifisches Medium aus; für die Gesamtgesellschaft sind das die generalisierten Medien Geld (A), Macht (G), Einfluß (I), Wertbindung (L)

XIII. Literatursoziologie

Die Literatursoziologie vereint – vergleichbar mit der -psychologie – eine methodische Vielfalt im Überschneidungsbereich zweier Disziplinen, der Literaturwissenschaft und der Soziologie. In einzelnen Fragestellungen bereits früh vertreten (vgl. z. B. Merker 1921, Schücking 1923), führte sie in Deutschland trotzdem bis zum scientific turn der Germanistik ein Schattendasein. Wenn auch heute im Rückblick schon Arbeiten der Positivisten als Beiträge zur Literatursoziologie aufgefaßt werden können – der Ahnherr des Positivismus, Auguste Comte, gilt ja zugleich als Gründungsvater der gesamten Soziologie –, stellten sich einschlägige methodische Fragen eigentlich erst in den 1920er Jahren (vgl. Voßkamp 1994). Nie jedoch konnte sich die Orientierung an gesellschaftlichen Zuständen in der Philologie gegenüber der geistesgeschichtlichen Betrachtungsweise behaupten. Erst mit wachsendem literaturwissenschaftlichen Interesse für sozialwissenschaftliche Erkenntnisse und Theorien wurden schließlich um die Mitte der 1960er Jahre vorliegende in- und ausländische Beiträge zur Literatursoziologie wahrgenommen und fruchtbar gemacht. Wie auch auf anderen Gebieten des Theorie- und Ergebnisimportes kam es zu breitenwirksamen Diskussionen, in deren Verlauf auch Ansätze rezipiert und aktualisiert wurden, deren Ursprünge teilweise Dekaden zurücklagen: darunter neben den bürgerlich-soziologischen Arbeiten in der Tradition Max Webers, Karl Mannheims und der Kölner Schule (A. Silbermann) die neomarxistischen der Frankfurter Schule (Walter Benjamin, Theodor W. Adorno u. a.) oder die orthodox-marxistischen in der Nachfolge Georg Lukács'.

Ansätze der Literatursoziologie gegen andere abzugrenzen, die ebenfalls soziale Problemstellungen in die Literaturbetrachtung einbeziehen, ist nicht immer einfach. Die Literatursoziologie konkurriert beispielsweise auf vielen Gebieten mit der Sozialgeschichte der Literatur, ohne daß gesagt werden könnte, beide gehörten im Grunde zusammen – auch wenn sie sowohl große Gegenstandsbereiche als auch konzeptionelle Grundlagen gemein haben. So erforschen beide die gesellschaftlichen Zusammenhänge, in denen Literatur entsteht und wirksam wird, und stützen sich auf soziologische Theorien, seien sie akteurs- oder kommunikationsorientiert, große Systemtheorien oder nur Modelle bescheidener Reichweite. Die eigentliche Basis für die Unterscheidung ergibt sich aus der jeweils gewählten Sichtweise: sollen die **gesellschaftlichen Umstände** im Vordergrund stehen, in denen Literatur als eine beliebige Art **sozialer Interaktion** neben anderen erscheint, oder soll der **Begriff der Literatur** mit seinen Implikationen von Fiktionalität, Polysemie und Selbstreferentialität als etwas von anderen Interaktionsformen Abweichendes, Eigenständiges ins Zentrum rücken? Literatursoziologie verfährt eher in der erstgenannten Weise, Sozialgeschichte der Literatur berücksichtigt häufiger auch die letztgenannte. Dabei konstituiert die Frage nach der Historizität nicht notwendig ein weiteres Trennungskriterium; Literatursoziologie kann ebenfalls eine historische Dimension berücksichtigen – schließlich vollzog sich die Herausbildung einer Sozialgeschichte der Literatur ursprünglich aus einer historisch interessierten Sozialwissenschaft. Gleichwohl liegen die Arbeitsfelder der – recht spärlich unter diesem Etikett ausgeübten – literatursoziologischen Studien eher im Bereich der Gegenwartsliteratur oder zeitgenössischen Medienanalyse, zumal die Datenerhebung bei rezenten Vorgängen einfacher und ergebnis-reicher zu sein verspricht.

1. Soziologie literarischer Akteure

„Indem die Literatursoziologie als eine *spezielle Soziologie* verstanden wird, ist sie, sowohl was ihre Methode als auch was ihren Gegenstand betrifft, der allgemeinen Soziologie verpflichtet. Da die Soziologie das soziale, d. h. intersubjektive Handeln zum Forschungsgegenstand hat, ist sie nicht am literarischen Werk als ästhetischem Gegenstand interessiert, sondern Literatur wird nur insofern für sie bedeutsam, als sich mit ihr, an ihr und für sie spezielles zwischenmenschliches Handeln vollzieht. Die Literatursoziologie hat es demnach mit dem Handeln der an der Literatur beteiligten Menschen zu tun; ihr Gegenstand ist die Interaktion der an der Literatur beteiligten Personen“ (Fügen 1974, 14). In diesem Sinne ist die Untersuchung aller literarischen wie literaturbezogenen Akteure Gegenstand der Literatursoziologie. ›Wie welches Publikum wann welchen Text wirklich gelesen und beurteilt hat‹, dieser Kerngedanke der empirischen Kritik an der hermeneutischen Rezeptionsästhetik ist entschieden soziologisch fundiert.

Die sozialen Voraussetzungen und Folgen sowohl der literarischen Produktion wie auch der Distribution oder der Rezeption sind durch statistische Verfahren (Marktdaten, Bibliotheksstatistik, Einschaltquoten u. a.), Befragungen im Rahmen einer Feldforschung (demoskopische Umfragen, Tiefeninterviews in der Alltagsumgebung der Probanden) oder Laborversuche (etwa als Lese- und Interpretationssituation unter kontrollierten Voraussetzungen wie in der Literaturpsychologie auch) zu analysieren. Alle vier auf Literatur bezogenen Handlungsrollen – wie sie z. B. in der Empirischen Theorie der Literatur Siegfried J. Schmidts dargestellt sind – können an der Erfahrungswirklichkeit überprüft und durch Zahlenmaterial belegt werden. Theoretische Grundlagen und bewährte Verfahren für die Bearbeitung solcher Fragestellungen liegen in der Soziologie und Marktforschung reichlich vor. Auf diesen Gebieten wäre eine Eigenentwicklung der Literaturwissenschaft keineswegs notwendig, um weitergehende Forschungen zu betreiben. Die Ergebnisse solcher wirklichkeitsgesättigten, quantifizierenden Erhebungen weichen meist von den Konstruktionen der traditionellen Literaturinterpreten deutlich ab. Die realen Leser relativieren in ihrem Verhalten die Vermutungen der Literaturwissenschaft über Motivation und Kompetenz der Lektüregewohnheiten. Dabei stehen die Medien, die den größten sozialen Einfluß durch die weitestgehende Verbreitung ausüben (Massenkultur), eher im Mittelpunkt als ästhetische Unikate, die bekanntermaßen nur von einem kleinen Publikum zur Kenntnis genommen werden, und deren wirklich kenntnisreiche Rezeption auf eine noch kleinere Gruppe beschränkt ist. Generell sind die beobachtbaren Unterschiede zwischen ästhetischen Normkanones und den empirischen Kanones der tatsächlichen Rezeptionsgewohnheiten geeignet, traditionelle Annahmen über die Relevanz ‚hochwertiger' Gegenstände zu erschüttern. Bekannt sind seit langem statistische Erhebungen über die Wahrnehmung von Massenkultur: schon in den 1960er Jahren lasen rund 37% der Frauen und 36% der Männer über 16 Jahre Heftromane, darunter fast 50% in der Altersgruppe der 16–29jährigen (vgl. Schmidtchen 1968). Seit jenen Zeiten der fast noch ungebrochenen Literaturemphase hat sich die Quote bei den ‚trivialen' Medien beständig erhöht (vgl. den Forschungsbericht Fritz 1990). Neben der Verbreitung und Bekanntheit beliebiger literarischer Werke lassen sich auch ihre Wirkungen (Rollenvorbilder, Unterhaltungseffekte, Wissensvermittlung) mit empirischen Erhebungen genauer erfassen. Eine der in diesem Bereich immer wieder diskutierten drängenden Fragen betrifft beispielsweise die Auswirkungen der Darstellung von Gewalt in gedruckten Texten oder Fernsehsendungen (vgl. z. B. Hoefer 1995).

Marktforschung im Bereich Buch- oder Medienaufbereitung hat in den Kulturwissenschaften ein weitreichendes Interesse geweckt. Die wechselseitigen Abhängigkeiten zwischen den Erfordernissen des ökonomischen Erfolgs, der Anpassung an die sozialen Voraussetzungen der kulturellen Systeme sowie der ästhetischen Zielsetzungen lassen diesen Problemkreis sowohl aus der Perspektive der Autoren, der Verleger / Buchhändler als auch der Publikumsgruppen bedeutsam erscheinen. Ohne eine derartige soziologische oder sozialhistorische Sicherung der empirischen Rahmendaten einer Epoche (in älterer Terminologie: der Grundlagen ihres **literarischen Lebens**) bleiben die interpretierenden Aussagen über Textformen und ihre Leistungen, wie sie in der traditionellen Literaturgeschichte auftauchen, weitgehend Spekulation. Dabei erstrecken sich die Einflüsse durch die Rahmenbedingungen nicht nur auf das Leben der Autoren und ihrer Leserschaft, sondern ebenfalls auf die konkrete Textform. Der ökonomische Einfluß auf die Gestalt literarischer Werke etwa wird in den meisten Fällen unterschätzt: ob der Umfang eines Romans wegen der Zensurbestimmungen (beispielsweise im Vormärz) unbedingt eine gewisse Zahl von Druckbogen übersteigen mußte, oder ob eine Zeitschriftenredaktion den Umfang einer realistischen Novelle für den Vorabdruck in der „Gartenlaube" oder anderen Zeitschriften aus Platzgründen eigenmächtig um ein Viertel kürzte, sollte bei der emphatischen Untersuchung der organisch-ästhetischen Gestalt eines Werkes berücksichtigt werden. Hier kann gerade die Literatursoziologie, indem sie die Vorliebe für eine ästhetische Wertung ignoriert, wichtige empirische Daten für die weitere hermeneutische Interpretation erheben.

2. Soziologische Analyse von Texten

Literatursoziologie befaßt sich darüber hinaus auch mit literarischen Texten. Diese wichtigsten Medien der literarischen Interaktion gelten ihr als Ausdruck gesellschaftlichen Bewußtseins. Sie werden in dieser Funktion mit starkem Bezug zur Erfahrungswirklichkeit gelesen, also im Rahmen der sozialen Zustände ihrer Entstehungszeit referentialisiert. So erscheinen, wie es eine programmatische Schrift formuliert, „Gesellschaft und gesellschaftliche Probleme als literarischer Stoff" (Löwenthal 1948; zit. nach 1990, 331), dessen Anordnung und Bearbeitung ebenso als Indizien für schriftstellerisches Bewußtsein gedeutet werden wie als Ausdruck dominierender sozialer Wert- und Normhaltungen in der zeitgenössischen Gesellschaft. Zu unterscheiden sind dabei die Funktionen der unterschiedlichen Gattungen: „Die epische wie die lyrische Dichtung, das Drama wie der Roman stehen in einem ganz eigentümlichen Beziehungsverhältnis zu dem besonderen gesellschaftlichen Schicksal der Menschen" (ebd., 329). Um diese berechtigte Behauptung an historischen Beispielen zu exemplifizieren, werden zunächst überwiegend Interpretationen von Romanen durchgeführt, deren Texte dabei mehr oder weniger direkt referentialisiert werden.

Inhaltsanalyse

Fast ohne Berücksichtigung der konstruktivistischen Leistungen literarischer Texte geschieht dies in zwei Hauptrichtungen: auf der Basis von marxistischen **Widerspiegelungstheoremen** (vgl. Lukács) oder im Sinne der strukturalistischen sekundären Modellbildung in weitreichenden **Homologieannahmen** zwischen Roman- und Erfahrungswelt (vgl. Goldmann 1970). Diese Auffassung muß, so lautet der kritische Einwand der neueren Literatursoziologie, durch die gegenläufig wirkende Vorstellung von der relativen Autonomie des Romangeschehens konterkariert werden: „Der Roman kommt jedoch mit dem Grundmuster sozialen Handelns als konstitutivem Element allein nicht aus. Es kommt zu seinem universellen empirischen Element ein weiteres, das sich zum ersten geradezu kontradiktorisch verhält, indem es jeden Bezug zu Erfahrbarem von sich abzuweisen scheint: die Fiktionalität [...Sie] sagt [...] weder über die formalen Elemente des Romans etwas aus noch über den Wahrheitsgehalt, sondern sie ist nichts als die Verneinung der außerliterarischen Realität des Romangeschehens“ (Fügen 1982, 6f./9). In der Tat sind derlei Überlegungen innerhalb des Spektrums vorliegender literatursoziologischer Arbeiten kaum berücksichtigt. Die spezifische Leistung, die Literatur für die Herstellung sozialen Sinns erbringt, tritt eher in neueren Publikationen in den Vordergrund, die sozialhistorisch-hermeneutische mit empirischen Perspektiven verbinden.

Die fiktionale Weltaneignung im Roman beruht – und sie kann insofern als der soziologischen Weltsicht analog aufgefaßt werden – auf Interaktionen von Figuren. Darin wiederholt, so eine erste These der soziologischen Romaninterpretation, der Urheber des Textes Grundzüge seiner primären sozialen Erfahrung und macht diese der Exegese allgemein zugänglich. Der Romantext stellt unter dieser Prämisse also eine aus individueller Perspektive geordnete Beschreibung komplexer gesellschaftlicher Zusammenhänge dar. Selbst wenn keine strikte Homologie zwischen dieser Konstruktion und der vorausliegenden primären Erfahrung angenommen wird, kann die vom Autor gewählte Perspektive doch auf seine soziale Stellung zurückbezogen werden. Die Interpretation ist dann nicht allein darauf angewiesen, die Bedeutung der sozialen Elemente aus dem Romantext herauszulesen, sondern kann sie mit Hilfe des sozialen Kontextes, in dem der Autor geschrieben hat, absichern. Bei einer solchen Kontextuierung können – eine entsprechende Aufmerksamkeit für literarische Phänomene vorausgesetzt – auch Spannungsverhältnisse zwischen der sozialen Realität des Autors und der Wiedergabe seiner Erfahrungen in einem fiktionalen (verfremdeten oder frei gestalteten) Text nachgewiesen werden.

Was innerhalb literarischer plots letztlich mit soziologischen Erklärungsmustern erfaßbar ist, sind aber vor allem die Interaktionen der Figuren als solche. Ihnen werden die gleichen Funktionsweisen unterstellt wie den Handlungen in der Wirklichkeit; literarische Figuren werden aus den Beziehungen, die sie im plot eingehen, sowie aus den ihnen eingeschriebenen individuellen Merkmalen als soziale Rollenträger aufgefaßt. Das Personal literarischer Werke wird in einer solchen soziologischen Figurenanalyse schließlich als ›Konstellation‹ oder ›Konfiguration‹ dargestellt (ein entsprechender programmatischer Entwurf bei Fügen 1982).

Textsoziologie

Die skizzierten Verfahren berücksichtigen überwiegend die literale Aussage der Texte. Inhaltsanalyse, mit welchem Interesse sie auch betrieben wird, beschränkt sich auf die semantische Ebene. Einen kritischen Versuch, trotz soziologischer Orientierung die Literarizität von Texten stärker zu berücksichtigen, unternimmt Peter V. Zimas Entwurf einer „Textsoziologie“ (1980). Im Gegensatz zur Inhaltsanalyse der älteren Literatursoziologie soll hier die Textstruktur vorrangig einbezogen werden. In diesem Fall müssen sprachliche Prägungen berücksichtigt werden, in die soziale Verhältnisse eingeschrieben sind. Als Grundmuster sozial motivierter Sprachverwendung gelten ›Soziolekte‹, die – analog zum regionalen Einfluß der Dialekte – die Formung der Rede durch gesellschaftliche Gruppen repräsentieren. Indem die literarischen Texte auf in ihnen enthaltene ›Soziolekte‹ hin untersucht werden, lassen sich die vertretenen sozialen Standpunkte an der Auswahl der verwendeten Sprachelemente erkennen. Im Gegensatz zur semantischen Inhaltsanalyse sind mit diesem Verfahren weitergehende Aussagen über die Gestaltung des Textes aus soziologischer Perspektive möglich. Gesellschaftliche Gruppen erscheinen andererseits nur noch als komplexe sprachliche Äußerungen.

3. Soziologie der symbolischen Formen und literarisches Feld: Pierre Bourdieu

Die Schriften des französischen Soziologen und Kulturtheoretikers Pierre Bourdieu haben erst in den letzten Jahren verstärkt Resonanz in der bundesrepublikanischen Diskussion gefunden, die wichtigsten seiner theoretischen Arbeiten liegen in deutscher Übersetzung vor („Zur Soziologie der symbolischen Formen“, 1970; „Entwurf einer Theorie der Praxis“, 1972; „Die feinen Unterschiede“, 1982; „Sozialer Sinn“, 1987; alle Frankfurt a. M.).

Bourdieus erste Studien, die sich mit der traditionalen kabylischen Gesellschaft im nordafrikanischen Algerien beschäftigen, sind – wie die vieler anderer – vom ethnographischen Strukturalismus Claude Lévi-Strauss' geprägt. Das strukturalistische Moment in Bourdieus Arbeiten nimmt im Laufe der Zeit jedoch immer mehr ab und sein Augenmerk richtet sich zunehmend auf eine Ethnographie der (französischen) Gegenwartsgesellschaft, die wissens- und bildungssoziologische Studien und eine Theorie der sozialen Ungleichheit umfaßt. Mit der Kategorie des **sozialen Sinns** (eigentlich: sens pratique) rückt die Kultursoziologie ins Zentrum seiner Gesellschaftstheorie, die die Konstitution und Reproduktion sozialer Ordnungsstrukturen und Hierarchien in den Blick nimmt. Besonderes Interesse gilt dabei den Praxen der **Distinktion**, der Gruppenabgrenzung durch ›die feinen Unterschiede‹ kultureller und ästhetischer Wertzuweisung. Der Bourdieusche Kunst- und Kulturbegriff bezieht sich dabei immer auf die sozialstrukturelle Wirksamkeit ästhetischer Produktion, Konsumtion und Beurteilung. In seiner Theorie wird Kultur bedeutsam als Gegenstand und Medium von Auseinandersetzungen in der (von der ›Dingwelt‹ geschiedenen) ›Sozialwelt‹, der Sphäre gesellschaftlicher Positionierungskämpfe.

So sehr er gegen den Strukturalismus die konkrete Geschichte geltend macht, so wenig glaubt Bourdieu jedoch, soziale Strukturen im Rückgriff auf die Kategorie des Subjekts erklären zu können. Im Begriff der Praxis erläutert er, wie Handeln und Struktur einander wechselseitig begründen: die **Praxis** ist „der Ort der Dialektik von opus operatum und modus operandi, von objektivierten und einverleibten Ergebnissen der historischen Praxis, von Strukturen und Habitusformen" (Bourdieu 1987, 97f.). Die Handlungstheorie, die Bourdieus Konzeption grundiert, ist also nicht subjektzentriert, sondern interaktionistisch und ›praxeologisch‹ (an den Vorgängen orientiert). Vertikal kennt der Ansatz eine Differenzierung in Handlung, Handlungsabstraktion und Struktur; horizontal kann die Gesellschaft analytisch in Felder eingeteilt werden, die jeweils nach eigenen Regeln ihre Struktur generieren und reproduzieren.

Die Logik der Felder und Kapitalien

In Auseinandersetzung mit Karl Marx formuliert Bourdieu eine allgemeine ›Ökonomie der Praxis‹, in der gesellschaftliches Handeln nach dem Vorbild wirtschaftlicher Prozesse beschrieben werden kann. Sie besteht aus verschiedenen **sozialen Feldern**, ›Wertsphären‹ – von denen die ‚eigentliche' Ökonomie, der Bereich des wirtschaftlichen Handelns, nur eine darstellt –, in denen mit je eigenen Mitteln um soziale Macht gerungen wird. Dieser Machtkampf ist immer – auch in ‚nicht-ökonomischen' Bereichen wie der Kunst – auf Profitmaximierung und Kapitalakkumulation gerichtet, wobei der Gewinn eben nicht nur ein materieller, sondern auch ein symbolischer sein kann. Das Feld ist ein sowohl in der sozialen Praxis als auch in der Vorstellung der Handelnden abgegrenzter relativ autonomer Raum. Innerhalb eines solchen Feldes entstehen Beziehungsmuster, vermittelt über die spezifische Verteilung von Kapitalsorten. Das Feld ist aber nicht so starr, wie der Begriff der Feldstruktur vermuten ließe: mitgedacht sind neben der objektivierten Struktur auch immer die individuell und kollektiv Handelnden und ihre Strategien, mitgedacht sind auch die spezifischen Konflikte des jeweiligen sozialen Teilraums. Die relativ autonomen Felder sind zwar durch die Gültigkeit spezifischer Regeln abgegrenzt, trotzdem gegeneinander durchlässig; es ist nicht nur Austausch möglich, die Felder überlappen einander in der Weise, wie soziale Praxen einander überlappen. Die Raummetapher des Feldes wird ergänzt mit den Begriffen der **Position** und der **Positionsnahme** (prise de position), ersterer beschreibt den durch Klassenstellung, Habitus, Dispositionen bestimmten Ort innerhalb der institutionalisierten Strukturen des Feldes – der strukturierten Struktur also – , zweiter das Element der strukturierenden Struktur, der **Sinngeneration** und -reproduktion in der Praxis.

Der Preis für das In-Funktion-Halten der Struktur ist ihre dauernde Korrektur in der Praxis. Das Beharrungsvermögen der Feldstruktur ist trotzdem unbestritten; es ist allerdings weder auf die Trägheit der Masse noch auf losgelöste funktionale Codes zurückzuführen, sondern auf den Zusammenhang von sozialer Positionierung, Herrschaft und symbolischer Definitionsmacht (vgl. Bourdieu 1987, 254f.).

Neben dem **ökonomischen** (materiellen) Kapital nimmt Bourdieu zwei weitere Kapitalsorten an, die neben der internen Strukturierung den Austausch zwischen den Feldern ermöglichen: **soziales** und **kulturelles Kapital**. Den Terminus des **symbolischen Kapitals** verwendet Bourdieu uneinheitlich: einmal als Oberbegriff zur Bezeichnung für die Wertigkeit aller Kapitalsorten im Positionskampf, zum anderen als vierte Kategorie neben den drei genannten. Bei allen Kapitalien fragt Bourdieu nach deren Substrat, d. h. dem empirisch einigermaßen Faßbaren, wie Geld (ökonomisches Kapital), Einfluß (soziales Kapital), Bildungstitel oder Wissen (kulturelles Kapital), und nach der Konvertierbarkeit, d. h. dem Tauschwert und der Tauschfähigkeit. Wirksam werden die Kapitalsorten in drei verschiedenen sozialen Erscheinungsformen: als inkorporiertes Kapital, als objektiviertes und als institutionalisiertes. Für das kulturelle Kapital, das hinsichtlich einer Engführung des Bourdieuschen Ansatzes auf Kunst und Literatur in erster Linie interessiert, können diese Erscheinungsformen aufgeschlüsselt werden: kognitive und ästhetische Kompetenz (Geschmack) als inkorporiertes Kapital, Wissen und Kulturgüter als objektiviertes Kapital, Bildung, Bildungstitel und -institutionen als institutionalisiertes Kapital (Bourdieu 1982; vgl. auch Müller 1986,168f.).

Klasse und soziale Positionierung

Die soziale Auseinandersetzung sieht Bourdieu als Klassenauseinandersetzung, als Klassenkampf. Die marxistische Terminologie erfährt dabei allerdings wichtige Veränderungen. So wird die Klassenzugehörigkeit zwar u. a. durch den Besitz von Kapitalien bestimmt, aber nicht durch die dichotomische Verteilung von (i. e. S. ökonomischen) Produktionsmitteln. Die Teilhabe an den verschiedenen Kapitalformen entspricht sozialen Positionsmarkierungen, die in habituellen Lebensstilausprägungen ihren Ausdruck finden.

Diese nicht-ökonomistische, sondern **soziokulturelle Klassentheorie** geht davon aus, daß eine soziale, ökonomische und kulturelle Verteilungsungleichheit in sozialer Beziehungsungleichheit mündet. Das Haben bestimmt das soziale Sein und dieses wiederum das Bewußtsein, insofern jeder Klassenzugehörigkeit spezifische Formen der **Klassifikation** – der Wirklichkeitswahrnehmung und -orientierung – korrespondieren. Als ›inkorporierte Sozialstrukturen‹ fungieren diese Klassifikationen als Sinnraster für das ›begriffslose Erkennen‹ im alltäglichen Handeln und ermöglichen „den Aufbau einer gemeinsamen sinnhaften Welt, einer Welt des *sensus communis*" (Bourdieu 1982, 730). Gleichzeitig wirkt diese symbolisch konstruierte Welt zurück auf die materiale, und auch Güter in der Sozialwelt werden distinktive Zeichen. Der Klassenkampf manifestiert sich so als Auseinandersetzung von **Klassifikationssystemen** (vgl. ebd., 754). Das Gegenüber von ›Klassenlage‹ und ›Klassensinn‹ wird als Wechselwirkung gefaßt: „Symbolische Kämpfe sind stets viel effektiver (also realistischer), als der ökonomische Objektivismus glaubt, und viel ineffektiver, als es die Theorien des sozialen Grenznutzens gerne hätten" (Bourdieu 1987, 256).

Wie bestimmt sich nun die Zugehörigkeit zu einer Klasse? Klassenmerkmale sind die dem Individuum oder der Gruppe typischerweise zur Verfügung stehende Quantität des Kapitals sowie dessen Zusammensetzung aus den verschiedenen Kapitalsorten. Diese veränderlichen, aber letzlich dem einzelnen äußerlich bleibenden Faktoren prägen – im Zusammenspiel mit anderen Merkmalen, die quer zum Klassenstatus liegen (Geschlecht, Alter, Nationalität etc.) – den **Klassenhabitus.** Die Annahme eines solchen Faktorengeflechts gewichtet die Merkmale der Klassenzugehörigkeit, durch die relationale Orientierung wird jedoch vermieden, die Welt in Widerspruch und Nebenwiderspruch zu sortieren. Neben diesen gruppentypischen Habitus tritt der individuelle Habitus, der weder auf die Konkretisation des ersteren reduziert werden kann, noch die Kategorie des Subjekts ins Spiel bringt, sondern das Individuum, das ›empirische Ich‹ mit seinem konkreten ›sozialen Lebenslauf‹ berücksichtigt. Die Klammer zwischen individuellem und Klassenhabitus ist das Prinzip der **Homologie**.

Struktur, Habitus, Praxis

Die segmentäre Einteilung der Gesellschaft in Felder wird ergänzt durch die allgemeine Begriffstrias **Struktur – Habitus – Praxis**, die von Bourdieu auf alle Gesellschaften und alle Gesellschaftsbereiche angewandt wird. Mit ihrer Hilfe werden die generativen und reproduktiven Prozesse der Gesellschaftsformation gefaßt. Der universelle Anspruch muß im Einzelfall mit den Besonderheiten vermittelt werden: so erfordert die Analyse moderner Sozialgebilde im Gegensatz zu traditionalen Gesellschaften die verstärkte Berücksichtung von funktional differenzierten Sphären, arbeitsteiliger Produktion und von vermittelnden Instanzen wie Kollektivakteuren und Institutionen.

Mit den genannten Begriffen sind unterschiedliche Grade von Dynamik verbunden. Der häufig an Bourdieu herangetragene Vorwurf des Determinismus ist nur dann stichhaltig, wenn die strukturierte Struktur isoliert, d. h. abgekoppelt von der Dynamik der Praxisformen gesehen wird. Innerhalb der Grenzen setzenden Struktur sieht die Bourdieusche Theorie durchaus Spielraum vor, sowohl für kollektive wie individuelle Akteure. Dieser Spielraum wird erweitert durch seine reflexive Benennung: „wir alle sind frei innerhalb von Grenzen. Und wir können uns zusätzliche Freiheit dadurch schaffen, daß wir uns diese Grenzen bewußt machen“ (Bourdieu 1989, 27).

Sowohl Habitus als auch Praxis werden durch die gegenläufigen Kräfte von Beharrungsvermögen und Veränderungsdrang einer ständigen Verschiebung unterworfen. Es geht dabei nicht nur um die Positionsveränderung von Akteursgruppen im Feld, die sich neue Partizipationsmöglichkeiten erschließen, neue Präferenzen durchsetzen können oder an Einfluß verlieren, weil ihre Weise der Distinktion nicht mehr anerkannt wird, sondern auch um die internen Veränderungen, die durch dieses Aufeinanderprallen ausgelöst werden.

Bourdieu hat diese Prozesse als „Dialektik zwischen Interiorität und Exteriorität, d. h. zwischen der Interiorisierung der Exteriorität und der Exteriorisierung der Interiorität“ beschrieben (Bourdieu 1972, 164). Diesen Gedanken finden wir – auf die Mediatisierung bezogen – wieder in den Vorstellungen von der **Inkorporierung von Kapitalien**, der Prägung von **Dispositionen** und der Objektivierung von Kapitalien.

Im Ergebnis faßbar werden solche Prozesse der Interiorisierung und Exteriorisierung als Habituswandel und als Veränderung von Praxisformen – seien es die notorischen Heiratsrituale oder Rezeptionsweisen von Literatur. Die Triade Struktur – Habitus – Praxis entbehrt also nicht einer diachronen Dimension. Der Habitus selbst fungiert als in Dispositionen gegossenes kollektives Gedächtnis, das keinen expliziten Geschichtsbezug braucht und damit wirksamer ist als jede offizielle Verpflichtung auf Kontinuität (vgl. Bourdieu 1987, 101). Als Einbettung in eine Geschichte – die Strukturierung der Struktur verläuft in der Zeit – erschöpft sich der Habitus jedoch nicht in der Unterwerfung unter Traditionen. Die Einbeziehung von Geschichte erfordert die dauernde praktische Aneignungsarbeit, damit sie nicht zu totem Kapital verkommt, so „ermöglicht eben der Habitus [...] Institutionen zu bewohnen (habiter), sie sich praktisch anzueignen und sie damit in Funktion, am Leben, in Kraft zu halten, sie ständig dem Zustand des toten Buchstabens, der toten Sprache zu entreißen“ (ebd., 107).

Das literarische Feld

Seit den 1970er Jahren beschäftigt sich Bourdieu mit dem literarischen Feld und dessen gesamtgesellschaftlicher Funktion. Zwei Interessen sind dabei ausschlaggebend: die soziale Distinktion, die über literarische Produktion und Rezeption und über die Legitimationsinstanzen der hegemonialen Kultur geleistet wird, und die Organisation und Struktur des literarischen Feldes selbst. Die Überlegungen zu letzterem sind an der literarhistorischen Entwicklung Frankreichs modelliert und deshalb nicht ohne weiteres verallgemeinerbar oder auf den deutschen Sprachraum zu übertragen. Insgesamt ist es auch hier ein soziologisches Interesse, kein ästhetisches, das Bourdieus Arbeiten leitet.

Wie andere soziologisch und sozialhistorisch vorgehende Autoren wendet Bourdieu sich gegen die traditionelle ideographische Literaturgeschichtsschreibung, in deren Mittelpunkt Werk und genialischer, aus sich selbst schaffender Künstler stehen. Der Literaturbegriff ist ein pragmatischer, das Werk wird zum Werk durch Wertzuschreibung, wobei diese auf eine gesellschaftliche, klassifizierende Institutionalisierung ästhetischer Produkte verweist: „l'œuvre d'art n'existe en tant qu'objet symbolique doté de valeur que si elle est connue et reconnue, c'est-à-dire socialement instituée comme œuvre d'art“ (Bourdieu 1984, 9). Ebenso wie emphatischen Werkbegriff und immanente Interpretation lehnt

Bourdieu aber auch die traditionelle Literatursoziologie als reduktionistisch ab, da sie die Vermittlungsebenen zwischen Literatur und Gesellschaft ignoriere. Ihm ist **der soziale Sinn ästhetischer Positionen** wichtig, nicht der soziale Gehalt literarischer oder programmatischer Texte.

Die Konzeption der **relativen Autonomie** des literarischen Feldes ist verknüpft mit der Analyse literarischer Autonomisierungsprozesse im 19. Jahrhundert. Es handelt sich hier also um keinen emphatischen, sondern um einen sozialgeschichtlichen Autonomiebegriff, in den die Verknüpfung literarischer Praxen mit anderen gesellschaftlichen Bereichen eingeschrieben ist. Als relative weist die Autonomie ja auf den Aspekt der partiellen Abhängigkeit durchaus hin. Das literarische Feld ist kein Milieu oder Kontext, sondern ein Kraftfeld, das seine spezifischen Handlungsregeln bereithält, „un champ des forces agissant sur tous ceux qui entrent dans cet espace et différemment selon la position qu'ils y occupent" (Bourdieu 1984, 5). Daraus ergeben sich übergeordnete Fragestellungen für die Bourdieusche Literatursoziologie: (1) nach der Stellung des literarischen Feldes innerhalb der politisch-sozialen Machtstruktur (champ de pouvoir); (2) nach den objektivierten Relationen zwischen den Positionen, die Individuen und Gruppen innerhalb des Feldes kultureller Produktion einnehmen, (3) nach den Dispositionssystemen, den Positionsnahmen dieser Akteure, (4) nach den Instanzen und Institutionen, die zur Legitimation der Kultur beitragen.

Das literarische Feld ist Teilsystem des kulturell-intellektuellen Felds. Dieses unterscheidet sich nicht prinzipiell, sondern in der Art der produzierten Güter und der funktionalen Gewichtung von anderen Teilen der Gesellschaft und ist mit diesen über Homologien verbunden. Die Interferenzen von Literatur und Gesellschaft sind somit keine unmittelbaren. Eine direkte Wirkung auf die einzelnen Elemente des literarischen Feldes – geschweige denn ein Kausalitätszusammenhang – kann nicht angenommen werden. Exogene Einflüsse und Anforderungen werden vielmehr nach der Logik des Feldes re-interpretiert.

Die Dynamik auch des literarischen Feldes ergibt sich wesentlich aus der Spannung zwischen position und den prises des position im Universum der möglichen (hier: ästhetisch-literarischen) Positionsnahmen. Auch wenn sich diese beiden ›Differenzsysteme‹ (systèmes de différences) nur schwer trennen lassen, beharrt Bourdieu auf ihrer analytischen Scheidung und nimmt eine médiation, eine Vermittlung an, keine direkte Korrespondenz. Das Interesse an konkurrierenden literarischen Diskursen ist also immer verknüpft mit dem symbolischen Mehrwert, den diese für die soziale Positionierung erwirtschaften.

Bourdieu beschäftigt sich zwar in einer umfassenden Konzeption mit der Strukturierung des literarischen Feldes und den in einer Gesellschaft ablaufenden ästhetisch-kulturellen Positionskämpfen, seine eigene Forschungspraxis beschränkt sich zunächst jedoch auf Schriftsteller als individuelle oder Schriftstellergruppen als kollektive Akteure. Die Rezeptionsseite der Literatur ist weit weniger wichtig. In „le champ littéraire" kommt sie lediglich in Form einer „production de consommateurs aptes" (Bourdieu 1984, 9) vor. Etwas anders sieht es in „Die feinen Unterschiede" aus, wo kulturelle Partizipation wesentliches Distinktionsmerkmal wird. Daneben interessieren Bourdieu vor allem die Institutionen, die die literarischen Vermittlungs- und Verarbeitungsleistung erbringen – wie Verlage, universitäre und schulische Lehre etc. –, allerdings weniger in ihrer Funktionsweise, ihrer inneren Struktur, als in ihrem Beitrag zur Bestimmung der legitimen Kultur.

Wie alle anderen gesellschaftlichen Bereiche ist das literarische Feld ein Raum des Kampfes mit spezifischen Mitteln. Die Anbindung der Literatur an die Sozialwelt ist sowohl ökonomisch als auch symbolisch vermittelt: kulturelle Güter sind gleichzeitig Ware und Bedeutung, sie haben einen symbolischen und einen ökonomischen Tauschwert. Literarisch-ästhetische Normen sind Akkumulationsort kulturellen und sozialen Kapitals, wobei die maximale Entfernung des Literaturprogramms von heteronomen ästhetischen Standards mit der maximalen symbolischen Wertschätzung einhergeht. Mit anderen Worten: je stärker und expliziter ein ästhetisches Programm um Vorstellungen von Autonomie zentriert ist, desto ‚künstlerischer' erscheint es und wird auch so rezipiert. Autonomie ist dabei ein Postulat des Programms, Merkmal der Positionsnahme, keine tatsächliche Verweigerung der ökonomischen und symbolischen Verwertung.

Als Kanonisierungsinstanzen rücken vor allem Akademie und Universität ins Blickfeld, die Autorität dieser Legitimationsinstanzen bestimmt Kräftestrukturen des Felds, die Beziehung der einzelnen Autoren oder Gruppen von Autoren zu diesen Instanzen deren Position. Der Kanon interessiert also vor allem als Deutungskanon. Die genannten Instanzen treten auf als Hüterinnen der orthodoxen Kultur, der hegemonialen Ästhetik, ihre Ausrichtung ist (auf-)bewahrend, konservativ. Das heißt aber nicht, daß die Unterwerfung unter die hegemoniale Kultur und ästhetische Tradition die einzige, oder auch nur die einzig erfolgversprechende Haltung wäre – zumindest nicht für die literarisch produktiven Akteure. In der Kunst der Moderne ist schließlich das Innovationspostulat selbst Element der orthodoxen Ästhetik; jeder Traditionsbruch bedient somit ebenfalls wieder die Tradition. Die Unterteilung in traditionsorientierte **conservateurs** und innovationsorientierte **créateurs** betrifft nur die Struktur des literarischen Feldes, nicht die prinzipielle Funktion der ästhetischen Produktion.

Bourdieu unterscheidet zwischen einem stark marktorientierten Raum der Produktion kultureller Massenware (champ de grande production symbolique) und einem Sektor der ›begrenzten Produktion‹, der diesem eigene (ästhetische) Normen entgegensetzt (champ de production restreinte). Der Doppelcharakter des literarischen Produkts wird also jeweils in die eine oder andere Richtung gewichtet. Dabei scheint eine Reziprozität zwischen symbolischer und ökonomischer Wertzuweisung zu bestehen; das ästhetisch hochgewertete Kunstprodukt ist elitär, mit seiner Verbreitung, mit seiner Akzeptanz schwindet der symbolische Wert. Als Distinktionskriterium wird eine bestimmte Literatur dann unbrauchbar, wenn alle an ihr partizipieren.

Ästhetische und soziale Distinktion

Die ästhetische Praxis strukturiert die (Ap-)Perzeption der Sozialwelt und vermittelt Muster für deren gruppenbezogene Deutung. Bourdieu formuliert mit seinem Konzept der Distinktion eine Gesellschaftstheorie des Ästhetischen und der Ästhetik. Er kennt vier grundsätzliche Positionen, die gegenüber der **kulturellen Doxa** bezogen werden können: Orthodoxie, Heterodoxie, Paradoxie, Allodoxie. Die erfolgreiche Akkumulation kulturellen Kapitals besteht nicht notwendig im Anschluß an Tradition, dem sozialen Status entsprechend kann die ostentative Verweigerung kultureller Anpassung ebenso gruppenbildend wirken.

Das Wahrnehmungs- und Urteilspotential der einzelnen oder Gruppen steht in Zusammenhang mit ihrer jeweiligen sozialen Stellung, wobei dieser Zusammenhang zunächst nur eine Relation und keine Wertung postuliert. Da die hegemoniale Kultur vielleicht mit einem Universalismusanspruch, sicher aber mit einer Distinktionspraxis einhergeht, versucht sie jedoch, den Zugang zu ihren Decodierungsregeln zu beschränken.

Erfolgreich ist kulturelle Kommunikation nicht durch erfolgten Kunstgenuß, sondern durch die souveräne soziale Positionierung, die durch sie erreicht wird. Das adäquate Verständnis für Kunst beruht auf der Kenntnis ihrer sozialen Gebrauchsweisen, beispielsweise der Regeln des literarischen Feldes und dessen Strukturierung, – und nicht auf einem inhärenten Geschmacksvermögen. Die Unterwerfung unter die kulturelle Doxa ist aber auch auf der Rezeptionsseite keineswegs der Königsweg. Im Gegenteil ist die überzogene Anpassungsleistung des Kleinbürgertums sowohl Zeichen von Entfremdung und Selbstunterwerfung als auch von Mißerfolg gekennzeichnet: die in der kleinbürgerlichen Rezeption zuerst zur Blütenlese und dann zum Mainstream gewordene Hochkultur bedeutet eben nicht die selbstbewußte Teilhabe an der bestimmenden kulturellen Praxis, sondern deren Imitation.

Literatursoziologie

– Literatursoziologie unterscheidet sich von der Sozialgeschichte der Literatur durch das Fehlen der historischen Dimension
– empirische Erforschung der Rahmenbedingungen von Literatur (Marktforschung, Feldforschung)
– Inhaltsanalyse: Gesellschaft als Stoff der Literatur; Romananalyse steht im Mittelpunkt, weil Romane die komplexeste Weltdarstellung enthalten; die Verbindung zwischen Erfahrungswelt und literarischer Konstruktion regeln auf der Konzeptebene Widerspiegelungstheoreme (Lukács) oder strukturelle Homologieannahmen (Goldmann)
– literarische Figuren werden in ihrem fiktionalen Handlungszusammenhang soziologisch analysiert, als wären sie wirkliche Personen; sie erscheinen als einzelne Rollenträger oder als Elemente von Figuren-Konstellationen
– Textsoziologie: Sprachliche Prägungen als Ausdruck sozialer Verhältnisse im Text (Soziolekte)

Literarisches Feld und symbolische Formen

– Bourdieu geht von einer kultur- und gesellschaftstheoretischen Konzeption aus, in deren Zentrum die Kategorie des sozialen Sinns steht
– kulturelle Praxis ist ein wichtiger Raum sozialer Positionierungskämpfe, die über Distinktionen ablaufen
– Gesellschaft kann in Felder eingeteilt werden, die durch die Gültigkeit verschiedener Regeln abgegrenzt sind, diese Felder sind relativ autonom
– literarisch-ästhetische Praxisformen konstituieren ein solches Feld
– Kapitalformen: ökonomisches, soziales, kulturelles Kapital; treten als inkorporiertes, objektiviertes und institutionalisiertes Kapital auf
– Bourdieu formuliert eine soziokulturelle Klassentheorie, gesellschaftliche Auseinandersetzungen verlaufen als Klassen- und Klassifikationskämpfe
– die generativen und reproduktiven Prozesse einer Gesellschaft werden in der analytischen Trias Struktur – Habitus – Praxis gefaßt
– auch im literarischen Feld laufen Positionskämpfe ab; das literarische Feld stellt kulturelles Kapital zur Verfügung indem es sich heteronomen (politischen, ökonomischen etc.) Forderungen widersetzt
– die Teilhabe an und Stellung zur ästhetisch-literarischen Praxis bedeutet soziale Posititionsnahme und Distinktion

XIV. New Historicism

Als New Historicism wird – auch im deutschsprachigen Wissenschaftsbereich mit dem englischen Ausdruck – ein Ansatz der Literaturwissenschaft bezeichnet, der in den späten 1970er Jahren in der us-amerikanischen Anglistik entstanden ist. Im Laufe der Zeit wurde er auf andere Philologien übertragen und ist international auf breites Interesse gestoßen. In Deutschland fand die Diskussion 1995 einen ersten Höhepunkt (vgl. Baßler 1995), eine systematische Adaptation des Ansatzes für die Belange etwa der Germanistik steht jedoch weiter aus. Die leistungsfähigste Vermittlung geschah in der Anfangsphase der Rezeption durch ausführliche kritische Auseinandersetzungen (vgl. besonders Schlaffer 1994).

Den Status einer geschlossenen Theorie beansprucht der New Historicism nicht, statt dessen handelt es sich – erklärtermaßen – um eine integrative Mischung, deren Elemente unterschiedlichen Theoriefeldern entstammen. Entsprechend divergieren die Schwerpunkte in der Rezeption: schon bei der Einschätzung, welche Einflüsse, Fragestellungen und Verfahren den New Historicism am meisten prägen, kommt es zu sehr unterschiedlichen Urteilen. Ob generell eine postmoderne Orientierung, eine Verarbeitung der Foucaultschen Diskurstheorie oder aber der Anschluß an Clifford Geertz' Kulturhermeneutik gewichtiger ist, bleibt vorerst Gegenstand der Kontroverse.

Die Begründer des New Historicism, Stephen Greenblatt und Louis Montrose (Universität Berkeley, Kalifornien), griffen alle drei genannten Einflüsse auf. Darüber hinaus verliehen sie dem neuen Ansatz von Beginn an ein Profil, das an den spezifischen Merkmalen der literaturwissenschaftlichen Entwicklung in den USA ausgerichtet war. Der Ansatz konturiert sich durch Abgrenzungen, zunächst gegen einen ‚Old Historicism' anglo-amerikanischer Prägung (der mit dem deutschen Historismus wenig zu tun hat), dem vorgeworfen wird, Urteile und Meinungen zu kulturellen Epochen dogmatisch, generalisierend und ohne jede Differenzierungsperspektive festzuschreiben. Weiterhin opponiert der New Historicism gegen das literaturwissenschaftliche Programm des New Criticism, dem seine ahistorische Konzentration auf formalistische Aspekte der Literatur zur Last gelegt wird. Da diese Abgrenzungen für die europäische Situation der 1990er Jahre keine Relevanz mehr haben, laufen viele der ursprünglichen Argumente des New Historicism in der europäischen Diskussion ins Leere: so basierte die Neuorientierung der westlichen Germanistik in den 1960er Jahren längst auf der Zurückweisung der werkimmanenten Interpretation und eines allgegenwärtigen Historismus, Sozialgeschichte und Diskursanalyse der 1970er Jahre sahen Texte bereits als Elemente allgemeinerer Symbolisierungsprozesse und anderes mehr. Aus dieser unterschiedlichen Kontextuierung in Fachtraditionen entstanden aber zugleich auch Überschneidungsbereiche, aus denen heraus die produktiven Aspekte des Ansatzes durch reflektierte Adaptation neu entfaltet werden können.

Poetik der Kultur

Im New Historicism soll eine **Poetik der Kultur** entwickelt werden, eine Anleitung zur Decodierung kultureller Phänomene. Dieser Begriff wird von traditionellen Anleitungen zur Literaturinterpretation inspiriert. Doch trotz der terminologischen Anlehnung an das Regelhafte der Poetik wird nicht eine normierende Betrachtungsweise angestrebt, sondern eine offene Wahrnehmung vielseitiger und facettenreicher Ausprägungen von Kultur. Ziel der leitenden Fragestellungen ist es, **Abweichungen** kultureller Phänomene von festgefügten Epochenstrukturen und Gattungshierarchien zu rekonstruieren. Damit soll eine jeweils vom Betrachter neu zu eröffnende Blickweise an die Stelle petrifizierter Strukturannahmen und Werthierarchien gesetzt werden. Eine Anarchie willkürlich gesetzter kulturhistorischer Entwürfe – wie sie von vielen Kritikern des New Historicism befürchtet wurde – tritt jedoch deshalb nicht ein, weil dem Konzept trotz aller gegenteiligen Beteuerung ein sehr starker Kanon, ein Gattungs- sowie ein unumstößlicher, wenn auch nicht näher begründeter Epochenbegriff zugrundeliegen. Wie anders wäre es zu verstehen, daß Greenblatt in der englischen Kultur des 16. Jahrhunderts erstens eine Epoche ›Renaissance‹ erkennt, zweitens darin ausgerechnet einen Autor namens Shakespeare und in dessen Œuvre drittens nichts anderes als Dramen entdeckt. Diese Grunddisposition, bekannte Gegenstände herauszuheben, wird von anderen Untersuchungen in der Regel übernommen, New Historicism bietet also eine kritische Rekonstruktion auf der Basis eines überkommenen Geschichtsbildes. New Historicists der zweiten Generation beschränken ihren Anspruch nur noch darauf, ihr Ergebnis als „variable within certain parameters" (Crewe 1990, I) der bestehenden Forschungsmeinungen zu deklarieren. Damit wird zugestanden, daß der Kanon dominiert, während die Abweichungen sich auf ihn beziehen, ohne ihn in Frage zu stellen.

Die **Gegenstandserschließung** beschränkt sich nicht auf sprachliche Zeugnisse – auch wenn diese das Gros des Gegenstandes ausmachen –, es inkorporiert Formate der Präsentation, wie Bilder, Denkmale u. a., die ebenfalls als ›Texte‹ aufgefaßt werden. Die Verbindung zu sprachlichen Texten wird hergestellt, indem die Deutbarkeit dieser Artefakte, ihr Eingewobensein in sinnstiftende Umgangsweisen, als Analogon zur Textur angesehen wird. Historische Zeugnisse erscheinen, unabhängig von ihrem medialen Format, als **Material**. Die programmatische Behauptung, daß dieses nicht hierarchisiert sei, daß im

Grunde keine Gattungs- oder Formdifferenzen wahrgenommen und bei der Interpretation berücksichtigt werden sollen, findet ihre Einschränkung auch in diesem Fall in der starken impliziten Voraussetzung von Kanones und Epochenstrukturen. In der Praxis steht der **literarische Text** im Vordergrund der Untersuchungen.

Zwischen den Dokumenten des Materials werden Beziehungen angenommen, die auf soziale Interaktion zurückführbar sind. Als **Verhandlungen** wird ein allseitiges ›Geben und Nehmen‹ zwischen den Positionen der Texte beschrieben, in dessen Verlauf **soziale Energie** kursiert. Dies bleibt ein unspezifischer Terminus, der den Prozeß des Austauschs nicht näher bestimmt, zugleich aber auf die soziale Eingebundenheit jeden Transfers hinweist. So werden neben den Texten – oder vielmehr in ihnen und durch sie hindurch – soziale Größen sichtbar, die Subjekte, Gruppen, Institutionen u. a. umfassen. Eines ihrer Interessen richtet sich auf – darin ist der Ansatz an Foucault geschult – Macht oder Machtanspruch, das Ensemble der Kultur wird als machtdurchwaltete Entität beschrieben, in der epochenspezifischen Ideologien herrschen.

Als programmatischer Gegenbegriff zur werkimmanenten Interpretationspraxis spielt **Geschichte** eine wichtige Rolle. Inhaltlich bleibt er jedoch vage; als positive Forderung läßt sich die nach einem Modell von Kulturgeschichte ausmachen, das einer Alltagsgeschichte Platz gibt und sich keiner Geschichtsphilosophie verpflichten will. Unausgelotet bleibt dabei das Verhältnis zwischen Gegenwart und Vergangenheit. Die historische Differenz, der durch Medialität und Horizontunterschiede entstehende spannungsvolle Abstand zur rekonstruierten Geschichtsepoche, wird in den meistzitierten Arbeiten Greenblatts kaum reflektiert. Die Stellung zur Vergangenheit wird vielmehr bestimmt vom Wunsch, in die alten Zeiten wieder einzutreten (›re-entering‹). Wenn dieser Wunsch auch relativiert wird in der Einsicht, eine Rekonstruktion bleibe letztlich das einzig Mögliche, so bildet er doch die Basis einer emphatischen Bindung an den Gegenstand.

Theoretisch besonders problematisch ist die im New Historicism eingeschriebene Vorstellung von kulturellem Wandel, der auch im Rahmen anderer Ansätze schwer zu modellieren ist. So kann sich in Greenblatts ideologisch verfestigten Epochen nichts bewegen, dabei wäre gerade für eine Kulturgeschichte, die kein Telos kennt und doch im Fluß sein soll, ein Modell kontinuierlichen Wandels erforderlich.

Die Kulturanthropologie von Clifford Geertz

Die Basis für den im New Historicism vorausgesetzten Kulturbegriff bildet Geertz' Anleitung, auch kulturelle Handlungen wie Texte zu deuten. Er konstruiert einen semiotischen Kulturbegriff, der sich an den Gegenstandsbereich der Literatur anlehnt. Vorausgesetzt wird Max Webers Diktum vom „selbstgesponnenen Bedeutungsgewebe" (Geertz 1987, 9), in dem Menschen als Subjekte und Kollektive handeln. Diese Textur wird gedacht als „eine geschichtete Hierarchie bedeutungsvoller Strukturen" (ebd., 12). Die angestrebte Erkenntnis zielt auf Verstehen, diese ausdrücklich hermeneutische Zugriffsweise soll einem klaren Konzept von Hypothesenbildung, Begründung und Plausibilisierung unterworfen sein. So wird eine „Lesart" (ebd., 18) von symbolischen „Lebensmustern" (ebd., 21) intersubjektiv nachvollziehbar hergestellt. Diese Rekonstruktion soll kein in sich geschlossenes bloßes Modell sein, sondern enge Beziehungen zur „informellen Logik des tatsächlichen Lebens" (ebd., 25) herstellen. Es geht nicht allein um den kulturellen „Code" (ebd., 27), sondern darum, wie Akteure ihn tatsächlich nutzen, wie sie ihn in einem „Verlauf" (ebd., 27) anwenden. Nichts, so wird versichert, muß in einer bestimmten Weise ablaufen, bloß weil etwa der Code gegeben ist, es sind vielmehr konkrete Entscheidungen von Akteuren, die einen rekonstruierbaren Sinn erzeugen. Als Verfahren der Erkenntnisgewinnung wie auch zugleich der Darstellung dient eine **„dichte Beschreibung"**, die eine komplexe sprachliche Erfassung des Beobachtbaren und möglichst wirklich Beobachteten liefert, aus der die Rekonstruktion ohne allzuviele Antezedenzannahmen heraus erfolgen kann. „Die Untersuchung von Kultur besteht darin [...], Vermutungen über Bedeutungen anzustellen, diese Vermutungen zu bewerten und aus den besseren Vermutungen erklärende Schlüsse zu ziehen [...]" (ebd., 30). Damit wird eine ›weiche‹ Erklärung doch als Schlußpunkt der kulturanthropologischen Arbeit postuliert – eine Position, die eine Vermittlung zwischen hermeneutischer Sinnentschlüsselung und ihrer Einbettung in relative methodische Sicherheit verlangt. Die „Genauigkeit ihrer Einzelbeschreibungen" markiert den Fortschritt der Wissenschaft, nicht „der Höhenflug ihrer Abstraktionen" (ebd., 35). Vom mitunter freizügigen Umgang mit Terminologie der New Historicists unterscheidet sich Geertz' Grundlegung dadurch, daß der Autor großen Wert auf methodische Selbstreflexion legt, auf klare Begriffsbildung und auf offene Kritisierbarkeit der Standpunkte und Ergebnisse („begriffliche Präzision" und „systematische Bewertungsversuche" [ebd., 34]).

New Historicism

– Verbindung von Texten, anderen Artefakten und symbolischen Handlungen als ›Material‹ eines umfassenden Kulturbegriffs
– Herstellung einer ›Poetik‹ zur Entzifferung von Kultur
– Kulturelle Zeugnisse als Ausdruck von sozialer Energie, die in Verhandlungen zwischen den Zeugnissen hervortritt
– Kulturbegriff basiert auf Clifford Geertz' Konzept der ›Dichten Beschreibung‹
– Zeitschrift des New Historicism: „Representations" (seit 1983)

XV. Auswahlbibliographie

Die Auswahl gibt einen Überblick über einschlägige neuere Arbeiten, die nach Themengebieten geordnet sind. Darüber hinaus wurden alle zitierten Texte nachgewiesen; wo nicht nach der ersten Originalausgabe zitiert wurde, ist auch die Zitiervorlage genannt. Die themenspezifische Anordnung ist weitgehend an die Kapiteleinteilung des Textes angelehnt.

Methodendiskussion allgemein / Einführungen

Allgemeine Literaturwissenschaft. Grundfragen einer besonderen Disziplin. Hg. v. Rüdiger Zymner. Berlin 1999.

Allgemeine Literaturwissenschaft. Konturen und Profile im Pluralismus. Hg. v. Carsten Zelle. Opladen 1999.

Alternative Traditionen. Dokumente zur Entwicklung einer empirischen Literaturwissenschaft. Hg. v. Reinhold Viehoff. Braunschweig / Wiesbaden 1991.

Am Ende der Literaturtheorie? Neun Beiträge zur Einführung und Diskussion. Hg. v. Torsten Hitz u. a. [= Zeit und Text Bd. 8]. Münster 1995.

Analytische Literaturwissenschaft. Hg. v. Peter Finke und Siegfried J. Schmidt. Wiesbaden 1984.

Ansichten einer künftigen Germanistik. Hg. v. Jürgen Kolbe. München 1969.

Arbeitsbuch: Literaturwissenschaft. Hg. v. Thomas Eicher und Volker Wiedemann. Paderborn u. a. 1996.

Beschreiben, Interpretieren, Werten. Das Wertungsproblem in der Literatur aus der Sicht unterschiedlicher Methoden. Hg. v. Bernd Lenz und Bernd Schulte Middelich. München 1982.

Eagleton, Terry: Einführung in die Literaturtheorie. Stuttgart 1988, 3. Aufl. 1994 [engl. Orig. 1983].

Einführung in die Literaturwissenschaft. Hg. v. Miltos Pechlivanos u. a. Stuttgart 1995.

Erkenntnis der Literatur. Theorien, Konzepte, Methoden der Literaturwissenschaft. Hg. v. Dietrich Harth u. a. Stuttgart 1982 [zit. nach der Sonderausgabe 1989].

Göttner, Heide / Jacobs, Joachim: Der logische Bau von Literaturtheorien. München 1978.

Grundzüge der Literaturwissenschaft. Hg. v. Heinz Ludwig Arnold u. a. München 1996.

Hauff, Jürgen u. a.: Methodendiskussion. Studienbuch Literaturwissenschaft. 2 Bde. Frankfurt a. M. 1971/72, 6. Aufl. Weinheim 1991.

Herdina, Philip: Methodenprobleme der Literaturwissenschaft. Innsbruck 1991.

Klein, Albert / Vogt, Jochen: Methoden der Literaturwissenschaft. Düsseldorf 1970.

Kuhn, Thomas S.: Die Struktur wissenschaftlicher Revolutionen. Frankfurt a. M. 1973 [amerik. Orig. 1966].

Lämmert, Eberhard: Domänen und Konfliktzonen einer gewandelten Philologie. In: Ders: Das überdachte Labyrinth: Ortsbestimmungen der Literaturwissenschaft 1960-1990. Stuttgart 1991, S. 119-135.

Literaturwissenschaft. Hg. v. Jürgen Fohrmann und Harro Müller. München 1995.

Literaturwissenschaft. Ein Grundkurs. Hg. v. Helmut Brackert und Jörn Stückrath. Reinbek 1992.

Literaturwissenschaft – Kulturwissenschaft. Positionen, Themen, Perspektiven. Hg. v. Renate Glaser und Matthias Luserke. Opladen 1996.

Literaturwissenschaft. Probleme ihrer theoretischen Grundlegung. Hg. v. Volker Bohn. Stuttgart 1980.

Literaturwissenschaftliche Betrachtungsweisen. Hg. v. Zoran Konstantinovic u. a. 2 Bde. Bern u. a. 1989.

Maren-Grisebach, Manon: Methoden der Literaturwissenschaft. München 1970, 10. unveränderte Aufl. Tübingen 1992.

Methoden der deutschen Literaturwissenschaft. Eine Dokumentation. Hg. v. Viktor Žmegač. Frankfurt a. M. 1971.

Methoden der Textanalyse. Hg. v. Wolfgang Klein. Heidelberg 1977.

Methoden und Positionen der Literaturwissenschaft. Hg. v. Uwe Britten u. a. Bamberg 1989.

Neue Literaturtheorien. Eine Einführung. Hg. v. Klaus-Michael Bogdal. Opladen 1990.

Neue Literaturtheorien in der Praxis. Textanalyse von Kafkas „Vor dem Gesetz“. Hg. v. Klaus-Michael Bogdal. Opladen 1993.

Neuhäuser, Rudolf: Paradigmen der Literaturwissenschaft. Klagenfurt 1984.

Papp, Edgar: Taschenbuch Literaturwissenschaft. Ein Studienbegleiter für Germanisten. Berlin 1995.

Pasternack, Gerhard: Theoriebildung in der Literaturwissenschaft. Zur Theorie des Methodenpluralismus. München 1975.

Positionen der Literaturwissenschaft. Acht Modellanalysen am Beispiel von Kleists „Erdbeben in Chili“. Hg. v. David E. Wellbery. München 1985, 3. unv. Aufl. 1993.

Scholtz, Gunther: Zwischen Wissenschaftsanspruch und Orientierungsbedürfnis: Skizzen zu Grundlage und Wandel der Geisteswissenschaften. Frankfurt a. M. 1991.

Schrader, Monika: Theorie und Praxis literarischer Wertung. Literaturwissenschaftliche und -didaktische Theorien und Verfahren. Berlin 1987.

Stierle, Karlheinz: Dimensionen des Verstehens. Der Ort der Literaturwissenschaft. Konstanz 1990.

Strube, Werner: Analytische Philosophie der Literaturwissenschaft: Untersuchungen zur literaturwissenschaftlichen Definition, Klassifikation, Interpretation und Textbewertung. Paderborn u. a. 1993.

Vom Umgang mit Literatur und Literaturgeschichte. Positionen und Perspektiven nach der ›Theoriedebatte‹. Hg. v. Lutz Danneberg u. a. Stuttgart 1992.

Wege der Literaturwissenschaft. Hg. v. Jutta Kolkenbrock-Netz u. a. Bonn 1985.

Weimar, Klaus: Enzyklopädie der Literaturwissenschaft. München 1980, 2. Aufl. 1983.

Wild, Reiner: Versuch über Literaturwissenschaft, ihren gegenwärtigen Stand und ihre Aufgabe. In: Probleme der Literaturgeschichtsschreibung. Hg. v. Wolfgang Haubrichs [= LiLi Beiheft 10]. Göttingen 1979, S. 13-30.

Wozu noch Germanistik? Wissenschaft – Beruf – Kulturelle Praxis. Hg. v. Jürgen Förster u. a. Stuttgart 1989.

Zur Terminologie der Literaturwissenschaft. Akten des IX. Germanistischen Symposions der Deutschen Forschungsgemeinschaft. Würzburg 1986. Hg. v. Christian Wagenknecht. Stuttgart 1989.

Interpretation allgemein

Anz, Thomas / Stark, Michael: Literaturwissenschaftliches Interpretieren als regelgeleitetes Verhalten. Anmerkung zu einem wissenschaftstheoretischen Projekt. In: DVjS. Bd. 51, 1977, S. 272-299.

Brenner, Peter J.: Das Problem der Interpretation. Eine Einführung in die Grundlagen der Literaturwissenschaft. Tübingen 1998.

Hirsch, Eric D.: Prinzipien der Interpretation. München 1972.

Ibsch, Elrud: Geltungsansprüche an Interpretationen. Der Wandel eines Konzeptes. In: Space and Boundaries in Literary Theory and Criticism. Hg. v. Roger Bauer. München 1988, S. 304-316.

Kummer, Ingrid: Zur Logik der Interpretationsprozesse von Erzählung. In: Erzählforschung. Bd. 2 (=Beiheft 6 zu LiLi), 1977, S. 216-227.

Künne, Wolfgang: Prinzipien der wohlwollenden Interpretation. In: Intentionalität und Verstehen. Hg. vom Forum für Philosophie Bad Homburg. Frankfurt a. M. 1990, S. 212-234.

Schutte, Jürgen: Einführung in die Literaturinterpretation. Stuttgart 1985, 3. Aufl. 1993.

Zons, Reimer: Text – Kommentar – Interpretation. In: Text und Kommentar. Archäologie der literarischen Kommunikation. Bd. 4. Hg. v. Jan Assmann u. a. München 1995, S. 389-406.

Literaturbegriff / Kanon / Fiktion

Assmann, Aleida: Die Legitimität der Fiktion. Ein Beitrag zur Geschichte der literarischen Kommunikation. München 1980.

Buck, Günther: Literarischer Kanon und Geschichtlichkeit (Zur Logik des literarischen Paradigmenwandels). In: DVjS. Bd. 57, 1983, S. 351-365.

Charpa, Ulrich: Künstlerische und wissenschaftliche Wahrheit. Zur Frage der Ausgrenzung des ästhetischen Wahrheitsbegriffes. In: Poetica. Bd. 13, 1981, S. 327-344.

Funktionen des Fiktiven. Hg. v. Dieter Henrich und Wolfgang Iser. München 1983.

Gabriel, Gottfried: Fiktion und Wahrheit. Eine semantische Theorie der Literatur. Stuttgart / Bad Cannstadt 1975.

Gabriel, Gottfried: Fiction and truth, reconsidered. In: Poetics. Bd. 11, 1982, S. 541-551.

Geißler, Rolf: Arbeit am literarischen Kanon. Perspektiven der Bürgerlichkeit. Paderborn 1982.

Genette, Gérard: Fiktion und Diktion. München 1992 [frz. Orig. 1991].

Glinz, Hans: Fiktionale und nichtfiktionale Texte. In: Textsorten und literarische Gattungen. Hg. vom Vorstand der Vereinigung der deutschen Hochschulgermanisten. Berlin 1983, S. 118-130.

Hamburger, Käte: Die Logik der Dichtung. Stuttgart 1968, 4. veränderte Aufl. 1994.

Heydebrand, Renate von / Winko, Simone: Einführung in die Wertung von Literatur. Systematik – Geschichte – Legitimation. Paderborn u. a. 1996.

Kanon – Macht – Kultur. Theoretische, historische und soziale Aspekte ästhetischer Kanonbildungen. Hg. v. Renate von Heydebrand. Stuttgart u. a. 1998.

Kanon und Zensur. Beiträge zur Archäologie der literarischen Kommunikation. Bd. 2. Hg. v. Aleida Assmann und Jan Assmann. München 1987.

Kasics, Kaspar: Literatur und Fiktion: zur Theorie und Geschichte der literarischen Kommunikation. Heidelberg 1990.

Keller, Ulrich: Fiktionalität als literaturwissenschaftliche Kategorie. Heidelberg 1980.

Landwehr, Jürgen: Text und Fiktion. Zu einigen literaturwissenschaftlichen und kommunikationstheoretischen Grundbegriffen. München 1975.

Literatur und Dichtung. Versuch einer Begriffsbestimmung. Hg. v. Horst Rüdiger. Stuttgart u. a. 1973.

Miller, Nikolaus: Prolegomena zu einer Poetik der Dokumentarliteratur. München 1982.

Nierlich, Edmund: Das Literarische. In: SPIEL. Bd. 2, 1983, H. 1, S. 183-207.

Pflug, Günther: Schriftlichkeit und Mündlichkeit. In: Muttersprache. Vierteljahresschrift für deutsche Sprache, Jg. 104, 1994, S. 289-298.

Sandor, András: Text und Werk: Forschungslage und Versuch eines literaturwissenschaftlichen Modells. In: DVjS. Bd. 53, 1979, S. 478-511.

Schrift und Gedächtnis. Beiträge zur Archäologie der literarischen Kommunikation. Bd. 1. Hg. v. Aleida Assmann. München 1983, 2. Aufl. 1993.

Segebrecht, Wulf: Was sollen Germanisten lesen? Ein Vorschlag. Berlin 1994, 2. Aufl. 1999.

Stierle, Karlheinz: Text als Handlung und Text als Werk. In: Text und Applikation. Theologie, Jurisprudenz und Literaturwissenschaft im hermeneutischen Gespräch [= Poetik und Hermeneutik Bd. 9]. Hg. v. Manfred Fuhrmann u. a. München 1981, S. 537-546.

Textsorten. Hg. v. Elisabeth Gülich und Wolfgang Raible. Frankfurt a. M. 1972.

Edition

Kommentierungsverfahren und Kommentarformen. Hamburger Kolloquium der Arbeitsgemeinschaft für germanistische Edition, 4.-7.3.1992, autor- und problembezogene Referate. Hg. v. Gunter Martens. Tübingen 1993.

Meyer, Heinrich: Edition und Ausgabentypologie: eine Untersuchung der editionswissenschaftlichen Literatur des 20. Jahrhunderts. Bern u. a. 1992.

Scheibe, Siegfried u. a.: Vom Umgang mit Editionen. Eine Einführung in Verfahrensweisen und Methoden der Textologie. Berlin 1988.

Texte und Varianten. Probleme ihrer Edition und Interpretation. Hg. v. Gunter Martens und Hans Zeller. München 1971.

Weigel, Harald: ›Nur was du nie gesehen wird ewig dauern‹. Carl Lachmann und die Entstehung der wissenschaftlichen Edition. Freiburg 1989.

Literaturwissenschaft als Kulturwissenschaft / Medienkulturwissenschaft

Assmann, Aleida: Was sind kulturelle Texte? In: Literaturkanon – Medienereignis – Kultureller Text. Formen interkultureller Kommunikation und Übersetzung. Hg. v. Andreas Poltermann. Berlin 1995, S. 232-244.

Beyerle, Georg: Literatur als Refiguration kultureller Sinnzusammenhänge. Zur Praxis literarischer Erfahrung in der kulturellen Produktion der Wirklichkeit. In: Zeitschrift für Germanistik. Neue Folge 8, 1998, S. 611-626.

Böhme, Hartmut: Die Literaturwissenschaft zwischen Editionsphilologie und Kulturwissenschaft. In: Perspektiven der Germanistik. Neueste Ansichten zu einem alten Problem. Hg. von Anne Bentfeld u. a. Opladen 1997, S. 32-46.

Bollenbeck, Georg: Die Kulturwissenschaft – mehr als ein modisches Label? In: Merkur. 51. Jahrgang, 1997, S. 259-265.

Briese, Olaf: Kultur – Literatur – Text. Aktuelle Diskussionen und Pathosformeln. In: Zeitschrift für Germanistik. Neue Folge 8, 1998, S. 387-394.

Brüggemann, Heinz: Literatur und mediale Wahrnehmung in kulturwissenschaftlicher Perspektive. In: Ist die Germanistik zeitgenössisch? Hg. v. Hubertus Fischer. Frankfurt a. M. u. a. 1998, S. 91-111.

Harth, Dierich: Die literarische als kulturelle Tätigkeit: Vorschläge zur Orientierung. In: Literatur und Kulturwissenschaften. Positionen, Theorien, Modelle. Hg. von Hartmut Böhme u. a. Reinbek 1996, S. 320-340.

Haug, Walter: Literaturwissenschaft als Kulturwissenschaft? In: DVjS. 73. Jg., 1999, S. 69-93. [Dazu: Graevenitz, Gerhart v.: Eine Erwiderung. In: ebd., S. 94-115.]

Jahraus, Oliver: Der Gegenstand der Literaturwissenschaft in einer Medienkulturwissenschaft. In: Wirkendes Wort. 48. Jahrgang, 1998, S. 408-419.

Kultur als Text. Die anthropologische Wende in der Literaturwissenschaft. Hg. v. Doris Bachmann-Medick. Frankfurt a. M. 1996.

Lenk, Carsten: Kultur als Text. Überlegungen zu einer Interpretationsfigur. In: Literaturwissenschaft – Kulturwissenschaft. Hg. v. Renate Glaser u. a. Opladen 1996, S. 116-128.

Schönert, Jörg: Literaturwissenschaft – Kulturwissenschaft – Medienkulturwissenschaft: Probleme der Wissenschaftsentwicklung. In: Literaturwissenschaft – Kulturwissenschaft. Hg. v. Renate Glaser u. a. Opladen 1996, S. 192-208.

Schönert, Jörg: Warum Literaturwissenschaft heute nicht nur Literatur-Wissenschaft sein soll. In: Jahrbuch der Deutschen Schillergesellschaft. 42. Jg., 1998, S. 491-494.

Voßkamp, Wilhelm: Literaturwissenschaft und Kulturwissenschaften. In: Interpretation 2000. Positionen und Kontroversen. Festschrift zum 65. Geburtstag von Horst Steinmetz. Heidelberg 1999, S. 183-199.

Vorgeschichte / Geschichte der Germanistik

Ansel, Michael: Georg Gottfried Gervinus' Geschichte der poetischen National-Literatur der Deutschen. Nationbildung auf literaturgeschichtlicher Grundlage. Frankfurt a. M. u. a. 1990.

Eichhorn, Johann Gottfried: Litterärgeschichte. Göttingen 1789, 2. Aufl. 1812.

Fohrmann, Jürgen: Das Projekt der deutschen Literaturgeschichte. Entstehung und Scheitern einer nationalen Poesiegeschichtsschreibung zwischen Humanismus und Deutschem Kaiserreich. Stuttgart 1989.

Fragen der Germanistik. Zur Begründung und Organisation des Faches. Hg. v. Gerhard Kaiser. München 1971.

Fritsch-Rößler, Waltraud: Bibliographie der deutschen Literaturgeschichten. Bd. 1: 1835-1899. Frankfurt a. M. 1994.

Germanistik und deutsche Nation. 1806-1848. Zur Konstitution bürgerlichen Bewußtseins. Hg. v. Jörg Jochen Müller. Stuttgart 1974.

Gervinus, Georg Gottfried: Geschichte der poetischen National-Literatur der Deutschen. Teil 1 Leipzig 1833 [zit. n. der textgleichen 3. Aufl. 1846].

Gervinus, Georg Gottfried: Prinzipien einer deutschen Literaturgeschichtsschreibung. In: Schriften zur Literatur. 1833 [zit. n. dem Wiederabdruck in: Über Literaturgeschichtsschreibung. Die historisierende Methode des 19. Jahrhunderts in Programm und Kritik. Hg. v. Edgar Marsch. Darmstadt 1986, S. 128-152].

Gress, Franz: Germanistik und Politik. Beiträge zur Geschichte einer nationalen Wissenschaft. Stuttgart 1971.

Heinsius, Theodor: Geschichte der Sprach- Dicht- und Redekunst der Deutschen. Berlin 1811.

Hermand, Jost: Geschichte der Germanistik. Reinbek 1994.

Kolk, Rainer: Fachgeschichtsforschung als historische Selbstreflexion in der Germanistik. In: Germanistik und Deutschunterricht im historischen Wandel. Hg. v. Johannes Janota. Tübingen 1993, S. 217-226.

Literaturwissenschaft und Geistesgeschichte. Hg. v. Wilfried Barner u. a. Frankfurt a. M. 1994.

Mahrholz, Werner: Literargeschichte und Literarwissenschaft. Leipzig 1923.

Materialien zur Ideologiegeschichte der deutschen Literaturwissenschaft. Hg. v. Gunter Reiß. 2 Bde. Tübingen 1973.

Rompeltien, Bärbel: Germanistik als Wissenschaft. Zur Ausdifferenzierung und Integration einer Fachdisziplin. Opladen 1994.

Schleiermacher, Friedrich Daniel Ernst: Hermeneutik und Kritik (1838). Mit einem Anhang sprachphilosophischer Texte Schleiermachers. Hg. und eingeleitet von Manfred Frank. Frankfurt a. M. 1977, 5. Aufl. 1993.

Uhlig, Claus: Theorie der Literarhistorie. Prinzipien und Paradigmen. Heidelberg 1982.

Von der gelehrten zur disziplinären Gemeinschaft. DVjS Sonderheft 1987. Hg. v. Jürgen Fohrmann und Wilhelm Voßkamp.

Weimar, Klaus: Geschichte der deutschen Literaturwissenschaft bis zum Ende des 19. Jahrhunderts. München 1989.

Wissenschaftsgeschichte der Germanistik im 19. Jahrhundert. Hg. v. Jürgen Fohrmann und Wilhelm Voßkamp. Stuttgart 1994.

Positivismus

Goedeke, Karl: Grundriß zur Geschichte der deutschen Dichtung. 1. Aufl. 1859/81. Erweiterte 3. Aufl. Dresden 1910ff., fortgesetzt Berlin 1959ff.

Hansel, Johannes: Bücherkunde für Germanisten. Berlin 1961 [viele erweiterte Neuauflagen].

Positivismus im 19. Jahrhundert. Beiträge zu seiner geschichtlichen und systematischen Bedeutung. Hg. v. Jürgen Blühdorn und Joachim Ritter. Frankfurt a. M. 1971.

Salm, Peter: Drei Richtungen der Literaturwissenschaft. Scherer – Walzel – Staiger. Tübingen 1970.

Scherer, Wilhelm: Geschichte der Deutschen Literatur. Berlin 1883, zit. nach der 13. Aufl. 1915.

Scherer, Wilhelm: Die neue Generation. In: Ders.: Vorträge und Aufsätze zur Geschichte des geistigen Lebens in Deutschland und Österreich. Berlin 1874, S. 408-412 [zit. n.: Methoden der deutschen Literaturwissenschaft. Eine Dokumentation. Hg. v. Viktor Žmegač. Frankfurt a. M. 1971, S. 21ff.].

Scherer, Wilhelm: Kleine Schriften zur neueren Literatur, Kunst und Zeitgeschichte. Hg. v. Erich Schmidt. Berlin 1893.

Schmidt, Erich: Wege und Ziele der deutschen Litteraturgeschichte. In: Ders.: Charakteristiken. Berlin 1886, S. 480-498.

Geistesgeschichte / Werkimmanente Interpretation

Böckmann, Paul: Formgeschichte der deutschen Dichtung. Hamburg 1949.

Cysarz, Herbert: Literaturgeschichte als Geisteswissenschaft. Halle 1926.

Dilthey, Wilhelm: Das Erlebnis und die Dichtung. Lessing – Goethe – Novalis – Hoelderlin. Leipzig 1905, [zit. n. der 3. Aufl. 1910], 16. Aufl. Göttingen 1985.

Dilthey, Wilhelm: Der Aufbau der geschichtlichen Welt in den Geisteswissenschaften. In: Ders.: Gesammelte Schriften. Bd. 7, Göttingen 1924 [zit. als GS VII], 8. Aufl. 1992.

Ermatinger, Emil: Die deutsche Lyrik in ihrer geschichtlichen Entwicklung von Herder bis zur Gegenwart. Leipzig / Berlin 1921.

Ermatinger, Emil: Das dichterische Kunstwerk. Grundbegriffe der Urteilsbildung in der Literaturgeschichte. Leipzig / Berlin 1921, 2. Aufl. 1923.

Gundolf, Friedrich: Shakespeare und der deutsche Geist. Berlin 1911.

Kayser, Wolfgang: Das sprachliche Kunstwerk. Eine Einführung in die Literaturwissenschaft. Bern u. a. 1948, 20. Aufl. Tübingen 1992.

Kolk, Rainer: Reflexionsformel und Ethikangebot. In: Literaturwissenschaft und Geistesgeschichte 1910 bis 1925. Hg. v. Christoph König u. a. Frankfurt a. M. 1993, S. 38-45.

Korff, Hermann August: Geist der Goethezeit. Leipzig 1923-57.

Müller, Günther: Bemerkungen zur Gattungspoëtik. In: Philosophischer Anzeiger. Bd. 3, 1928/29, S. 129-147.

Müller, Günther: Gestaltung – Umgestaltung in Wilhelm Meisters Lehrjahren. Halle 1947.

Müller, Günther: Morphologische Poetik. Gesammelte Aufsätze. In Verbindung mit Helga Egner hg. v. Elena Müller-Kromer. Tübingen 1968, 2. Aufl. 1974.

Rehm, Walter: Der Todesgedanke in der deutschen Dichtung vom Mittelalter bis zur Romantik. Halle 1928.

Rosenberg, Rainer: Wechselseitige Erhellung der Künste. Zu Oskar Walzels stiltypologischem Ansatz. In: Stil. Geschichten und Funktionen eines kulturwissenschaftlichen Diskurselements. Hg. v. Hans-Ulrich Gumbrecht u. a. Frankfurt a. M. 1986.

Staiger, Emil: Die Zeit als Einbildungskraft des Dichters. Untersuchungen zu Gedichten von Brentano, Goethe und Keller. Zürich 1939, 2. Aufl. 1953 [Einleitung zit. n.: Methoden der deutschen Literaturwissenschaft. Eine Dokumentation. Hg. v. Viktor Žmegač. Frankfurt a. M. 1971.]

Staiger, Emil: Ernst Beutler als Literarhistoriker. In: Jahrbuch des freien deutschen Hochstifts. 1962 [= 1. Jg. nach der Zwangspause seit 1940], S. 1-8.

Strich, Fritz: Deutsche Klassik und Romantik oder Vollendung und Unendlichkeit. München 1922 [Die Einleitung wieder abgedruckt in: Materialien zur Ideologiegeschichte der deutschen Literaturwissenschaft. Hg. v. Gunter Reiß. Bd. 2: Vom Ersten Weltkrieg bis 1945. Tübingen 1973, S. 1-9.]

Strich, Fritz: Dichtung und Zivilisation. München 1928.

Unger, Rudolf: Literaturgeschichte und Geistesgeschichte. In: DVjS. Bd. 4, 1926, S. 177-192.

Viëtor, Karl: Deutsche Literaturgeschichte als Geistesgeschichte. Ein Rückblick. In: PMLA. Bd. 60, 1945, S. 899-916.

Walzel, Oskar: Gehalt und Gestalt im Kunstwerk des Dichters. Konstanz 1929. Neuauflage Darmstadt 1957 als Handbuch der Literaturwissenschaft [zit. n. dieser Ausgabe].

Weimar, Klaus: Historische Einleitung zur literaturwissenschaftlichen Hermeneutik. Tübingen 1975.

Wölfflin, Heinrich: Kunstgeschichtliche Grundbegriffe. München 1916.

Völkische Literaturwissenschaft / Literaturwissenschaft im Dritten Reich

Conrady, Carl Otto: Deutsche Literaturwissenschaft und Drittes Reich. In: Germanistik – eine deutsche Wissenschaft. Frankfurt a. M. 1967, S. 71-109.

Erziehung und Schulung im Dritten Reich. Teil 2: Hochschule, Erwachsenenbildung. Hg. von Manfred Heinemann. Stuttgart 1980.

Heydebrand, Renate von: Zur Analyse von Wertsprachen in der Zeitschrift „Euphorion / Dichtung und Volkstum" vor und nach 1945. Am Beispiel von Hans Pyritz und Wilhelm Emrich. In: Zeitenwechsel. Germanistische Literaturwissenschaft vor und nach 1945. Hg. v. Wilfried Barner und Christoph König. Frankfurt a. M. 1996, S. 205-230.

Nadler, Josef: Literaturgeschichte der deutschen Stämme und Landschaften. Regensburg 1912-18. Erweiterte 4. Aufl. u. d. Titel: Literaturgeschichte des deutschen Volkes. Dichtung und Schrifttum der deutschen Stämme und Landschaften. Berlin 1938-41.

Petersen, Julius: Literaturwissenschaft und Deutschkunde. Ansprache bei der Festsitzung der Gesellschaft für deutsche Bildung [...] In: Zeitschrift für Deutschkunde 1924, S. 403-415 [wieder abgedruckt in: Materialien zur Ideologiegeschichte der deutschen Literaturwissenschaft. Hg. v. Gunter Reiß. Bd. 2: Vom Ersten Weltkrieg bis 1945. Tübingen 1973, S. 19-34].

Pinkerneil, Beate: Vom kulturellen Nationalismus zur nationalsozialistischen Germanistik. In: Am Beispiel „Wilhelm Meister". Einführung in die Wissenschaftsgeschichte der Germanistik. Hg. v. Klaus Berghahn u. a. Bd. 1. Königstein 1980, S. 75-97.

Seier, Hellmuth: Universität und Hochschule im nationalsozialistischen Staat. In: Der Nationalsozialismus an der Macht. Aspekte nationalsozialistischer Politik und Herrschaft. Sechs Beiträge. Hg. von Klaus Malettke. Göttingen 1984, S. 143-165.

Vondung, Klaus: Völkisch-nationale und nationalsozialistische Literaturtheorie. München 1973.

Voßkamp, Wilhelm: Kontinuität und Diskontinuität. Zur deutschen Literaturwissenschaft im Dritten Reich. In: Wissenschaft im Dritten Reich. Hg. v. Peter Lundgreen. Frankfurt a. M. 1985, S. 140-162.

Marxistisch-leninistische Literaturwissenschaft / Literaturwissenschaft der DDR

Beiträge zu einer materialistischen Theorie der Literatur. Hg. v. Hans-Thies Lehmann. Frankfurt a. M. 1977.

Erbe und Tradition in der DDR. Die Diskussion der Historiker. Hg. v. Helmut Meier u. Walter Schmidt. Berlin 1988.

Gesellschaft – Literatur – Lesen. Literaturrezeption in theoretischer Sicht. Hg. v. Manfred Naumann u. a. Berlin 1973

Gomez, Jean: Entwicklung und Perspektiven der Literaturwissenschaft in der DDR. Paris 1978.

Haase, Horst: 25 Jahre SED – 25 Jahre demokratische und sozialistische Literatur. In: Weimarer Beiträge. 17. Jg., 1971, H. 4, S. 10-21.

Hüttel, Martin: Marxistisch-leninistische Literaturtheorie. Die theoretische Bedeutung der Literaturkritik von Marx, Engels und Lenin. Stuttgart 1977.

Literarische Widerspiegelung. Geschichtliche und theoretische Dimensionen eines Problems. Hg. v. Dieter Schlenstedt. Berlin 1981.

Lukács, Georg: Einführung in die ästhetischen Schriften von Marx und Engels. Berlin 1945 [zit. n. der Ausgabe: Ders.: Schriften zur Literatursoziologie. 6. Aufl. Neuwied 1977 (1. Aufl. 1961), S. 213-240 (= Werkauswahl Bd. 1)].

Lukács, Georg: Die Eigenart des Ästhetischen. Neuwied o. J. [1963] [= Werke Bd. 11].

Marx, Karl / Engels, Friedrich / Lenin, Wladimir Iljitsch: Über Kultur, Ästhetik, Literatur. Ausgewählte Texte. Hg. v. Hans Koch. Leipzig 1987.

Marx, Karl / Engels, Friedrich: Über Kunst und Literatur. Hg. v. Manfred Kliem. Frankfurt a. M. / Wien 1968.

Marx, Karl / Engels, Friedrich: Über Kunst und Literatur. Hg. v. Michail A. Lifschitz. Berlin 1948.

Mühlberg, Dietrich: Aktuelle Aspekte des Leninschen Programms der sozialistischen Kulturrevolution. In: Weimarer Beiträge. 16. Jg., 1970, H. 6, S. 10-25.

Rosenberg, Rainer: Die Formalimus-Diskussion in der ostdeutschen Nachkriegsgermanistik. In: Zeitenwechsel. Germanistische Literaturwissenschaft vor und nach 1945. Hg. v. Wilfried Barner und Christoph König, Frankfurt a. M. 1996, S. 301-312.

Rosenberg, Rainer: Zur Geschichte der literaturwissenschaftlichen Germanistik in der DDR. In: Wissenschaft und Nation. Studien zur Entstehungsgeschichte der deutschen Literaturwissenschaft. Hg. v. Jürgen Fohrmann und Wilhelm Voßkamp. München 1991, S. 29-41.

Schlenstedt, Dieter: Literarisches Werk? Zu Rahmenbestimmungen eines Begriffsfeldes. In: Rostocker Forschungen zur Sprach- und Literaturwissenschaft. 1987, H. 3, S. 6-21.

Schröder, Winfried: Ist eine marxistische Theorie der „Autonomie der Kunst" denkbar? In: Weimarer Beiträge. Bd. 28, 1982, H. 1, S. 149-164.

Simons, Elisabeth: Der sozialistische Realismus – eine neue Weltkunst. In: Weimarer Beiträge. Bd. 31, 1971, H. 1, S. 10-32.

Sozialistischer Realismus: Positionen, Probleme, Perspektiven. Eine Einführung. Hg. v. Erwin Pracht und Werner Neubert. Berlin 1970.

Thalheim, Hans-Günther: Gedanken über die gegenwärtigen Forschungsaufgaben der literaturwissenschaftlichen Germanistik. In: Weimarer Beiträge. Bd. 1, 1958, H. 1, S. 88-92.

Thierse, Wolfgang / Kliche, Dieter: DDR-Literaturwissenschaft in den siebziger Jahren. Bemerkungen zur Entwicklung ihrer Positionen und Methoden. In: Weimarer Beiträge. Bd. 31, 1985, H. 2, S. 267-308.

Thun, Nyota: Bestimmung der neuen literarischen Methode. In: Weimarer Beiträge. Bd. 18, 1972, H. 4, S. 10-32.

Träger, Claus: Zur Stellung des Realismusgedankens bei Marx und Engels. In: Weimarer Beiträge. Bd. 14, H. 1, 1968, S. 229-276.

Träger, Claus: Zwischen Interpretationskunst und „Materialistischer" Literaturwissenschaft. In: Weimarer Beiträge. Bd. 18, 1972, H. 3, S. 10-36.

Weimar, Klaus: Anatomie marxistischer Literaturtheorien. Bern / München 1977.

Wörterbuch der Literaturwissenschaft. Hg. v. Claus Träger. Leipzig 1986.

Erkenntnistheorie / Hermeneutik

Albert, Claudia: Szientifische versus literarische Rede über Literatur. In: Germanistik. Disziplinäre Identität und kulturelle Leistung. Vorträge des deutschen Germanistentages 1994. Hg. v. Ludwig Jäger. Weinheim 1995, S. 138-149.

Anglet, Andreas: Legitimationsprobleme der Literaturwissenschaften und die deutsche Theorie-Diskussion. In: Im Bann der Zeichen. Die Angst vor der Verantwortung in Literatur und Literaturwissenschaft. Hg. v. Markus Heilmann u. a. Würzburg 1998, S. 257-269.

Anz, Heinrich: Die Bedeutung poetischer Rede. Studien zur hermeneutischen Begründung und Kritik von Poetologie. München 1979.

Anz, Thomas: Wertungskriterien und Probleme literaturwissenschaftlicher Ideologiekritik. In: Beschreiben, Interpretieren, Werten. Das Wertungsproblem in der Literatur aus der Sicht unterschiedlicher Methoden. Hg. v. Bernd Lenz u. a. München 1982, S. 214-247.

Apel, Karl-Otto: Szientistik, Hermeneutik und Ideologiekritik. Entwurf einer Wissenschaftslehre in erkenntnisanthropologischer Sicht. In: Hermeneutik und Ideologiekritik. Hg. v. dems. u. a. Frankfurt a. M. 1971, S. 7-44.

Apel, Karl-Otto: Das „Verstehen" (eine Problemgeschichte als Begriffsgeschichte). In: Archiv für Begriffsgeschichte. Hg. v. Erich Rothacker u. a. Bd. 1, Bonn 1955, S. 142-199.

Baasner, Rainer: Hermeneutik. In: Literaturwissenschaftliches Lexikon. Grundbegriffe der Germanistik. Hg. v. Horst Brunner und Rainer Moritz. Berlin 1997, S. 135-140.

Betti, Emilio: Die Hermeneutik als allgemeine Methode der Geisteswissenschaften. Tübingen 1962.

Betti, Emilio: Problematik einer allgemeinen Auslegungslehre als Methodik der Geisteswissenschaft. In: Hermeneutik als Weg heutiger Wissenschaft. Ein Forschungsgespräch. Hg. v. Viktor Warnach. Salzburg 1971, S. 13-28.

Birus, Hendrik: Die hermeneutische Wende? Anmerkungen zur Schleiermacher-Interpretation. In: Euphorion. Bd. 74, 1980, S. 213-222.

Bolten, Jürgen: Die hermeneutische Spirale. Überlegungen zu einer integrativen Literaturtheorie. In: Poetica. Bd. 17, 1985, S. 355-371.

Bredella, Lothar: Das Verstehen literarischer Texte. Stuttgart u. a. 1980.

Frege, Gottlob: Über Sinn und Bedeutung. In: Zeitschrift für Philosophie und philosophische Kritik. Bd. 100, 1892, S. 25-50.

Danneberg, Lutz / Müller, Hans-Harald: Wissenschaftstheorie, Hermeneutik, Literaturwissenschaft. Anmerkungen zu einem unterbliebenen und Beiträge zu einem künftigen Dialog über die Methodologie des Verstehens. In: DVjS. Bd. 58, 1984, S. 177-237.

Dilthey, Wilhelm: Die Entstehung der Hermeneutik. In: Ders.: Gesammelte Schriften. Bd. 5. Göttingen 1924 [zit. als GS V], 8. Aufl. 1990.

Ebeling, Gerhard: Hermeneutik. In: Religion in Geschichte und Gegenwart. Handwörterbuch für Theologie und Religionswissenschaft. Bd. 3 Tübingen 1959, S. 242-262; 3. neu bearbeitete Aufl. 1987.

Eschbach, Achim: Perspektiven des Verstehens. Bochum 1986.

Frank, Manfred: Das individuelle Allgemeine. Textstrukturierung und Textinterpretation nach Schleiermacher. Frankfurt a. M. 1977.

Frank, Manfred: Was heißt einen Text verstehen? In: Texthermeneutik. Aktualität, Geschichte, Kritik. Hg. v. Ulrich Nassen. Paderborn 1979, S. 58-77.

Freundlieb, Dieter: Zur Wissenschaftstheorie der Literaturwissenschaft. Eine Kritik der transzendentalen Hermeneutik. München 1978.

Gadamer, Hans-Georg: Wahrheit und Methode. Grundzüge einer philosophischen Hermeneutik. Tübingen 1960, zit. nach der 4. Aufl. 1975, 6. Aufl. 1990.

Horn, András: Das Literarische. Formalistische Versuche zu seiner Bestimmung. Berlin u. a. 1978.

Japp, Uwe: Hermeneutik. Der theoretische Diskurs, die Literatur und die Konstruktion ihres Zusammenhanges in den philologischen Wissenschaften. München 1977.

Jauß, Hans Robert: Zur Abgrenzung und Bestimmung einer literarischen Hermeneutik. In: Text und Applikation. Theologie, Jurisprudenz und Literaturwissenschaft im hermeneutischen Gespräch. Hg. v. Manfred Fuhrmann u. a. München 1981, S. 459-482.

Kurz, Gerhard: Textlinguistik – Texthermeneutik. In: Muttersprache. Bd. 88, 1978, S. 263-269.

Müller, Harro: Zur Kritik herkömmlicher Hermeneutikkonzeptionen in der Postmoderne. In: Diskussion Deutsch. Bd. 21, 1990, S. 589-599.

Pasternack, Gerhard: Zum Rationalitätsbegriff der Hermeneutik. In: Geschichtlichkeit und Aktualität. Studien zur deutschen Literatur seit der Romantik. Festschrift für Hans-Joachim Mähl zum 65. Geburtstag. Hg. v. Klaus-Detlef Müller u. a. Tübingen 1988, S. 393-412.

Riedel, Manfred: Verstehen oder Erklären? Zur Theorie und Geschichte der hermeneutischen Wissenschaft. Stuttgart 1978.

Studien zur Entwicklung einer materialen Hermeneutik. Hg. v. Ulrich Nassen. München 1978.

Ter-Nedden, Gisbert: Leseübungen. Einführung in die Theorie und Praxis der literarischen Hermeneutik. Hagen 1988.

Texthermeneutik. Aktualität, Geschichte, Kritik. Hg. v. Ulrich Nassen. Paderborn 1979.

Tholen, Toni: Erfahrung und Interpretation. Der Streit zwischen Hermeneutik und Dekonstruktion. Heidelberg 1999.

Unzeitgemäße Hermeneutik. Verstehen und Interpretation im Denken der Aufklärung. Hg. v. Axel Bühler. Frankfurt a. M. 1994.

Die Welt als Text. Theorie, Kritik und Praxis der objektiven Hermeneutik. Hg. v. Detlef Garz. Frankfurt a. M. 1994.

Winko, Simone: Verstehen literarischer Texte versus literarisches Verstehen von Texten? Zur Relevanz kognitionspsychologischer Verstehensforschung für das hermeneutische Paradigma der Literaturwissenschaft. In: DVjS. Bd. 69, 1995, S. 1-27.

Strukturalismus

Albrecht, Jörn: Europäischer Strukturalismus. Ein Forschungsgeschichtlicher Überblick. Tübingen und Basel 1988, 2. Aufl. 2000.

Allemann, Beda: Strukturalismus in der Literaturwissenschaft? In: Ansichten einer künftigen Germanistik. Hg. v. Jürgen Kolbe. München 1969, S. 143-152.

Erlich, Victor: Russischer Formalismus. Frankfurt a. M. 1987.

Eschbach, Achim / Rader, Wendelin: Literaturbericht zur Semiotik der Literatur. In: Semiotik. Anwendungen in der Literatur- und Textwissenschaft [= LiLi. H. 27/28]. Hg. v. Rul Gunzenhäuser. Göttingen 1977, S. 15-28.

Friedrich, Hugo: Strukturalismus und Struktur in literaturwissenschaftlicher Hinsicht. Eine Skizze. In: Europäische Aufklärung. Festschrift für Herbert Dieckmann zum 60. Geburtstag. Hg. v. Hugo Friedrich und Fritz Schalk. München 1967, S. 77-86.

Hansen-Löve, Aage A.: Der russische Formalismus. Methodologische Rekonstruktion seiner Entwicklung aus dem Prinzip der Verfremdung. Wien 1978.

Holenstein, Elmar: Linguistik. Semiotik. Hermeneutik. Plädoyers für eine strukturale Phänomenologie. Frankfurt a. M. 1976.

Keller, Rudi: Zeichentheorie. Zu einer Theorie semiotischen Wissens. Tübingen 1995.

Lévi-Strauss, Claude: Der Strukturbegriff in der Ethnologie. In: Der moderne Strukturbegriff. Materialien zu seiner Entwicklung. Hg. v. Hans Naumann. Darmstadt 1973, S. 128-183.

Lotman, Jurij M.: Die Analyse des poetischen Textes. Hg. und übersetzt von Rainer Grübel. Kronberg/Ts. 1975.

Lotman, Jurij M.: Die Struktur literarischer Texte. München 1972, 4. Aufl. Stuttgart 1993.

Lotman, Jurij M.: Vorlesungen zu einer strukturalen Poetik. Einführung, Theorie des Verses. Hg. und mit einem Nachwort versehen von Karl Eimermacher. München 1972.

Mathematik und Dichtung. Hg. v. Helmut Kreuzer und Rul Gunzenhäuser. München 1965.

Der moderne Strukturbegriff. Materialien zu seiner Entwicklung. Hg. v. Hans Naumann. Darmstadt 1973.

Mukařovský, Jan: Kapitel aus der Ästhetik. Frankfurt a. M. 1970.

Mukařovský, Jan: Kapitel aus der Poetik. Frankfurt a. M. 1967.

Mukařovský, Jan: Schriften zur Ästhetik, Kunsttheorie und Poetik. Hg. u. übersetzt von Holger Siegel. Tübingen 1986.

Mukařovský, Jan: Studien zur strukturalistischen Ästhetik und Poetik. München 1974.

Piaget, Jean: Der Strukturalismus. Olten / Freiburg i. Br. 1973, neue Aufl. Stuttgart 1980 [frz. Orig. 1968].

Plett, Heinrich F.: Textwissenschaft und Textanalyse. Semiotik. Linguistik. Rhetorik. Heidelberg 1979.

Saussure, Ferdinand de: Grundfragen der allgemeinen Sprachwissenschaft. Hg. v. Charles Bally. Berlin u. a. 1931, 7. Nachdruck der 2. Aufl. von 1967, 1986 [frz. Orig. 1916].

Schiwy, Günther: Der französische Strukturalismus. Mode, Methode, Ideologie. Hamburg 1969.

Strohmaier, Eckart: Theorie des Strukturalismus. Zur Kritik der strukturalistischen Literaturanalyse. Bonn 1977.

Strukturalismus als interpretierendes Verfahren. Hg. v. Helga Gallas. Darmstadt / Neuwied 1972.

Texte der russischen Formalisten. 1. Halbband hg. v. Jurij Striedter. München 1969. 2. Halbband hg. v. Wolf-Dieter Stempel. München 1972.

Titzmann, Michael: Strukturale Textanalyse. Theorie und Praxis der Interpretation. Stuttgart 1977, 3. Aufl. München 1993.

Neostrukturalismus

Bloom, Harold: Die heiligen Wahrheiten stürzen. Dichtung und Glaube von der Bibel bis zur Gegenwart. Frankfurt a. M. 1991 [amerik. Orig. 1989].

Bossinade, Johanna: Poststrukturalistische Literaturtheorie. Stuttgart / Weimar 2000.

Culler, Jonathan: Dekonstruktion. Derrida und die poststrukturalistische Literaturtheorie. Reinbek 1988 [engl. Orig. 1983].

Derrida, Jacques: Grammatologie. Frankfurt a. M. 1974 [frz. Orig. 1967].

Derrida, Jacques: Positionen. Gespräche mit Henri Ronse, Julia Kristeva, Jean-Louis Houdebine, Guy Scarpetta. Hg. v. Peter Engelmann. Graz / Wien 1986 [frz. Orig. 1972].

Derrida, Jacques: Die Schrift und die Differenz. Frankfurt a. M. 1976 [zit. n. der 6. Aufl. des Taschenbuches 1994; frz. Orig. 1967].

Eagleton, Terry: Die Illusion der Postmoderne. Ein Essay. Stuttgart u. a. 1997 [engl. Orig. 1997].

Felperin, Howard: Beyond Deconstruction. The Uses and Abuses of Literary Theory. Oxford 1985.

Flaschenpost und Postkarte. Korrespondenzen zwischen „Kritischer Theorie" und „Poststrukturalismus". Hg. v. Sigrid Weigel. Köln 1995.

Frank, Manfred: Was ist Neostrukturalismus? Frankfurt a. M. 1984.

Gumbrecht, Hans-Ulrich: „Deconstruction deconstructed". Transformationen französischer Logozentrismus-Kritik in der amerikanischen Literaturtheorie. In: Philosophische Rundschau. Bd. 33, 1986, S. 1-33.

Hempfer, Klaus Willi: Poststrukturale Texttheorie und narrative Praxis. Tel Quel und die Konstitution eines nouveau Nouveau Roman. München 1976 [= Romanica monacensia Bd. 11].

Holub, Robert C.: Crossing Borders: Reception Theory, Poststructuralism, Deconstruction. Madison/Wisconsin 1992.

Jansen, Roger: Dekonstruktion, Text und différance. In: Zeitschrift für Germanistik. N. F. 2, 1992, H. 3, S. 657-670.

Lehmann, Hans-Thies: Paul de Man: Dekonstruktionen. In: Merkur. Bd. 42, 1988, S. 445-460.

Man, Paul de: Allegorien des Lesens. Aus dem Amerikanischen von Werner Hamacher und Peter Krumme. Mit einer Einleitung von Werner Hamacher. Frankfurt a. M. 1988 [amerik. Orig. 1979].

Man, Paul de: Die Ideologie des Ästhetischen. Hg. v. Christoph Menke. Frankfurt a. M. 1993 [Aufsatzsammlung; amerik. Originale 1979-84].

Man, Paul de: Der Widerstand gegen die Theorie. In: Romantik. Literatur und Philosophie. Hg. v. Volker Bohn. Frankfurt a. M. 1987, S. 95ff.

Martyn, David: Die Autorität des Unlesbaren. Zum Stellenwert des Kanons in der Philologie Paul de Mans. In: Ästhetik und Rhetorik. Lektüren zu Paul de Man. Hg. v. Karl Heinz Bohrer. Frankfurt a. M. 1993, S. 13-33.

Müller, Harro: Hermeneutik oder Dekonstruktion? Zum Widerstreit zweier Interpretationsweisen. In: Ästhetik und Rhetorik: Lektüren zu Paul de Man. Hg. v. Karl Heinz Bohrer. Frankfurt a. M. 1993, S. 98-116.

Müller, Harro: Kleist, Paul de Man und Deconstruction. Argumentative Nach-Stellungen. In: Diskurstheorien und Literaturwissenschaft. Hg. v. Jürgen Fohrmann und Harro Müller. Frankfurt a. M. 1988, S. 81-92.

Poststrukturalismus – Dekonstruktion – Postmoderne. Hg. v. Klaus W. Hempfer. Stuttgart 1992.

Poststrukturalismus. Herausforderung an die Literaturwissenschaft. Hg. v. Gerhard Neumann. Stuttgart 1997.

Zima, Peter V.: Die Dekonstruktion. Einführung und Kritik. Tübingen / Basel 1994.

Zima, Peter V.: Moderne – Postmoderne: Gesellschaft, Philosophie, Literatur. Tübingen u. a. 1997.

Diskursanalyse

Albert, Claudia: Diskursanalyse in der Literaturwissenschaft der Bundesrepublik. Rezeption der französischen Theorien und Versuch der De- und Rekonstruktion. In: Das Argument. Bd. 25, 1983, S. 550-561.

Bogdal, Klaus-Michael: Historische Diskursanalyse. Theorie, Arbeitsfelder, Analysen, Vermittlung. Opladen / Wiesbaden 1999.

Diskurstheorien und Literaturwissenschaft. Hg. v. Jürgen Fohrmann und Harro Müller. Frankfurt a. M. 1988.

Drews, Axel u. a.: Moderne Kollektivsymbolik. Eine diskurstheoretisch orientierte Einführung mit Auswahlbibliographie. In: IASL. 1. Sonderheft 1985, S. 256-375.

Dreyfus, Hubert L. / Rabinow, Paul: Michel Foucault. Jenseits von Strukturalismus und Hermeneutik. 2. Aufl. Weinheim 1994.

During, Simon: Foucault and Literature: towards a Genealogy of Writing. London u. a. 1992.

Foucault, Michel: Archäologie des Wissens. Frankfurt 1981 [frz. Orig. 1969].

Foucault, Michel: Die Ordnung der Dinge. Eine Archäologie der Humanwissenschaften. Frankfurt 1971 [zit. n. der Taschenbuch-Ausgabe 1974; frz. Orig. 1966].

Foucault, Michel: Die Ordnung des Diskurses. Inauguralvorlesung am Collège de France, 2. Dezember 1970. München 1974, zit. n. der 2. Aufl. Frankfurt a. M. 1992 [frz. Orig. 1971].

Foucault, Michel: Was ist ein Autor? In: Ders.: Schriften zur Literatur. München 1974, S. 7-31, 2. Aufl. Frankfurt a. M. 1991.

Habermas, Jürgen: Theorie des kommunikativen Handelns. 2 Bde. Frankfurt a. M. 1981.

Hörisch, Jochen / Pott, Hans-Georg: Literaturwissenschaft als Rationalitätskritik. Antworten an Jürgen Link. In: Jürgen Link: Elementare Literatur und generative Diskursanalyse. München 1983, S. 175-187.

Link, Jürgen / Link-Heer, Ursula: Diskurs / Interdiskurs und Literaturanalyse. In: LiLi. Bd. 20, 1990, S. 88-99.

Link, Jürgen: Literaturanalyse als Interdiskursanalyse. Am Beispiel literarischer Symbolik in der Kollektivsymbolik. In: Diskurstheorien und Literaturwissenschaft. Hg. v. Jürgen Fohrmann u. a. Frankfurt a. M. 1988, S. 284-307.

Link, Jürgen: Von der Nicht-Spezialität der Literatur und ihren Folgen für die Literaturwissenschaft. In: Perspektiven der Germanistik. Neueste Ansichten zu einem alten Problem. Hg. v. Anne Bentfeld u. a. Opladen 1997, S. 145-156.

Meyer, Friederike: Diskurstheorie und Literaturgeschichte. Eine systematische Reformulierung des Diskursbegriffs von Foucault. In: Vom Umgang mit Literatur und Literaturgeschichte. Hg. v. Lutz Danneberg u. a. Stuttgart 1992, S. 389-408.

Rückkehr des Autors. Zur Erneuerung eines umstrittenen Begriffs. Hg. v. Fotis Jannidis u. a. Tübingen 1999.

Schnädelbach, Herbert: Foucault und der anthropologische Schlummer. In: Zwischenbetrachtungen. Im Prozeß der Aufklärung. Jürgen Habermas zum 60. Geburtstag. Hg. v. Axel Honneth u.a. Frankfurt a. M. 1989, S. 231-261.

Titzmann, Michael: Kulturelles Wissen – Diskurs – Denksystem. In: Zeitschrift für französische Sprache und Literatur. Bd. 49, 1988, S. 47-61.

Literaturpsychologie / Psychoanalytische Literaturwissenschaft

Freud, Sigmund: Der Dichter und das Phantasieren. In: Ders.: Gesammelte Werke. 7. Bd.: Werke aus den Jahren 1906-1909. London 1947, S. 213-223 [zit. als SW 7].

Freud, Sigmund: Die Traumdeutung. In: Ders.: Gesammelte Werke. 2/3. Bd. London 1948 [zit. als SW 2/3].

Groeben, Norbert: Leserpsychologie. Textverständnis, Textverständlichkeit. Münster 1982.

Groeben, Norbert: Literaturpsychologie. Literaturwissenschaft zwischen Hermeneutik und Empirie. Stuttgart 1972.

Groeben, Norbert: Meta-theoretical Problems of the Psychoanalytical Interpretation of Literature. In: Poetics. Bd. 13, 1984, S. 407-420.

Groeben, Norbert: Verstehen, Erklären, Bewerten in einer empirischen Literaturwissenschaft. In: Amsterdamer Beiträge zur neueren Germanistik. 23, 1987, S. 65-106.

Gunn, Daniel: Psychoanalysis and Fiction: an Exploration of Literary and Psychoanalytic Borders. Cambridge u. a. 1988.

Hagestedt, Jens: Die Entzifferung des Unbewußten. Zur Hermeneutik psychoanalytischer Textinterpretation. Frankfurt a. M. u. a. 1988.

Haselstein, Ulla: Entziffernde Hermeneutik. Zum Begriff der Lektüre in der psychoanalytischen Theorie des Unbewußten. München 1992.

Hoevels, Fritz E.: Psychoanalyse und Literaturwissenschaft: Grundlagen und Beispiele. Freiburg i. Br. 1996.

Holland, Norman N.: Einheit Identität Text Selbst. In: Psyche. Bd. 33, 1979, H. 12, S. 1127-1148.

Kultur-Analysen. Psychoanalytische Studien zur Kultur. Hg. v. Alfred Lorenzer. Frankfurt a. M. 1986.

Lacan, Jacques: Schriften I/II/III. Olten 1973/1975/1980, 1. u. 2. Bd. 3. Aufl. Weinheim 1991, 3. Bd. 2. Aufl. Weinheim 1986.

Literatur und Psychoanalyse. Hg. v. Klaus Bohnen. 1981.

Marx, Reiner / Wild, Reiner: Psychoanalyse und Literaturwissenschaft. Skizze einer komplizierten Beziehungsgeschichte. In: LiLi. Bd. 53/54, 1984, S. 166-193.

Matt, Peter von: Literaturwissenschaft und Psychoanalyse. Eine Einführung. Freiburg 1972.

Pfeiffer, Joachim: Literaturpsychologie 1945-1987. Eine systematische und annotierte Bibliographie. Hg. in Verbindung mit Wolfram Mauser und Bernd Urban. Würzburg 1989.

Pietzcker, Carl: Lesend interpretieren. Zur psychoanalytischen Deutung literarischer Texte. Würzburg 1992.

Psychoanalytische und psychopathologische Literaturinterpretation. Hg. v. Bernd Urban und Winfried Kudszus. Darmstadt 1981.

Psychologie der Literatur: Theorien, Methoden, Ergebnisse. Hg. v. Ralph Langner. Weinheim u. a. 1986.

Rutschky, Michael: Lektüre der Seele. Eine historische Studie über die Psychoanalyse der Literatur. Frankfurt a. M. u. a. 1981.

Schönau, Walter: Einführung in die psychoanalytische Literaturwissenschaft. Stuttgart u. a. 1991.

Stenzel, Wolfgang: Über die Möglichkeit der Verwendung psychoanalytischer Kategorien in einer historisch-soziologischen Literaturwissenschaft. In: Psychoanalytische Literaturwissenschaft und Literatursoziologie. Akte der Sektion 17 des Romanistentages 1979 in Saarbrücken. Hg. v. Henning Krauß und Reinhold Wolff. Frankfurt a. M. u. a. 1982, S. 11-28.

Viehoff, Reinhold: Literarisches Verstehen. Neuere Ansätze und Ergebnisse empirischer Forschung. In: IASL. Bd. 13, 1988, S. 1-39.

Feministische Literaturwissenschaft / Gender-Forschung

Barrett, Michèle: Women's Oppression Today. The Marxist / Feminist Encounter. London 1988.

Beauvoir, Simone de: Das andere Geschlecht. Sitte und Sexus der Frau. Reinbek 1992 [frz. Orig. 1949].

Bildersturm im Elfenbeinturm: Ansätze feministischer Literaturwissenschaft. Hg. v. Karin Fischer u. a. Tübingen 1992.

Bovenschen, Silvia: Die imaginierte Weiblichkeit. Exemplarische Untersuchungen zu kulturgeschichtlichen und literarischen Präsentationsformen des Weiblichen. Frankfurt a. M. 1979.

Bovenschen, Silvia: Über die Frage: Gibt es eine ›weibliche‹ Ästhetik? In: Ästhetik und Kommunikation. Bd. 25, 1976, S. 60-75.

Butler, Judith: Das Unbehagen der Geschlechter. Frankfurt a. M. 1991 [engl. Orig. 1990].

Cixous, Hélène: Die unendliche Zirkulation des Begehrens. Berlin 1977.

Cixous, Hélène: Schreiben, Feminität, Veränderung. In: Das Lächeln der Medusa. Alternative 108/109, 1976, S. 134-147.

Cixous, Hélène: Weiblichkeit in der Schrift. Berlin 1980.

Cixous, Hélène: Entre l'écriture. Paris 1986.

Deutsche Dichterinnen vom 16. Jahrhundert bis zur Gegenwart. Gedichte und Lebensläufe. Hg. und eingeleitet v. Gisela Brinker-Gabler. Frankfurt a. M. 1978.

Deutsche Literatur von Frauen. Hg. v. Gisela Brinker-Gabler. 2 Bde. München 1988.

Evans, Judith: Feminist Theory Today. An Introduction to Second-Wave Feminism. London u. a. 1995.

Feminist Criticism and Social Change. Sex, Class and Race in Literature and Culture. Hg. v. Judith Newton und Deborah Rosenfelt. New York / London 1985.

Feministische Literaturwissenschaft. Dokumentation der Tagung in Hamburg vom Mai 1983. Hg. v. Inge Stephan und Sigrid Weigel. Berlin 1984.

Femmes et institutions littéraires. Hg. v. Julia Kristeva. Paris 1984.

Fetterley, Judith: The Resisting Reader: a Feminist Approach to American Fiction. Bloomington 1978.

Frauen Literatur Geschichte. Schreibende Frauen vom Mittelalter bis zur Gegenwart. Hg. v. Hiltrud Gnüg und Renate Möhrmann. Stuttgart 1985 [Lizenzausg. 1989].

Frauenliteratur ohne Tradition? Neun Autorinnenporträts. Hg. v. Inge Stephan u. a. Frankfurt a. M. 1987.

Friedrichs, Elisabeth: Die deutschsprachigen Schriftstellerinnen des 18. und 19. Jahrhunderts. Ein Lexikon. Stuttgart 1981.

Gender and Theory. Hg. v. Linda Kauffman. Cambridge/Mass. 1989.

Gender-Studien. Eine Einführung. Hg. v. Christina von Braun und Inge Stephan. Stuttgart / Weimar 2000.

Genus. Zur Geschlechterdifferenz in den Kulturwissenschaften. Hg. v. Hadumod Bußmann und Renate Hof. Stuttgart 1995. [Darin v. a. Renate Hof: Die Entwicklung der Gender Studies, S. 2-33; Ina Schabert: Gender als Kategorie einer neuen Literaturgeschichtsschreibung, S. 162-204]

Geschriebenes Leben. Autobiographik von Frauen. Hg. v. Michaela Holdenried. Berlin 1995.

Gilbert, Sandra / Gubar, Susan: The Madwoman in the Attic. The Woman Writer and the Nineteenth-Century Literary Imagination. New Haven / London 1979.

Hof, Renate: Die Grammatik der Geschlechter. Gender als Analysekategorie in der Literaturwissenschaft. Frankfurt a. M. / New York 1995.

Honegger, Claudia: Die Ordnung der Geschlechter. Die Wissenschaft vom Menschen und das Weib 1750-1850. Frankfurt a. M. 1991.

Images of Women in Fiction. Feminist Perspectives. Hg. v. Susan Koppelman Cornillon. Bowling Green 1972.

Inszenierungen von Weiblichkeit. Weibliche Kindheit und Adoleszenz in der Literatur des 20. Jahrhunderts. Hg. v. Gertrud Lehnert. Opladen 1996.

Irigaray, Luce: Ethik der sexuellen Differenz. Frankfurt a. M. 1991 [frz. Orig. 1984].

Irigaray, Luce: Das Geschlecht, das nicht eins ist. Berlin 1979 [frz. Orig. 1977].

Irigaray, Luce: Zur Geschlechterdifferenz. Interviews und Vorträge. Wien 1987.

Irigaray, Luce: Speculum. Spiegel des anderen Geschlechts. Frankfurt a. M. 1980 [frz. Orig. 1974].

Klassische philosophische Texte von Frauen. Hg. v. Ruth Hagengruber. München 1998.

Kristeva, Julia: La femme ce n'est jamais ça. In: Tel Quel. Bd. 59, 1974, S. 19-24.

Kristeva, Julia: Die Revolution der poetischen Sprache. Frankfurt a. M. 1978 [frz. Orig. 1974].

Kuhn, Annette: Frauengeschichtsforschung. In: Aus Politik und Zeitgeschichte. 1990, S. 34-35, 3-15.

Lehnert, Gertrud: Maskeraden und Metamorphosen. Als Männer verkleidete Frauen in der Literatur. Würzburg 1994.

Lindhoff, Lena: Einführung in die feministische Literaturtheorie. Stuttgart / Weimar 1995.

Menke, Bettine: Verstellt – der Ort der ›Frau‹. Ein Nachwort. In: Dekonstruktiver Feminismus. Literaturwissenschaft in Amerika. Hg. v. Barbara Vinken. Frankfurt a. M. 1992, S. 436-476.

Meyer, Ursula I.: Einführung in die feministische Philosophie. München 1994.

Messer-Davidow, Ellen: The Philosophical Bases of Feminist Literary Criticisms. In: Gender and Theory. Hg. v. Linda Kauffman. Cambridge / Mass. 1989, S. 63-106.

Millett, Kate: Sexus und Herrschaft. Die Tyrannei des Mannes in unserer Gesellschaft. Stuttgart 1973, München 1980, Köln 1981, Reinbek 1985 [amerik. Orig. 1970].

Moers, Ellen: Literary Women. New York 1976.

Moi, Toril: Feminist literary criticism. In: Modern Literary Theory. A Comparative Introduction. Hg. v. Ann Jefferson und David Robey. 2. überarb. Aufl. London 1986. S. 204-221.

Moi, Toril: Sexus, Text, Herrschaft. Feministische Literaturtheorie. Bremen 1989 [engl. Orig. 1985].

The New Feminist Criticism. Essays on Women, Literature and Theory. Hg. v. Elaine Showalter. London 1986.

Sagarra, Eda: Recent Feminist Scholarship in the Field of German Studies. A Review Essay. In: IASL. 3. Sonderheft: Forschungsreferate. 2. Folge. 1993, S. 113-158.

Samel, Ingrid: Einführung in die feministische Sprachwissenschaft. Berlin 1995.

Showalter, Elaine: A Literature of Their Own. British Women Novelists from Brontë to Lessing. Princeton 1977.

Stephan, Inge: Gender, Geschlecht und Theorie. In: Gender Studien. Eine Einführung. Hg. v. Christina von Braun und Inge Stephan. Stuttgart / Weimar 2000, S. 58-96.

Stephan, Inge / Weigel, Sigrid: Die verborgene Frau. Sechs Beiträge zu einer feministischen Literaturwissenschaft. Berlin 1983, 3. Aufl. 1988.

Suchsland, Inge: Julia Kristeva zur Einführung. Hamburg 1992.

Über das Weibliche. Hg. v. Mireille Calle. Düsseldorf 1996.

Vinken, Barbara: Dekonstruktiver Feminismus – Eine Einleitung. In: Dekonstruktiver Feminismus. Literaturwissenschaft in Amerika. Hg. v. ders. Frankfurt a. M. 1992, S. 7-29.

Weiblichkeit in geschichtlicher Perspektive. Fallstudien und Reflexionen zu Grundproblemen der historischen Frauenforschung. Hg. v. Ursula A. J. Becher und Jörn Rüsen. Frankfurt a. M. 1988.

Weigel, Sigrid: Die Stimme der Medusa. Schreibweisen in der Gegenwartsliteratur von Frauen. Dülmen 1987, 2. Aufl. Reinbek 1989.

Weigel, Sigrid: Topographien der Geschlechter. Kulturgeschichtliche Studien zur Literatur. Reinbek 1990.

Weigel, Sigrid: „Das Weibliche als Metapher des Metonymischen". Kritische Überlegungen zur Konstitution des Weiblichen als Verfahren oder Schreibweise. In: Frauensprache –

Frauenliteratur? Akten des VII. Internationalen Germanisten-Kongresses, Bd. 6. Tübingen 1986, S. 108-118.

Wie männlich ist die Wissenschaft? Hg. v. Karin Hausen und Helga Nowotny. Frankfurt a. M. 1986.

Woolf, Virginia: Ein Zimmer für sich allein. Frankfurt a. M. 1981 [engl. Orig. 1929].

Writing Women and Writing about Women. Hg. v. Mary Jacobus. London u. a. 1979.

Rezeptionsforschung

Grimm, Gunter: Rezeptionsgeschichte. Grundlegung einer Theorie. Mit Analysen und Bibliographie. München 1977.

Groeben, Norbert: Das Konzept der Text-Leser-Interaktion in der Empirischen Literaturwissenschaft. In: Siegener Periodicum zur Internationalen Empirischen Literaturwissenschaft 8, 1989, H. 2. S. 255-273.

Groeben, Norbert: Leserpsychologie: Textverständnis – Textverständlichkeit. Münster 1982.

Groeben, Norbert / Vorderer, Peter: Leserpsychologie: Lesemotivation – Lektürewirkung. Münster 1988.

Groeben, Norbert: Rezeptionsforschung als empirische Literaturwissenschaft. Paradigmen durch Methodendiskussion an Untersuchungsbeipielen. Kronberg / Ts. 1977.

Holub, Robert C.: Reception Theory. A Critical Introduction. London / New York 1984.

Ingarden, Roman: Das literarische Kunstwerk. Tübingen 1965, 4. durchgesehene Aufl. 1974.

Iser, Wolfgang: Der Akt des Lesens. Theorie ästhetischer Wirkung. München 1976, 3. Aufl. 1980.

Iser, Wolfgang: Die Appellstruktur der Texte. Unbestimmtheit als Wirkungsbedingung literarischer Prosa. Konstanz 1970.

Iser, Wolfgang: Die Appellstruktur der Texte; Der Lesevorgang: Die Wirklichkeit der Funktion – Elemente eines funktionsgeschichtlichen Textmodells. In: Rezeptionsästhetik. Theorie und Praxis. Hg. v. Rainer Warning. München 1975, 4. unveränderte Aufl. 1994. S. 228-252.

Iser, Wolfgang: Der implizite Leser. Kommunikationsformen des Romans von Bunyan bis Beckett. München 1972.

Jäger, Georg: Historische Lese(r)forschung. In: Die Erforschung der Buch- und Bibliotheksgeschichte in Deutschland. Hg. v. Werner Arnold u. a. Wiesbaden 1987, S. 485-507.

Jauß, Hans Robert: Ästhetische Erfahrung und literarische Hermeneutik. München 1977, überarb. und erw. Fassung Frankfurt a. M. 1982.

Jauß, Hans Robert: Der Leser als Instanz einer neuen Geschichte der Literatur. In: Poetica. Bd. 7, 1975, S. 325-344.

Jauß, Hans Robert: Literaturgeschichte als Provokation der Literaturwissenschaft. Konstanz 1967, 2. Aufl. 1969, zit. n. der erweiterten Ausgabe Frankfurt a. M. 1970.

Jauß, Hans Robert: Paradigmawechsel in der Literaturwissenschaft. In: Linguistische Berichte. Bd. 3, 1969, S. 44-56.

Jauß, Hans Robert: Racines und Goethes Iphigenie. Mit einem Nachwort über die Partialität der rezeptionsästhetischen Methode. In: Neue Hefte für Philosophie. 1973, H. 4, S. 1-46.

Jurt, Joseph: Les-arten. Rezeptions- und Lektüreforschung und ihre Folgen für das Literaturverständnis. In: Literaturwissenschaftliches Jahrbuch. Bd. 39, 1998, S. 249-275.

Literatur und Leser. Theorien und Modelle zur Rezeption literarischer Werke. Hg. v. Gunter Grimm. Stuttgart 1975.

Mandelkow, Karl Robert: Goethe in Deutschland. Rezeptionsgeschichte eines Klassikers. 2 Bde. München 1980 / 89.

Mandelkow: Karl Robert: Probleme der Wirkungsgeschichte. In: Jahrbuch für Internationale Germanistik. Jg. 2, 1970, H. 1, S. 71-84

Rezeptionsästhetik. Theorie und Praxis. Hg. v. Rainer Warning. München 1975, 4. unveränderte Aufl. 1994.

Rezeptionsforschung zwischen Hermeneutik und Empirik. Hg. v. Elrud Ibsch und Dick H. Schramm. Amsterdam 1987.

Stierle, Karlheinz: Was heißt Rezeption bei fiktionalen Texten? In: Poetica. 7, 1975, S. 345-386.

Stückrath, Jörn: Historische Rezeptionsforschung: Ein kritischer Versuch zu ihrer Geschichte und Theorie. Stuttgart 1979.

Zimmermann, Bernhard: Literaturrezeption im historischen Prozeß. Zur Theorie einer Rezeptionsgeschichte der Literatur. München 1977.

Kritische Theorie

Adorno, Theodor W.: Negative Dialektik. In: Gesammelte Schriften. Bd. 6. Frankfurt a. M. 1973.

Adorno, Theodor W.: Ästhetische Theorie. In: Gesammelte Schriften. Bd. 7. Frankfurt a. M. 1970.

Arbeitsfeld: Materialistische Literaturtheorie. Beiträge zu ihrer Gegenstandsbestimmung. Hg. von Klaus-Michael Bogdal, Burkhardt Lindner und Gerhard Plumpe. Wiesbaden 1975.

Aufklärung und literarische Öffentlichkeit. Hg. v. Christa Bürger u. a. Frankfurt a. M. 1980.

Benjamin, Walter: Das Kunstwerk im Zeitalter seiner technischen Reproduzierbarkeit. In: Gesammelte Schriften. Bd. I.2. Frankfurt a. M. 1974, S. 431-508.

Benjamin, Walter: Über den Begriff der Geschichte. In: Gesammelte Schriften. Bd. I, 2. Frankfurt a. M. 1974, S. 691-704.

Brunkhorst, Hauke / Koch, Gertrud: Herbert Marcuse zur Einführung. Hamburg 1990.

Bürger, Peter: Ideologiekritik und Literaturwissenschaft. In: Vom Ästhetizismus zum Nouveau Roman. Hg. v. dems. Frankfurt a. M. 1975, S. 1-22.

Bürger, Peter: Ideologiekritische Ansätze. Einleitung. In: Seminar: Literatur- und Kunstsoziologie. Hg. v. dems. Frankfurt a. M. 1978, S. 229-235

Bürger, Peter: Institution Literatur und Modernisierungsprozeß. In: Zum Funktionswandel der Literatur. Hg. v. dems. Frankfurt a. M. 1983, S. 9-32.

Bürger, Peter: Theorie der Avantgarde. Frankfurt a. M. 1974, Neuaufl. 1980.

Bürger, Peter: Vermittlung – Rezeption – Funktion. Ästhetische Theorie und Methodologie der Literaturwissenschaft. Frankfurt a. M. 1979.

Dubiel, Helmut: Kritische Theorie der Gesellschaft. Eine einführende Rekonstruktion von den Anfängen im Horkheimer-Kreis bis Habermas. Weinheim / München 1988, 2. erw. Aufl. 1992.

Habermas, Jürgen: Erkenntnis und Interesse. Frankfurt a. M. 1968.

Habermas, Jürgen: Strukturwandel der Öffentlichkeit. Untersuchungen zu einer Kategorie der bürgerlichen Gesellschaft. Neuwied 1962.

Habermas, Jürgen: Theorie des kommunikativen Handelns. 2 Bde. Frankfurt a. M. 1981.

Hahn, Peter: Kunst als Ideologie und Utopie. In: Seminar. Literatur- und Kunstsoziologie. Hg. v. Peter Bürger. Frankfurt a. M. 1978, S. 236-259.

Horkheimer, Max / Adorno, Theodor W.: Dialektik der Aufklärung. Philosophische Fragmente (1944/47). Frankfurt a. M. 1969.

Horkheimer, Max: Traditionelle und kritische Theorie. In: Gesammelte Schriften. Bd. 4: Schriften 1936-1941. Frankfurt a. M. 1988, S. 162-216 [sowie: Nachtrag, ebd., S. 217-225.

Max Horkheimer heute: Werk und Wirkung. Hg. von Alfred Schmidt und Norbert Altwicker. Frankfurt a. M. 1986.

Literaturtheorie und Geschichte. Zur Diskussion materialistischer Literaturwissenschaft. Hg. v. Rüdiger Scholz und Klaus-Michael Bogdal. Opladen 1996.

Marcuse, Herbert: Über den affirmativen Charakter der Kultur. In: Schriften. Bd. 3: Aufsätze aus der Zeitschrift für Sozialforschung 1934-1941. Frankfurt a. M. 1979, S. 186-226.

Marcuse, Herbert: Die Permanenz der Kunst. Wider eine bestimmte marxistische Ästhetik. München / Wien 1977.

Marx, Karl / Engels, Friedrich: Die deutsche Ideologie (1845/46). In: Marx-Engels-Werke (MEW). Bd. 3, Berlin 1969.

Marx, Karl: Zur Kritik der Hegelschen Rechtsphilosophie. Einleitung (1844). In: MEW. Bd. 1, Berlin 1958, S. 378-391.

Mecklenburg, Norbert / Harro Müller: Erkenntnisinteresse und Literaturwissenschaft. Stuttgart u. a. 1974.

Sozialgeschichte / Sozialgeschichte der Literatur

Burke, Peter: Offene Geschichte. Die Schule der ›Annales‹. Berlin 1991 [engl. Orig. 1990].

Daniel, Ute: „Kultur“ und „Gesellschaft“. Überlegungen zum Gegenstandsbereich der Sozialgeschichte. In: Geschichte und Gesellschaft. 19. Jg., 1993, H. 1, S. 69-99.

Eibl, Karl: Kritisch-rationale Literaturwissenschaft. Grundlagen zur erklärenden Literaturgeschichte. München 1976.

Geschichte zwischen Kultur und Gesellschaft. Beiträge zur Theoriedebatte. Hg. von Thomas Mergel und Thomas Welskopp. München 1997.

Herrmann, Hans Peter: Sozialgeschichte oder Kunstautonomie? Zur Problematik neuerer Geschichten der deutschen Literatur. In: Kritik der Sozialgeschichtsschreibung. Hg. v. Rüdiger Scholz. Hamburg 1990, S. 173-214.

Kocka, Jürgen : Sozialgeschichte. Begriff – Entwicklung – Probleme. Göttingen 1977, 2. erweiterte Aufl. 1986.

Kreutz, Wilhelm: Der lange Abschied von der Autonomie der Literatur. Zur ‚Renaissance der Literaturgeschichte als Sozialgeschichte‘. In: Neue Politische Literatur. Bd. 26, 1981, H. 3, S. 385-396.

Moderne deutsche Sozialgeschichte. Hg. v. Hans-Ulrich Wehler. Köln u. a. 1966.

Mommsen, Wolfgang J.: Geschichte als Historische Sozialwissenschaft. In: Theorie der modernen Geschichtsschreibung. Hg. v. Pietro Rossi. Frankfurt a. M. 1987, S. 107-146.

Müller, Jan-Dirk: Literaturgeschichte / Literaturgeschichtsschreibung. In: Erkenntnis der Literatur. Theorien, Konzepte, Methoden der Literaturwissenschaft. Hg. v. Dietrich Harth u. a. Stuttgart 1982, zit. nach der Sonderausgabe 1989, S. 195-227.

Rüsen, Jörn: Ästhetik und Geschichte. Geschichtstheoretische Untersuchungen zum Begründungszusammenhang von Kunst, Gesellschaft und Wissenschaft. Stuttgart 1976.

Schönert, Jörg: Neuere theoretische Konzepte in der Literaturgeschichtsschreibung. Positionen, Verfahren und Probleme in der Bundesrepublik und DDR. In: Sprache und Literatur im historischen Prozeß. Vorträge des deutschen Germanistentages Aachen 1982. Bd. 1. Hg. v. Thomas Cramer. Tübingen 1983, S. 91-120.

Schönert, Jörg: The Reception of Sociological Theory by West German Literary Scholarship, 1970-85. In: New Ways in Germanistik. Hg. v. Richard Sheppard. New York u. a. 1990, S. 71-94.

Schönert, Jörg: The Social History of German Literature. On the Present State of Distress in the Social History of German Literature. In: Poetics. Bd. 14, 1985, S. 303-319.

Sieder, Reinhard: Sozialgeschichte auf dem Weg zu einer historischen Kulturwissenschaft? In: Geschichte und Gesellschaft. 20. Jg. (1994), H. 3, S.445-468.

Sozialgeschichte, Alltagsgeschichte, Mikro-Historie. Hg. v. Winfried Schulze. Göttingen 1994.

Was ist Gesellschaftsgeschichte? Positionen, Themen, Analysen. Hg. von Manfred Hettling u. a. München 1991.

Weber, Heinz-Dieter: Literaturgeschichte als Sozialgeschichte? In: Deutschunterricht. Bd. 33, 1981, S. 56-78.

Wehler, Hans-Ulrich: Historische Sozialwissenschaft und Geschichtsschreibung. Studien zu Aufgaben und Traditionen deutscher Geschichtswissenschaft. Göttingen 1980.

Wehler, Hans-Ulrich: Kritik und kritische Antikritik. In: Historische Zeitschrift. Bd. 225, 1977, S. 347-384.

Handlungs- und systemtheoretische Ansätze

Anz, Thomas: Vorschläge zur Grundlegung einer Soziologie literarischer Normen. In: IASL. Bd. 9, 1984, S. 128-144.

Barsch, Achim: Kommunikation mit und über Literatur: zu Strukturierungsfragen des Literatursystems. In: SPIEL. Bd. 12, 1993, H. 1, S. 34-61.

Bühl, Walter L.: Kultur als System. In: Kultur und Gesellschaft. Hg. v. Friedhelm Neidhardt u. a. Opladen 1986 [= Sonderheft 27 der KZfSS], S. 118-144.

Der Diskurs des radikalen Konstruktivismus. Hg.v. Siegfried J. Schmidt. Frankfurt a.M. 1987.

Empirische Literaturwissenschaft in der Diskussion. Hg. v. Achim Barsch. Frankfurt a. M. 1994.

Finke, Peter: Konstruktiver Funktionalismus. Die wissenschaftstheoretische Basis einer empirischen Theorie der Literatur. Braunschweig / Wiesbaden 1982.

Gripp-Hagelstange, Helga: Niklas Luhmann. Eine erkenntnistheoretische Einführung. München 1995.

Groeben, Norbert: Methodologischer Aufriß der empirischen Literaturwissenschaft. In: SPIEL. Bd. 1, 1982, H.1, S. 26-89.

Habermas, Jürgen / Luhmann, Niklas: Theorie der Gesellschaft oder Sozialtechnologie – was leistet die Systemforschung? Frankfurt a. M. 1971.

Hejl, Peter M.: Kultur als sozial konstruierte Wirklichkeiten. Zur Analytik der „dritten Ebene“ aus systemtheoretischer Sicht. In: SPIEL. Bd. 12, 1993, H. 1, S. 81-104.

Hintzenberg, Dagmar u. a.: Zum Literaturbegriff in der Bundesrepublik Deutschland. Braunschweig / Wiesbaden 1980.

Jäger, Georg: Systemtheorie und Literatur. Teil I: Der Systembegriff der Empirischen Literaturwissenschaft. In: IASL. Bd. 19, 1994, S. 95-125.

Jahraus, Oliver / Schmidt, Benjamin Marius: Systemtheorie und Literatur. Teil III: Modelle systemtheoretischer Literaturwissenschaft in den 1990ern. In: IASL. Bd. 23, S. 66-111.

Literaturwissenschaft und Systemtheorie. Positionen, Kontroversen, Perspektiven. Hg. v. Siegfried J. Schmidt. Opladen 1993.

Luhmann, Niklas: „Distinctions directrices". Über Codierung von Semantiken und Systemen. In: Kultur und Gesellschaft. Hg. v. Friedhelm Neidhardt u. a. Opladen 1986 [= Sonderheft 27 der KZfSS], S. 145-161.

Luhmann, Niklas: Gesellschaftsstruktur und Semantik. Studien zur Wissenssoziologie der modernen Gesellschaft. Bd. 1. Frankfurt a. M. 1980.

Luhmann, Niklas: Das Kunstwerk und die Selbstrepoduktion von Kunst. In: Stil. Geschichten und Funktionen eines kulturwissenschaftlichen Diskurselementes. Hg. v. Hans Ulrich Gumbrecht und Karl Ludwig Pfeiffer. Frankfurt a. M. 1986, S. 620-672.

Luhmann, Niklas: Soziale Systeme. Grundriß einer allgemeinen Theorie. Frankfurt a. M. 1984.

Luhmann, Niklas: Temporalstrukturen des Handlungssystems – Zum Zusammenhang von Handlungs- und Systemtheorie. In: Verhalten, Handeln und System. Talcott Parsons' Beitrag zur Entwicklung der Sozialwissenschaften. Hg. v. Wolfgang Schluchter. Frankfurt a. M. 1980, S. 32-67.

Meyer, Friederike / Ort, Claus-Michael: Literatur als soziales Interaktionsmedium. Zum Verhältnis von strukturaler Literaturwissenschaft und funktionalistischen Ansätzen in der Soziologie. In: SPIEL. Bd. 3, 1984, S. 67-97.

Münch, Richard: Theorie des Handelns. Zur Rekonstruktion der Beiträge von Talcott Parsons, Emile Durkheim und Max Weber. Frankfurt a. M. 1988.

Ormrod, John: Lesegesellschaften und das ›Sozialsystem Literatur‹. Überlegungen zur Flexibilisierung des Theoriemodells der Münchener Forschergruppe (MFG). In: Zur Sozialgeschichte der deutschen Literatur im 19. Jahrhundert. Einzelstudien Teil II. Hg. v. Monika Dimpfl und Georg Jäger. Tübingen 1990, S. 1-24.

Ort, Claus-Michael: Literarischer Wandel und sozialer Wandel. Theoretische Anmerkungen zum Verhältnis von Wissenssoziologie und Diskursgeschichte. In: Modelle des literarischen Strukturwandels. Hg. v. Michael Titzmann. Tübingen 1991, S. 367-394.

Ort, Claus-Michael: Systemtheorie und Literatur. Teil II: Der literarische Text in der Systemtheorie. In: IASL. Bd. 20, 1995, S. 161-178.

Parsons, Talcott / Platt, Gerald: Die amerikanische Universität. Ein Beitrag zur Soziologie der Erkenntnis. Frankfurt a. M. 1990 [amerik. Orig. 1973].

Parsons, Talcott: Soziale Struktur und die symbolischen Tauschmedien. In: Theorien sozialer Strukturen. Ansätze und Probleme. Hg. v. Peter M. Blau. Opladen 1978, S. 93-115.

Parsons, Talcott: The Social System. New York 1951.

Parsons, Talcott: The Structure of Social Action. Glencoe 1937.

Parsons, Talcott: Zur Theorie der sozialen Interaktionsmedien. Hg. v. Stefan Jensen. Opladen 1980.

Parsons, Talcott: Zur Theorie sozialer Systeme. Hg. v. Stefan Jensen. Opladen 1976.

Plumpe, Gerhard: Epochen moderner Literatur. Ein systemtheoretischer Entwurf. Opladen 1995.

Schmidt, Siegfried J.: Empirische Wissenschaft in der Kritik. In: SPIEL. Bd. 3, 1984, H.2, S. 291-332.

Schmidt, Siegfried J.: Grundriß der Empirischen Literaturwissenschaft. Teilband 1: Der gesellschaftliche Handlungsbereich Literatur. Braunschweig / Wiesbaden 1980 [zit. n. der überarbeiteten Ausgabe: Grundriß der Empirischen Literaturwissenschaft. Frankfurt a. M. 1991]. Teilband 2: Zur Rekonstruktion literaturwissenschaftlicher Fragestellungen in einer Empirischen Theorie der Literatur. Braunschweig / Wiesbaden 1982.

Schmidt, Siegfried J.: Der Kopf, die Welt, die Kunst. Konstruktivismus als Theorie und Praxis. Wien u. a. 1992.

Schmidt, Siegfried J.: Die Selbstorganisation des Sozialsystems Literatur im 18. Jahrhundert. Frankfurt a. M. 1989.

Schönert, Jörg: Empirische Literaturwissenschaft: Verschlossene wissenschaftliche Anstalt oder Bastion mit offenen Toren? Überlegungen zur Organisation literaturwissenschaftlicher Theorie und Praxis. Siegen 1985.

Schwanitz, Dietrich: Selbstrefentielle Systeme. In: LiLi. Bd. 77, 1990, S. 100-125.

Schwanitz, Dietrich: Systemtheorie und Literatur. Ein neues Paradigma. Opladen 1990.

The Social Theories of Talcott Parsons. A Critical Examination. Hg. v. Max Black. Englewood Cliffs 1961.

Theorie der Gesellschaft oder Sozialtechnologie. Beiträge / Neue Beiträge zur Habermas-Luhmann-Diskussion. 2 Bde. Hg. v. Franz Maciejewski [= Theorie Diskussion Supplement I/II]. Frankfurt a. M. 1973/74.

Toward a General Theory of Action. Hg. v. Talcott Parsons und Edward Shils. Cambridge/ Mass. 1951.

Viehoff, Reinhold: Empirische Literaturwissenschaft – ein neues Paradigma? In: IASL. Bd. 8, 1983, S. 240-252.

Werber, Niels: Literatur als System. Zur Ausdifferenzierung literarischer Kommunikation. Opladen 1992.

Willke, Helmut: Systemtheorie. Eine Einführung in die Grundprobleme der Theorie sozialer Systeme. Stuttgart 1982, zit. nach der 4. überarb. Aufl. Stuttgart / Jena 1994.

Wolff, Reinhold / Groeben, Norbert: Die Empirisierung hermeneutischer Verfahren in der Literaturwissenschaft: Möglichkeiten und Grenzen. In: Literaturwissenschaft und empirische Methoden. Hg. v. Helmut Kreuzer und Reinhold Viehoff. Göttingen 1981, S. 27-51.

Zur theoretischen Grundlegung einer Sozialgeschichte der Literatur. Ein struktural-funktionaler Entwurf. Hg. v. Renate von Heydebrand u. a. Tübingen 1988.

Literatursoziologie / Symbolische Formen und literarisches Feld

Bourdieu, Pierre: Le champ littéraire. Préalables critiques et principes de méthode. In: Lendemains. Bd. 36, 1984, S. 5-20.

Bourdieu, Pierre: Entwurf einer Theorie der Praxis auf der ethnologischen Grundlage der kabylischen Gesellschaft. Frankfurt a. M. 1976 [frz. Orig. 1972].

Bourdieu, Pierre: Die feinen Unterschiede. Kritik der gesellschaftlichen Urteilskraft. Frankfurt a. M. 1982 [frz. Orig. 1979].

Bourdieu, Pierre: Flaubert. Einführung in die Sozioanalyse. Teil I. In: Sprache im technischen Zeitalter. Bd. 25, 1987, S. 173-189. Teil II, S. 240-255.

Bourdieu, Pierre: Les règles de l'art. Genèse et structure du champ littéraire. Paris 1992.

Bourdieu, Pierre: Satz und Gegensatz. Über die Verantwortung des Intellektuellen. Berlin 1989.

Bourdieu, Pierre: Sozialer Sinn. Kritik der theoretischen Vernunft. Frankfurt a. M. 1987 [frz. Orig. 1980].

Bourdieu, Pierre: Soziologische Fragen. Frankfurt a. M. 1994.

Bourdieu, Pierre: Zur Soziologie der symbolischen Formen. Frankfurt a. M. 1970.

Der befragte Leser. Buch und Demoskopie. Hg. v. Ludwig Muth. München 1993.

Dörner, Andreas / Vogt, Ludgera: Literatursoziologie. Literatur, Gesellschaft, Politische Kultur. Opladen 1994.

Faulstich, Werner / Stroebel, Ricarda: Bestseller als Marktphänomen. Ein quantitativer Befund zur internationalen Literatur 1970 in allen Medien. Wiesbaden 1987.

Fischer, Ludwig / Jarchow, Klaas: Die soziale Logik der Felder und das Feld der Literatur. Einleitende Anmerkungen zum kultur- und literaturtheoretischen Ansatz Pierre Bourdieus. In: Sprache im technischen Zeitalter. Bd. 25, 1987, S. 164-172.

Fritz, Angela: Leseforschung in der Mediengesellschaft. Überblick über den Stand der Forschung Ende der 80er Jahre im deutschsprachigen Raum. In: IASL. Bd. 15, 1990, S. 202-216.

Fügen, Hans Norbert: Die Hauptrichtungen der Literatursoziologie und ihre Methoden. Bonn 1964 [zit. n. der 6. Aufl. 1974].

Fügen, Hans Norbert: Zur Wissenschaftlichkeit und Systematik der soziologischen Roman-Interpretation. In: IASL. Bd. 7, 1982, S. 1-20.

Goldmann, Lucien: Soziologie des modernen Romans. Neuwied 1970 [frz. Orig. 1964].

Hoefer, Georg / Janssen, Susanne R.: Gewalt als Unterhaltung im Kinderfernsehen? Analysen von Zeichentrickprogrammen. Alfeld 1995.

Honneth, Axel: Die zerrissene Welt symbolischer Formen. Zum Werk von Pierre Bourdieu. In: KZfSS. Bd. 36, 1984, H.1, S. 126-146.

Interpretative Verfahren in den Sozial- und Textwissenschaften. Hg. v. Georg Soeffner. Stuttgart 197

Jurt, Joseph: Das literarische Feld. Das Konzept Pierre Bourdieus in Theorie und Praxis. Darmstadt 1995.

Jurt, Joseph: Die Theorie des literarischen Feldes. Zu den literatursoziologischen Arbeiten Bourdieus und seiner Schule. In: Romanistische Zeitschrift für Literaturgeschichte. Bd. 5, 1981, S. 454-479.

Klassenlage, Lebensstil und kulturelle Praxis. Theoretische und empirische Beiträge zur Auseinandersetzung mit Pierre Bourdieus Klassentheorie. Hg. v. Klaus Eder. Frankfurt a. M. 1989.

Link, Jürgen / Link-Heer, Ursula: Literatursoziologisches Propädeutikum. Mit Ergebnissen einer Bochumer Lehr- und Forschungsgruppe Literatursoziologie 1974-76. München 1980.

Löwenthal, Leo: Aufgaben der Literatursoziologie (1948). In: Ders.: Literatur und Massenkultur. Schriften Bd. 1. Frankfurt a. M. 1990, S. 328-349.

Löwenthal, Leo: Literatur und Soziologie. In: Interdisziplinäre Perspektiven der Literatur. Hg. v. James Thorge. Stuttgart 1977, S. 108-131.

Merker, Paul: Neue Aufgaben der deutschen Literaturgeschichte. Berlin 1921.

Müller, Hans-Peter: Kultur, Geschmack und Distinktion. Grundzüge der Kultursoziologie Pierre Bourdieus. In: Kultur und Gesellschaft. Hg. v. Friedhelm Neidhardt u. a. Opladen 1986 [= Sonderheft 27 der KZfSS], S. 162-190.

Scharfschwerdt, Jürgen: Grundprobleme der Literatursoziologie. Ein wissenschaftsgeschichtlicher Überblick. Stuttgart 1977.

Praxis und Ästhetik. Neue Perspektiven im Denken Pierre Bourdieus. Hg. v. Gunter Gebauer und Christoph Wulf. Frankfurt a. M. 1993.

Schmidtchen, Gerhard: Lesekultur in Deutschland. In: Börsenblatt für den Deutschen Buchhandel (Frankfurter Ausgabe). Bd. 24, 1968, S. 1977-2152.

Schön, Erich: Die Leser erzählen lassen. Eine Methode in der aktuellen Rezeptionsforschung. In: IASL. Bd. 15, 1990, S. 193-201.

Schücking, Levin: Soziologie der literarischen Geschmacksbildung. Berlin 1923.

Silbermann, Alphons / Krüger, Udo Michael: Soziologie der Massenkommunikation. Stuttgart u. a. 1973.

Silbermann, Alphons: Einführung in die Literatursoziologie. München 1981.

Voßkamp, Wilhelm: Literatursoziologie: eine Alternative zur Geistesgeschichte? „Sozialliterarische Methoden" in den ersten Jahrzehnten des 20. Jahrhunderts. In: Literaturwissenschaft und Geistesgeschichte. Hg. v. Wilfried Barner u. a. Frankfurt a. M. 1994, S. 291-303.

Wege der Literatursoziologie. Hg. u. eingeleitet von Hans Norbert Fügen. Neuwied 1968.

Zima, Peter V.: Kritik der Literatursoziologie. Frankfurt a. M. 1978.

Zima, Peter V.: Literatursoziologie / Textsoziologie. In: Erkenntnis der Literatur. Hg. v. Dietrich Harth u. a. Stuttgart 1982 [zit. nach der Sonderausgabe 1989], S. 161-194.

Zima, Peter V.: Textsoziologie. Eine kritische Einführung. Stuttgart 1980.

New Historicism

Cohen, Stephen: New Historicism and Genre: Towards a Historical Formalism. In: REAL. Yearbook of Research in English and American Literature. Vol. 11, 1989, S. 405-423.

Crewe, Jonathan: Trials of Authorship. Berkeley 1990.

Dean, Tim: Wanting Paul de Man: A Critique of the „Logic" of New Historicism in American Studies. In: Texas Studies in Literature and Language. Vol. 35, 1993, S. 251-277.

Fulda, Daniel: Historismus in allen Gestalten. Zu einigen kulturwissenschaftlichen Problemgeschichten der Moderne. In: Rechtshistorisches Journal. Bd. 16, 1997, S. 188-200.

Geertz, Clifford: Dichte Beschreibung. Bemerkungen zu einer deutenden Theorie von Kultur [amerik. Original 1973]. In: ders.: Dichte Beschreibung, Frankfurt a. M. 1987, S. 7-43.

Greenblatt, Stephen: Verhandlungen mit Shakespeare. Innenansichten der englischen Renaissance. Berlin 1990 [amerik. Original 1988].

Hawthorn, Jeremy: Cunning Passages: New Historicism, Cultural Materialism and Marxism in the Contemporary Litery Debate. London u. a. 1996.

Hohendahl, Peter Uwe: A Return to History? The New Historicism and its Agenda. In: New German Critique. No. 55, 1992, S. 87-104.

Jauß, Hans Robert: Alter Wein in neuen Schläuchen? Bemerkungen zum New Historicism. In: ders.: Wege des Verstehens. München 1994, S. 304-323.

Kaes, Anton: New Historicism and the Study of German Literature. In: The German Quarterly. Vol. 62, 1989, S. 210-219.

Kelly, Joseph & Timothy: Social History Update: Searching the Dark Alley: New Historicism and Social History. In: Journal of Science History. Vol. 25, 1992, S. 677-694.

Liu, Alan: The Power of Formalism: The New Historicism. In: ELH. Vol. 56, 1989, S. 721-771.

Montrose, Louis Adrian: New Historicism. In: Redrawing the Boundaries. Hg. v. Stephen Greenblatt u. a. New York 1992, S. 393-418.

New Historicism. Literaturgeschichte als Poetik der Kultur. Mit Beiträgen von Stephen Greenblatt, Louis Montrose u. a. Hg. v. Moritz Baßler. Frankfurt a. M. 1995.

Peters, Ursula: Zwischen New Historicism und Gender-Forschung. Neue Wege der älteren Germanistik. In: DVjS. Bd. 71, 1997, S. 363-396.

Röcke, Werner: ‚New Historicism': Perspektiven einer kulturwissenschaftlichen Mediävistik. In: Germanistik. Disziplinäre Identität und kulturelle Leistung. Vorträge des deutschen Germanistentages 1994. Hg. v. Ludwig Jäger. Weinheim 1995, S. 214-228.

Schlaffer, Hannelore: Ethnographie der Literatur. In: Freibeuter. Bd. 62, 1994, S. 11-22.

Schmidt-Haberkamp, Barbara: New Historicism – Literaturwissenschaft im Spiegelkabinett der Texte. In: Am Ende der Literaturtheorie? Hg. v. Torsten Hitz und Angela Stock, Münster 1995, S. 115-130.

Simonis, Annette: New Historicism und Poetics of Culture: Renaissance Studies und Shakespeare in neuem Licht. In: Literaturwissenschaftliche Theorien, Modelle und Methoden. Eine Einführung. Hg. v. Ansgar Nünning u. a. Trier 1995, S. 153-178.

Verhandlungen mit dem „New Historicism". Das Text-Kontext-Problem in der Literaturwissenschaft. Hg. v. Jürg Glauser u. a. Würzburg 1999.

Volkmann, Laurenz: Reconstructing a Usable Past: The New Historicism and History. In: Why literature matters. Theories and functions of literature. Hg. v. Rüdiger Ahrens u. a. Heidelberg 1996, S. 325-344.